4
2021
第4辑
总第64辑

Nomocracy Forum

法治论坛

广州市法学会 / 编

中国法制出版社
CHINA LEGAL PUBLISHING HOUSE

目录 CONTENTS

Nomocracy Forum

法治与社会治理

003/ 广东省人民检察院第十一检察部课题组
粤港澳大湾区区际刑事司法冲突问题立法解决路径研究

011/ 孙 帅
社会主义核心价值观对民事裁判的价值引领
——以我国民事裁判进程中具有重要影响的民事案件为研究对象

022/ 李万强 刘 静
特惠贸易协定中的国有企业规则的发展与中国应对

041/ 钟 准 李佳妮
国际基础设施建设的法律风险及应对
——以“一带一路”代表性铁路项目为视角

054/ 吕 万
超大城市治理现代化背景下的地方立法
——以广州市与深圳市的比较研究为视角

民法典适用

075/ 周 江 郝志鹏
海运物流领域商事留置权的善意取得适用
——兼评《民法典担保制度司法解释》第62条

094/ 孙 鹏 舒金曦
《民法典》与旧民事法律规范：冲突、解构及路径
——以《民法典时间效力规定》为视角

113/ 许 娟 黎浩田
《民法典》中的信息产权制度填补
——兼析《民法典》第111条和第127条中的公法规制性

124/ 杜志红
继承权的迷失与回归

147/ 董慧娟 苏 旭
《民法典》时代避风港规则下直播带货平台的地位及义务

实务研究

163/ 郭 萍
我国邮轮污染海洋环境监管问题研究

177/ 陈 伟 李 晓
法定犯的出罪机制研究

200/ 张吉喜 程 晨
刑事证据属性理论和证据种类制度再述

212/ 罗恬漩
“诉讼模式转换论”下当事人在民事送达程序中的责任
——兼探讨“送达难”困局破解

226/ 叶海波 刘梦妮
逮捕批准机构的功能适当性审视

245/ 梅 傲 许珊珊
涉外继承中有利于遗嘱实现的实证研究

261/ 王晓丽 严 驰
从RCEP展望CPTPP：知识产权条款分析及对我国的启示

273/　徐　磊　余友斌

民事审判中刑事裁判的效力

——以广东省广州市荔湾区人民法院人身权案件审理为视角

288/　周华丽

论管制性征收行为司法审查规则构建

案例分析

303/　邓丹云　李晓虹

数字时代图书馆合理使用的边界认定

——上海音某出版社有限公司、上海文某音像电子出版社有限公司诉广州联某电子科技有限公司侵害作品信息网络传播权纠纷案

312/　俞　颖

开发商破产前消费者已付清房款但未过户房屋的权属界定及权利顺位分析

——原告广州安某环保科技有限公司诉被告广州新某房地产开发有限公司，第三人陈某某、邓某德破产债权确认案

320/　苏映霞　吴博雅

著作权登记证书作为数字作品权属初步证据的审查与认定

——陈某诉广州市卓某学校侵害作品信息网络传播权纠纷案

327/　孙远风　王　涵

一人公司的认定及其股东责任承担相关问题

——吴某珊与叶某香、李某怡、广州某家政服务有限公司合同纠纷案

334/　杨山石　欧阳福生

将商标制作为商品不构成商标侵权

——某国际贸易有限公司诉广州市某汽车用品有限公司侵害商标权纠纷案

法谈法议

345/ 彭辅顺

催收非法债务罪的正当性与边界

354/ 肖胜方

对《民事诉讼法》增设律师调查令规定的修改建议

363/ 李人达

浅议过境通行制度的习惯国际法地位

373/ 曹 辉 陈 刚

因"口罩"而异的司法惩治

法治与社会治理

粤港澳大湾区区际刑事司法冲突问题立法解决路径研究

广东省人民检察院第十一检察部课题组*

【内容提要】 随着粤港澳大湾区战略的不断推进，区际刑事司法冲突问题越发凸显，《香港特别行政区维护国家安全法》的实施为解决区际刑事司法冲突问题提供了全新视角和契机。在该法实施的新背景下，如何解决粤港澳大湾区区际刑事司法冲突，探索切实可行的解决路径，亟待深入研究。本文立足于我国区际刑事司法冲突现状，通过剖析《香港特别行政区维护国家安全法》具体条文内容，从完善立法的角度，提出以"实体清晰、程序务实、兼顾效率"为原则，沿着理念先行、问题导向、制度设计、措施保障的路径解决粤港澳大湾区区际刑事司法冲突问题的新思路。

【关键词】 区际刑事司法冲突　问题表现　立法　解决路径

一、问题的提出

自"一国两制"方针实践后，香港、澳门顺利回归，我国已形成"一国两制三法系四法域"的格局[1]。广东珠三角地区毗邻港澳，经常会出现涉及粤港澳三地的跨境刑事案件，随之而来的区际刑事司法冲突问题十分突出。在"一国"

---

* 广东省人民检察院第十一检察部课题组成员：陈伟图——广东省人民检察院第十一检察部副主任；李林——广东省人民检察院办公室秘书科副科长；李涛——广东省人民检察院第三检察部一级检察官；李丹萍——广州市黄埔区人民检察院第五检察部助理检察员；邓科薇——中国政法大学研究生。本文系广东省人民检察院2020年度检察理论研究课题"粤港澳大湾区区际司法冲突解决机制研究"的阶段性成果。

1　宋锡祥、王富世：《内地与澳门区际刑事司法协助问题新探》，载《法学研究》2019年第10期。

内部出现三个地域之间法律制度适用的冲突，而且涉及“两”种社会制度和“三”种法系，使我国区际刑事司法冲突问题呈现出有别于世界其他国家未曾遇到过的特殊复杂情况，也给我国跨境刑事司法适用以及司法协助工作带来较大困难。

当前，粤港澳大湾区战略正在不断推进，区际刑事司法冲突问题越发凸显，与我国建设粤港澳大湾区发展战略的要求极不适应。随着《香港特别行政区维护国家安全法》（以下简称《香港国安法》）的颁布实施，为解决粤港澳大湾区刑事互涉案件管辖权问题打开了新的突破口，而且已经有了诸多成功的司法案例。在《香港国安法》实施的新背景下，如何解决粤港澳大湾区区际刑事司法冲突，探索切实可行的解决路径，亟待深入研究。

二、粤港澳大湾区区际刑事司法冲突现状

（一）粤港澳大湾区区际刑事司法冲突概念

粤港澳大湾区是由广东省的广州、深圳、珠海、佛山、惠州、东莞、中山、江门、肇庆九市和香港、澳门两个特别行政区形成的城市群[2]。粤港澳大湾区区际刑事司法冲突，是指刑事案件犯罪嫌疑人、被告人、被害人、证人以及犯罪预备地、实施地、结果地和销赃地等因素中，一项或几项涉及粤港澳其中两地或者三地的刑事案件，并由此产生的法律适用方面的冲突。

（二）粤港澳大湾区区际刑事司法冲突具体表现

粤港澳大湾区区际刑事司法冲突表现为刑事案件法律适用的冲突，具体又表现为刑法适用冲突和刑事诉讼法适用冲突。

粤港澳大湾区刑法适用冲突涉及的是粤港澳三地刑事法律差异及适用中的问题，在《香港国安法》实施背景下即表现为对相关罪名的解释与适用问题。例如，《香港国安法》第一节至第四节分别规定了分裂国家罪、颠覆国家政权罪、恐怖活动罪、勾结外国或者境外势力危害国家安全罪。以分裂国家罪为例，规定了三种行为方式，如规定只要实施将香港特别行政区或者中华人民共和国其他任何部分从中华人民共和国分离出去的行为，即为犯罪，从而明确了分裂国家罪罪名解释与适用问题。

粤港澳大湾区刑事诉讼法适用冲突涉及的是粤港澳三地有关刑事案件诉讼

---

2 林贻影：《检察机关服务保障粤港澳大湾区建设的法律思考》，载《人民检察》2020 年第 16 期。

程序法律的协调适用问题，重点在于刑事案件诉讼管辖权的冲突与解决。在《香港国安法》实施背景下具体表现为三地互涉刑事案件管辖权的确认、刑事强制措施运用、审判程序及期限等方面的问题。例如，《香港国安法》第40条明确规定香港特别行政区对《香港国安法》规定的犯罪案件行使管辖权，同时规定了有《香港国安法》第55条规定的情形除外；《香港国安法》第55条进一步规定了三种情形，如规定只要案件涉及外国或者境外势力介入的复杂情况，香港特别行政区管辖确有困难的，经香港特别行政区政府或者驻香港特别行政区维护国家安全公署提出，并报中央人民政府批准，由驻香港特别行政区维护国家安全公署行使管辖权，从而明确了相关案件管辖权问题。

值得一提的是，刑法适用冲突与刑事诉讼法适用冲突是相辅相成的。一方面，刑事诉讼法适用冲突一旦解决，那么相应办案司法机关以及适用的刑法就随之确定；另一方面，刑法适用冲突不依赖于刑事诉讼法适用冲突而独立存在，刑法的适用常常成为选择或者规避刑事诉讼法适用问题的内在动因。例如，20世纪90年代，曾策划绑架著名香港富豪李嘉诚的长子李泽钜和香港富豪郭炳湘，获得数亿港元赎金的世纪劫匪张某强及其同伙，正是内地与香港警方联手，将其逼进广东省深圳市抓获，才得以按照内地刑法判处极刑；又如，一些在广东触犯刑律可能被判处重刑的犯罪分子，选择逃亡到香港或澳门，就是企图逃避在内地应当承担的较重刑事责任。

（三）粤港澳大湾区区际刑事司法冲突解决现状

港澳特区基本法均规定，内地和港澳可以通过协商进行司法联系和协助，这一直被视为解决粤港澳大湾区区际刑事司法冲突的法律依据和有效途径，但在实务中却面临诸多障碍。从实践现状来看，目前内地与港澳之间仍未签署区际刑事司法协助协议，仍然停留在“个案协查机制”阶段。个案协作有利于情报的实时共享和反馈，有利于集中警力快速完成侦查工作[3]。虽然个案协查机制比较灵活，但仅限于情报交换、调查取证协助等程序上的协助，对于案件实体核心问题，如协助缉拿在逃嫌疑人、冻结、移交、追缴涉案财物等工作均未过多涉及。2018年10月26日《国际刑事司法协助法》颁布并施行，但解决的是国与国之间的刑事司法协助问题，在其第67条规定与有关国际组织开展刑事司法协助可参照该法规定，实际上对解决粤港澳大湾区区际刑事司法冲突问题参考意义不大。

其实，解决粤港澳大湾区区际刑事司法冲突的探索一直处于进行时。早在

---

3 李松梅：《粤港澳刑事警务执法合作的内容与机制构建》，载《政法学刊》2011年第5期。

2009 年，最高人民检察院和澳门检察机关就已经开始商讨《内地与澳门特别行政区关于刑事司法协助的安排》。2013 年，最高人民检察院会同全国人大法工委、最高人民法院、公安部和国务院港澳办，专门与香港特区政府保安局和律政司方面就《内地与香港特别行政区关于刑事司法协助的安排》启动了首轮磋商，可惜均未能达成最终协议。有学者认为，这种跨区域签订的协议性质上是一种政策行为而非法律行为[4]。

现如今《香港国安法》已公布并施行。《香港国安法》是一部兼具实体法、程序法和组织法内容的综合性法律，是我国“一国两制”实践发展的一项创举，对于维护国家的安全和统一，维持香港长治久安和长期繁荣稳定，具有十分重要的意义。《香港国安法》中关于实体罪名认定、管辖及审判程序等规定已经落地实施，必将为解决粤港澳大湾区区际刑事司法冲突问题创造积极条件，提供有益司法借鉴。

三、以《香港国安法》为观照解决区际刑事司法冲突问题的路径

毋庸置疑，《香港国安法》为探索解决粤港澳区际刑事司法冲突问题打开了一扇窗。笔者认为，通过研究《香港国安法》中蕴含的区际刑事司法冲突解决理念，深入剖析《香港国安法》中制度设计背后的原理，以“实体清晰、程序务实、兼顾效率”为原则，沿着理念先行、问题导向、制度设计、措施保障的路径，以期系统解决粤港澳区际刑事司法冲突问题。具体路径设想如下：

（一）理解并运用《香港国安法》解决区际刑事司法冲突的理念

《香港国安法》出台本身就具有解决区际刑事司法冲突的背景，蕴含着解决区际刑事司法冲突的重要理念。《香港特别行政区基本法》第 23 条规定，香港特别行政区应自行立法禁止任何叛国、分裂国家、煽动叛乱、颠覆中央人民政府及窃取国家机密的行为。

放眼世界，国家安全都属于中央事权，我国关于国家安全法的逻辑现状是：在不违反特区基本法和国际通行规则的前提下，针对国内区际刑事司法冲突问题，由中央以立法形式进行顶层设计加以规范，体现出以问题为导向、以立法为手段、以制度规范设计解决问题的价值取向。也有学者提出授权立法的思路，即专门作出一个关于区域协同立法的决定，在解决区域协同立法的法律依据问

4　邹平学、冯泽华：《改革开放四十年广东在粤港澳法律合作中的实践创新与历史使命》，载《法治社会》2018 年第 5 期。

题后，再在粤港澳大湾区开展区域协同立法工作[5]。

笔者认为，在《香港国安法》立法理念的指引下，解决粤港澳区际刑事司法冲突问题应当立足于《香港国安法》实施背景实际和现实需要，在找准问题的基础上，通过顶层立法和制度设计解决冲突问题。具体来讲，可以考虑将《区际刑事司法协助法》列入立法计划。目前我国既有《国际刑事司法协助法》珠玉在前，又有粤港澳大湾区刑事司法协助工作多年的实务经验，出台统一规范的区际刑事司法协助法规时机已经成熟，对解决区际刑事司法冲突问题而言将具有里程碑式的重要意义。

（二）系统发掘粤港澳区际刑事司法冲突面临的突出问题

成熟的立法必须根植于司法现实和充分的司法实践基础。解决粤港澳区际刑事司法冲突的立法，必须要找准问题，明确解决什么、依据什么、达到什么效果等核心问题。从近20年的粤港澳区际司法协助的实践来看，在涉及有关案件实体问题的处理时，三地司法人员往往八仙过海，各显神通，不仅工作缺乏规范性，浪费宝贵司法资源，而且使案件结果难以保证，缺乏可预判性[6]，因此必须明确哪些问题是应当且亟须达成共识的问题。

根据司法实务反映出来的现状，问题主要集中表现在：一是粤港澳财产保护制度差异明显，当内地提出有关涉案财产问题的司法协助时，基于对居民财产权、隐私权的保护，若未获得有关权益人或法院的授权，司法协助效果难以保证；二是刑事司法协助程序机制问题亟须解决，特别是文书送达、协助调查取证等重要程序性机制还不够健全，难以满足实际工作的需要；三是刑事司法协助缉拿协查机制问题争议较大，在协助对方缉捕本地区内犯罪嫌疑人问题上未达成共识；四是区际刑事裁判互认及协调改进机制问题未实现突破，粤港澳三地如果不能互认裁判结果，那么协助对方执行问题就无从谈起，如果三方没有平台或机制保障协商顺畅，那么在诸如情报信息交换、先行立案一方管辖处理等问题上也无法实现互相协助，难以形成打击合力。

《香港国安法》第41条规定，对香港管辖的危害国家安全犯罪案件，其立案侦查、检控、审判和刑罚的执行等诉讼程序事宜，既适用《香港国安法》，也适用香港特别行政区本地法律。也就是说，中央立法与区际本土立法之间是可以同时适用、并行不悖的。《香港国安法》第41条还对逮捕程序作出了规定，即未经律政司长书面同意，任何人不得就危害国家安全犯罪案件提出检控，体

5　刘松山：《区域协同立法的宪法法律问题》，载《中国法律评论》2019年第4期。

6　陈雷：《我国区际刑事司法的合作与发展》，载《国家检察学院学报》2013年第5期。

现出对区际本土法律制度的充分尊重，但同时也规定该要求不影响就有关犯罪依法逮捕犯罪嫌疑人并将其羁押，也不影响该等犯罪嫌疑人申请保释，将变更强制措施的决定权收归中央，体现出权力制衡的设计思路。

综上，《香港国安法》的成功实践，对解决粤港澳区际刑事司法冲突系列问题提供了绝佳观察视角和解决思维路径，即中央立法与区际本土立法可以同时适用，中央立法侧重宏观掌控和引导解决冲突问题。

（三）总结实务经验规律并上升为法律制度层面

将司法实务经验上升为法律制度层面，实际上是一个实务经验规律化的过程，也是一个立法价值判断客观化的过程。当前粤港澳大湾区刑事司法协助有许多成熟的实务经验，值得充分总结。例如，粤港澳职务犯罪个案协查占据了粤港澳个案协查案件的绝大部分，积累了宝贵的个案协查工作经验，包括协助调查取证、调查问话、赃款追缴等。现如今，职务犯罪作案手段更加隐蔽，行贿方式更加高明，迫切需要内地与港澳加强刑事司法合作与交流，联合打击跨境职务犯罪，共同维护粤港澳大湾区社会秩序[7]。

《香港国安法》中不乏将实务经验上升为法律制度的实例。例如，《香港国安法》第56条规定，有关危害国家安全犯罪案件由驻香港特别行政区维护国家安全公署负责立案侦查，最高人民检察院指定有关检察机关行使检察权，最高人民法院指定有关法院行使审判权，实际上就是国内刑事诉讼指定管辖的成熟做法。又如，《香港国安法》第58条规定，犯罪嫌疑人自被驻香港特别行政区维护国家安全公署第一次讯问或者采取强制措施之日起，有权委托律师作为辩护人。辩护律师可以依法为犯罪嫌疑人、被告人提供法律帮助，实际上就是借鉴了国内刑事诉讼第一次采取强制措施后的规定。再如，《香港国安法》第32条规定，因实施犯罪而获得的资助、收益、报酬等违法所得以及用于或者意图用于犯罪的资金和工具，应当予以追缴、没收，这也是内地司法实践中的工作惯例。

有鉴于此，可考虑由全国人大常委会指定专门机构负责收集、整理成熟的实务经验，以及已有的规范性文件，既为最终立法提供重要依据和参考，也体现出中央主导立法、弥合分歧的重要地位。有学者提出开展区域协同立法，推动港澳融入国家的一体化秩序的思路，从原本只注重特别行政区自身的法治发展，逐步过渡到跨行政区的法治发展，进而为我国多元化的单一制注入更丰富

---

7 柯卫、刘炫廷：《粤港澳大湾区职务犯罪区际司法协助制度之构建》，载《青海社会科学》2020年第4期。

的内涵，充实中央与地方之间的制度空隙[8]。

在格式体例参考方面，有学者提出，可以将粤港澳大湾区内部规划内容以法律的形式确定下来，为合作的开展提供明确的法律依据，并在法律中规定明确的协调机构以协调粤港澳大湾区的法律合作事宜，这一法律可以由全国人大常委会制定，通过后列入基本法附件三[9]。其实，在笔者看来，《国际刑事司法协助法》的格式体例很值得观照，其不仅设有刑事司法协助请求的提出、接受和处理，以及送达文书等常规事项，更有调查取证、安排证人作证或者协助调查、查封扣押冻结涉案财物、没收和返还违法所得及其他涉案财物、移管被判刑人等痛点难点问题，章节体例清晰合理，系统完整地回答了干什么、怎么干等关键问题，将许多在实务中的经验做法上升为法律制度，无疑为我国解决区际刑事司法冲突问题提供了良好的立法例参考。

（四）借鉴《香港国安法》内容中的保障措施设计思路解决冲突

解决区际刑事司法冲突的瓶颈问题，就是不同区际法律制度之间的适用衔接。衔接不畅，必然严重影响法律落地实施和冲突解决，为此《香港国安法》在衔接保障措施方面做了精心设计。例如，规定执法、司法机关依法行使相关权力，其为决定采取强制措施、侦查措施和司法裁判而签发的法律文书在香港特别行政区具有法律效力。对于驻香港特别行政区维护国家安全公署依法采取的措施，有关机构、组织和个人必须遵从。又如，《香港国安法》第 64 条规定，“有期徒刑”“无期徒刑”“没收财产”和“罚金”分别指“监禁”“终身监禁”“充公犯罪所得”和“罚款”，“拘役”参照适用香港特别行政区相关法律规定的“监禁”“入劳役中心”“入教导所”，“管制”参照适用香港特别行政区相关法律规定的“社会服务令”“入感化院”，完全实现了区际法律之间的衔接转化适用。

有鉴于此，可以沿着《香港国安法》关于保障措施的设计思路，着力解决区际法律适用衔接问题。例如，在刑事法律适用衔接方面，对常见罪名的适用标准问题作出原则性或具体性规定，如针对粤港澳三地人民深恶痛绝的电信诈骗案件，可对诈骗罪、非法吸收公众存款罪、集资诈骗罪等具有代表性的侵犯财产犯罪作出具体适用规定，解决适用差异问题；又如，在刑事诉讼程序适用衔接方面，明确规定具体的协调部门，设计出具有可操作性的程序，解决对犯罪嫌疑人采取强制措施的配合衔接、犯罪嫌疑人讯问、证人询问、赃款处理等

8　叶一舟：《粤港澳大湾区协同立法机制建设刍议》，载《地方立法研究》2018 年第 3 期。

9　王万里：《从域外经验看粤港澳大湾区的法治统合问题》，载《港澳研究》2018 年第 3 期。

一系列重要问题。

此外，《香港国安法》集实体法、程序法和组织法于一身的特点，在保障法律事实方面发挥出巨大作用，同样也可以为解决区际刑事司法冲突参考借鉴。特别是在程序方面，《香港国安法》在程序上与香港刑事诉讼程序对接，香港有关机构和个人要遵循《香港国安法》和香港诉讼程序进行侦查、检控、审判和执行，在特殊情况下，案件要由中央机关按照内地刑事诉讼程序管辖办理，这是一种全新的法律适用尝试。也就是把"一国"作为基本要求，而不是区际彼此之间是完全平等的地位。只要是在维护国家根本利益的前提下，区际法律有义务作出让步和妥协，以实现区际刑事司法冲突解决为根本目的，特别是涉及国防、外交、国家安全等方面的刑事司法协助案件，各地区要在法律的框架内密切合作，形成打击合力，共同维护国家的根本利益。

综上所述，在《香港国安法》实施背景下，"实体清晰、程序务实、兼顾效率"的原则具体体现在《香港国安法》立法中，为我国解决区际刑事司法冲突问题提供了良好的立法示例。秉持《香港国安法》的立法理念，坚持以现实区际刑事司法冲突问题为导向，沿着制度设计、措施保障的思维路径，以立法手段系统解决粤港澳区际刑事司法冲突问题。

结语

《香港国安法》实施背景下，解决粤港澳大湾区区际刑事司法冲突问题迎来了新的历史契机。在立足现实现状和以往司法实践经验的基础上，综合运用教义学方法、比较研究法、问题导向法研究《香港国安法》的具体内容，适当借鉴《国际司法协助法》的设计内容，为立法解决粤港澳大湾区区际刑事司法冲突问题开拓新思路，为深入推进粤港澳大湾区战略，加快构建以国内大循环为主体、国内国际双循环相互促进的新发展格局提供坚强的法治保障。

社会主义核心价值观对民事裁判的价值引领

——以我国民事裁判进程中具有重要影响的民事案件为研究对象

孙 帅*

【内容提要】 社会主义核心价值观对民事裁判进行价值引领，实质是将作为道德范畴的社会主义核心价值观与民事法律协同“作用”于民事案件的处理。社会主义核心价值观对民事裁判进行价值引领的主要意义有：克服民事法律单一调整民事关系的局限性，实现民事案件良好审理效果，以及更好满足人民群众“本土”司法需求。在民事裁判中运用社会主义核心价值观进行价值引领，其实现条件主要在于法官要“从社会实践中来，到裁判活动中去”，同时，需建立健全社会主义核心价值观融入民事裁判的激励、教育培训等保障机制。社会主义核心价值观对民事裁判进行价值引领的主要路径有：对案件事实进行价值评判；对案件推理进行价值指导；对案件所涉价值冲突进行处理；对案件所适用的法律进行价值阐释；为新型裁判规则的构建提供价值指引；对案件裁判结果进行价值检视。

【关键词】 社会主义核心价值观　民事裁判价值引领路径

引言

对于社会主义核心价值观如何深度融入民事裁判，目前司法实务界还处于初步探索阶段，理论界也缺乏深入研究。民事裁判中个别案件存在机械司法、简单依照法律文本司法等现象，对民事裁判的公正性和权威性造成不利影响。

---

* 孙帅——广州市中级人民法院研究室二级法官助理。

“融入路径不甚明晰”成为制约社会主义核心价值观深度融入民事裁判的主要不利因素。本文通过对“泸州遗赠案”“彭某与老人相撞案”“私自上树摘杨梅坠亡索赔案”“重庆隔代探望纠纷案”“国内首例用人单位因性别歧视被判书面赔礼道歉案”“郑州电梯劝阻吸烟案”等我国民事裁判进程中具有重要影响的民事案件加以研究，认为应当充分发挥社会主义核心价值观对民事裁判的价值引领作用，并探索出社会主义核心价值观对民事裁判进行价值引领的主要路径。价值引领主要路径的明晰，有利于更好发挥社会主义核心价值观对民事裁判的价值引领作用，更好地将民事案件置于“天理国法人情”当中综合考量，实现案件良好审理效果，能有效促进民事审判体系和审判能力的现代化。

一、价值引领的含义与实质

（一）价值引领的含义

社会主义核心价值观并非我国法律规定中的法律原则和法律规则，不应将其直接作为裁判依据加以适用和援引。社会主义核心价值观作为我国社会主义法治建设的灵魂，其“作用”于民事裁判的主要方式在于从价值理念层面对裁判者进行“指引”，“领航”案件正确裁判方向。上述“价值理念的指引”与“案件正确裁判方向的领航”即本文所述的社会主义核心价值观对民事裁判的“价值引领”。“价值引领”的功能主要体现为：对民事裁判中的价值评判、逻辑推理、价值冲突处理、法律适用阐释、新型裁判规则构建、裁判结果检视等提供价值理念支撑，为案件裁判提供强大的价值理念和思想后盾。

（二）价值引领的实质

综观社会主义核心价值观的基本内容，其应属于我国社会主义法律体系之外的道德范畴。习近平总书记 2014 年 5 月 4 日在北京大学师生座谈会上指出：“核心价值观，其实就是一种德，既是个人的德，也是一种大德，就是国家的德、社会的德。”[1]“社会主义核心价值观的培育与践行，实际上就是社会主义道德的培育和践行。”[2]在民事裁判中发挥社会主义核心价值观的价值引领作用，其实质是要实现道德与民事法律对民事裁判的协同“治理”，是“坚持依法治国和以德治国相结合”原则在民事裁判领域的具体贯彻落实。

---

1 习近平：《青年要自觉践行社会主义核心价值观——在北京大学师生座谈会上的讲话》（2014 年 5 月 4 日），人民出版社 2014 年版，第 4 页。

2 江勇：《以社会主义核心价值观引领道德建设》，载《光明日报》2017 年 4 月 21 日，第 11 版。

二、价值引领的意义

社会主义核心价值观对民事裁判进行价值引领具有重要理论意义和现实意义。限于本文写作主题，仅从价值引领对于民事裁判本身的意义加以论述。

（一）克服民事法律单一调整民事关系的局限性

“法与道德作为社会规范在功能上是相互补充的。”[3]“法律离不开道德。只有用道德来指导引领，法律制度才能体达民众常情常理，从而成为良法。”[4]司法裁判中，法律与道德的协同配合不可或缺。“虽然法律规范为司法裁判提供了裁判依据，但是制定法不能解决所有问题。”[5]司法裁判中，当适用正式法源裁判案件难以实现人民群众的普遍公平正义感受时，则应当找寻合适的非正式法源作为案件裁判的考量因素。而“社会主义核心价值观作为我国共识性价值的凝练与概括，深刻反映了社会的总体价值取向和价值要求，其仍然具有非正式法源的属性”。[6]将社会主义核心价值观作为民事裁判的重要考量因素，充分发挥其对民事裁判的价值引领作用，是克服民事法律单一调整民事关系局限性的重要途径。

（二）实现民事案件良好审理效果

社会主义核心价值观对民事裁判进行价值引领，实际上是要在民事裁判领域实现“德法共治”，将民事案件置于“天理国法人情”当中综合考量，实现案件良好审理效果。“我国有着数千年文化传统，天理、国法、人情是深深扎根于人们心中的正义观念，蕴含着法治与德治的千古话题……在人民法院工作中，无论是制定司法政策，还是办理司法案件，都要统筹兼顾法律正义和社会正义，坚守法律底线和道德底线，努力实现法理情的有机统一。”[7]我国司法实践中的个别民事案件之所以未得到妥善处理，未能实现良好审理效果，甚至引发负面舆情，与社会主义核心价值观对民事裁判的引领作用未得以充分发挥有着密不可分的关系。

3　卓泽渊著：《法学导论》，法律出版社 2014 年版，第 81 页。

4　龙大轩：《新时代“德法合治”方略的哲理思考》，载《中国法学》2019 年第 1 期。

5　于洋：《论社会主义核心价值观的司法适用》，载《法学》2019 年第 5 期。

6　于洋：《论社会主义核心价值观的司法适用》，载《法学》2019 年第 5 期。

7　沈德咏：《坚持依法治国和以德治国相结合　立足司法职能大力弘扬社会主义核心价值观》，载《人民法院报》2017 年 4 月 2 日，第 1 版。

（三）更好满足人民群众"本土"司法需求

社会主义核心价值观充分吸收了中华优秀传统美德，具有鲜明的我国本土特色，其中"和谐""爱国""敬业""诚信""友善"等价值深深根植于我国经济社会，体现中华民族传统的价值喜好心理。"从文化继承看，社会主义核心价值观一方面坚持以马克思主义为指导，另一方面根植于中华传统文化，必然彰显中华文化特色……也就是说，社会主义核心价值观的根基是马克思主义，但也具有与中华传统文化相契合的独特品质。"[8]在民事裁判中发挥社会主义核心价值观的价值引领作用，有利于民事裁判从社会主义核心价值观中汲取我国"本土"营养，更好满足我国人民群众"本土"司法需求。

三、价值引领的实现条件

（一）法官要"从社会实践中来，到裁判活动中去"

"司法审判是一项高超的技艺，不仅要求法官具有深厚的法律专业知识，还要求法官具有丰富的人生阅历和正确的人生观、世界观、价值观。"[9]民事裁判中，法官需充分了解和全面准确理解社会主义核心价值观。而法官如何才能对社会主义核心价值观充分了解和全面准确理解呢？其主要途径在于法官要充分融入其所处的国家、社会和时代，投入到其所处的经济社会生活当中，注重充分了解经济社会发展状况，准确理解和把握社会公众的主流价值理念、普遍情感倾向等。

同时，由于社会主义核心价值观本身的含义并非一成不变，而是随着经济社会的发展变化发生一定的改变。因此，法官需要做到与时俱进，根据"变化了的实践"对社会主义核心价值观加以把握。只有这样，法官才能真正做到"从社会实践中来"，在案件裁判时才能将社会主义核心价值观"源源不断"地"传输"到每一个司法案件中去。概言之，法官要"从社会实践中来，到裁判活动中去"。

（二）建立健全社会主义核心价值观运用的激励机制

激励机制能够为社会主义核心价值观的运用提供源源不断的动力，能够激发案件裁判者的积极性和创造性。如将案件裁判运用社会主义核心价值观的情况纳入"精品文书、精品案例"工程推进实施，每年组织评选优秀裁判文书、

8　唐斌：《准确理解和把握社会主义核心价值观的根本属性》，载《社会主义核心价值观研究》2018年第2期。

9　王智锋：《情理法交融让司法更有温度》，载微信公众号"最高人民法院"，2019年5月9日。

优秀典型案例，并将评选结果作为评价法官业务能力和审判质效的重要内容。

（三）建立健全社会主义核心价值观运用的教育培训机制

"任何一种价值观在全社会的确立，都是一个思想教育与社会孕育相互促进的过程，都是一个内化与外化相辅相成的过程。"[10]针对"社会主义核心价值观运用于民事裁判"进行专项教育培训，制定相关教育培训制度，有利于推动社会主义核心价值观"入脑入心"，有效避免机械司法、简单依靠法律文本司法等现象。在教育培训制度中可以明确负责培训的部门、定期开展培训的任务、参加培训人员、培训所邀请的专家资质要求、培训内容、培训方式等。培训内容可以包括：社会主义核心价值观的性质及其含义；社会主义核心价值观融入民事裁判的意义；社会主义核心价值观与民事法律之间的关系；社会主义核心价值观深度融入民事裁判的路径、机制等。培训方式可以包括：优秀裁判文书学习与研讨、典型案例学习与研讨以及举办专题讲座等。

四、价值引领的主要路径

社会主义核心价值观对民事裁判进行价值引领的主要路径可以从以下六个方面进行类型化探索。

（一）运用社会主义核心价值观对案件事实进行价值评判

1. 路径要义

在案件裁判时，法官需要敏锐洞察案件处理所应运用的社会主义核心价值观当中一个或某几个价值理念，充分运用其对案件事实进行价值评判，确保价值评判结论与社会主义核心价值观高度一致，从而为准确适用法律奠定基础，最终作出合法合理的裁判结果。司法实践中，个别案件的处理之所以存在不妥，与法官对案件事实的价值评判存在不当不无关系。这里所说的对案件事实的价值评判是指，在案件事实清晰可见的情况下，面对该同一案件事实，不同的法官可能持有不同的价值评判。若法官对案件事实的价值评判出现分歧，则案件处理结果可能截然不同。

2. 典型案例分析与路径应用

如在"私自上树摘杨梅坠亡索赔案"[11]中，一审、二审与再审对于案件事

10　中共中央宣传部：《习近平新时代中国特色社会主义思想三十讲》，学习出版社 2018 年版，第 197 页。

11　参见广东省广州市中级人民法院（2019）粤 01 民再 273 号民事判决书。

实的查明基本一致，即“村民吴某私自爬上属于红山村民委员会所有的杨梅树采摘杨梅，不慎从杨梅树上跌落受伤。随后，吴某被村民送医治疗，因抢救无效死亡。”然而，一审、二审裁判结果与再审裁判结果截然不同。其主要原因在于法官对红山村民委员会“是否存在过错”存在不同看法，这种不同看法的实质是法官对于同一案件事实的不同价值评判。一审、二审认为红山村民委员会“应意识到攀爬杨梅树采摘果实存在可能危及人身财产安全的情况，但未对此作出警示告知，存在一定的过错”。并以此作为“立论”基础，判定红山村民委员会承担侵权责任。而再审认为“红山村景区属于开放式景区，未向村民或游客提供采摘杨梅的活动，杨梅树本身并无安全隐患，若要求红山村民委员会对景区内的所有树木加以围蔽、设置警示标志或采取其他防护措施，显然超过善良管理人的注意标准”。从而认定红山村民委员会未违反安全保障义务，不存在过错，判定红山村民委员会无须承担侵权责任。

上述价值评判的分歧从根本上涉及运用社会主义核心价值观中“自由”价值理念对案件事实进行价值评判的问题。民事生活奉行“法无明文禁止皆自由”精神，但民事主体实现自身“自由”权利的重要前提是不侵犯其他民事主体的合法权益。红山村民委员会是涉案杨梅树的所有权人。由于其未就采摘杨梅提供有偿或无偿服务，可认定其未对采摘杨梅的不特定民事主体设定民事权利，相应地，其无须承担相关安全保障等义务。在此情况下，其他民事主体无权私自采摘杨梅，否则会构成对红山村民委员会财产所有权的侵害，这是不言自明的简单朴素道理。因此，红山村民委员会对涉案杨梅树及杨梅所有权的行使未侵害其他民事主体的权利，未妨碍其他民事主体的“自由”；而村民吴某私自采摘杨梅的行为构成了对红山村民委员会财产所有权的侵害，妨碍了其就杨梅所享有的财产“自由”。根据“自己过错，自己责任”的责任承担原则，采摘者吴某对于其遭受的损害，应由其自身承担。

运用社会主义核心价值观对上述案件事实进行价值评判，可以看出：一审、二审的价值评判有误，有违社会主义核心价值观中的“自由”价值理念；而再审的价值评判符合社会主义核心价值观中的“自由”价值理念。再审敏锐洞察到该案处理应当运用“自由”价值理念进行价值评判，并正确运用该价值理念对案件事实进行价值评判，进而得出合法合理的裁判结论。

（二）运用社会主义核心价值观对案件推理进行价值指导

1. 路径要义

法官需要充分运用社会主义核心价值观对案件推理进行价值指导，确保案件推理所运用的价值理念与社会主义核心价值观高度一致，从而为案件事实认定或法律适用奠定严密逻辑支撑，有效避免运用不当价值理念进行推理，最大限度减少负面舆情。司法实践中，某些民事案件的裁判结果并无不当，但案件推理运用了与社会主义核心价值观不符的价值理念，引发负面舆情，有损司法公正和司法权威。

2. 典型案例分析与路径应用

如在“彭某与老人相撞案”[12]中，一审法院在对“彭某与老人相撞”这一事实认定以及判决结果上并无不当，但是其案件推理与日常生活经验法则不符，与社会主流价值理念不符，从而引发负面舆情。“前几年的彭某与老人相撞案，从一审的证据看，彭某确实与原告发生了碰撞，一审判决在证据评价和事实认定上并无错误，在审理结果上也并无不当，但为何会引起争论？一个重要的原因就是一审判决没有正确理解和运用生活经验推理。”[13]如该案一审判决认为：“如果被告是见义勇为做好事，更符合实际的做法应是抓住撞到原告的人，而不仅仅是好心相扶；如果被告是做好事，根据社会情理，在原告的家人到达后，其完全可以在言明事实经过并让原告的家人将原告送往医院，然后自行离开，但被告未作此等选择，其行为显然与情理相悖。”上述推理显然超出了社会公众的普遍认知，对见义勇为做好事的好心人提出了过高、过于苛刻的道德要求，与社会主义核心价值观不符。

从社会主义核心价值观的视角进行考察，“见义勇为做好事”属于其中“友善”价值理念所涵盖的领域。一审判决若能运用与社会主流价值理念相符的“友善”价值对案件推理进行价值指导，“把准”案件推理的正确价值脉络和方向，就能认识到其案件推理存在不当，从而能够避免作出不合时宜的推理。

（三）运用社会主义核心价值观对案件所涉价值冲突进行处理

1. 路径要义

民事裁判中，某些案件的处理会面临价值冲突，如何处理价值冲突是裁判者面临的一道难题。在这种情况下，法官需要运用社会主义核心价值观进行价值处理。社会主义核心价值观具有社会主义根本属性，体现着强烈的国家属性和集体属性。“社会主义核心价值观三个层面的基本内容都具有鲜明的社会主义根本属性。”[14]运用对案件价值冲突进行处理时，应当遵循以下处理原则：公民

---

12 参见江苏省南京市鼓楼区人民法院（2007）鼓民一初字第212号民事判决书。

13 《最高法典型案例回应争议：依法独立办案排除舆论压力》，载新浪新闻网，http://news.sina.com.cn/o/2014－07－24/171330573620.shtml，最后访问于2021年6月6日。

14 唐斌：《准确理解和把握社会主义核心价值观的根本属性》，载《社会主义核心价值观研究》2018年第2期。

个人利益与社会公共利益、国家利益发生冲突时，应当尽量兼顾，在难以兼顾时，个人利益应当服从社会公共利益、国家利益。个人自由与社会秩序、国家秩序发生冲突时，应当作类似上述处理。当前利益与长远利益、根本利益发生难以调和的冲突时，应当维护长远利益和根本利益。

2. 典型案例分析与路径应用

"泸州遗赠案"[15]是一起典型的存在价值冲突、需要进行价值冲突处理的案件。该案基本情况为："黄某与蒋某结婚 30 多年，有一养子。1996 年起，黄某与张某公开同居。2001 年 2 月，黄某病重住院。4 月，黄某立下遗嘱，将其部分财产遗赠给张某并作了公证。黄某去世后，张某根据遗嘱向蒋某索要财产，遭到拒绝。张某诉至法院，请求判令蒋某履行遗嘱。法院认定黄某的遗赠行为因违反公序良俗原则而无效，判决驳回张某的诉讼请求。"如果按照民法上自愿原则及遗嘱自由的精神，根据遗嘱继承相关法律规定处理该案，则张某的诉讼请求应当得到支持。但是，该审理结果会使社会公众形成这样的认识，即"张某与黄某之间存在同居的不道德行为，黄某通过立遗嘱处分财产，能够使实施不道德行为的张某获得利益"。这样的审理结果无疑与"任何人不应当从自身的不道德行为中获利"的社会普遍认知不符，损害了社会公共利益，违背了公序良俗，与我国精神文明建设的要求相背离。

该案裁判的关键在于处理好民法上自愿原则、遗嘱自由精神与民法上公序良俗原则、社会公共利益之间的冲突。这种冲突的实质是"自由"与"文明"两大价值理念之间的冲突。从社会主义核心价值观的视角观察，民法上自愿原则、遗嘱自由精神体现的是个体权利的自由行使，以社会主义核心价值观中"自由"价值理念作为依托；而民法上公序良俗原则、社会公共利益体现的是对公共秩序和善良风俗的匡扶，是对社会公共利益的维护，以社会主义核心价值观中"文明"价值理念作为依托。以上述"价值冲突处理原则"作为指引，对该案价值冲突进行处理，可以顺理成章地作出正确的价值冲突处理。价值冲突的处理思路如下：不应当以牺牲社会公共利益为代价来支持公民个人遗嘱自由权利的行使，在"支持个体遗嘱自由权利的行使"与"维护社会公共利益"不可兼顾的情况下，应当作出维护社会公共利益的裁判。在该案中，"自由"价值理念理应"让位"于"文明"价值理念。裁判无疑是正确的，有效维护了社会公共利益，充分彰显了"文明"价值理念。

15　参见四川省泸州市纳溪区人民法院（2001）纳溪民初字第 561 号民事判决书；四川省泸州市中级人民法院（2001）泸民一终字第 621 号民事判决书。

（四）运用社会主义核心价值观对案件所适用的法律进行价值阐释

1. 路径要义

法官需要充分运用社会主义核心价值观对案件所适用的法律进行价值阐释。社会主义核心价值观是我国法治建设的灵魂。我国社会主义法律体系中每一部法律都蕴含着“弘扬社会主义核心价值观”的立法目的，都具有社会主义核心价值观意蕴。运用社会主义核心价值观对案件所适用法律进行价值阐释，揭示其社会主义核心价值观意蕴，能有效增强裁判的充分性和正当性，实现案件良好审理效果。

2. 典型案例分析与路径应用

如在“重庆隔代探望纠纷案”[16]中，董某某、张某某请求判令其对孙子董小某享有探望权。该案基本案情为：“董某某与张某某系夫妻，育有一独生子董某。董某与谭某结婚后生育董小某。后董某被确认死亡。庭审中，双方一致确认，董小某自出生至董某死亡均由董某某与张某某帮助照顾抚养，董某死亡后董小某由谭某及其父母照顾抚养。”该案裁判涉及一个关键问题，即祖父母是否有权探望孙子女。关于探望权，当时我国法律中仅有《婚姻法》第 38 条第 1 款规定：“离婚后，不直接抚养子女的父或母，有探望子女的权利，另一方有协助的义务。”若适用该条款进行裁判，则难以支持祖父母对孙子女探望的诉讼请求。但是，若一律不予支持祖父母对孙子女的探望，则不利于亲人之间和谐、友善相处，违反了公序良俗原则，违背了社会公共利益。在此情况下，可以适用公序良俗原则进行裁判。如该案审理法院认为：“在有利于未成年人健康成长、有利于亲属间感情融和的基础上允许失独老人进行隔代探望，有利于促进家风建设，维护家庭稳定，与公序良俗、社会公德相符，是对社会现实的尊重，对于弘扬社会主义核心价值观和中华民族的传统美德，具有重要意义。”[17]并支持祖父母对孙子进行探望的诉讼请求。

在适用公序良俗原则对该案进行裁判时，可以将其社会主义核心价值观意蕴作如下阐释：支持祖父母对孙子女进行探望的诉讼请求，有利于亲人之间和谐、友善相处，与我国精神文明建设的要求相符，与社会主义核心价值观中的“文明”“和谐”“友善”等价值理念相符。反之，则违背了社会主义核心价值观中的“文明”“和谐”“友善”等价值理念。

---

16 参见重庆市渝中区人民法院（2018）渝 0103 民初 11722 号民事判决书。

17 参见重庆市渝中区人民法院（2018）渝 0103 民初 11722 号民事判决书。

（五）运用社会主义核心价值观为新型裁判规则的构建提供价值指引

1. 路径要义

民事裁判中，在需要构建新型裁判规则时，法官需要充分运用社会主义核心价值观对新型裁判规则的构建提供价值指引。随着我国经济社会的发展，新类型民事案件不断出现，裁判理念也随之不断发展。由于法律存在滞后性、法律用语模糊性等局限，新型裁判规则构建成为民事裁判的一项重要和必要活动。“‘以法律为准绳’是法官审理案件的基本原则，然而，现实中各种各样的案件往往不能从法律文本中找到确定的答案。因此，法官依法构建裁判规则，将裁判规则适用于案件，成为审理案件的普遍路径。”[18]新型裁判规则构建的基本方法在于对法律原则、法律规则及相关法律概念进行解释，赋予其新的、更为确定或者更为深刻的含义等。“构建裁判规则的基本方法是法律解释。”[19]但是，法律解释绝不是任意的，其前提条件之一是要在社会主义核心价值观指引之下进行。社会主义核心价值观指引对案件所适用的法律进行解释，实际上是运用社会主义核心价值观为新型裁判规则的构建提供价值指引。

2. 典型案例分析与路径应用

如在“国内首例用人单位因性别歧视被判书面赔礼道歉案”[20]中，法院对就业性别歧视的救济方式构建了新型裁判规则。而该新型裁判规则构建之枢要在于法院对“就业平等权”作了更为确定和深刻的法律解释，如其认为“就业平等权系指劳动者不论民族、种族、性别、宗教信仰等不同，依法享有平等就业、自主择业而不受歧视的权利。就业平等权不仅属于劳动者的劳动权利范畴，亦属劳动者作为自然人的人格权范畴”。结合情况，法院判令用人单位书面赔礼道歉并赔偿精神损害抚慰金。该案中，法官之所以能够对“就业平等权”作出更为确定和深刻的法律解释，主要原因在于对社会主义核心价值观中“平等”价值理念具有充分的了解和全面准确的理解，以“平等”价值理念指引法律解释，富于创造性地构建了关于“就业性别歧视救济方式”新的合法合理的裁判规则。

（六）运用社会主义核心价值观对案件裁判结果进行价值检视

1. 路径要义

民事裁判中，法官需要运用社会主义核心价值观对案件裁判结果进行检视。

---

18 胡小红：《论司法过程中裁判规则的构建与适用》，载《理论建设》2015年第1期。

19 胡小红：《论司法过程中裁判规则的构建与适用》，载《理论建设》2015年第1期。

20 参见广东省广州市中级人民法院（2016）粤01民终10790号民事判决书。

当案件裁判结果有违社会主义核心价值观时，应当在社会主义核心价值观的指引下，纠正案件的处理而作出正确的裁判结果。

2. 典型案例分析与路径应用

如在“郑州电梯劝阻吸烟案”[21]中，一审法院在认定段某（被劝阻人）的猝死结果是杨某（劝阻人）未能预料的，以及杨某的行为与段某的死亡之间并无必然的因果关系的基础上，仍然基于“段某确实在与杨某发生言语争执后猝死”这一事实，适用“公平责任原则”判决杨某承担补偿责任。运用社会主义核心价值观对一审裁判结果进行检视，可以发现其与社会主流价值理念不符，有违社会主义核心价值观。具体原因为劝阻吸烟行为属于保护公共环境、维护社会公共利益的行为，符合公序良俗原则，与社会主义核心价值观中的“文明”价值理念相一致。且从劝阻过程看，杨某并无过错。一审法院已认定“杨某的行为与段某的死亡之间并无必然的因果关系”，在此情况下，仍然判决劝阻吸烟者承担补偿责任，实际上未对符合社会主义核心价值观的劝阻吸烟行为予以肯定，反而让劝阻人因民事裁判承担了法律上的不利益，这将挫伤公民维护社会公共利益的积极性，损害社会公共利益，有违社会主义核心价值观。因此，通过运用社会主义核心价值观加以检视，可以发现该案一审裁判存在错误。二审法院在发现一审裁判存在错误价值导向的情况下，对一审裁判结果予以纠正，作出合法合理的裁判结论。

结语

法律从来不是一个完全独立和封闭的体系。法律的良好运行不应仅仅通过其体系内部的法律技术、法律思维等得以实现。在民事裁判中，应当注重法律这一社会行为规范体系与该体系之外的道德协同发挥作用，注重充分发挥社会主义核心价值观对民事裁判的价值引领作用。如此，才能真正将民事案件置于“天理国法人情”当中综合考量，才能更有利于实现民事案件的良好审理效果，才能更好实现“努力让人民群众在每一个司法案件中感受到公平正义”的目标。鉴于研究能力、研究视野等局限性，本文所述“价值引领”六个方面的路径难以涵盖社会主义核心价值观对民事裁判进行价值引领全部方面，且六个路径之间可能存在一定范围和程度的交叉、互鉴等关系。期望本文能抛砖引玉，促进对社会主义核心价值观深度融入民事裁判乃至司法裁判的探索与研究。

21 参见河南省郑州市中级人民法院（2017）豫01民终14848号民事判决书。

特惠贸易协定中的国有企业规则的发展与中国应对

李万强　刘　静*

【内容提要】 WTO法律框架下的国营贸易企业规则不足以处理当今国有企业交易活动的复杂性。当多边贸易谈判陷入僵局，美欧等发达经济体试图通过在双边和区域层面纳入新的国企规则规制多边层面尚未解决的问题。这些规则借鉴了WTO相关旧规则的内容，又有所扩展和提升。对于中国而言，严格高标准的国企规则给国有企业参与国际竞争带来挑战，增加中国较高的制度变革成本的同时，与中国自身改革方向也存在一致之处。中国应借由加入《全面与进步跨太平洋伙伴关系协定》对外谈判之际，积极推出兼具公平性和包容性的中国版本国企规则，并完善国内国有企业相关法律制度，推动国有企业进一步深化改革，助力国有企业实现良性发展。

【关键词】 WTO　贸易协定　国有企业　竞争中立

引言

长期以来，国有企业（State-owned Enterprises，SOE）是任何政府实现各种经济和社会目标的重要工具。即使是历经私有化浪潮的发达国家，也因各种目的建立或利用了国有企业。国有企业天然的因公属性使其具有内在的竞争优势。以WTO为平台的多边贸易法律框架自构建开始便通过设定国营贸易企业规则和

* 李万强——西安交通大学法学院教授，主要研究领域：国际经济法。刘静——西安交通大学法学院博士研究生，主要研究领域：国际经济法。本文为国家社会科学基金重点项目“健全境外投资促进与保障法律体系研究”（编号：21AZD065）的阶段性成果。

补贴规则来规制国有企业。[1] 随着全球化及 WTO 成员市场的开放，国有企业参与国际贸易和投资可能产生的扭曲效应逐步成为人们关注的焦点。近年来，经济合作与发展组织（Organization for Economic Co-operation and Development，OECD）一直试图对现代贸易格局以及可能导致“市场扭曲”的不同形式的政府支持所产生的影响进行建模和量化评估，发现在包括铝和钢铁在内的多个行业部门中都出现了市场扭曲现象。2019 年 1 月，OECD 发布《衡量国际市场扭曲状况：铝价值链》报告，该报告考察了对政府干预在价值链上极其普遍的铝行业中运营的全球 17 家最大公司（主要是国企或国有投资企业），这些公司合计占全球冶炼产能的一半以上。报告指出 2013—2017 年间，这些公司接受所在国家政府的财政支持总额高达 700 亿美元，造成即使在全球铝价格下跌、利润率下降的情况下，这些企业仍继续投资新的产能并提高产量，进而导致铝行业的产能过剩，给全球经济带来了负面影响，引起了人们对非市场力量推动生产的担忧。[2]

在新一轮的经济竞争时代，国有企业在国民经济发展中扮演重要角色的新兴经济体积极参与全球市场，成为重要的资本输出国。国有企业海外投资的扩大以及对政治和经济敏感的公司或行业渗透力的增强，被视为对发达国家的挑战。因而经常跻身于世界 500 强之列的中国国有企业首当其冲。美国、欧盟等发达经济体在国有企业的贸易扭曲效应中往往提及中国，关于中国国有企业如何参与国际经济活动及是否能确保公平竞争的问题日益突出。鉴于多边贸易谈判停滞不前，美欧等西方发达国家试图通过在双边和区域层面纳入国有企业新规则。这些规则基本上都涵盖了国有企业的界定、例外条款、实体义务等方面的内容。一方面，这些规则内容完善，有益于国际市场公平竞争；另一方面，对于美国、欧盟等经济发达体而言，对国有企业设定比私企更为严苛的标准，实质上成为平衡来自新兴经济体国有企业竞争压力的贸易政策工具。对于中国

1　WTO 国营贸易企业相关条款的起源可以追溯至 1945 年美国的首先提议。在关于如何塑造战后国际贸易秩序的建议中，美国提出国营贸易可能产生的扭曲影响是需要解决的政府贸易壁垒种类之一。当时关于国营贸易的主要关切是，购买和销售决定（特别是国营贸易垄断公司的决定）的作出可能会对国际贸易造成严重障碍，例如在国家之间实行歧视，提高进口产品转售价格或者人为限制进口、出口产品数量。因此，国营贸易企业的经营可能会破坏限制使用其他更透明贸易政策工具（如关税和配额）的纪律的贸易利益。不到一年后，美国提出的《国际贸易组织宪章》（Charter for International Trade Organization）中提出了这些建议更为详尽的版本，美国提出的这些建议成为联合国于 1946 年 2 月召开的国际贸易和就业会议的主要焦点，在两年内产生 1947 年《关贸总协定》和 1948 年《哈瓦那国际贸易组织宪章》。

2　OECD, Measuring Distortions in International Markets: The Aluminium Value Chain, 8 Jan, 2019, p. 12 -24.

而言，即使不是相关协定的缔约国，也会间接受到影响。尤其是中国目前正积极申请加入《全面与进步跨太平洋伙伴关系协定》（Comprehensive and Progressive Agreement for Trans-Pacific Partnership，CPTPP），这意味着中国需要接受一些新的约束，作出一些新的承诺。中国的国企改革和制度设计如何有效适应国际规则的潮流，可以从现行规则中得到一些启示。新规则的制定是由于对旧规则的不满，在双边和区域层面上新缔结的特惠贸易协定中有关国有企业的新规定在很大程度上借鉴了 WTO 原有的规定。当前，随着单边主义、保护主义和民粹主义为特征的逆全球化浪潮蔓延，加之曾是“二战”后自由贸易旗手的美国转向贸易保护主义并不断摧毁 WTO 所捍卫的自由贸易根基，[3] WTO 的贸易谈判、监督以及争端解决三大职能陷入瘫痪，但是这并不意味着 WTO 地逐渐消亡。2021 年 4 月 19 日，WTO 总干事恩戈齐·奥孔乔-伊韦阿拉在博鳌亚洲论坛称“WTO 正面临挑战，但绝对不会过时”。[4] 现今正蓬勃发展的特惠贸易协定的规则大多在原有 GATT/WTO 规则基础上发展而来，只是标准更高。在 WTO 多边层面规则谈判陷入停滞后，各经济体谈判特惠贸易协定更像是对 WTO 的补充，而非替代。在双边或区域层面上，并不是所有的经济体都愿意选择高标准规则。由于各个经济体议价能力不同，绝大部分 WTO 成员仍会维护既有的多边贸易体制。在没有任何组织能维护已有的贸易自由化后果的情况下，WTO 将长期存在。[5] 尽管 WTO 多边层面规则谈判面临困境，但其诸边协议模式仍旧在发挥作用，未来 WTO 的诸边谈判与特惠贸易协定将同时起到推进规则谈判的作用。目前国内学界对于 WTO 框架下的国有企业相关规则鲜有系统论及，本文将以此为切入点，从规则层面深入分析这些规则和当前特惠贸易协定中国有企业规则，在新旧对比之中，明晰国有企业规则的发展趋势和对中国的影响，并提出应对策略。

一、WTO 协定中的国有企业规则的实践与局限

第二次世界大战后的国际贸易体系建立在规则和原则的基础之上，这些规则和原则往往假定市场经济的存在，即企业根据经济因素而不是政府指令作出

3　姜跃春、张玉环：《世界贸易组织改革与多边贸易体系前景》，载《太平洋学报》2020 年第 4 期。

4　《WTO 总干事恩戈齐·奥孔乔：世贸组织面临挑战，但绝对不会过时》，载新浪财新网，http：//finance. sina. com. cn/7x24/2021－04－26/doc-ikmxzfmk9046935. shtml，最后访问于 2021 年 6 月 30 日。

5　苏庆义、王睿雅：《世界贸易体系变革原因及趋势：一个成本—收益分析框架》，载《太平洋学报》2021 年第 3 期。

决定。关贸总协定/世贸组织（GATT/WTO）没有为成员规定任何特定的经济制度，因而非市场经济国家也被接受为成员。大多数 GATT/WTO 规则只针对政府作为经济活动调节者的作用进行规制，而对于政府通过国有企业参与经济活动的情况，鲜有提及。因此在 WTO 协定中没有提及"国有企业"，而是使用了国营贸易企业一词，但是对于国营贸易企业并没有明确的定义。[6] WTO 协定中没有任何区分国内层面产权方式的规定。[7] 实际上，WTO 大多数的规则原则上对公司的所有权或控制模式均是中立的。它们适用于国际贸易的扭曲措施，而不仅仅考虑这些措施是否有利于国内私营企业，还是国家控制的企业。比如 1994 年《关贸总协定》第 1 条和第 3 条分别规定了外部和内部非歧视原则。第 6 条关于反倾销措施的规则也是如此。《补贴和反补贴措施协定》（Agreement on Subsidies and Countervailing Measures，SCM）规定了政府对货物的补贴和对补贴进口征收反补贴税的义务、权利和救济措施的内容，无论接受补贴的企业是私营企业还是国有企业均适用。

（一）《关贸总协定》第 17 条：条文适用存在不确定性

国有企业的身份在世界贸易体系中可能与国家所有制相吻合，但并非同义。《关贸总协定》第 17 条是关于国家在贸易关系中的作用的主要规定。[8] 但是，《关贸总协定》第 17 条在调节当今国家资本主义蓬勃发展的性质方面用途有限。究其原因主要在于该条的适用存在一些不确定性。第 17.1 条是第 17 条的核心内容，（a）款和（b）款规定是第 17.1 条的最主要部分。毫无疑问，世贸组织成员方有权设立和维持国营贸易企业。根据（a）款规定，一个企业是否需要遵守第 17 条，或者是否是国营贸易企业，不仅只按照企业形式或所有权性质进行认定，即除了国营贸易企业，也包括享受政府授予的"专有权或特权"的任何企业。那么政府可以授予企业哪些专有权或者特权，（a）款并未规定。这是成员方政府的权力，行使权力的同时所需要承担的义务是"承诺……该企业在涉及进口或出口的购买和销售方面应以符合非歧视待遇的一般原则"。然而政府如何履行这种义务使企业符合非歧视待遇的一般原则，第 17.1 条也未作出规定。对于怎样认定一个企业是否以符合非歧视待遇一般原则行事，第 17.1 条（b）

---

6 世贸组织官网上有一个定义，但不是世贸组织成员国商定一致的定义："国营贸易企业被定义为政府和非政府企业，包括经营进出口货物的销售委员会。"

7 P. C. Mavroidis and M. E. Janow，Free Markets，State Involvement and the WTO：Chinese State-Owned Enterprises in the Ring，Working Paper，EUI RSCAS，2017，p. 571.

8 GATT 第 17 条主要规定其国有贸易企业或在国家授予的垄断或特权下经营的企业，对涉及进口或出口的采购或销售，以非歧视性的方式行事，并完全根据商业考虑进行此类购买和销售。

款在语言上似乎与（a）款有一定关联。但是，（a）款和（b）款下的义务之间关系如何也是不明确的。目前已有的WTO判例中，WTO专家组和上诉机构对（b）款中认定一个国营贸易企业是否按照符合非歧视待遇的一般原则行事方面，澄清了一些问题，即国营贸易企业仅需要给予参与其购买或者销售的交易方充分参与的机会，而无须为其竞争对手提供参与竞争的足够机会；在不同市场上购买或者销售方面的不同条件或者待遇，只要是基于商业考虑，就满足非歧视待遇义务。[9]但是应当怎样管理国营贸易企业、第17.1条（a）款与（b）款的范围、"非歧视待遇的一般原则"是否涉及"国民待遇问题"等，已有的WTO案例法中专家组和上诉机构均莫衷一是。[10]

（二）《服务贸易总协定》第8条：规制国有企业范围有限

《服务贸易总协定》（General Agreement on Trade in Services，GATS）第8条的范围比《关贸总协定》的规定要窄，因为它仅适用于垄断供应商和独家服务供应商。第8条第1款规定，每个成员应确保在其境内的任何垄断服务提供者，在相关市场上提供垄断服务方面，不得违反该成员在第2条下的义务和具体承诺。第8条第2款规定，在成员国对公平处理作出具体承诺的情况下，在其垄断权范围之外进行竞争时，禁止"滥用供应商垄断地位"。由于GATS中国民待遇原则的适用仅限于缔约国已作出具体承诺的部门，在许多世贸组织成员国中，在某些战略部门享有垄断地位的服务提供者不受这一要求的约束。

（三）《补贴和反补贴措施协定》：未能实质性解决国有企业补贴问题

《补贴和反补贴措施协定》（《SCM协定》）为规制国有企业提供了更集中的覆盖范围。《SCM协定》实际上也反映了GATT/WTO的所有权中立理念。尽管它表达了对发展中国家私有化的偏爱，但并未对国有企业施加任何义务。然而，将其规定应用于国有企业却被证明是相当麻烦的：在确定补贴的存在时，当涉及的实体是国有企业时，如何确定其是否为公共机构的问题变得特别具有挑战性。根据《SCM协定》，补贴可以由政府"委托或指示"作出财政贡献的公共机构或私人机构授予。但是，政府与公共机构之间的界限并不十分清晰。特别

---

9 Panel Report Canada - Measures Relating to Exports of Wheat and Treatment of Imported Grain, adopted 6 April 2004, WT/DS276/R, paras. 6.48, 6.50. Appellate Body Report Canada - Measures Relating to Exports of Wheat and Treatment of Imported Grain, adopted 30 August 2004, WT/DS276/R, paras. 93-106.

10 Andrea Mastromatteo, WTO and SOEs: Overview of Article XVII and Related Provisions of the GATT 1994, RSCAS Working Papers 2017/08, European University Institute, p. 5-7.

是，这两个术语在功能上是否等效，“公共机构”一词是否涵盖了“政府”一词所未涵盖的内容是有争议的。这种争议与《SCM 协定》下的补贴评估有关，在许多情况下，国家不是通过政府本身而是通过与政府有联系或控制的实体来提供补贴，国有企业可以成为一种以非透明方式提供补贴的现成手段。

2011 年中美双反措施案中，上诉机构强调，“公共机构”的确定涉及对相关实体的核心特征及其与政府的关系的仔细评估，尤其是该实体是否代表政府行使权力。[11] 上诉机构在该案中确立的认定国企是否为公共机构的“政府权力”标准在此后似乎成为主流标准。[12] 然而这一标准还是存在一定模糊性，上诉机构在确立“政府权力”标准的同时创造了“有意义的控制”这一缺口。以美国为首的部分 WTO 成员国利用“公共机构”认定标准留下的缺口继续挑战以发展中国家为主的出口国的国有企业身份。WTO 上诉机构在中美反补贴案中重申了“政府权力”标准的边界，明确驳斥了美国认为政府所有权可能是使实体成为公共机构的决定性因素。上诉机构对于认定“公共机构”的标准似乎坚持了起草者的初衷——不必要把约束政府的范围扩大得太广。国有企业可以作为真正的商业企业，在与私营企业平等竞争的环境中经营，不应仅仅因为政府拥有多数股权就对国有企业区别对待。尽管如此，这并没有解决国有企业作为补贴的工具而产生的问题。“政府权力”标准在实践中仍然存在没有释明的模糊概念，对于认定“公共机构”的证据性标准也需要进一步明确和细化。

二、特惠贸易协定中的国有企业规则的继承与发展

（一）特惠贸易协定与 WTO 多边贸易协定的关系

当 WTO 多边贸易谈判陷入僵局，而争端解决机制只能提供部分解决办法时，各国制定新法律规则的主要途径是通过谈判特惠贸易协定（Preferential Trade Agreement，PTA）来完全脱离 WTO。特惠贸易协定过去被更多地译为“自由贸易区协定”，但实际上其涵盖的内容比通常理解的自由贸易区协定宽泛得多。[13] 此前，WTO 曾在其发布的《世界贸易报告》中以“WTO 与特惠贸易

---

11 United States – Definitive Anti-Dumping and Countervailing Duties on Certain Products from China, Appellate Body Report, WT/DS379/AB/R, para. 318.

12 United States – Countervailing Measures on Certain Hot-Rolled Carbon Steel Flat Products from India, Appellate Body Report, WT/DS436/AB/R, para. 4. 43. United States-Countervailing Duty Measures on Certain Products from China (Recourse To Article 21. 5 of the DSU By China), Appellate Body Report, WT/DS437/ABRW, para. 5. 100.

13 王中美：《特惠贸易协定与多边贸易协定：一致或侵蚀》，载《国际经贸探索》2013 年第 3 期。

协定：共存到一致”为题，指出特惠贸易协定是指涵盖区域、双边或诸边的对等优惠协定。而对于PTA与WTO多边贸易协定的关系，即PTA到底是WTO的威胁还是必要补充，该报告认为，二者共存是未来的主要趋势，但希望PTA与WTO能保持一致。[14]从本质上讲，目前PTA激增在一定程度上无疑反映了多边体系内的瘫痪状态，也定义了被认为是支撑21世纪国际贸易所必需的新的国际纪律。

近五年来，美国、欧盟、澳大利亚、加拿大、日本等主要贸易实体签署的PTA，对国有企业的监管发挥了越来越大的作用。在国际经济关系多边框架面临巨大压力，反对多边主义和国际政治法治化的呼声高涨之际，双边主义在贸易领域强势回归。双边和大型区域贸易协定代表着国有企业新规则的天然出路。为了充分了解当代PTA在对国有企业建立更复杂的贸易纪律方面的做法，有必要了解形成新规则的概念和原则是如何在具体条约中得到发展和体现的。

（二）特惠贸易协定的中国有企业规则的规制模式

美国和欧盟作为全球最大的经济实体，是国有企业贸易规则的主要发起者，为了扩大各自的经济影响力，二者缔结的PTA的辐射范围涵盖了世界各个地区的国家。在PTA中规制国有企业大致有三种模式：

第一种模式是没有额外的针对国有企业的具体规定，以中国与具有类似市场经济国家或位于共同区域的国家所缔结的协定为代表。

第二种模式是采取折中的方式，规定了少量针对国有企业的规则。这种模式大致可以分为两类国有企业规则，第一类以《北美自由贸易协定》（North American Free Trade Agreement，NAFTA）为代表，还有美国、欧盟、其他贸易大国如加拿大、日本、澳大利亚、新加坡和韩国缔结的一些双边协定。这类条约以不同范围纳入了缔约国的义务，确保国有企业（有时被“公共事业”等一般概念所涵盖）、指定垄断企业（无论是私有的还是公有的），以及其他被授予特殊权利的企业，在涉及投资出售商品或服务时，不歧视其他方的商品、服务或投资，且依照商业考虑行事。此外，这些国有企业不应利用其地位或受委托的权利，直接或间接（例如通过与母公司、子公司或其他共有企业的交易）从事对没有特殊或排他性权利的其他方的投资、货物或服务贸易产生不利影响的反竞争行为。第二类主要包括与国有企业有关的“竞争中立”法律，特别是在澳大利亚的推动下，以《新加坡—澳大利亚自由贸易协定》《韩国—澳大利亚自由

---

14 World Trade Organization（WTO），World Trade Report 2011：The WTO and Preferential Trade Agreements：From Co-existence to Coherence，Jul 20，2011，p. 42.

贸易协定》《日本—澳大利亚自由贸易协定》《韩国—新加坡自由贸易协定》等条约为代表。这些协定试图在不同程度遵守竞争中立的情况下，将对在国企和私企直接创造公平竞争环境的重要性的共同认识转化为法律文本。

第三种模式则是规定了深入且庞杂的针对国有企业的具体规则，例如《美加墨协定》（United States-Mexico-Canada Agreement，USMCA）和《全面与进步跨太平洋伙伴关系协定》（Comprehensive and Progressive Agreement for Trans-Pacific Partnership，CPTPP），后者的前身是《跨太平洋伙伴关系协定》（Trans-Pacific Partnership Agreement，TPP）。这些协定均为美国近年来所主导，因此可被认为是典型的“美国模式”。这些协定设立了关于国有企业的独立章节，力求纳入从《关贸总协定》和《北美自由贸易协定》继承下来的传统纪律（即非歧视和商业考虑的概念），以及被称为非商业援助的新框架，其主要目的是防止国有企业因获得政府的利益对其他各方的利益造成不利影响或损害。

通过对以上这些条约的规则文本进行初步分析可以发现：首先，在国有企业监管方面，这些规则都是分散的，且在确立的某些义务和例外方面存在大量重叠，但是总体趋势是朝着加强和扩大国有企业规则的方向发展。这些规则之间的共性在于它们都旨在限制国家干预经济的方式，影响那些在经济上依赖国有企业的政府制定措施。其次，这些规则将规制的对象范围从原先仅从事国际贸易的国有企业扩大到从事任何商业活动的国有企业，即使这些企业从事的是国内贸易。此外，这些规则还扩大到规制服务业。值得注意的是，与美式 PTA 不同，在以欧盟主导缔结的 PTA 中，[15] 国有企业规则多分散在竞争法、补贴等章节中。这些国有企业规则与其他 WTO 或 WTO-X 条款相互作用，虽然不具体适用于国有企业，但扩充了补贴领域和在 WTO 规制范围之外的竞争法领域的多边法律规则。这些规则的重要性因具体条约和地区而异，竞争法规则在深度和范围上各不相同，但一般都涉及促进竞争的义务、竞争法的制定、合作解决争端。

（三）特惠贸易协定中国有企业规则的新发展

1. 进一步明确界定国有企业的定义

PTA 几乎均规定了国有企业或功能等同于国有企业的法律定义：通过“国

15　以《加拿大—欧盟综合经济与贸易协定》（Comprehensive Economic and Trade Agreement，CETA）、《欧盟与日本经济伙伴关系协定》（EU-Japan Economic Partnership Agreement，EU-JEPA）、《跨大西洋贸易与投资伙伴协定》（Trans-Atlantic Trade and Investment Partnership，TTIP），以及欧盟与东南亚国家签订的一系列自由贸易协定，如《欧盟—越南自由贸易协定》（EU-Vietnam Free Trade Agreement，EU-VFTA）、《欧盟—新加坡自由贸易协定》（EU-Singapore Free Trade Agreement，EUSFTA）等为代表。

有企业”和“公共事业”等一般性概念来界定国有企业，并基于非歧视和商业考虑的义务，明确提及1994年《关贸总协定第17条的解释与理解》以及《服务贸易总协定》第8条第（1）、（2）款。[16]这些定义基于政府权力下放和政府所有权或控制权的结合；[17]或完全基于政府权力下放；[18]或完全基于政府所有权/控制权。[19]例如，根据CPTPP第17.1条，国有企业是主要从事商业活动并具有以下一个或多个特征的企业：缔约方（1）直接拥有企业50%以上的股份；（2）通过拥有企业50%以上的表决权来控制企业；或（3）有权任命执行局或任何其他决策机构的多数成员。《欧盟与日本经济伙伴关系协定》第13.1条扩大了这一定义，并补充说，国有企业也是政府有权依法指导其行动或根据其法律法规行使同等程度控制权的企业。这种规定与《美国—新加坡自由贸易协定》（United States-Singapore Free Trade Agreement，USSFTA）中相关内容非常相似。

但是，最全面的控制概念体现在USMCA第22.1条中，该条扩展了CPTPP对国有企业的定义，包括间接拥有超过50%的股本，并设立“决定性影响”标准——通过任何其他所有权权益（包括间接或少数股权）控制企业的权力。该条款的脚注阐明，如果政府可以通过所有权权益确定或指导影响企业的重要事项（不包括少数股东保护），则存在这种权力，并且在确定一方是否拥有这种权力时，应逐案审议所有相关的法律和事实要素。WTO的上诉机构倡导的是政府权力标准，但是CPTPP和USMCA中的概念偏离了此类标准，采用对国有企业股权规模和盈利门槛的可量化规则来评估国有企业活动的商业性质，从而消除法律适用的不确定性。相比之下，之前的TPP规则中的定义则缺乏确定政府事前控制的明确标准及对国际行为的隐性要求。然而，明确的定义也会起到适得其反的效果，削弱国有企业规则的约束力。例如CPTPP中对于所有权或者控制权的定量阈值并未考虑其他享有少量所有权或控制权的参与者实际上可以对企业股权进行结构化以保留政府控制权，从而间接控制企业的情况。此外，上述PTA中均缺乏对于连锁董事会的规定，这可能会为参与者提供重新构建所有权

---

16 CETA第18.1条、第18.2条。

17 NAFTA第1503.2条、第1505条。

18 《美国—韩国自由贸易协定》（United States-Korea Free Trade Agreement，KORUS FTA）第16.3条；《美国—澳大利亚自由贸易协定》（United States-Australia Free Trade Agreement，AUFTA）第14.4条。

19 《韩国—澳大利亚自由贸易协定》（Korea-Australia Free Trade Agreement，KAFTA）第12.3条、第14.4条；《新加坡—澳大利亚自由贸易协定》（Singapore-Australia Free Trade Agreement，SAFTA）第10.4条；EUSFTA第11.3条。

或者控制权的契机，以规避规则的适用。[20] 由于五花八门先进的会计技术，国有企业在适用上述 PTA 中的规定必须达到的盈利门槛标准也是有问题的，除了转让定价操作外，还有其他手段可以导致相关实体之间的交易不显示为盈利。

2. 设立大量豁免、保留和例外条款

国有企业的定义受到国有企业规则适用范围和例外规定的限制。在双边层面，TPP 谈判之前，存在非常有限的豁免。而 CPTPP 中的国有企业规则有一系列豁免、保留和例外规定。随后的 PTA 中也存在不同程度的豁免规定，包括 CETA、EU－JEPA、EU－VFTA、USMCA、《服务贸易协定》（Trade in Services Agreement，TiSA）、《跨大西洋贸易与投资伙伴协定》（Transatlantic Trade and Investment Partnership，TTIP）拟定文本。

其中，CPTPP 是相当独特的，因为附件中所载的关于例外情况的页数（大约 100 页，占总数的 70%）比一般规则本身的页数要多。不同地域、不同经济发展水平的国家可在附件四中以不符合非歧视、商业考虑和非商业资助等主要义务的措施一览表的形式提出保留。事实上，几乎所有成员国（除了新加坡和日本）都列入了这样一个一览表，从最少 1 项不符措施（澳大利亚）到最多 14 项不符措施（越南）。此外，新加坡和马来西亚都在 CPTPP 第十七章中附加了一个附件，规定了一些特定的例外情况，允许两国的国有企业忽略 CPTPP 义务，前提是这些企业的商业决策独立于政府。CPTPP 这一复杂的法律框架反映了不同国家中，包括发达国家和发展中国家、市场经济和非市场经济国家，不同类型的国有企业的角色和所发挥的作用。然而，这些例外条款的庞杂数量导致了问题的出现：大量的豁免和例外条款是否会致使大多数实质性条款无法产生效用？如果在五年内，按照第 17.14 条的规定审查该条约，考虑到需要 CPTPP 11 个缔约方的同意，这些条款在多大程度上可以得到改变？

3. 扩大适用非歧视待遇与商业考虑义务

可以说，CPTPP、USCMA 以及 EU-JEPA 和 CETA 都是综合性处理国有企业的国际条约，它们在一定程度上解决了世贸组织层面尚未解决的一些问题。最新的 PTA 规定了国有企业需要遵循的非歧视和商业考虑的义务，这些规定虽然根植于《关贸总协定》中的国营贸易企业规则，但是也有重要变化。

最新的 PTA 中对国有企业非歧视待遇的规定，消除了《关贸总协定》第 17 条规定存在的混淆情况，即明确承认国民待遇原则为非歧视待遇的一部分，将国民待遇和最惠国待遇原则无差别地适用于缔约方。对于非歧视待遇和商业考

20　Mitsuo Matsushita，State-Owned Enterprises in the TPP Agreement，Julien Chaisse et al.（eds），Paradigm Shift in International Economic Law Rule-Making（Springer 2017），p. 201.

虑相关规定的解释与上诉机构也截然不同，上诉机构长期以来一直将商业考虑解释为非歧视待遇义务的判断标准。相比之下，最新的PTA将它们放在两个截然不同的条款中，两者之间没有逻辑联系。[21] 此外，遵守非歧视待遇的义务范围延伸到服务贸易和来自其他缔约方的投资。[22] 为了有利于提升市场的国际竞争性，非歧视待遇也涵盖了国有企业在国内的活动。

最新的PTA在定义"商业考虑"时，将其定义为相关行业或产业的私营企业在商业决策中也会考虑的那些因素，[23] 这是WTO法律中所没有的内容。WTO争端解决实践中，上诉机构对"商业考虑"的解释是国营贸易企业如果完全基于价格、质量、可获性、适销性等因素考虑进行购销活动，则其行为即基于商业考虑行事。[24] 换言之，国营贸易企业应对其所有者、成员和受益人带来经济利益。而这些协定对商业考虑的补充界定，将私营企业作为国有企业参与商业活动的行为参照对象，实际上将其解释成了一种类似于竞争法的义务。

然而，商业考虑义务的主要困难是，没有明确的经济标准来确定一个公司的行为是否具有商业合理性。以极低的价格出售商品以吸引顾客的行为既可以是出于商业考虑的公司，也可以是出于其他动机的公司。尽管EU-JEPA在规定商业考虑时作了相应补充，加入了另一个界定因素"市场经济原则"，[25] 将其反倾销调查中替代国方式适用于判断是否违反商业考虑义务的合理性还有待商榷。从严格国际法意义上讲，目前还没有统一认可具有约束力的（非）市场经济国家标准。[26] 基于案件的潜在复杂性，参考国际或国内的判例法有益于对单个实体行为的审查，但是目前还没有任何一个PTA具有有效且常态化的争端解决机制。

4. 首创针对国有企业的非商业资助法律制度

CPTPP和UCMCA均包含了非商业资助（Non-commercial assistance，NCA）法律制度。由于以前的贸易协定并未涵盖这些规则，因此可以被看作创新。[27] 但

---

21 CPTPP第17.4（1）条；USMCA第22.4（1）条；CETA第18.4条、第18.5条。

22 CPTPP第17.4条；USMCA第22.4条；CETA第18.4条、第18.5条；EU-JEPA第13.5条；EU-VFTA第11.4条；US-Singapore FTA第12.3条；EUSFTA，第11.3条。

23 CPTPP第17.2条；USMCA第22.1条；EU-JEPA第13.1条。

24 Canada-Measures Relating to Exports of Wheat and Treatment of Imported Grain，WT/DS276/AB/R，para. 140.

25 张斌：《国有企业商业考虑原则：规则演变与实践》，载《上海对外经贸大学学报》2020年第4期。

26 李雪平：《国际贸易法制的变迁原理及中国的政策选择》，载《法学评论》2021年第2期。

27 J. S. Fleury and J-M. Marcoux, The US Shaping of State-Owned Enterprise Disciplines in the Trans-Pacific Partnership，Journal of International Economic Law，(2016) 19 (2)，p. 445.

是究其本质，NCA 规则是 WTO 规则的扩展。新规则坚持了《SCM 协定》的基本原则并将这些纪律扩展到《SCM 协定》未涵盖的情况，例如与服务贸易、投资有关的非商业资助。国有企业相对于民营企业可能享有的一些隐性优势，实际上可以归结为政府的直接或间接补贴。新规则禁止缔约方通过 NCA（一般定义为向政府拥有或控制的国有企业提供的任何援助）购买、销售货物、服务和投资，对其他缔约方造成不利影响或损害。[28] 除了 NCA 的详细定义条款外，CPTPP 和 USMCA 还包含有关不利影响和损害概念的实质性纪律、NCA 规则的例外情况和程序规定，以确保引入类似贸易救济机制的相同规则的实施。[29]

CPTPP 和 USMCA 列出了 NCA 被视为对另一方利益产生不利影响或对其国内产业造成损害的非常具体的条件，尽管这些规定相当冗长，但底线是实质性的纪律一般不会限制 NCA 本身。相反，新规则旨在控制同一种援助可能产生的某些负面影响。如果某一特定形式的 NCA 对另一方造成不利影响或损害，提供国需要采取适当行动消除这些影响或撤回有关资助。否则，将面临条约中争端解决程序所允许的反制措施。USMCA 也包含无条件禁止向主要从事电力以外产品生产的国有企业提供三种形式的 NCA。[30]

至于程序性条款，虽然 CPTPP 和 USMCA 没有纳入类似于《SCM 协定》第 18 条规定的承诺制度。从本质上讲，《SCM 协定》第 18 条赋予了申诉方广泛的自由裁量权使其掌握采取反制措施的主动权。CPTPP 和 USMCA 在这方面没有引入任何革命性的机制。但是，在试图解决证据问题时，它们都规定了如果被诉方在信息收集过程中不合作，为解决争端而设立的专家组应在作出事实调查结果和初步调查结果时作出“不利推论”报告。[31] 与此同时，就反制措施而言，也都规定了胜诉方可以“中止同等效力的利益”。[32] 这似乎等同于《SCM 协定》，该协定允许胜诉方采取“适当的反措施”或“与不利影响的程度和性质相称的反措施”。[33]

在非商业资助制度下，重要的是使用“间接”一词来限定向国有企业提供 NCA 的资格。[24] 正如 USMCA 第 22.6 条的脚注所阐明的，该脚注呼应了《SCM

---

28 CPTPP 第 17.1 条；USMCA 第 22.1 条。

29 Matsushita, supra note 8, at 194 – 8.

30 USMCA 第 22.6（1）条规定，无条件禁止 NCA 的形式有：政府企业向资不抵债的国有企业提供贷款或贷款担保；当接收方资不抵债或即将资不抵债而没有可信的重组计划时，提供的任何形式的 NCA；一方或其国有企业将国有企业的未偿债务转换为股权。

31 CPTPP 第 17.15 条、附件 17 – B；USMCA 第 22.15 条、附件 22 – B。

32 CPTPP 第 28.20（3）条；USMCA 第 31.19（1）条。

33 《SCM 协定》第 4.10 条、第 7.9 条。

34 CPTPP 第 17.6（1）条；USMCA 第 22.6（2）条、第 22.6（4）条、第 22.6（6）条。

协定》第1.1(a)(1)(iv)条的规定，“间接规定包括当一方委托或者指导非国有企业提供非商业性资助”。这两项条约也都明确规定，国有企业与国家本身一样，不得向其他国有企业提供对另一方造成不利影响或损害的NCA。[35]因此，国有企业不能作为直接或间接向其他国有企业提供补贴的“传递”工具，即使它们不符合上诉机构对《SCM协定》中“公共机构”定义的解释。因此，NCA规则的主要好处是，它们适用于未被《SCM协定》所涵盖的政府援助的情况。此外，对于从事服务贸易的国企而言，在缺乏与服务贸易有关的WTO补贴规则的情况下，CPTPP和USMCA规则对该领域的影响对于相关各方而言是巨大的。然而，NCA规则并非没有问题。由于这些规则与《SCM协定》重叠，两种制度之间的协调可能会有问题。此外，虽然CPTPP规则试图涵盖可能仍不受《SCM协定》约束的NCA（例如，由未被授予政府权力的SOE提供的援助），但它们并未考虑资助出口对另一方在其国内市场经营的行业产生不利影响的情况，[36]根据《SCM协定》对出口进行补贴也会导致征收反补贴税。因此，如果提供援助的形式不符合《SCM协定》中“补贴”的定义，进口方可能无法解决援助出口对其国内工业的不利影响。[37]

CPTPP和USMCA规则不涵盖国有企业向私营企业提供援助的情况。因此，“国有企业即是补贴提供者”的问题只能得到部分解决。根据这两个条约，如果最终接受资助者是私营企业，而《SCM协定》不适用，则这些实体仍然可以以不透明的方式代表政府提供补贴。最后，这两个PTA中的NCA规定相当复杂，首次引入了“不利影响”要求和“产业损害”标准等核心概念。此外，还有其他条款规定了这些伤害标准的例外情况。[38]这降低了参照WTO以往做法的效用。然而，正如《SCM协定》的历史所表明的那样，许多核心术语和方法是通过专家组和上诉机构的解释而澄清和发展起来的。对于正在讨论的条约，情况可能也是如此。因此，NCA规则要求同时发展稳固的争端解决机制。如果不能做到这一点，则会导致此类条约下的国有企业监管法律的不完善，进而使各当事方根据其偏好和利益来解释更加晦涩难懂的术语。

---

35 CPTPP第17.6（2）条；USMCA第22.6（5）条。

36 CPTPP第17.7（1）（b）（i）条；USMCA第22.7（1）（a）条。

37 CPTPP第17.7（1）（c）（i）条规定，进口方只能对被援助国有企业生产的商品的进口作出反应，当援助导致价格显著下降、价格显著抑制、价格下降或销售损失的现象时，当事方的市场（在同一市场内），不受影响市场的构成因素的限制。

38 CPTPP第17.6（4）条、第17.7（5）条、第17.7（6）条。

三、特惠贸易协定中的国有企业规则的发展对中国的影响分析

上述PTA中的国有企业规则旨在确保缔约方国内的国有企业不以损害外国公司为代价而改变国内和国际市场上的竞争条件。在缺乏有关各方遵守的财产所有权的强制性规则的情况下，通过对国有企业施加义务，减少国家干预经济的动机。此外，在为国有企业的运作塑造外部法律基础结构的过程中，新的国际贸易规则也限制了国家内部干预经济的方式。从条约法角度来看，新规则应适用于其缔约方之间，不应为第三方创设权利和义务。[39] 但这些缔约方同时又是WTO成员，因而中国在同CPTPP、USMCA等协定的缔约方开展国际贸易的过程中，必然会遭受新规则的挑战。如此，与我国已经在WTO下所作的承诺相比，在差异中也有一致之处，对中国相应领域规则的制定也有一定借鉴作用。

（一）对国有企业参与国际竞争设置新规则壁垒

中国国有企业数量众多、体制独特，是参与国际贸易和投资的主体力量。PTA中的国有企业规则对国有企业认定范围的扩大和非商业资助的规定在某种程度上会成为国企走出去的障碍。以非商业资助的规定为例，多边贸易规则并不干预政府采用补贴寻求国内产业发展的做法，而旨在禁止政府通过财政资助不公平地为特定企业给予实际利益，体现创造公平竞争的市场环境与实现法律实质正义的价值理念。[40] 然而PTA中的非商业资助将“利益获取”要件排除在认定资助的标准之外，变相放松了资助的认定标准，会导致虽然获得资助但并未因此取得任何实质性利益的国有企业成为非商业资助规则规制的对象。即便企业未因资助享有特殊待遇，也会不公平地产生救济义务。正常的国有金融机构与国企之间以及国企相互之间的交易很有可能会被怀疑或被认定为非商业资助而受到起诉，因为中国的国企大多在产业链上游，这个问题尤其突出。对“不利影响”的宽泛认定，则很容易产生中国政府对国有企业提供非商业资助导致他国经济发展受损的断论。因为按照CPTPP和USMCA“不利影响”的定义，中国国有企业的货物或服务在境内或者境外造成所在市场的市场份额的绝对或相对重大变化，即为替代或阻碍了外国的货物或服务，这将严重影响我国国企国际竞争力的提升。

39　1969年《条约法公约》第34条规定：“条约未经第三国同意，对第三国既不创设义务，也不创设权利。”

40　王秋雯：《国有企业规则在区域贸易谈判平台中的新发展与中国政策》，载《国际贸易》2018年第6期。

（二）增加中国的制度变革成本

最新的PTA规定了一套比WTO协定更全面的处理国有企业商业活动的条款。然而，寻求有约束力的规则并没有导致平衡和有效的制度。用国际贸易规则规制政府对国有企业的干预从而控制对其他国家企业所产生的负面影响，是一项极其困难的规范性工作。例如，所分析的PTA中包含的大量例外和豁免情况表明了各国对政府的合法作用、政府的哪些目的和行为应受到国际纪律的约束都有不同的看法。尽管对这种差别的接受已根植于新的贸易制度之中，但其他一些严格的规则可能会阻碍国有企业作为公共政策目标驱动的政策工具的运作。尤其对于中国而言，国有企业比重较大且承担着经济和社会发展的重任。尽管中国在加入WTO时，已作出承诺“保证所有国有和国家投资企业依据商业考虑进行购买和售卖”，并遵循非歧视原则。中国也在制定自己的PTA规范，对国有企业作出了相关承诺。但是新的PTA中非歧视待遇与商业考虑义务，不管国有企业是否实际享有因其所有制而获得政府给予的不正当竞争优势，以国有企业身份为基础，对其参与商业活动同时施加了准政府义务和市场参与者义务。[41]中国政府与企业的关系需要改革，自党的十四大以来中国便一直在根据实践拓展和认识深化寻找新的科学定位。党的十九届五中全会提出推动有效市场和有为政府更好结合，这个前提是处理好政府与市场的关系。但是改革并不是一蹴而就的，尽管这些规则目前对中国没有约束力，但是这些规则的缔约方与中国之间都有不同程度的贸易往来，高标准的国有企业规则会带来潜在的贸易转移风险，从而给中国带来了较高的制度变革成本。

（三）与中国国有企业改革的方向并非完全背道而驰

诚然，最新的PTA中制定的国有企业条款，给作为中国的第三方带来了巨大的引力和竞争压力。但是这些规则和中国加入WTO时期已经作出的承诺相比，差异并不是不可调和的。如果说USMCA中的“非市场经济条款”上体现出贸易协定的“政治化”，是美国有意针对中国设计的条款当然是毋庸置疑的。[42]但是认为PTA中的国企规则意在歧视、打压中国的观点则是没有根据的。早在中国加入WTO时期，西方国家对于中国国企可能给全球贸易体系带来的挑战有清楚认识并做了充分准备，除了国企作为补贴提供者的问题。中国已作出承诺

---

41 陈瑶：《新一代区域贸易协定对非歧视待遇与商业考虑条款的重塑》，载《海关与经贸研究》2021年第1期。

42 张生：《从〈北美自由贸易协定〉到〈美墨加协定〉：国际投资法制的新发展与中国的因应》，载《中南大学学报（社会科学版）》2019年第4期。

"保证所有国有和国家投资企业依据商业考虑进行购买和售卖"，并遵循非歧视原则。实际上接受的约束大体相当于现在的 PTA 中要求的水平。这并不是说国企可以轻松适应 PTA 中的要求。最新的 PTA 建立了独立、高标准的国企规则体系，对国有企业界定、非歧视和商业考虑，非商业资助等规则进行详细的阐述，体现了竞争中立的目标。而中国长期对国企改革的方向与竞争中立原则是一致的。例如商业考虑义务，实质上是要求政府减少对国企商业活动的干预，中国《关于国有企业功能界定与分类的指导意见》中，对于被界定为竞争类国有企业的要求即是按市场化进行商业化运作，将经济效益和资本回报作为考核内容。再如中国目前推行的深化供给侧结构性改革方针，尽管这一改革有广泛的内容，包括"去产能、去库存、去杠杆、降成本、补短板"，但归根结底就是理顺政府和市场或企业之间的关系。

四、中国应对特惠贸易协定中的国有企业规则的建议

在 WTO 法律框架下对国有企业问题的规制出现局限性之后，近年来发达国家主导达成的大型区域贸易协定制定了严格高标准的国有企业条款，其中不乏移植 WTO 原有规则的内容，但在此基础上也进行了一定程度的扩张。作为 WTO 成员国，我国在加入之时已经承诺并承担了相关国有企业的义务。并且自党的十八大以来，我国国企改革的目标与现行大型区域贸易协定中国企条款中的内容存在一致之处。但也要看到，这些国企条款不仅仅纯粹致力于国有企业的治理改革，也隐含着以美国为代表的发达经济体通过重塑国际规则以平衡来自新型经济体国有企业竞争压力的目的。尽管诸如 USMCA 等 PTA 并不直接对中国产生约束力，但是"非市场经济条款"等规则使得这些贸易协定中的国有企业规则仍然对中国产生影响。在百年未有之大变局背景下，中国在推出国有企业问题的应对方案时，可以从以下两个层面进行应对：

（一）国际层面：积极推出兼具公平性和包容性的中国版本国有企业规则

我国国有企业在经济、社会发展中具有特殊地位，因而对在贸易协定中规制国有企业问题曾持保守态度。[43] 在中国已经签署的自由贸易协定中对于国有企业问题的规定仅仅基于竞争法层面。在签署全球最大的自由贸易协定《区域全面经济伙伴关系协定》（Regional Comprehensive Economic Partnership Agreement，RCEP）之后，我国正在积极寻求加入 CPTPP。2020 年 11 月 20 日，习近平主席出席亚太经合组织第 27 次领导人非正式会议时表示：中方欢迎区域全面

43 钟立国：《自由贸易协定竞争政策条款研究》，载《武大国际法评论》2020 年第 6 期。

经济伙伴关系协定完成签署，2021 年 9 月 16 日，中国向 CPTPP 保存方新西兰提交了正式申请加入的书面信函。加入 CPTPP 意味着我国需要接受其严格规定的国有企业规则。我国应借由加入 CPTPP 的契机，积极开展与国有企业规则有关的国际贸易谈判，立足于发展中国家和本国立场，推出中国式国有企业规则。

首先，坚持所有制中立的国有企业规则，推动国企规则标准由所有权标准向特权标准转变。国有企业规则不能仅因政府出资而引起歧视，不因企业所有权归属而推定其限制竞争的影响，重点在于矫正因公权力授予的特权而造成的扭曲竞争。中国应坚持所有制中立的国有企业规则，确保创造与所有制属性无关，国企和私企一视同仁，平等参与国际竞争的市场环境。

其次，应注重国有企业规则需求与现实的兼容性。在加入 CPTPP 或者未来的贸易协定谈判时，中国可参照其他国家接受国有企业规则的做法，结合本国实情，灵活寻求弹性承诺，争取设置例外、豁免条款。如对承担国家安全、具有国家战略意义的国企争取行业整体豁免。坚持将履行公共职能、执行政府政策政令的国有企业行为排除在国有企业规则适用之外。

最后，立足于发展中国家立场，求同存异，推进中国式兼具公平性和包容性的国有企业规则。由于国家主权平等的基本原则和各国政策偏好的内生差异，普遍适用、高度合作、充分履约的国际合作在理论上是不可能的。[44] 中国目前仍处于发展中阶段，绝大多数发展中国家的国内规制程序与机制也存在巨大差异，中国在引领国有企业规则构建时，应通过对话、协商方式等主动与发展中国家就国有企业规则达成共识，在与发达国家或地区谈判时立足于发展中国家立场，灵活探索与发达国家或地区经贸合作的接合面，兼顾国际规则构建与国家规制主权、促进发展政策之间的真正协调。

（二）国内层面：完善国内国有企业相关法律制度，推动国有企业进一步深化改革

一国国内经济社会的稳定繁荣，是其在国际社会发挥引领作用的根基。[45] 中国要在国际层面提升国有企业规则建构的话语权，输出中国版本的国有企业规则模式，必然要以完善与国内国有企业相关的国内法律制度作为国际谈判的根基。

首先，减少政府对国有企业商业活动的干预。我国在国有企业分类改革开

---

44 王鹏：《国际规则的灵活性机制初探——以丝绸之路经济带能源合作为例》，载《国际关系研究》2017 年第 3 期。

45 李万强：《“一带一路”倡议与包容性国际法发展》，载《江西社会科学》2017 年第 5 期。

始之后，已对国有企业种类进行了划分。根据现有分类，应对竞争性商业类国有企业贯彻商业考虑规则，对具有“准公共服务”属性的功能性商业类国有企业确保实现政企分开，除实施符合法律要求的外部监管外，减少对其运营的直接控制和干预。

其次，借鉴域外有益经验，完善中国财政补贴，尤其是对国有企业的补贴制度。其实，并不是所有补贴都与国际经贸义务不符。问题的关键是，我们应该如何优化、完善国有企业补贴制度。在此方面，我们可借鉴欧盟的国家援助控制制度探索中国版本的补贴规范制度。欧盟国家援助控制制度的实质不在于彻底禁止补贴等援助措施，而在于明确如何在不扭曲市场竞争的前提下进行有效援助。中国已建立起公平竞争审查制度，与欧盟国家援助控制制度相比较，我国公平竞争审查制度所审查涵盖的范围更广，但是也存在明显不足，如审查标准表述过于刚性导致实践中在财政领域尚未形成良好的规范效果。[46] 在这方面欧盟国家援助控制制度无疑能为治理、整顿、改革我国财政补贴制度带来诸多借鉴和启示。取其精华，去其糟粕，重构公平、透明的财政补贴制度，强化对国有企业补贴的法治化程度，以适应国际层面国有企业非商业资助法律制度的发展趋势。

最后，进一步完善竞争政策与产业政策的协调机制。自党的十八大以来，我国对市场公平竞争的关注空前，由重视产业政策逐步转向重视竞争政策，而竞争政策本身仍需要完善。2021 年 10 月 23 日，《反垄断法（修正草案)》正式公布。草案中首次明确了竞争政策的基础地位和公平竞争审查制度的法律地位。这体现了通过国家援助（如财政补贴、税收优惠）等政府行为对市场公平竞争造成的隐性破坏已经受到我国《反垄断法》的应有重视。公平竞争审查制度的有效推进，对于落实竞争政策基础地位将起到关键作用。当前，作为国家竞争政策与产业政策协调机制的公平竞争审查制度在实施中仍存在一些问题，可进一步再强化外部监督、提升审查标准的可适用性，法律责任条款细化区分等方面完善现有政策文件，以提升公平竞争审查制度的有效性与规范性。

结语

由美国、欧盟等发达经济体主导缔结的 PTA 规定了一系列比 WTO 更全面的处理国有企业商业活动的条款，试图解决在 WTO 层面尚未解决的问题。这些国有企业规则在 WTO 原先规则基础上扩充，在确立的某些义务和例外方面存在大量重叠，但总体趋势是朝着加强和扩大国有企业规则的方向发展。国有企业对

46 叶卫平：《财政补贴、产业促进与公平竞争审查》，载《交大法学》2021 年第 4 期。

中国社会与经济发展的重要性不言而喻，作为全球市场活跃而重要的参与者，中国应充分利用开展加入 CPTPP 谈判的契机，适时积极主动推动符合发展中国家利益的中国版国有企业规则的生成，而不应仅仅满足于被动适应美欧等西方国家提供的国际规则，与此同时，也需要健全完善国内相关法律制度，进一步推动国有企业深化改革，形成开展国际经贸谈判完善的国内制度根基。

国际基础设施建设的法律风险及应对

——以"一带一路"代表性铁路项目为视角

钟 准 李佳妮*

【内容提要】推进跨国基础设施建设是"一带一路"倡议的重要领域和核心内容，海外铁路则是基础设施建设的重要组成部分。然而，海外铁路的投资与建设过程并非一帆风顺，中国与沿线国家在政治经济文化制度等方面的差异给铁路项目带来了多重风险。在"一带一路"代表性铁路项目的建设过程中，由东道国民众抗议和工人罢工等社会因素以及大国博弈、政府腐败等政治因素引起的法律风险尤其突出。要想有效降低海外铁路投资建设过程中的法律风险，减小企业损失，需通过完善对外投资法律体系、优化多方共担风险机制以及健全海外纠纷救济途径等多种法律措施，充分发挥法律的事后救济功能，为海外投资者的合法权益提供保障。

【关键词】基础设施 一带一路 海外铁路 法律风险 权益保障

推进跨国基础设施建设是"一带一路"倡议的重要领域和核心内容，海外铁路则是其中的重要组成部分，沿线各国愈加强烈的铁路需求更是为中国铁路"走出去"提供了巨大的机遇。加快海外铁路建设、实现国家间互联互通对促进经济增长、深化区域交流合作、推动多边贸易及构建人类命运共同体具有重大意义。然而，"一带一路"沿线国家政治社会制度复杂、经济发展水平参差不

---

* 钟准——重庆大学人文社会科学高等研究院副教授、经略研究院副院长；李佳妮——重庆大学人文社会科学高等研究院硕士研究生。本文是重庆大学中央高校基本科研业务费人文社会科学类项目"马列经典中的铁路问题与新时代海外铁路建设研究"（2020CDJSK47YJ03）的阶段性成果；重庆大学人文社会科学高等研究院研究生科研项目"法律视阈下的海外铁路建设风险研究"（IASP2101）的成果。

齐，中国企业在进行海外基础设施建设的过程中，难免会遭遇各种风险。其中，由东道国民众抗议和工人罢工等社会因素以及大国博弈、政府腐败等政治因素引起的法律风险尤其突出。

因此，如何评估和规避中国企业“走出去”过程中的法律风险，从而保证投资效益以及减小经济损失，成为学者们关注的问题。刘俊芳从微观角度深入分析了“一带一路”背景下云南企业“走出去”面临的巨大法律风险。她强调，无论是在投资准入阶段，还是在项目执行过程中，抑或是在退出阶段，企业都是伴随法律风险而行的。要充分解决该类风险，就需要政府和企业采取政策沟通、构建争端解决机制、做好投资尽职调查等措施，让法治为企业“走出去”保驾护航。[1] 韩永红提出，可以通过建立事前调查机制、购买国际投资保险服务以及建立投资救济机制来应对企业海外投资的法律风险。[2] 张原野则认为，中国企业需要与沿线国家通过签署《投资保护协定》或签订项目合同、合营合同等方式，分散因法律的不一致所可能导致的风险。[3] 事实上，要化解国际基础设施投资建设过程中的法律风险，中国不仅要完善“一带一路”建设国内配套法律体系，还需要坚定不移地维护以国际法为基础的国际秩序，创新国际争端解决机制，积极探索与沿线国家开展法律合作的模式和方法。

本文首先从海外铁路投资建设的法理环境和实践状况两个方面剖析，简要介绍了目前中国海外铁路项目的基本情况。其次通过回顾中泰铁路、亚吉铁路以及匈塞铁路的建设历程，揭示出中国海外铁路投资建设主要面临的法律风险。最后为有效防范国际基础设施建设风险，尤其是海外铁路修建和运营过程中的法律风险，本文从完善对外投资法律体系、优化多方共担风险机制以及健全海外纠纷救济途径等法律措施着手，针对海外铁路项目面临的困境提出具体的建议。

一、海外铁路建设情况概述

有学者指出，中国海外铁路建设是为了拉动本国经济增长，同时深刻影响东道国的发展。[4] 事实上，我国在不同国家不同地区修建海外铁路的动机各有侧

1 刘俊芳：《“一带一路”背景下云南企业“走出去”的法律风险控制》，载《云南行政学院学报》2018 年第 6 期。

2 韩永红：《“一带一路”国际合作软法保障机制论纲》，载《当代法学》2016 年第 4 期。

3 张原野：《“一带一路”倡议下的中国对外投资风险与规避策略》，载《人民论坛·学术前沿》2019 年第 21 期。

4 Smith, K. China Step up Railway Diplomacy in East Asia [R/OL], International Railway Journal, 2016, February 3.

重，但总体上看，中国海外铁路建设不仅在实现“一带一路”倡议上扮演着关键角色，同时对密切双边关系、服务国家战略以及维护国家安全起着重要作用。目前，在国家政策和法律法规制度的大力支持下，“一带一路”海外铁路建设正持续稳步地推进，部分铁路项目取得了突破性进展。

（一）法理环境剖析

在一般性政策方面，我国政府通过积极出台政策扶持海外铁路项目的发展。例如，“一带一路”倡议明确政府应重点支持海外铁路建设，通过与其他国家合作建立亚洲基础设施投资银行和丝路基金，以及充分利用中国进出口银行和国家开发银行的政策性功能等，为海外铁路项目提供融资支持。在标准化建设方面，为了增强铁路的综合实力和核心竞争力，政府颁布了大量文件规制新兴产业等领域的行业标准，全面提升中国铁路技术和装备的国际标准化建设水平，并鼓励国内企业成立国际标准政策战略研究与咨询的专业机构，扩大中国铁路建设标准的国际认可度，降低铁路“走出去”过程中遭遇的技术标准风险。此外，国家在磁悬浮车辆、通信信号及牵引供电等轨道交通装备行业频繁出台新规，降低对外基础设施投资项目的门槛，目的就是减小企业投资成本、促进中国铁路及其装备等全套设施“走出去”。

不仅如此，面对新冠肺炎疫情给中国海外铁路投资与建设工作带来的巨大冲击，国务院相关部门立即成立了境外疫情防控指导组，为企业提供必要的防护指导和充足的物资保障，在全力确保工作人员安全的前提下推进海外铁路项目顺利实施，对实现“一带一路”倡议构想具有重要支撑作用。

在法律法规制度方面，中国在不断完善国内涉外法律法规体系的同时，也重视参与主导国际公约、双边条约以及贸易和投资协定等规范性文件的制定，从而加速推进“一带一路”法治化建设进程，通过共同的法律规则保护海外铁路项目的利益。

在国内法层面，商务部早在2014年就公布了《境外投资管理办法》，旨在为境外投资企业提供便利，提高境外投资水平。紧接着，为了促进中央企业提升国际化经营水平，国务院国有资产监督管理委员会于2017年1月颁布了《中央企业境外投资监督管理办法》，同时也进一步规范了中央企业境外投资监督管理制度。2017年8月，国务院办公厅转发了国家发展改革委、商务部、人民银行、外交部《关于进一步引导和规范境外投资方向的指导意见》，要求各省市重点推进有利于“一带一路”建设和周边基础设施互联互通的基础设施境外投资。同年12月，国家发改委审议通过了《企业境外投资管理办法》等一系列规范性文件，为海外基础设施投资项目提供了一定的法律保障。

在国际法层面，截至 2021 年 1 月，中国已经与 171 个国家和国际组织签署了 205 份共建“一带一路”合作文件。除此之外，中国还积极组织例如“一带一路”税收征管合作机制多边磋商等，推动建立“一带一路”合作机制。国际协议的签订与多边机制的成立不仅使中国与沿线国家的投资合作不断深化，中老铁路、雅万铁路等一大批境外铁路项目也在良好的发展机遇中取得重大进展。

（二）实践状况剖析

尽管中国铁路标准的国际认可度还有待进一步提高，甚至因政治经济等原因受到部分国家政府的打压，但在实践中，中国铁路“走出去”在国际上仍具备相当大的竞争优势。在铁路及其装备制造能力方面，中国不仅全面掌握了完整的铁路技术，并且严格制定高端装备制造业领域行业规范，始终确保较高的铁路设备安全系数，从而最大限度地保证铁路运行安全。在运营管理方面，中国目前已经拥有了世界上最大的高速铁路网络，在不断完善本国铁路网的过程中，中国积累了丰富的铁路运营管理经验，为海外铁路运营维护打下了坚实的基础。在建设成本方面，中国铁路不仅成本低廉，同时安全可靠、性价比高，对经济欠发达的国家来说，其建设发展铁路、改善交通基础设施质量的现实需求能更快得到满足。最后，由于中国在海外铁路投资建设过程中始终秉持着共商共建共享的原则，强调尊重合作国国家主权，争取平衡各方利益，努力营造更加公平透明的国际投资环境，因此对于东道国而言，其国家安全和经济利益也能够得到更好的保障。

根据铁路建设项目所在地区的差异，以及中国政府和企业的策略变化，有学者将当前中国海外铁路投资项目分为三种类型：市场导向型、援助导向型以及综合导向型。[5] 市场导向型铁路投资首要考虑的是经济利益，主要面向欧美工业国。但由于中国与欧美国家间存在明显的制度差异，中国在这些地区修建和运营铁路时常会面临较大的政治风险及社会风险。援助导向型铁路重点在于强化双边关系，进一步促进政府间合作等宏观目标，其投资对象主要为经济落后、基础设施薄弱的非洲和拉美国家。综合导向型铁路投资项目的东道国主要为中亚、东南亚等周边国家。这些海外铁路可以直接与中国国内铁路联通，牵涉多种政治、经济、社会多方面因素。

---

5 钟准、杨曼玲：《中国“铁路外交”：历史演变与当前类型》，载《国际关系研究》2018 年第 3 期。

二、海外铁路建设的法律风险揭示

中国海外铁路的投资与建设过程并非一帆风顺。在投资阶段，中国的铁路计划在墨西哥[6]和美国[7]受阻，同时还面临日本的竞争。[8]而在建设过程中，中国同沿线国家在政治经济文化制度等方面的差异给海外铁路项目带来了多重风险。其中，由东道国民众抗议和工人罢工等社会因素以及大国博弈、政府腐败等政治因素引起的法律风险尤其突出。一方面，铁路作为国际基础设施建设的重点项目，与合作国国计民生休戚相关，对东道国民众和劳工的影响较大。民众及工人的不满情绪不仅容易引致劳动法律风险，而且还可能影响到政府的决策并促使其单方面违约，给投资企业带来巨大的经济损失。另一方面，大国间战略博弈不断，国际消极舆论可能引发当地社会动乱，同时部分东道国政府腐败问题严重且受到当地司法机关保护，导致中国企业面临的法律风险长期存在。这些因素造成海外铁路投资建设项目面临巨大的威胁，严重时还可能危及海外铁路建设工作人员的生命安全。因此，为了揭示海外铁路项目普遍存在的法律风险，本节将以“一带一路”三个代表性铁路项目的进展情况为例，认真检视亚欧非三洲不同类型的海外铁路项目面临的困境。

（一）中泰铁路

根据国家发展改革委与泰国交通部2015年签署的铁路合作备忘录，泰国计划投资修建一条873千米的电气化双轨标准轨铁路，中国将向泰方提供融资、技术转移和人员培训上的支持。然而2016年3月，泰国政府以不满意中方提供的贷款利率为由，单方面宣布终止向中方贷款，并决定将原有路线缩短为全长253.2千米的曼谷至呵叻一段，严重削弱了铁路的经济价值。虽然按计划该项目仍会使用中国铁路技术和全套设施，但泰方决定此次将独立投资，[9]并表示在铁路建设过程中会使用更多的泰国材料、装备及劳动力。

显然，两国在贷款条件方面没有达成协议成为阻碍中泰铁路项目进展的重要原因。与此同时，泰国国内民众对中国铁路技术存有质疑以及泰国舆论界对

---

6 Ferchen, M. Railway Dispute Shows Weaknesses of China-Mexico Economic Ties [R/OL], World Politics Review, 2014, November 17.

7 Zoellner, T. China's High-speed Railway Diplomacy [R/OL], Foreign Affairs, 2016, June 15.

8 Okano-Heijmans, M. Japan's “Green” Economic Diplomacy: Environmental and Energy Technology and Foreign Relations [J]. The Pacific Review, 2012 (3): 339-364.

9 何煜：《泰国将对中泰铁路项目独立融资，开工时间推迟至八九月》，载新华网，http://www.xinhuanet.com/world/2016-03/26/c_128835651.htm，最后访问于2021年4月20日。

华不利的声音也对泰国政府单方面毁约的行为产生了一定的影响。事实上，泰国交通部曾多次与中国有关部门合作，在铁路沿线的几个府举办了铁路项目说明会。但除了呵叻府的民众对于中泰铁路建设的反应比较积极以外，其他地区的民众都表示不太信任中国铁路技术，甚至表现出对中国企业的排斥。此外，泰国媒体宣称“中国获利更多”的声音占领了舆论高地。[10]他们坚持认为，相比于泰国自身，中泰铁路给中国带来的好处更多。公众舆论不仅在一定程度上助推了泰国政府的单方面变卦行为，也加深了泰国民众对中国的负面认知，更强化了民众对中泰铁路的抵触情绪。因此，尽管中泰铁路项目在两国长期磋商下再次取得重要进展，但其发展仍然面临着巨大的政府违约风险。

（二）亚吉铁路

2016年10月，在中埃吉三国领导人的见证下，亚吉铁路正式建成通车。[11]亚吉铁路的开通运营进一步深化了中非产能合作，同时也为当地提供了大量就业岗位，对促进两国的经济社会发展起到了积极作用。然而，2020年12月，埃塞俄比亚铁路公司（ERC）发表声明，亚吉铁路周边盗窃和破坏事故频发，大量机械油料被盗，部分线路遭到严重损坏，项目仅在本财年第一季度就损失了1.14亿比尔。[12]此外，据ERC安全运输部门负责人介绍，民众针对亚吉铁路的破坏行为不但摧毁了铁路沿线的重要基础设施，还导致数名人员和上百只家畜死亡。

造成埃吉两国民众对铁路采取过激措施的根本原因大致可归为两个方面：第一，由于铁路修建时占用了沿线地区大量土地，难免会危及当地民众自身的利益，因而引发了公众极大的不满情绪。并且亚吉铁路途经地区地形复杂，施工和维护铁路成本较高，项目对沿线生态系统的破坏更是强化了民众对亚吉铁路的抵制情绪。第二，中非紧密的铁路建设合作对其他国家的利益也产生了一定程度的负面影响，以至于国际上出现不少针对中国修建海外铁路的质疑声。一些西方媒体恶意揣测中国投资非洲基础设施建设的动机，甚至攻击中国的这

10 李颖、明大军：《泰国舆论宣称中泰铁路合作“中国获利更多”》，载参考消息网，http：//ihl. cankaoxiaoxi. com/2016/0408/1122690. shtml，最后访问于2021年4月25日。

11 陆娅楠、李志伟：《亚吉铁路正式通车》，载人民网，http：//world. people. com. cn/n1/2016/1006/c1002－28757262. html，最后访问于2021年5月1日。

12 李焕宇：《亚吉铁路遭偷盗、破坏，埃塞官员：民众对铁路的收益缺乏认识》，载观察者网，https：//author. baidu. com/home？ from = bjh_ article&app_ id = 1546608532556400，最后访问于2021年5月10日。

类活动是“新殖民主义”。[13]因此，国际社会上消极的舆论氛围致使非洲普通民众对中非合作的实质产生了认知上的偏差，导致其对铁路的价值以及铁路给国家带来的经济效益缺乏足够的认识，从而作出盗窃和破坏铁路设施等极端行为，影响了我国海外铁路项目的顺利推进。

（三）匈塞铁路

2021年3月，匈塞铁路贝旧段左线全线开通运营。[14]匈塞铁路项目的顺利推进不仅拉近了塞尔维亚与其他欧洲地区的距离，同时大大改善了当地民众的交通便利水平，对促进地区间互联互通、深化中欧经济合作，以及帮助中国铁路技术和产品打开欧盟市场均具有重大意义。但由于中国—中东欧之间复杂的政治、经济和社会问题，铁路多次延缓开工，布达佩斯段线路甚至将完工时限推迟至2024年底。

除了欧盟法律对匈牙利公共采购的限制造成布达佩斯段铁路施工受阻以外，社会因素也是导致匈塞铁路项目进度严重滞后的重要原因。一方面，鉴于中国与中东欧国家在政治体系和社会观念等方面均存在较大差异，中企员工与当地民众的沟通交流难免存在一定障碍，导致项目征地拆迁不及时以及当地部分老百姓阻碍施工，因而影响了匈塞铁路施工进度及总工期的实现，加大了法律风险发生的可能性；另一方面，受东道国政府关于当地劳工保护等政策的约束，企业不能获得足够签证雇用中国工人，因此项目雇佣了大量当地工人。[15]但是由于中国工薪制度与中东欧国家大不相同，企业与当地工人之间的关系难以协调从而矛盾频发，中企面临着巨大的劳动法律风险，致使项目合作进程推行缓慢。

（四）风险揭示

根据上文对中国海外铁路投资建设项目的分类，中泰铁路、亚吉铁路以及匈塞铁路显然分属于三种不同类型的投资项目。其中，中泰铁路是综合导向型铁路投资项目、亚吉铁路是援助导向型铁路投资项目、匈塞铁路是市场导向型

---

13 钟准：《从殖民主义到共同发展——大国海外铁路建设的演变》，载《文化纵横》2019年第6期。

14 中国铁道建筑集团有限公司：《匈塞铁路贝旧段左线全线开通运营》，载国务院国有资产监督管理委员会网，http：//www.sasac.gov.cn/n2588025/n2588124/c17714090/content.html，最后访问于2021年5月20日。

15 张艳慧、赵小军：《海外匈塞铁路项目风险管理及评价分析》，载《铁道建设企业管理》2020年第2期。

铁路投资项目。不过，来自亚欧非三洲不同国家不同类型的海外铁路项目却面临着相似的法律风险。

第一，由东道国民众态度、当地劳资关系等社会因素引起的法律风险。三条铁路涉及的东道国如泰国、埃塞俄比亚、匈牙利等，其国内民众均对铁路投资项目存在担忧和质疑。例如，不了解中国铁路标准、受国际舆论影响质疑中国修路动机、认定铁路会破坏当地生态环境以及对征地拆迁行为表示不满，等等。若这些疑惧情绪以及民众利益保障不能得到妥善解决，就有可能引起民众抗议，甚至引发社会运动，阻碍铁路项目的正常施工建设或运营维护，从而导致中企面临因无法按时完成项目交付而被迫承担违约责任的法律风险。另外，由于中国与东道国在社会观念和用工制度等方面存在的差异，企业与东道国工人之间的矛盾长期存在。当地工人一般会通过罢工的方式去实现自己的诉求，若中企处理不当就极容易引发劳工群体性事件，引致劳动法律风险，进而导致合作项目中断。

第二，由大国博弈、政府腐败等政治因素引起的法律风险。具有传统影响力的国家为了维护自身的利益，攻击中国的海外基础设施建设活动是“新殖民主义”，甚至对中国展开反制措施，[16]促使东道国改变其外交政策从而产生违约风险。此外，腐败的滋生也是影响海外铁路投资建设的重要因素。腐败不仅会加大投资成本，更会扰乱市场公平竞争秩序，使投资者面临项目停滞乃至承担刑事责任等不利后果。[17]由于这些沿线国家的反腐机制缺乏有效的制度支持，一旦中国企业在海外的铁路建设遭遇腐败风险，容易导致其申诉无门进而加大诉讼法律风险，给海外铁路的建设和运营带来不利影响。

三、应对海外铁路建设风险的法律保障

为了尽可能地避免与东道国民众或工人之间的冲突，降低法律风险，中国在进行海外铁路建设时，应当加强与当地普通民众及工人的沟通交流，促进两国文化的融合和互动。例如，企业可以通过与东道国主流媒体保持合作，让新闻媒体多多宣传中国铁路技术的积极影响，加深当地民众对中国人民和中国文化的认同感。

但在实践中，合作国的政治社会状况复杂多样，即使中国已经采取了多种

---

16 肖方昕、张晓通：《中国在非洲铁路建设的地缘政治风险及应对》，载《国际关系研究》2020年第3期。

17 张晓君、李文怡：《“一带一路”国别投资法治环境评估体系的构建》，载《法学杂志》2018年第11期。

措施了解和融入当地社会，但有时还是难以避免矛盾。不仅如此，部分合作国法治水平偏低，国内司法制度并不完善，企业维权时不能排除当地司法保护主义倾向。再加上投资者不熟悉合作国法院的裁判规则，以至于纠纷发生时在当地诉讼有较高法律风险，使投资者的合法权益无法得到有效保护。因此，要想有效解决海外铁路投资建设过程中的法律风险，减小企业损失，还需要完善相关法律法规制度，充分发挥法律的事后救济功能，为海外投资者的合法权益提供根本保障。

（一）提供基石——完善对外投资法律体系

在企业层面，中国企业与东道国签订项目合同时，要重点关注当地的社会诉求，及时掌握和预测合作国的政治形势，从而对在该地区投资可能发生的法律风险有所认识。同时，企业应事先与被投资国协商风险责任承担等相关事宜，明确风险发生后的合理补偿途径，一旦发生民众抗议或工人罢工等活动造成项目中断，就可以根据合同条款追究东道国的责任。必要时，双方可在项目施工前约定好对于不同合同关系的法律适用规则、法律效力以及司法管辖权等问题，并在合同中予以明确，避免引起法律适用风险。需要注意的是，由于中国与部分“一带一路”沿线国家适用不同的法律体系，法律制度存在较大的差异，因此企业应提前熟悉和遵守东道国国内相关法律规定，依法保护自己的权利。

例如，在亚吉铁路项目中，中国企业不仅需要认真学习埃塞俄比亚和吉布提在外国投资的市场准入方面制定的法律，如埃塞俄比亚颁布的《投资法》《投资激励措施和为国内投资者保留投资领域的部长理事会条例》，以及吉布提1994年修订的《投资法》。为了避免工人罢工、防范劳动风险，企业还应充分了解埃吉两国关于工人劳动就业的规定，如埃塞俄比亚1960年颁布的《埃塞俄比亚民法》、2003年实施的《第377号劳动法》，以及吉布提2006年通过的新《劳动法》。此外，如果企业不注重当地环境保护问题，就极有可能违反东道国的环境标准，进而引发法律风险，因此，严格遵守项目所在国的环境保护法律制度至关重要。比如埃塞俄比亚颁布的《环境影响评估法》《环境污染控制法》《固体废物管理法》《森林开发、保护和利用法》，以及吉布提于2000年颁布的《吉布提共和国环境法律框架》。在中泰铁路项目中，鉴于中国企业在泰国投资极容易受到政府干预，预先充分了解泰国反腐败的法律规定至关重要。例如，泰国于1999年专门针对政府公职人员贪污受贿制定的《反贪污腐败组织法》（2007年修订），该法对泰国政府官员的贪腐行为及行贿者行贿行为的界定、调查、预防、处罚等方面作出了明确规定，但并未明确相应的执行机制。在匈塞铁路项目中，基于匈牙利的欧盟成员国身份，匈牙利段线路的施工许可还会受到欧盟规则的约束。对此，企业除了需要熟悉匈牙利和塞尔维亚国内相关法律规定，还必须遵守欧盟对外国投资合作的法规和政策，例如2019年欧盟出台的《外商直接投资安全审查条例》以及中欧于2020年底正式完成谈判的《中欧全面投资协定》(CAI)中的相关条款。

在国家层面，为强化中国企业法律风险防范意识，提升其境外投资水平，我国可通过健全法律规范建立相应的对外投资企业管理机制，加强对“走出去”主体的指导、监督和保护。但是，中国目前有关海外投资保护的规定零星散布于行政法规、部门规章及政府通知等文件中，以行政立法为主，尚未专门制定一部综合性的对外投资法，致使大部分规定内容并不完整、立法层次较低、不具有可操作性且落实起来比较困难。因此，要想有效保护境外投资企业的合法权益，规范境外投资活动，以及减少境外基础设施投资的不确定风险，制定一部高位阶的对外投资法来统筹管理对外投资相关事宜就具有紧迫性和必要性。

不仅如此，若要构建一套系统的对外投资法律体系，使之尽快与国际规则接轨，除了健全国内法律制度外，中国还应着重补充完善与沿线国家的双边投资协议内容，甚至通过参与制定国际公约、国际条约的方式建立“一带一路”通用法律规则。例如，在中泰铁路项目中，尽管中泰两国政府早在1985年就签署了《中华人民共和国政府和泰王国关于促进和保护投资的协定》，紧接着又签订了《关于避免双重征税和防止偷漏税的协定》《经贸合作五年发展规划》《中泰关系发展远景规划》等一系列双边协定，但由于其中多数规定都过于框架性、原则性，缺乏具体实施细则，所以往往难以落实。因此，中国在与沿线国家签订的双边文件中应尽可能地增加关于法律风险防范的具体条款，使之具备可操作性，并充分发挥各国法律智慧，争取制定统一的“一带一路”国际投资规则。值得注意的是，在构建完善的对外投资法律体系的过程中应考虑WTO的相关制度及与各东道国之间所签署的双边和多边协定，以确保不会与其发生法律冲突，使中国对外投资法律法规达到真正的统一。[18]

(二)平衡责任——优化多方共担风险机制

海外铁路投资项目普遍建设周期长、技术标准要求高、资金投入大，这些特点决定了中国海外铁路项目的投资风险也相对较高。对此，为了避免企业遭遇法律风险而独自承受巨额损失，国家应优化海外铁路投资风险多方分担机制。一方面，由于亚洲国家的铁路项目可向亚洲基础设施投资银行融资，亚洲基础

18 温蕾、郭婧云、钱隆、任旭敏：《中国对外基础设施投资法律风险控制研究——以“一带一路”倡议为背景》，载《经济问题》2018年第11期。

设施投资银行（亚投行）又是多国共同出资设立的多边开发金融机构，所以中国可利用亚投行让更多国家共同分担海外铁路项目的投资风险。[19] 另一方面，若东道国法律风险过大，必然会影响到企业的对外投资活动，因此，企业可以通过购买保险进行风险转移，以确保损失发生后不至于补偿无门。

在保险服务方面，中国出口信用保险公司以及世界银行集团设立的多边投资担保机构（MIGA）均可为中国企业开拓海外市场提供一定的保障。但海外投资项目面临的风险因素较为复杂，而两家机构承保方式有限，恐怕远不能满足企业多样化的投保需求。同时，中国与 MIGA 目前的海外投资保险承保范围仅包含征用、战争以及革命等政治风险，保险服务在大国竞争、政府腐败等方面处于缺失状态。此外，虽然我国为促使有关部门健全境外投资风险保障机制，陆续出台了《国家发展改革委员会、中国出口信用保险公司关于建立境外投资重点项目风险保障机制有关问题的通知》《国家发展改革委员会、中国进出口银行关于对国家鼓励的境外投资重点项目给予信贷支持政策的通知》等部门规范性文件，但是由于这些通知效力层级较低、内容空泛等原因，中国在境外投资方面至今未形成有效的保险制度。

因此，为了帮助面临较高法律风险的境外铁路项目分散投资风险，中国出口信用保险公司等相关机构应不断丰富海外投资保险种类、扩大承保范围以及设立专门的海外投资国家保险机构。例如，由大国博弈或政府腐败引起的项目中断风险从本质上讲属于政治风险的范畴，可以将其纳入承保范围。除此之外，为了加强对外投资保险机制的效力，制定一部综合性的海外投资保险法或条例成为摆在法治部门面前的重要任务。

（三）提升效率——健全海外纠纷救济途径

法律风险发生后，对外投资者必定会面临不同类型的法律冲突。当发生争议时如何通过有效的机制减少或规避其不利影响至关重要，这就要求国家建立有效的海外纠纷救济途径，帮助企业提升海外铁路建设过程中的纠纷解决能力。

首先，本着共商、共建、共享的原则，企业应优先采用以和解、调解为主的替代性争议解决方式（ADR）。争议主体基于 ADR 可自主选择纠纷解决的程序以及执行方式，并且在争端解决过程中双方可以进行友好的协商，不仅减少了企业与合作国的对抗性，也有利于双方维系良好商事合作关系。其次，介于调解和仲裁之间的争端裁决委员会（DAB）是专门针对国际工程承包的争端解

---

19 向鹏成、罗文竹、严雅馨：《中泰铁路项目受挫的教训与启示》，载《国际经济合作》2017年第1期。

决机制，具有很强的专业性和灵活性，若能将其以法律的形式规定下来，将有助于我国企业在面对基础设施投资争端问题时得到更加公平和有效的保障。[20]最后，对于不能通过 ADR 和 DAB 解决的事项，企业还可以利用双边保护协议或国际法解决。由于部分东道国法治环境较差，在当地提起诉讼的法律风险较高，采用司法诉讼的方式很可能使投资者在谈判和诉讼过程中处于弱势地位。但如果企业事先与合作国形成了有效的仲裁协议或条款，则可以通过向公信力较高的国际仲裁机构提起仲裁申请，排除东道国的诉讼管辖，从而避免当地司法保护主义倾向带来的不良影响。

然而，由于大部分“一带一路”沿线国家法治建设严重滞后，即使中国在协议中设定了强制性仲裁条款，某些国家也因并未加入世贸组织而不受国际仲裁制度的约束。因此，中国作为“一带一路”倡议重要推动者，应主动建立健全“一带一路”争端解决机制，扩大国际争议仲裁范围。事实上，早在 2017 年 7 月，最高人民法院就在“一带一路”建设法律保障研讨会上指出，下一步将重点研究建立“一带一路”争端解决机制和机构，为“走出去”企业提供有力保障。2018 年 1 月，广东前海自贸区建立了全国首个“一带一路”国际商事诉调对接中心，并在国务院的推动下正式成立了全国首家“一带一路”法律服务联合会，充分整合国内外法律资源，妥善处理国际商贸与投资纠纷。另外，地方政府也应积极配合中央建立多层次法律争端解决机制。例如，2020 年底，司法部副部长在西安“三个中心”“一个基地”揭牌仪式中指出，建设西安“一带一路”国际商事法律服务示范区是为“一带一路”建设提供法律保障的重要举措。

需要注意的是，在处理具体的“一带一路”海外铁路投资纠纷时，中国要始终尊重和遵守国际条约和国际惯例，依法行使管辖权，使中外当事人的合法权益得到平等保护。同时，有关部门还要注重完善与沿线国家的司法协助机制，避免判决和裁决得不到承认和执行。总而言之，健全科学、合理、灵活的多元化争端解决机制，明确救济途径，对高效解决海外铁路纠纷具有重大意义。

结语

海外铁路投资建设项目不仅在实现“一带一路”倡议下国际基础设施互联互通中扮演着关键角色，还与合作国国计民生息息相关。民众或工人的不满容易引发抗议、罢工等社会动乱，再加上部分沿线国家政治社会制度复杂多样，

---

20 王琦：《“一带一路”倡议背景下中国企业对东盟基础设施投资的法律问题研究》，广西师范大学 2015 年硕士学位论文，第 29 页。

政府腐败问题严重，宗教矛盾错综复杂，这些因素均造成海外铁路项目面临巨大的法律风险。中国企业在进行海外铁路投资建设时，不仅要加强与当地民众的沟通、缓和与当地工人紧张的劳资关系，还要注重保持与当地主流媒体的良好合作，强化对中国铁路的正能量宣传。不过，要想有效降低海外铁路建设过程中的法律风险，减小企业损失，还需通过完善对外投资法律体系、优化多方共担风险机制以及健全海外纠纷救济途径等多种法律措施，为海外投资者的合法权益提供根本保障。

在完善对外投资法律体系中，企业要事先与被投资国协商好风险责任承担等相关事宜，同时充分了解东道国的相关法律制度，避免引起法律适用风险。国家则需要制定一部高位阶的对外投资法来统筹管理对外投资相关事宜，并不断补充完善与沿线国家的双边投资协议内容，通过参与制定国际公约、国际条约的方式建立“一带一路”通用法律规则。在优化多方共担风险机制中，中国不仅可以利用亚投行让更多国家共同分担海外铁路项目的投资风险，还应不断丰富海外投资保险种类、扩大承保范围、设立专门的海外投资国家保险机构以及制定一部综合性的海外投资保险法或条例来帮助企业分散投资风险。在健全海外纠纷救济途径中，企业可以优先通过 ADR 和 DAB 解决争端，最后再利用双边保护协定或国际法解决。不仅如此，中国作为“一带一路”倡议重要推动者，应主动建立健全“一带一路”争端解决机制，扩大国际争议仲裁范围。总而言之，建立完善的海外投资法律风险防范机制和争端解决机制，对企业高效解决海外铁路纠纷具有重大意义。

超大城市治理现代化背景下的地方立法

——以广州市与深圳市的比较研究为视角

吕　万*

【内容提要】超大城市治理现代化是我国"十四五"时期推动高质量发展、实现国家治理体系和治理能力现代化建设的重要命题。在超大城市治理现代化的背景下，有着其特有的时代特征和立法需求，因此，有必要对超大城市的地方立法进行深入研究。广州、深圳作为全国绝无仅有的同在一省的两个超大城市，都是地方立法比较发达的城市，其地方立法都具有典型意义和示范功能。在推进粤港澳大湾区建设和广深"双城联动"的背景下，本文以广州市与深圳市地方立法的比较研究为视角，从地方立法总观、微观两个层面进行比较，对广州、深圳两市地方立法的体系性、前瞻性、灵活性进行分析，不仅对全面认识广深两市的地方立法有所助益，而且对于超大城市和城市群立法的科学发展规律具有重要意义。

【关键词】超大城市　治理现代化　地方立法　营商环境

"十四五"时期是我国全面建成小康社会、实现第一个百年奋斗目标之后，开启全面建设社会主义现代化国家新征程、向第二个百年奋斗目标进军的第一个五年，也是我国城市化迈向高质量发展的关键阶段。在这一阶段，人口、资源等将进一步向大城市聚集，大城市的规模和体量将越来越大，会出现一批人口超千万的超大城市。超大城市是国务院为了更好地实施人口和城市分类管理，满足经济社会发展需要而在2014年印发的《关于调整城市规模划分标准的通

---

* 吕万——中山大学粤港澳发展研究院立法学博士研究生、中山大学法学院《地方立法研究》编辑。

知》中提出来的新的城市概念。根据该标准，以城区常住人口为统计口径，将城市划分为五类七档，超大城市为城区常住人口 1000 万以上的城市。根据第七次人口普查结果，截至 2020 年底，我国城区常住人口突破千万以上的超大城市有重庆、上海、北京、广州、深圳、天津、成都等 7 座城市。这些城市中，“北上广深”作为四大“一线城市”，在超大城市治理现代化方面有着丰富的经验。其中，广州、深圳作为在改革开放以来迅速成长起来的超大城市，都是地方立法比较发达的城市，本文将广州和深圳的地方立法进行比较，对于促进广深两市和粤港澳大湾区的立法工作具有重要意义，对于全国其他城市尤其是超大城市和城市圈的立法工作也具有很好的参考借鉴作用。

一、超大城市治理现代化视角下的时代特征与立法需求

“十四五”规划对超大城市治理现代化提出了引导超大特大城市优化发展，使城市更健康、更安全、更宜居；加快建设现代化城市，发展宜居、创新、智慧、绿色、人文、韧性城市；提升城市治理水平，推动城市治理体系和治理能力现代化以及超大城市对城市群和都市圈承载能力等要求。“十四五”时期是推进超大城市治理能力现代化、探索超大城市现代化治理“新路子”的关键时期，需要深刻把握其特有的时代特征和立法需求。

（一）超大城市治理现代化的时代特征

一是超大城市治理现代化的战略意义。习近平总书记强调：“加快构建以国内大循环为主体、国内国际双循环相互促进的新发展格局，是‘十四五’规划《建议》提出的一项关系我国发展全局的重大战略任务，需要从全局高度准确把握和积极推进。”对超大城市的战略定位，必须将超大城市治理放入“国内大循环为主体、国内国际双循环相互促进”的新发展格局中进行思考。超大城市必须成为国内大循环的核心主体，同时也要成为国内国际双循环相互促进的核心枢纽，为国内国际双循环提供超级动力源泉，而要素配置机制的市场化改革是决定双循环战略能否成功的关键环节。[1] 因此，超大城市必须在土地、劳动力、资本、技术、数据、价格以及要素管理等要素市场化方面发挥先行先试的作用，增强超大城市在双循环战略中的核心引擎功能。

二是超大城市治理现代化的治理意义。超大城市治理具有超越地方性的意

1　参见刘元春：《紧扣“三新”确立超大城市治理战略》，载《北京日报》2021 年 4 月 19 日，“理论周刊”版。

义，是国家治理的新时代前沿。[2]从当前我国超大城市发展情况来看，人口规模膨胀、密度高带来生态环境恶化、公共交通拥堵、自然资源短缺、公共服务不完善、公共风险高等“城市病”的问题，以及城市规划、城市建设、营商环境等城市发展方面的问题。[3]而其治理模式主要还沿用传统的城市管理模式，存在管理理念滞后、管理主体单一化、管理方式较为粗放、信息传递不畅等问题。因此，“十四五”期间，超大城市需要引领“以人为核心”的城市化战略中，以宜居、创新、智慧、绿色、人文、健康、韧性、安全等作为超大城市的治理目标，以“全周期管理”作为超大城市的治理理念，在超大城市治理过程中践行科学化、精细化、智能化，坚持在法治轨道上推进超大城市治理体系和治理能力现代化，不断提升超大城市治理的前瞻性和预见性，提升治理体系的灵活性和韧性。[4]

（二）超大城市治理现代化的立法需求

基于超大城市治理现代化的战略意义和治理意义，“十四五”时期，对于超大城市而言，由于其人口规模大、密度高，承载的经济社会功能非常多元、复杂，无法完全寄希望于上位法规定和传统的“红头文件”治理模式，有必要通过推进超大城市地方立法的体系性、前瞻性、灵活性建设来推进超大城市的发展和有效治理。[5]

一是超大城市的地方立法需要一定规模的体系化建设。“全周期管理”理念强调，城市是一个复杂开放的系统工程，是一个有机生命体，城市的经济、政治、文化、社会、生态是五位一体的，因此，必须用全局的、系统的思维来解决城市发展和治理的问题。成熟的城市治理体系，必须有健全的城市法规体系，纽约、伦敦、东京等国际超大城市发展和治理行为都被纳入法治化轨道，由基本法和专业法规进行规范，有力地保障了超大城市发展和治理的法治性和权威性。此外，随着风险社会的到来，超大城市立法的体系化建设是应对城市治理风险、加强城市韧性的实践需要。[6]

---

2 参见赵孟营：《超大城市治理：国家治理的新时代转向》，载《中国特色社会主义研究》2018年第4期。

3 参见俞可平：《中国城市治理创新的若干重要问题——基于特大型城市的思考》，载《武汉大学学报（哲学社会科学版）》2021年第3期。

4 参见李兰冰、高雪莲、黄玖立：《“十四五”时期中国新型城镇化发展重大问题展望》，载《管理世界》2020年第11期。

5 参见李红军：《地方立法意愿的社会经济约束》，载《江淮论坛》2016年第4期。

6 参见魏治勋：《市域社会治理视阈下设区的市城市管理权限界定》，载《法律科学》2021年第5期。

二是超大城市有着更为前瞻的立法需求。立法的前瞻性是超大城市法规不可或缺的元素，是对新时代、新矛盾、新理念的回应，是对社会问题的预见和防治，是对科学治理的规划和引导。[7]对于超大城市而言，由于其肩负着双循环战略以及创新治理模式的重任，其在经济社会的发展引领、人口规模、资源负荷等方面更为特殊和迫切，超大城市的治理压力催生制度和秩序需求，需要立法者具有更为前瞻的立法敏锐度，能够迅速制定立法进行回应。此外，超大城市作为引领发展的排头兵，其地方立法还具有地方法治试验的功能，可以通过局部的探索和试验，形成局部经验，然后上升为全国经验。

三是超大城市需要有灵活的地方立法权限和政策支持。要保证超大城市的经济社会始终高质量发展，就需要赋予超大城市较为灵活的立法权限和政策支持，使立法适应超大城市治理和改革的需要，发挥好立法的引领推动作用。以“北上广深”四大“一线城市”为例进行分析，北京是直辖市，享有省级地方立法权，同时，北京作为国家首都，具有天然的政策支持优势，国家支持设立北京证券交易所，足以说明北京的政策优势；上海作为直辖市，也享有省级地方立法权限，与此同时，2021 年 6 月，全国人大还授权上海市人大及其常委会制定浦东新区法规，此次立法授权“比照经济特区法规”，可以突破既有的法律、行政法规和部门规章，等于拓展了浦东新区改革开放发展的巨大空间[8]；深圳为副省级城市、经济特区，享有设区的市立法权和经济特区立法权，2019 年 8 月，中央支持深圳建设中国特色社会主义先行示范区，赋予深圳在重点领域和关键环节改革上更多自主权；广州为副省级城市，仅享有设区的市立法权，由于 2015 年《立法法》规定将较大的市立法权调整为设区的市立法权，广州的地方立法权有所限缩。因此，超大城市需要有更为灵活的地方立法权和政策支持。

二、广州、深圳两市地方立法的总观分析

近年来，随着《粤港澳大湾区发展规划纲要》和《关于支持深圳建设中国特色社会主义先行示范区的意见》两个国家重大战略的实施，广东省“十四五”规划纲要提出，充分发挥广州、深圳“双核联动、比翼双飞”作用。粤港澳大湾区的建设和广深“双城联动”，离不开广州、深圳地方立法提供的法治支撑。广州、深圳作为全国绝无仅有的同在一省的两个“一线城市”，在地方立法与城

---

7 参见刘昕杰、李诗语：《地方立法的城市实践：成都市与广州市的比较研究》，载《法治论坛》2018 年第 3 辑，中国法制出版社 2018 年版，第 301 页。

8 参见沈国明、徐菁菁：《知行并重、经世致用的立法践行者——沈国明教授访谈录》，载《地方立法研究》2021 年第 4 期。

市治理方面具有诸多可供比较之处。本文即以广州、深圳两市地方立法比较研究为例，以立法规模、立法前瞻性、立法灵活性作为研究视角，从总观（立法规模)、微观（立法灵活性）两个方面开展具体进路分析，由于立法前瞻性既可以在总观中有所体现，如率先制定的法规；也可以在微观中有所体现，如具体的制度创新，因此，在行文过程中，将立法前瞻性的研究视角打散融入总观、微观中分析。

比较研究两地地方立法规模，并不仅仅是对立法数量的简单比较，还需要对地方立法进行科学的分类，在分类的基础上进行有针对性的比较。关于我国城市的地方性法规的分类，目前理论界和实务界均无统一标准，一般来说，设区的市地方立法从城乡建设与管理、环境保护、历史文化保护三类进行划分，但由于广州、深圳两市的地方立法规模较大，仅通过上述三类无法有效展现广州、深圳两市的立法构成。党的十九大以来，我国一直从政治、经济、文化、环境、社会“五位一体”总体布局推进中国特色社会主义事业，制定了新时代统筹推进“五位一体”总体布局的战略目标。同时，根据《地方各级人民代表大会和地方各级人民政府组织法》的相关规定，地方人大及其常委会具有讨论、决定本行政区域的经济建设、政治建设、文化建设、社会建设、生态文明建设中具有长远性、全局性和根本性，关系改革发展稳定大局和人民群众切身利益、社会普遍关注的重大事项的权力。因此，笔者以广深两市“五位一体”总体布局及“十四五”发展目标为统领，结合广深两市截至2020年底的立法现状，从政治、经济、文化、环境、社会等五个方面对广深两市的地方立法进行比较分析。

（一）政治方面

有关政治方面的地方立法，主要包括地方人大建设、法规制定、依法行政、公正司法以及加强民主法治建设等方面。广州市制定有关政治方面的地方立法有20项，深圳市制定有关政治方面的地方立法有20项。广深两市相似的地方立法有7项，主要集中在人大代表议案、重大事项规定、人事任免、法规制定、预防职务犯罪、审计等方面。广深两市不同的法规数量均为13项，其中，广州在人大依法履职、法规制定配套办法、宪法宣誓、人大监督以及依法行政方面制定了地方性法规和法规性文件，深圳制定了一系列有关人大组织建设的规定以及在检察监督、法院民事执行、审计监督等方面的地方性法规和规范性文件。

从对比两市可以发现，广州、深圳两市已经形成一套有关人大建设、立法及监督的地方立法体系，能够更好助力经济社会发展和改革攻坚任务。广州的特点在于围绕法规制定方面有一系列的配套制度（包括法规立项、立法后评估、监督地方性法规实施等)，深圳的特点在于围绕人大自身建设方面有较为完备的制度体系（包括议事规则、代表议案、重大事项、发挥代表作用、人事任免等)。

表 1　广州与深圳政治方面地方立法对比

序号	广州	深圳
相似法规		
1	广州市人民代表大会代表议案条例	深圳市人民代表大会常务委员会关于代表议案办理规定
2	广州市人民代表大会常务委员会讨论决定重大事项办法	深圳市人民代表大会常务委员会讨论决定重大事项规定
3	广州市人民代表大会关于保障代表执行职务的若干规定	深圳市人民代表大会常务委员会联系代表和保障代表执行职务的规定
4	广州市人民代表大会常务委员会人事任免办法	深圳市人民代表大会常务委员会任免国家机关工作人员条例
5	广州市地方性法规制定办法	深圳市制定法规条例
6	广州市预防职务犯罪条例	深圳市预防职务犯罪条例
7	广州市内部审计条例	深圳经济特区审计监督条例
不同法规		
8	广州市依法行政条例	深圳市人民代表大会议事规则
9	广州市人民代表大会常务委员会组成人员履职办法	深圳市人民代表大会常务委员会议事规则
10	广州市人民代表大会常务委员会地方性法规案重要条款单独表决规定	深圳市人民代表大会代表建议、批评和意见办理规定
11	广州市人民代表大会常务委员会监督司法工作规定	深圳市人民代表大会常务委员会听取和审议专项工作报告满意度测评工作规则
12	广州市人民代表大会常务委员会关于加强人民检察院民事行政检察工作的决议	深圳市人民代表大会常务委员会听证条例
13	广州市人民代表大会常务委员会关于许可对代表采取限制人身自由措施和实施刑事审判的若干规定	深圳市市、区人民代表大会常务委员会执法检查条例
14	广州市实施宪法宣誓制度规定	深圳市人民代表大会审查和批准国民经济和社会发展计划及预算规定
15	广州市人大常委会立法后评估办法	深圳市人民代表大会常务委员会关于保证《中华人民共和国宪法》遵守和执行的决定
16	广州市地方性法规立项办法	关于加强新时代检察机关法律监督工作推动法治城市示范建设的决定
17	广州市人民代表大会常务委员会关于支持和促进检察机关公益诉讼工作的决定	深圳市人民代表大会常务委员会关于加强人民法院民事执行工作若干问题的决定

续表

序号	广州	深圳
18	广州市人民代表大会常务委员会关于加强数据信息报送、推进在线联网监督的决定	深圳市人民代表大会常务委员会关于打击公职人员携款潜逃的决定
19	广州市人民代表大会及其常务委员会审查批准监督预算办法	深圳市人民代表大会常务委员会关于进一步加强审计监督工作的决定
20	广州市人民代表大会常务委员会监督地方性法规实施办法	深圳经济特区国有企业法定代表人任期经济责任审计条例

（二）经济方面

关于经济方面的地方立法，主要包括城市规划建设、规范市场主体、维护市场经济秩序等方面。广州制定有关经济方面的地方立法有 15 项，深圳制定有关经济方面的地方立法有 41 项。广深两市相似的地方立法有 13 项，主要集中在城市规划、房地产开发、营商环境、科技创新、知识产权保护、科技成果转化、开发区建设、统计、改革创新、港口航运、仲裁等方面。广深两市不同的法规数量分别为 2 项和 28 项，其中，广州在科技经费投入、房产中介等方面制定了地方性法规，深圳则在城市建设（城市更新、建设工程施工）、经济发展与要素市场化配置（循环经济、自主创新、创业投资、金融发展、绿色金融）、规范市场主体和市场中介（股份合作公司、个人破产、注册会计师、律师、公证、行业协会）、维护市场经济秩序（质量、产品质量、反不正当竞争、打击假冒伪劣、合同格式条款、计量、审计监督）等方面制定了一系列法规。

从两市对比可以发现，深圳在经济方面的地方立法比广州多近三倍，广州主要是在城市建设与经济发展等方面有相关的地方立法，深圳则在经济方面已经形成一套有关市场经济的法规体系（包括城市规划建设、经济发展与要素市场化配置、规范市场主体和市场中介、维护市场经济秩序等方面），对于推动经济高质量发展具有重要作用。[9]需要指出的是，《立法法》第 8 条规定，基本民事制度、基本经济制度以及财政、税收、海关、金融和外贸的基本制度属于中央专属立法权。因此，地方在经济方面的立法权，不能抵触国家的基本法律制度。除非有来自中央的立法授权，深圳作为经济特区具有立法变通权，可以对法律的具体条文进行变通。

9 参见张超、唐杰：《中国经济高质量发展机制：制度动因、要素保障与实现途径——兼论深圳经济高质量发展的实现路径》，载《湖南社会科学》2021 年第 3 期。

表 2　广州与深圳经济方面地方立法对比

序号	广州	深圳
相似法规		
1	广州市城乡规划条例	深圳市城市规划条例
2	广州市房地产开发办法	深圳经济特区土地使用权出让条例
3	广州市城镇房地产登记办法	深圳经济特区房地产登记条例
4	广州市优化营商环境条例	深圳经济特区优化营商环境条例
5	广州市科技创新促进条例	深圳经济特区科技创新条例
6	广州市专利管理条例	深圳经济特区知识产权保护条例
7	广州市促进科技成果转化条例	深圳经济特区技术转移条例
8	广州市南沙新区条例	深圳经济特区前海蛇口自由贸易试验片区条例
9	广州经济技术开发区条例	深圳经济特区高新技术产业园区条例
10	广州市统计管理条例	深圳经济特区统计条例
11	广州市人民代表大会常务委员会关于促进改革创新的决定	深圳经济特区改革创新促进条例
12	广州市人民代表大会常务委员会关于促进广州国际航运中心建设的决定	深圳经济特区港口管理条例
13	广州市人民代表大会常务委员会关于促进广州仲裁事业发展的决定	深圳国际仲裁院条例
不同法规		
14	广州市科学技术经费投入与管理条例	深圳经济特区城市更新条例
15	广州市房地产中介服务管理条例	深圳市建设工程质量管理条例
16		深圳经济特区规划土地监察条例
17		深圳经济特区建设工程施工安全条例
18		深圳经济特区建设工程施工招标投标条例
19		深圳经济特区处理历史遗留生产经营性违法建筑若干规定
20		深圳经济特区政府投资项目管理条例
21		深圳经济特区国家自主创新示范区条例
22		深圳经济特区政府采购条例
23		深圳经济特区福田保税区条例
24		深圳经济特区金融发展促进条例
25		深圳经济特区绿色金融条例
26		深圳经济特区企业技术秘密保护条例
27		深圳经济特区创业投资条例

续表

序号	广州	深圳
28		深圳经济特区循环经济促进条例
29		深圳经济特区股份合作公司条例
30		深圳经济特区个人破产条例
31		深圳经济特区注册会计师条例
32		深圳经济特区律师条例
33		深圳经济特区公证条例
34		深圳经济特区行业协会条例
35		深圳经济特区质量条例
36		深圳经济特区产品质量管理条例
37		深圳经济特区严厉打击生产、销售假冒、伪劣商品违法行为条例
38		深圳经济特区反走私综合治理条例
39		深圳经济特区合同格式条款条例
40		深圳经济特区计量条例
41		深圳经济特区实施《中华人民共和国反不正当竞争法》规定

（三）文化方面

有关文化方面的地方立法，主要包括文化产业、历史文化、文明行为、公共文化服务等方面。广州制定有关文化方面的法规有16项，深圳制定有关文化方面的法规有13项。两市相似的法规有7项，主要集中在文明行为、见义勇为、公益捐赠、荣誉市民、公共图书馆和宗教事务等领域。广深两市不同的法规数量分别为9项和6项，其中，广州制定了旅游、历史文化名城保护、文物保护、博物馆、科普、控烟等领域的地方立法，深圳制定了文化产业、全民阅读、性别平等、无偿献血、无障碍环境建设等领域的地方立法。

从两市对比可以发现，文化方面的地方立法，广州在立法规模上大于深圳，且广州注重在历史文化方面的保护，这也体现了广州作为历史文化名城、千年商都，具有深厚的文化积淀，具备与城市经济实力和城市地位相匹配的文化优势，能够有效推进城市文化综合实力出新出彩；深圳则注重在公共文化服务、现代城市文明形象等方面推进城市文化建设。

表3　广州与深圳文化方面地方立法对比

序号	广州	深圳
相似法规		
1	广州市文明行为促进条例	深圳经济特区文明行为条例
2	广州市禁止滥食野生动物条例	深圳经济特区全面禁止食用野生动物条例
3	广州市奖励和保护见义勇为人员条例	深圳经济特区救助人权益保护规定
4	广州市募捐条例	深圳经济特区捐赠公益事业管理条例
5	广州市荣誉市民称号授予条例	深圳经济特区授予荣誉市民称号规定
6	广州市公共图书馆条例	深圳经济特区公共图书馆条例
7	广州市宗教事务管理条例	深圳经济特区宗教事务条例
不同法规		
8	广州市旅游条例	深圳市文化产业促进条例
9	广州市博物馆规定	深圳经济特区全民阅读促进条例
10	广州市历史文化名城保护条例	深圳经济特区性别平等促进条例
11	广州市控制吸烟条例	深圳经济特区无偿献血条例
12	广州市文物保护规定	深圳市第26届世界夏季大学生运动会知识产权保护规定
13	广州市科学技术普及条例	深圳市义工服务条例
14	广州市社会工作服务条例	
15	广州市反餐饮浪费条例	
16	广州市人民代表大会常务委员会关于加强我市历史文化资源保护、传承和发展的决定	

（四）环境方面

有关环境方面的地方立法，涉及环境综合立法、市容环境卫生、资源节约、市容市政、污染防治、自然环境保护等方面。广州制定有关环境方面的法规有11项，深圳制定有关环境方面的法规有17项。两市相似的法规有6项，主要集中在市容环境卫生、生活垃圾分类、绿化、公园、生态公益林等领域。广深两市不同的法规数量分别为5项和11项，其中，广州制定了森林公园、湿地保护、流溪河流域保护等方面的地方立法，深圳制定了环境保护、水土保护、水（水资源、节约用水）、建筑环保（建筑节能、建筑废弃物减排与利用）、噪声污染防治、碳排放、环境公益诉讼等方面的地方立法。

广深两市作为人口密集的超大城市，生态环境承载压力较大。良好的生态环境是城市可持续健康发展的重要保障，因此，广深两市都必须有较为齐全的城市生态环境法规体系，为建设国际化大都市提供良好的发展环境。

表 4　广州与深圳环境方面地方立法对比

序号	广州	深圳
相似法规		
1	广州市市容环境卫生管理规定	深圳经济特区市容和环境卫生管理条例
2	广州市水域市容环境卫生管理条例	深圳经济特区海域污染防治条例
3	广州市生活垃圾分类管理条例	深圳市生活垃圾分类管理条例
4	广州市绿化条例	深圳经济特区绿化条例
5	广州市公园条例	深圳经济特区城市园林条例
6	广州市生态公益林条例	深圳市生态公益林条例
不同法规		
7	广州市森林公园管理条例	深圳经济特区环境保护条例
8	广州市流溪河流域保护条例	深圳经济特区水土保持条例
9	广州市湿地保护规定	深圳经济特区碳排放管理若干规定
10	广州市人民代表大会常务委员会关于推进全面实施污泥干化焚烧处理处置的决定	深圳经济特区梧桐山风景名胜区条例
11	广州市饮用水水源污染防治规定	深圳经济特区环境噪声污染防治条例
12		深圳经济特区建筑节能条例
13		深圳经济特区建设项目环境保护条例
14		深圳经济特区水资源管理条例
15		深圳市节约用水条例
16		深圳市建筑废弃物减排与利用条例
17		深圳经济特区生态环境公益诉讼规定

（五）社会方面

关于社会方面的地方立法，涉及教育、劳动就业、收入分配、医疗、养老、住房等民生领域以及有关城市管理、市政管理等方面。广州市制定有关社会方面的法规有 33 项，深圳市制定有关社会方面的法规有 56 项。两市相似的法规有 13 项，主要集中在医疗健康（疫情防控、全民健身、医疗急救）、工会、残疾人权益保障、殡葬等民生领域以及养犬管理、防空管理、房屋租赁、畜禽产品流通、出租车、城市供水等城市治理领域。广深两市不同的法规数量分别为 20 项和 43 项，其中，广州市制定了有关社会医疗保险、幼儿教育、妇女权益保障、母乳喂养等民生领域及地名管理、治安管理、安全管理等城市治理领域的地方立法，深圳市制定了有关社会建设、教育（教育督导、成人教育、教师）、医疗健康（医疗、健康、中医药、器官捐赠移植）、特殊群体服务与权益保护（养老、未成年人保护、归侨侨眷权益保护、无障碍环境建设）、劳动与社会保障（工资支付、劳动关系促进、失业保险、就业促进、职业训练工资支付、欠薪保障、职业技能鉴定、保障性住房）等民生领域和城市管理（城市管理综合执法、辅警、物业管理、口岸管理、档案管理）、公共法律服务（信访、调解、法律援助）、安全管理（平安建设、消防、道路安全、电梯安全、特种设备安全、学校安全、突发公共卫生事件应急、大亚湾核电安全）等城市治理领域的地方立法。

从广深两市对比可以发现，在社会方面的地方立法，深圳在立法规模上远多于广州，深圳已初步建立一套较为全面的法规体系，其内容包括医疗健康、教育、特殊群体服务与权益保护、劳动与社会保障、城市管理、安全管理、公共法律服务等方面；广州在社会方面的地方立法以医疗健康、公共交通以及城市管理等方面为主，在社会立法的广度和深度上还有待进一步加强。

表 5　广州与深圳社会方面地方立法对比

序号	广州	深圳
相似法规		
1	广州市人民代表大会常务委员会关于依法全力做好新冠肺炎疫情防控工作的决定	深圳市人民代表大会常务委员会关于依法全力做好当前新型冠状病毒肺炎疫情防控工作切实保障人民群众生命健康安全的决定
2	广州市全民健身条例	深圳经济特区促进全民健身条例
3	广州市社会急救医疗管理条例	深圳经济特区医疗急救条例
4	广州市实施《中华人民共和国工会法》办法	深圳市实施《中华人民共和国工会法》办法
5	广州市残疾人权益保障条例	深圳经济特区实施《中华人民共和国残疾人保障法》办法
6	广州市殡葬管理规定	深圳经济特区殡葬管理条例
7	广州市养犬管理条例	深圳市养犬管理条例
8	广州市人民防空管理规定	深圳市实施《中华人民共和国人民防空法》办法
9	广州市生猪屠宰和生猪产品流通管理条例	深圳市畜禽屠宰与检疫检验管理条例
10	广州市房屋租赁管理规定	深圳市人民代表大会常务委员会关于加强房屋租赁安全责任的决定
11	广州市巡游出租汽车客运管理条例	深圳经济特区出租小汽车管理条例

续表

序号	广州	深圳
不同法规		
12	广州市停车场条例	深圳市停车场规划建设和机动车停放管理条例
13	广州市城市供水用水条例	深圳经济特区城市供水用水条例
14	广州市社会医疗保险条例	深圳经济特区社会建设促进条例
15	广州市母乳喂养促进条例	深圳经济特区健康条例
16	广州市幼儿教育管理规定	深圳经济特区医疗条例
17	广州市人民代表大会常务委员会关于加快我市职业教育发展的决议	深圳经济特区中医药条例
18	广州市妇女权益保障规定	深圳经济特区人体器官捐献移植条例
19	广州市按比例安排残疾人就业办法	深圳市员工工资支付条例
20	广州市劳动关系三方协商规定	深圳市法律援助条例
21	广州市水上治安管理条例	深圳经济特区和谐劳动关系促进条例
22	广州市地名管理条例	深圳市职业训练条例
23	广州市安全生产条例	深圳经济特区居民就业促进条例
24	广州市销售燃放烟花爆竹管理规定	深圳经济特区职业技能鉴定条例
25	广州市信息化促进条例	深圳经济特区欠薪保障条例
26	广州市市政设施管理条例	深圳经济特区失业保险若干规定
27	广州市城市快速路路政管理条例	深圳经济特区养老服务条例
28	广州市非机动车和摩托车管理规定	深圳经济特区社会养老保险条例
29	广州市城市轨道交通管理条例	深圳经济特区居住证条例
30	广州市公共汽车电车客运管理条例	深圳经济特区教育督导条例
31	广州市人民代表大会常务委员会关于加快我市职业教育发展的决议	深圳经济特区成人教育管理条例
32	广州市违法建设查处条例	深圳经济特区实施《中华人民共和国未成年人保护法》办法
33	广州市人才市场管理条例	深圳经济特区实施《中华人民共和国归侨侨眷权益保护法》规定
34		深圳经济特区实施《中华人民共和国教师法》若干规定
35		深圳经济特区家庭服务业条例
36		深圳市无障碍环境建设条例
37		深圳经济特区城市管理综合执法条例
38		深圳经济特区道路交通安全管理条例
39		深圳经济特区道路交通安全违法行为处罚条例

续表

序号	广州	深圳
40		深圳经济特区消防条例
41		深圳经济特区无线电管理条例
42		深圳经济特区信访条例
43		深圳经济特区物业管理条例
44		深圳市保障性住房条例
45		深圳经济特区档案与文件收集利用条例
46		深圳经济特区平安建设条例
47		深圳市实施《中华人民共和国人民调解法》办法
48		深圳经济特区特种设备安全条例
49		深圳经济特区电梯使用安全若干规定
50		深圳经济特区突发公共卫生事件应急条例
51		深圳市学校安全管理条例
52		深圳市海上交通安全条例
53		深圳经济特区警务辅助人员条例
54		深圳经济特区陆路口岸和特区管理线检查站物业管理规定
55		深圳市燃气条例
56		大亚湾核电厂周围限制区安全保障与环境管理条例

通过以上对广深两市在政治、经济、文化、环境、社会等方面地方立法的比较，可以发现，从数量来看，广州现有地方立法有95部，深圳现有地方立法有147部（其中，经济特区法规有102部，设区的市地方立法有45部）。从分布情况来看，广州、深圳共有46项地方立法名称相似，覆盖了政治、经济、文化、环境、社会等方面，但广州在经济、社会方面的地方立法数量与深圳还有一定的距离，而经济、社会方面的地方立法与城市治理现代化的关系非常密切。从立法前瞻性的角度来看，深圳有40多项法规是早于国家法律、行政法规出台的，如深圳率先制定了股份有限公司条例、有限责任公司条例、律师条例、政府采购条例、循环经济促进条例等，这些法规为国家制定公司法、律师法、政府采购法、循环经济促进法等都提供了宝贵的可复制、可推广的经验，更有60多项法规填补了国家立法层面的空白，例如，改革创新促进条例、建筑节能条例、商事登记条例、文明行为促进条例、全民阅读促进条例、医疗条例、质量条例、绿色金融条例等都是全国首部法规；广州仅有母乳喂养条例等个别法规

走在全国前列，在立法的前瞻性和引领性方面与深圳也有不小差距。

三、广州、深圳两市地方立法的微观分析

细究广深两市的法规文本，仍有较大差异，包括立法理念、立法技术、立法特色、立法质量等方面。典型的个案分析是从微观角度比较广深两市地方立法灵活性的有效视角，因此，笔者采取个案的方式对法规文本进行比较分析。本文以营商环境立法为例，选择《广州市优化营商环境条例》和《深圳经济特区优化营商环境条例》进行个案比较。选择营商环境立法的原因在于：第一，营商环境是城市高质量发展的生产力和驱动力，营商环境的优劣直接影响城市经济社会发展的质量和效益，也是广深等超大城市“十四五”期间的重点工作和核心任务；第二，营商环境立法是一项系统工程，立法思路上要把该条例作为一部综合性、基础性法规，该条例的制定不仅需要明确营商环境条例规定的章节条款之间的协调，还涉及与政府管理、市场经济、科研、技术、产业、金融、文化、环境等其他法规内容相衔接，共同构成优化营商环境的制度体系。

（一）立法体例

立法体例是立法思路和立法脉络的体现。《广州市优化营商环境条例》（以下简称广州版本）有 128 条，共七章，包括总则、市场环境、政务环境、人文环境、法治环境、法律责任、附则，于 2020 年 10 月 28 日由广州市人大常委会审议通过并于 2020 年 11 月 27 日由省人大常委会批准通过。广州版本是为了更好地对标国际标准，充分发挥法治对广州营商环境优化的保障作用，破除影响市场主体生产经营活动的体制机制障碍，建立健全营商环境法规制度体系，以国务院《优化营商环境条例》为基础制定，参考世界银行营商环境评估指标体系，充分体现广州特色。[10]

《深圳经济特区优化营商环境条例》（以下简称深圳版本）有 130 条，共九章，包括总则、市场主体、政务服务、经营环境、融资便利、规范监管、权益保障、法律责任、附则，于 2020 年 10 月 29 日由深圳市人大常委会批准通过。深圳版本是在参考国务院《优化营商环境条例》和世界银行营商环境评估指标体系的基础上制定的，从聚焦市场主体全生命周期重点环节、打造高效便民政务服务、营造优质平等经营环境、创新融资便利模式、提升监管执法效能、健全权益保障机制等六大领域，立足深圳先行示范，突出变通性和创新性。广深

10 滕宏庆、苏红：《我国营商环境立法的比较研究——以〈广州市优化营商环境条例〉为例》，载《中国司法》2021 年第 5 期。

两市版本在章节设置上大体相同，主要篇章都涉及市场环境、政务环境、法治环境、法律责任等，广州版本设有“人文环境”专章，深圳版本设有“融资便利”专章。

（二）法规内容

法规内容是对立法思路和立法目的的具体落实。总体来看，广深两市在法规内容方面既有共性，也各具特色，各有亮点。

广州版本的亮点在于，在总则中规定了“容错”机制，为改革者创新者“松绑”，有关单位和个人在营商环境改革创新、先行先试工作中出现失误或者偏差，未达到预期效果，但同时符合相关条件或者相关条件之一的，免予追究责任或者可以从轻、减轻处理。在分则部分，广州设置“人文环境”专章，从生态宜居、交通便利、住房保障、文化繁荣、会展服务、人才就业、公共服务、国际化等方面提出广州营商环境新举措，包括采取推动人才城市户籍准入年限累计认可、构建技能人才“终身培训体系”、试点放宽具备港澳职业资格的金融等专业人才从业限制等。

深圳版本的亮点在于，专门设置“融资便利”一章规定了提高市场主体融资便利度，解决融资难、融资贵等制约市场主体扩大发展的“老大难”问题。此外，深圳版本有两个特点非常显著：第一，注重营商环境立法的配套衔接，以营商环境综合性立法为统领，还有商事登记、社会信用、知识产权、企业破产、个人破产等涉及营商环境的专项立法进行配套衔接，共同构成优化营商环境的法规体系；第二，注重法规的制度创新，在破产预重整、个人破产、特殊工时管理、数据要素市场等多项制度设计方面均为国内首创。

通过广深两市营商环境立法个案比较，可以发现，相较于广州，深圳的地方立法更为前瞻和灵活。深圳开展地方立法，具有两大优势，第一，具有经济特区立法权，可以对法律、行政法规的规定进行变通[11]；第二，深圳享有综合改革试点的授权，具有更大的改革自主权。例如，深圳在国内首次进行个人破产、数据、人工智能产业等方面的立法尝试以及在深圳地方立法中直接规定“同股不同权”等制度设计。

四、广深地方立法对超大城市立法的启示

通过对广深两地立法的总观和微观分析，整体而言，深圳地方立法在立法

11　参见何家华：《经济特区立法变通权的变通之道——以深圳市变通类立法为样本的分析》，载《河南师范大学学报（哲学社会科学版）》2019 年第 2 期。

体系性、立法前瞻性和立法灵活性方面都领先于广州，在推进超大城市治理现代化方面有着良好的法治保障。为推进大湾区建设和广深“双城联动”，实现“你中有我，我中有你”的要素流动，笔者以广州为例，通过对广深两地地方立法的比较分析，谈谈对超大城市立法的一些想法。

（一）加强超大城市立法的体系化建设

深圳是全国地方立法最多的城市。相较于广州，深圳的地方立法数量较多、覆盖面很广，体系化更加健全。

广州的地方立法也具有体系化的趋势，但与深圳相比，还具有进一步完善的空间。尽管广州的地方立法权限相比深圳有所不足，但实际上设区的市的地方立法权包含很大的领域，尚有一定的立法空间。对于设区的市的立法权所包括的范围，在理论和实践上有着一定的理解空间，例如，对于较为模糊的“城乡建设与管理”，不少学者认为，城乡规划与建设、交通、土地管理、市容环卫、公共设施管理、房地产、产业园区、产业企业促进、投资、教育、就业和劳动力市场、社会保障、公共安全、人口管理等具有地方治理性质的领域都属于“城乡建设与管理”的范畴，[12]全国人大常委会法工委也曾向地方答复无偿献血、职业教育等属于城市建设与管理事项[13]。因此，建议广州充分利用现有立法权限，加快扩大地方立法的覆盖面，尤其是在经济、社会等方面的地方立法。

（二）注重超大城市立法的前瞻性和引领性

广州在地方立法上需要学习借鉴深圳的立法理念和经验，并结合广州的实际情况，争取开展更多具有前瞻性、引领性的地方立法，推进广州地方立法的发展及地方立法对城市治理的功能。

相较于广州，深圳在地方立法的前瞻性、引领性方面布局更长远。例如，《深圳市国民经济和社会发展第十四个五年规划和二〇三五年远景目标纲要》中提出，“加强高质量发展、社会治理、民生保障等重要领域立法，加快推动人工智能、无人驾驶、大数据、生物医药、医疗健康、信息服务等新兴领域立法，形成一批可复制可推广的立法成果，为国家前沿新兴领域立法探索经验”。随着我国经济进入高质量发展阶段，正处在转变发展方式、优化经济结构、转换增

12　参见俞祺：《设区的市立法及规范性文件领域分布研究》，载《法制与社会发展》2017年第5期。

13　张国强：《关于设区的市行使地方立法权的有关问题》，载中国人大网，http：//www.npc.gov.cn/npc/c30278/201606/7450e0d80c404387956a30a5418276e8.shtml，最后访问于2021年9月10日。

长动力的攻关期，全国人大常委会也鼓励地方在推进供给侧结构性改革、转换增长动力、优化产业结构、提高全要素生产率、自贸区建设、法治营商环境等领域进行立法探索。[14]接下来，广州可以在现有的地方立法权范围内，围绕土地、劳动力、资本、技术、数据等要素市场化和建设宜居、创新、智慧、绿色、人文、健康、韧性、安全城市的治理目标，率先制定相关的地方立法，如科技创新、城市更新、数字经济、社会信用、城乡发展、人居环境、公共服务、城市安全、应急管理等方面。

（三）争取超大城市的地方立法权限和政策支持

相较于深圳，广州的地方立法权限和政策支持较为有限，制约其在大湾区建设过程中发挥和增强广深“双核联动”的作用。为此，广州市“十四五”规划纲要也提出，“积极争取国家、省赋予我市与国家中心城市、超大城市定位要求和发展责任相匹配的地方立法权限”。

广州可通过多种方式争取更为灵活的地方立法权限和政策支持，参考已有的立法授权实践情况，可采取以下方式：一是广州市可积极争取省人大及其常委会的支持，对设区的市立法权之外的事项而又是广州市所亟须的立法事项，可由省级地方立法进行规定；二是参照 2021 年 6 月全国人大常委会授权上海市人大及其常委会制定浦东新区法规享有“比照经济特区法规”的立法变通权的方式，向全国人大常委会申请赋予广州市人大及其常委会在南沙自贸区同等的立法变通权；三是参照 2019 年 10 月全国人大常委会授权国务院在自贸区暂时调整适用有关法律规定的方式、参照 2020 年 9 月国务院同意在浙江省暂时调整实施有关行政法规规定的方式，向全国人大、国务院申请在涉及城市发展和治理方面需要暂时调整适用、实施的有关法律、行政法规；四是基于粤港澳大湾区发展的需要，将清单式批量立法授权引入粤港澳大湾区法治建设，采取清单式批量授权方式对广东及其包括广州在内的珠三角九市进行立法授权。[15]

14　参见许安标：《我国地方立法的新时代使命——把握地方立法规律　提高地方立法质量》，载《中国法律评论》2021 年第 1 期。

15　参见王春业：《将清单式批量立法授权引入粤港澳大湾区法治建设》，载《法学杂志》2021 年第 7 期。

民法典适用

海运物流领域商事留置权的善意取得适用

——兼评《民法典担保制度司法解释》第62条

周 江 郝志鹏*

【内容提要】《最高人民法院关于适用〈中华人民共和国民法典〉有关担保制度的解释》第62条在事实上创设了留置权善意取得适用的新规则，为司法实践争议的解决提供了有效的规范指引，但其采用"结果论断式"而非"构成要件式"的规制模式，未能将善意取得规则与商事留置权制度进行有效的理据衔接，对商事留置权善意取得适用的限定，与海运物流领域的行业商事习惯及实践形成的海事司法"惯例"存在部分冲突。鉴于海运物流领域"债""物"要素高效集合与流转的行业特征，以及两大法系、国际公约交融适用的法律特征，建议根据实践需求，参考域外立法规制，在融通商事留置权与善意取得理据逻辑的基础上，把握《海商法》修改契机，确立海运物流领域无关债权下商事留置权善意取得适用的"债物二分"规则。

【关键词】海运物流 商事留置权 善意取得 理据融通 "债物二分"

善意取得制度源于日耳曼法，是德国古老格言"一手传一手"的法律表达。[1]保护权利交易是善意取得制度形成的动因和目的，所有权人自愿地从自己手中

---

* 周江——西南政法大学教授、博士生导师、海洋与自然资源法研究所所长，主要研究领域：国际法、海洋法、海商法；郝志鹏——西南政法大学国际法学院博士研究生，主要研究领域：海商法、国际法。本文为国家社会科学基金重大研究专项项目（编号：20VHQ010）的阶段性成果。

1 参见［德］罗伯特·霍恩、海因·科茨、汉斯·G. 莱塞著：《德国民商法导论》，托尼·韦尔英、楚建等译，中国大百科全书出版社1996年版，第193－194页。

交出（物）是善意取得适用的基本前提。[2] 在交易方式为所有权人或无处分权人、第一手且最终手“物”（包括物权权利）之受让人的简单闭环交易情境下，依据一般留置权理论和善意取得规则可以有效解决相关权属纠纷，但在海运物流领域，因合同关系的复杂化、权利规定的碎片化与规则理解的多样化，商事留置权与善意取得的理据衔接与司法适用存在现实难题。[3]

一、海运物流领域商事留置权善意取得适用的实践争议

以港口作业合同纠纷为例，港口经营人行使商事留置权能否适用善意取得在司法实践中存有三种观点，分别为“否定论”“知情论”“拟制论”。“否定论”认为，商事留置权不同于民事留置权，因其不受牵连关系限制，港口经营人滥用善意取得会损害货物所有权人的合法权益。[4]“知情论”认为，基于信赖原则和公信力理论，可预先推定港口经营人对留置物的权属关系及债务人的无权处分处于“不知情”状态的事实成立，然后由债务人或利害关系人对“不知情”的否定主张承担举证责任。若举证不能，则港口经营人关于留置物商事留置权的善意取得主张成立。[5]“拟制论”是对“知情论”的拓展深化。在海运物流领域，承运人、代理人绝大多数情况下并非承运货物的所有权人是行业常识，在集装箱运输方面最为典型，要求港口经营人“善意”相信运输货物的权属状态实为强人所难，不符合行业实践。故“拟制论”认为，只要港口经营人与债务人之间存在合法的“商合同”债权关系，港口经营人即可基于商事留置权留置作业货物。该观点在集装箱港口作业纠纷的海事司法实践中得到广泛支持，几成“惯例”。[6] 同时，其他诸如海上货物运输和货运代理合同纠纷等亦存在类似争议。

究其原因，主要可归纳为如下三点：其一，直接法律规制缺失。《海商法》《民法典》等没有就留置权是否可以适用善意取得作出明确规范，海运物流领域商事留置权的善意取得适用缺乏一般理据支撑。其二，行业实践需求推动。海运物流领域“债”“物”高效流转的行业特征与法律关系多重性、复杂性和不

2 参见［德］迪特尔·梅迪库斯著：《请求权基础》，陈卫佐、田士勇等译，法律出版社2012年版，第259－261页。

3 根据《鹿特丹规则》中“门到门”运输的“大海运”理念，本文对“海运物流”采取广义解释，且仅就商事合同领域进行探讨，不涉及侵权责任。

4 参见吴勇奇：《中良海运停运与港口企业留置权的行使》，载《中国港口》2018年第10期。

5 参见辽宁省高级人民法院（2018）辽民终463号民事判决书。

6 参见大连海事法院（2015）大海商初字第230号民事判决书、广东省高级人民法院（2017）粤民终1885号民事判决书、最高人民法院（2017）最高法民申76号民事裁定书。

确定性的法律特征，决定了债权人对合同标的“物的担保”作用的重视与期望，并获得了行业习惯的认同与支持。其三，域外法律规制影响。英美法与相关国际公约对海运物流领域商事留置权善意取得适用的类似立法规制与实践支持，对我国的海事司法实践产生了潜移默化的影响。

二、留置权适用善意取得的国内理据沿革

国内学界和实务界对留置权（包括商事留置权）是否可以适用善意取得一直未形成统一定论。代表性观点有：第一，与民事留置权不同，商事留置权不适用善意取得；[7] 第二，只要商事留置权发生于合同交易之中，善意取得就可适用，但需留置物为占有托付物；[8] 第三，留置权应当适用善意取得制度，商事留置权亦不例外，但应限缩适用，即仅适用于清偿留置动产本身产生的债务；[9] 第四，留置权善意取得论在技术逻辑和价值判断层面均无法自洽。[10]

探究国内法源，通说认为《最高人民法院关于适用〈中华人民共和国担保法〉若干问题的解释》（以下简称《担保法司法解释》，已失效）第 108 条规定了留置权善意取得适用制度。《物权法》并未对该条规定进行转化确认，仅在第 106 条第 3 款对其他物权（相对所有权而言）适用善意取得的可能性留下了一个窗口。从《民法典》第 311 条关于物权善意取得规定本身的文义解释来看，并不反对留置权适用善意取得。根据该条规定，适用善意取得需满足三项构成要件：其一，善意受让人不知出让人为无处分权人；其二，已支付合理价款；其三，转让财产已按法律规定履行登记手续，无须登记的已实现交付。[11] 依据该三项条件评判留置权善意取得成立与否存在四个现实问题：第一，如何理解“无处分权人”，是仅限于所有权人，抑或包括合法占有权人；第二，如何理解“善意”，推定善意的界限和标准如何判定；第三，如何理解“合理价款”，是仅限于财产或金钱的给付，抑或包括合同义务的履行；第四，如何理解“应当登记”，是理解为效力性强制性规定，抑或管理性强制性规定。

在海运物流领域，对于上述问题的不同理解会对留置权善意取得适用产生

7　熊丙万：《论商事留置权》，载《法学家》2011 年第 4 期。

8　常鹏翱：《留置权善意取得的解释论》，载《法商研究》2014 年第 6 期。

9　商事留置权不要求牵连性要件，若不加限制地适用善意取得制度，将严重威胁交易安全。参见徐银波：《〈物权法〉留置权规则的解释适用与立法反思》，载《法律科学（西北政法大学学报）》2017 年第 2 期。

10　孙鹏：《完善中国留置权制度的建议》，载《现代法学》2017 年第 6 期。

11　最高人民法院民法典贯彻实施工作领导小组主编：《中华人民共和国民法典物权编理解与适用》（上），人民法院出版社 2020 年版，第 529 页。

截然不同的评判结果。例如，海运物流领域交易对方并非运输货物的所有权人是行业常态，如果严格限制有权处分人为所有权人，将基本掐断合同债权人依法行使留置权的实现可能性。又如，海运物流领域"债""物"高效流转和"物"随单走的基本特征，决定了多数情况下物权权属处于不明状态，善意与否的判定与证明缺乏具有实操性的规则指引。再如，不同于买卖合同，金钱或财产的给付并非海运物流领域合同当事人履约的唯一要素，行为履约亦是合同约定的基本内容，将受让人支付合理价款限定为金钱或财产，对于海运物流领域来说，范围过窄。复如，船舶的物权变动根据《海商法》和《民法典》的规定实行登记对抗主义模式，[12] 如果将善意取得的登记要件理解为效力性强制性规定，则对船舶的留置无法适用善意取得。

2021 年《最高人民法院关于适用〈中华人民共和国民法典〉有关担保制度的解释》（以下简称《民法典担保制度司法解释》）为上述困惑中"善意"的认定标准提供了新依据。《最高人民法院关于适用〈中华人民共和国物权法〉若干问题的解释（一）》（以下简称《物权法司法解释一》，已失效）第 15 条对于"善意"的认定标准为"不知无处分权 + 无重大过失"。《民法典担保制度司法解释》第 7 条第 3 款将"不知道且不应当知道"作为"善意"认定的新标准，在一定程度上放宽了受让人"善意"的认定条件，为海运物流等商事领域中商事习惯的司法认定留下了适用空间。

对海运物流领域留置权规则适用影响最大的，当属《民法典担保制度司法解释》第 62 条的颁行。[13] 不同于 2020 年《最高人民法院关于适用〈中华人民共和国民法典〉担保部分的解释》（征求意见稿）（以下简称《民法典担保部分司法解释征求意见稿》）第 60 条的规定，[14]《民法典担保制度司法解释》第 62 条第 1 款对征求意见稿中"留置合法占有的第三人的动产"增加了"同一法律关系"作为一般前置条件，并在第 3 款明确规定非同一法律关系下商事留置权不享有对第三人财产的合法留置权。与征求意见稿相比，颁行文本对商事留置

12　参见《海商法》第 9 条和《民法典》第 225 条。

13　《民法典担保制度司法解释》第 62 条规定："债务人不履行到期债务，债权人因同一法律关系留置合法占有的第三人的动产，并主张就该留置财产优先受偿的，人民法院应予支持。第三人以该留置财产并非债务人的财产为由请求返还的，人民法院不予支持。企业之间留置的动产与债权并非同一法律关系，债务人以该债权不属于企业持续经营中发生的债权为由请求债权人返还留置财产的，人民法院应予支持。企业之间留置的动产与债权并非同一法律关系，债权人留置第三人的财产，第三人请求债权人返还留置财产的，人民法院应予支持。"

14　2020 年 11 月 9 日最高人民法院公布的《民法典担保部分司法解释征求意见稿》第 60 条规定："债务人不履行到期债务，债权人留置已经合法占有的债务人不享有处分权的动产，动产的实际权利人请求返还财产的，人民法院不予支持。"

权适用善意取得的范围进行了极大的限缩，并且通过第2款规定进一步对债务人的商事留置抗辩权进行了专门规定，其法益考量可能倾向于对动产所有权人的物权权益保障，但在客观上与海运物流领域长期以来形成的商事交易习惯及前述海事司法“惯例”产生了部分冲突。

三、限制商事留置权善意取得适用产生的冲突评析

（一）权利起源与价值演变的历史维度衡量

权利起源与价值演变的溯本研究是权利规范正当性证成的理论前提。商事留置权源于中世纪地中海商人习惯法，脱胎于优先权、法定质权和民事留置权理论体系，勃兴于德意志法系并被广泛应用于现代商法。留置权（包括商事留置权，下同）“债”“物”二元权利属性之争贯穿于留置权的整个发展历程。前者以法国民商法“债的清偿”理论为代表，后者以德国民商法“物的担保”理论为标志。相比而言，“物的担保”权利属性理论兼容性更强、继受者更多、影响力更大。

法国民法最初并无专门的留置权规定，而是围绕“债的清偿”理论为核心，通过抗辩权与优先权的规范体系进行调整规制。[15] 直到2006年，法国颁布第2006－346号法令，在《法国民法典》第四卷第四章新增“以担保的名义留置或让与所有权”，赋予债权人行使“物的担保清偿”权利，[16] 标志着“物的担保”理论开始逐步融入到现代法国民法留置权规范体系之中。法国商法延续了民法中留置权的相关理念，并有新的创新。《法国商法典》关于行纪商优先权和承运人优先权的规定，[17] 突破了“债的相对性”原则，在实质上具备了商事留置权的雏形，并将“与物有关的文件、材料（德国法称之为有价证券）”纳入到优先权行使对象范围，表明“物的担保”理论在法国商法留置权规范体系之中亦得到部分应用。

15　例如《法国民法典》（1804年）第570条（新物制作者新物请求权）、第867条（不动产现物改良者不动产占有权）、第1612条（货物出卖人货物拒绝交付权）、第2102条（保管人保管物优先权）。参见《拿破仑法典》，李浩培、吴传颐、孙鸣岗译，商务印书馆2015年版，第85页、第129页、第254页、第326－327页。

16　《法国民法典》，罗结珍译，北京大学出版社2010年版，第517－518页。

17　《法国商法典》（2015年）第L132－2条（行纪商义务标的优先权）、第L133－7条（承运人义务标的优先权）。参见《法国商法典》（上册），罗结珍译，北京大学出版社2015年版，第61页、第67页。

物权理论是德国民商法的标志，[18]商事留置权更是德国商法所首创。动产质权、权利质权与物之返还留置权共同成为德国商法商事留置权的理论之源。以“物的担保”为中心，兼顾“债的抗辩”与“优先受偿”是《德国商法典》商事留置权制度的主要特征。后续《瑞士民法典》《日本商法典》关于商事留置权的规定均不同程度地受到了《德国商法典》的影响。

英美法下的留置权通常与对物的占有有关，[19]在海运物流领域，基于利益担保理论而产生的海上留置权，[20]其“对物诉讼”特征与德国法“物的担保”属性具有颇多相似之处。

在国际公约方面，《1993年船舶优先权公约》中文版本将“liens”翻译为“优先权”，[21]貌似与优先权理论相吻合，但从公约内容来看，“liens”的实现需要围绕“船舶”这一特定的“物”来行使，实际与“物的担保”理论更为契合。《1991年港站经营人公约》第10条、[22]2008年《鹿特丹规则》第49条，[23]均采纳了“物的担保”权利属性理论。前者规定港站经营人有权留置货物，要求债务人对索赔额提供足额担保，并依据留置物所在地法律出售货物用以清偿债务，后者确认留置货物系为了债权偿付获得担保。

综上可知，商事留置权本身兼具“债”“物”结合的双重属性特征，其由“债”向“物”权利重心渐次转移的发展历程，本质上是对债权人利益保障力度不断加强的过程。这种变化历程也符合“物的担保制度是以确保债权的经济

---

18 ［德］茨威格特、克茨著：《比较法总论》（上），潘汉典、米健、高鸿钧、贺卫方译，中国法制出版社2017年版，第332页。

19 参见［英］威廉·格尔达特（William Geldart）著：《英国法导论》，大卫·亚德里（David Yardley）修订，中国政法大学出版社2013年版，第117页。

20 参见［美］G. 吉尔摩 C. L. 布莱克著：《海商法》，杨召南等译，中国大百科全书出版社2000年版，第800页。

21 1993年《船舶优先权和抵押权国际公约》（International Convention on Maritime Liens and Mortgages，以下简称《1993年船舶优先权公约》）。“lien”一词在英国法中具有广泛的含义，在不同的语境下可能指“抵押”“质押”“留置”等任何一种可以优先受偿的权利，参见［英］约翰·F. 威尔逊：《海上货物运输法》（Carriage of Goods by sea），袁发强译，法律出版社2014年版，第294页。亦有学者认为，英美法中的“lien”是担保法的上位核心概念，实质上包含了大陆法系的所有担保权制度，其内涵大致相当于中国法上的担保物权加诉讼保全等强制措施。参见孙新强：《我国法律移植中的败笔——优先权》，载《中国法学》2011年第1期。

22 1991年《联合国国际贸易运输港站经营人赔偿责任公约》（United Nations Convention on the Liability of Operators of Transport Terminals in International Trade，以下简称《1991年港站经营人公约》），公约中文版本未采用“留置”的表述，代之以“扣留”，但英文版本对应表述为“retention”，经查询元照英美法词典，该词为苏格兰法对留置权的表述，与英格兰法中的“lien”等同。

23 2008年《联合国全程或部分海上国际货物运输合同公约》（United Nations Convention on Contracts for the International Carriage of Goods Wholly or Partly by Sea，又称《鹿特丹规则》）。

价值为出发点”的基本定位。[24]《民法典担保制度司法解释》第62条第2款和第3款对债权人行使商事留置权的权利范围进行限缩规定，与商事留置权的价值演变趋势有所差异。

（二）商事习惯与行业特征的实践维度衡量

以海运贸易习惯法为主要内容的中世纪地中海商人团体习惯法是现代商法体系的源泉，商事留置权的制度发展亦与海运物流领域商事习惯的形成与发展密切相关。以德国商法中的商事留置权为例，其创设初衷在于解决法定质权中特定合同类型（如行纪、运输代理、仓储和货物运输）以外，商事交易担保依据匮乏以及无关债权担保规范不足的问题。[25]对于海运物流领域来说，以行纪、代理、仓储和运输商事法律关系为骨干形成的链条式、系统化的商事业态，通过提单、运单和仓单的财产化赋权，以单证流转、物随单走、双线并行的方式，确立了海运物流领域“债”“物”要素高效集合与流转的行业特征，“以货保债”成为法律之外维护海运物流领域商事交易秩序的核心习惯法则。商事留置权制度因其与海运物流领域商事习惯的高度吻合，一直是维护海运物流领域独特商事业态交易秩序的重要保障。《民法典担保制度司法解释》第62条第2款和第3款的颁行，会对海运物流领域现有的商事习惯体系带来一定冲击。

（三）权利保障与规范矫正的法益维度衡量

无边界的权利必然会导致非正义，对商事留置权债权人的法益倾斜并不代表着商事留置权可以不受限制地滥用。事实上，因为海运物流领域多方参与、精细分工、交易复杂的原因，合同履约过程中“人”与“货”的变更十分频繁，[26]对运输货物主张商事留置权成为海运物流领域债权人（尤其是港口方）维护其权益的常规手段，运输货物所有权人及其他合法物权权利人的权益空间因此遭到侵蚀和挤压。以沈阳东方钢铁有限公司海事海商系列纠纷案为例，因公司陷入经营困境，与其有业务往来的境内外银行、物资公司、货代企业、港口公司、物流公司、钢铁公司、贸易公司等众多利益相关方，围绕东方钢铁有限公司在途或港存货物的物权权益分配，展开了旷日持久、规模宏大的法律诉

24　［日］我妻荣著：《新订担保物权法》，申政武、封涛、郑芙蓉译，中国法制出版社2008年版，第1页。

25　参见［德］C. W. 卡纳里斯著：《德国商法》（下），杨继译，法律出版社2006年版，第665页。

26　参见郝志鹏、孙光：《论港口经营人行使留置权的法律困境与出路》，载《中国海商法研究》2018年第4期。

讼战。[27] 商事留置权的成立要件、权利界限及其与所有权人、抵押权人等其他物权权利人间的物权权益之争是系列案件的主要争议焦点之一。根据已有生效判决的一般观点来看，基本形成了三点共识：第一，在无证据证明商事留置权请求人对留置货物明知其并非被请求人所有的情况下，商事留置权请求人请求留置运输货物的主张，法院予以支持；第二，对于其中非属于具体同一合同法律关系项下的被请求人所有的货物，因长期合作框架协议或合作惯例的存在，请求人对运输货物的商事留置权主张，法院予以支持；第三，留置货物的第三人以所有权人身份主张物权返还权的，法院予以支持，但同时要求所有权人不得侵害商事留置权请求人的合法留置权权益。此外，因为涉及进出口货物需由海关查验监管的问题，查验监管期间的费用债权及税款债权亦成为影响涉案物权权益分配的重要因素。

因此，从动因和需求来看，《民法典担保制度司法解释》第 62 条的颁行，符合海事海商理论和司法实务界对于进一步丰富细化商事留置权规范体系的客观要求。但从规定的行文方式、规范内容和理据阐释方面来看，第 62 条选择通过“结果论断式”而非“构成要件式”的规范方式调整商事留置权的适用条件及权利范围，客观上未能将善意取得与商事留置权在理论自洽和逻辑衔接层面实现有效对接，不利于该条款在司法实践层面的准确理解与适用。在面对如东方钢铁有限公司系列纠纷案等多种债权关系与物权权益纠葛交缠的疑难复杂案件时，权利“构成要件”范式的缺乏可能会成为案件审理的新难点。

四、冲突产生问题的应对路径与方案构建

从法系分类划分来说中国法属于大陆法系，但因海运物流的全球性特点及英美法对国际航运法发展的深刻影响，中国的海事立法在诞生之日起就兼具大陆法系与英美法系的一般特征。历经 20 余载，中国的海事审判理论实践与海事

27　参见最高人民法院（2019）最高法民终 1856 号民事判决书、最高人民法院（2016）最高法民再 201 号民事裁定书、最高人民法院（2016）最高法民申 779 号民事裁定书、浙江省高级人民法院（2019）浙民终 167 号民事判决书、辽宁省高级人民法院（2019）辽民终 642 号民事判决书、辽宁省高级人民法院（2019）辽民终 1182 号民事判决书、辽宁省高级人民法院（2019）辽民终 1624 号民事裁定书、河北省高级人民法院（2019）冀民终 595 号民事判决书、辽宁省高级人民法院（2018）辽民终 462 号民事判决书、辽宁省高级人民法院（2018）辽民终 463 号民事判决书、上海市高级人民法院（2017）沪民终 252 号民事判决书等。根据中国裁判文书网的公开显示，截至 2021 年 7 月 26 日，涉东方钢铁有限公司诉讼案件的已生效法律文书达 545 篇，且仍有众多案件正在审理中。参见中国裁判文书网，https：//wenshu. court. gov. cn/website/wenshu/181217BMTKHNT2W0/index. html？ pageId = 6ca1a38899e0e5a5127dbd33c5b466fe&s21 = %E4%B8%9C%E6%96%B9%E9%92%A2%E9%93%81%E6%9C%89%E9%99%90%E5%85%AC%E5%8F%B8，最后访问于 2021 年 7 月 26 日。

法律体系构建伴随着国家法治现代化进程实现了飞跃式发展，但亦因一般民商法理论与海事特别规定在理解与适用过程中的冲突与矛盾，形成了包括商事留置权善意取得适用争议在内的诸多司法实践难题。反映到理论层面，即为“海法自体论”与“民商特别法”的理念和方向之争。[28] 从现实可能性和实证影响力来看，第二种模式更具实操性，符合中国一般法与特别法体系建构的通行路径，而且从《海商法》修订的情况来看，基本也遵循了“民商特别法”的修法指导思想。因此，针对《民法典担保制度司法解释》第 62 条规定，海运物流领域的相关立法肩负着在理据逻辑层面融通一般民商事立法与海事特别立法的内洽使命。参考域外立法规制、兼采各方理据之长、理顺制度逻辑衔接、确认“债物二分”折中规则，或可成为解决问题的有效路径与可行方案。

（一）参考域外立法规制

商事留置权的域外立法规制从 1804 年《法国民法典》起算已历经两个多世纪，从 1897 年《德国商法典》起算，[29] 亦已经历百年发展，积累了丰富的理论和实践经验。梳理商事留置权善意取得适用的域外立法经验具备现实基础与价值基础。

在大陆法系，对商事留置权能否适用善意取得，总体上赞成者居多，即使是反对者，在运输物流领域尤其是海运物流领域亦普遍进行了特别规定。例如《德国商法典》第 366 条第 3 款对行纪人、承运人、运输代理人和仓库营业人法定质权善意保护的条件和范围进行了规定。[30] 第 369 条第 2 款确立了商事留置

---

28 “海法自体论”的代表观点参见司玉琢、李天生：《论海法》，载《法学研究》2017 年第 6 期；王世涛、汤喆峰：《论海商法之于民法的独立性》，载《中国海商法研究》2012 年第 3 期。“民商特别法”的代表观点参见曹兴国、初北平：《作为特别法的〈海商法〉的修改——制度体系、修法时机及规范设计》，载《政法论丛》2018 年第 1 期；王淑梅、侯伟：《关于〈海商法〉修改的几点意见》，载《中国海商法研究》2017 年第 3 期。

29 鉴于德国商法相关中文译著未能涵盖第五编海商编以及兼顾时效性原因，本文涉及德国商法具体条文引用时，兼采德国联邦政府法律公示网站 2017 年英文公示版（仅第一编、第二编和第五编）以及 2020 年德文公示版，并进行对照翻译。

30 《德国商法典》第 366 条第 3 款规定：“行纪人、承运人、运输代理人和仓库营业人的法定质权，在善意的保护方面，视同依第 1 款以合同取得的质权，但承运人、运输代理人和仓库营业人对非为据以产生应由质权担保的债权的合同标的物的物品的法定质权，只在取得人的善意涉及合同他方当事人的所有权的限度内，视同依第 1 款以合同取得的质权。”《德国商法典》，杜景林、卢谌译，中国政法大学出版社 2009 年版，第 173 页。

权适用善意取得的权利界限。[31] 第372条第1款对留置物清偿适用所有权拟制进行了规定。[32] 第397条规定行纪人对行纪财产（包括委托人名下的无关债权财产）享有留置权。[33] 第440条第1款规定一般货物承运人对运输货物（包括第三人所有的货物）及其随附文件享有留置权。[34] 第464条规定运输代理人对代理货物（包括发货人为货主及第三人为货主但同意发运的货物）享有留置权。[35] 第475b条规定仓库营业人对仓储货物（包括寄存人为货主或第三人为货主但同意寄存的货物）享有留置权。[36] 第495条第1款规定海运承运人对运输货物（包括第三人所有的货物）及其随附文件享有留置权。[37]《瑞士民法典》第895条第3款规定债权人对非债务人动产因善意受领而享有留置权。[38]《日本商法典》第521条规定虽然排除了债权人对第三人之物享有善意留置权的可能性，但其"海商编"第753条规定船长未收到运费、附加费、垫付款、停泊费、共同海损及救助费用时，可以拒绝交付运输物品，为商事留置权在海运物流领域适用善意取得提供了法律依据。[39] 法国商法虽无明确法律规定，但1994年5月18日巴黎法院的判例中明确，只要行纪商原是善意相信所涉商品属于债务人所有，即可主张行使优先权。[40]

---

31 《德国商法典》第369条第2款规定："以可以对债务人交付标的物的请求权的抗辩对抗第三人为限，对此第三人存在留置权。"《德国商法典》，杜景林、卢谌译，中国政法大学出版社2009年版，第174页。

32 《德国商法典》第372条第1款规定："在由留置的标的物受清偿方面，为债权人的利益，在债权人取得占有时为标的物的所有人的债务人，以债权人不知债务人不再为所有人为限，仍视为所有人。"《德国商法典》，杜景林、卢谌译，中国政法大学出版社2009年版。即使在今天看来，该条规定仍具有示范参考意义。

33 §397 Pfandrecht des Kommissionärs，载德国司法和消费者保护部网站，http://www.gesetze-im-internet.de/hgb/BJNR002190897.html Handelsgesetzbuch，最后访问于2021年7月26日。

34 §440 Pfandrecht des Frachtführers，载德国司法和消费者保护部网站，http://www.gesetze-im-internet.de/hgb/BJNR002190897.html Handelsgesetzbuch，最后访问于2021年7月26日。

35 §464 Pfandrecht des Spediteurs，载德国司法和消费者保护部网站，http://www.gesetze-im-internet.de/hgb/BJNR002190897.html Handelsgesetzbuch，最后访问于2021年7月26日。

36 §475b Pfandrecht des Lagerhalters，载德国司法和消费者保护部网站，http://www.gesetze-im-internet.de/hgb/BJNR002190897.html Handelsgesetzbuch，最后访问于2021年7月26日。

37 §495 Pfandrecht des Verfrachters，载德国司法和消费者保护部网站，http://www.gesetze-im-internet.de/hgb/BJNR002190897.html Handelsgesetzbuch，最后访问于2021年7月26日；Section 495 Carrier's lien，http://www.gesetze-im-internet.de/englisch_hgb/englisch_hgb.pdf，最后访问于2021年7月26日。

38 参见《瑞士民法典》，戴永盛译，中国政法大学出版社2016年版，第307页。

39 参见《日本最新商法典译著》，刘成杰译注，柳经纬审校，中国政法大学出版社2012年版，第118页、第330页。

40 《法国商法典》（上册），罗结珍译，北京大学出版社2015年版，第62页。

英美法系基于“对人诉讼”与“对物诉讼”的基本分类，[41] 将留置权分为一般留置权和特别留置权。一般留置权主要针对“人”，赋予请求人留置被请求人的任何动产的权利，直至该请求得到满足，而无须请求权与动产之间存在必要的联系；特定留置权主要针对“物”（动产），请求人有权留置动产直到有关该动产的所有索赔得到满足为止。[42] 这两种留置权在特定的情况下均可以达到类似大陆法系商事留置权的法律效果。“对人”一般留置权的留置对象通常要求留置物为债务人所有，但“对物”特别留置权并不要求留置物必须为债务人所有，在海运物流领域亦是如此。以英国法为例，关于船东留置权，如果单一合同项下的承运货物被分成了不同的提单，且提单被背书给了不同的受让人，但船东仍有权对实际拖欠运费的提单货物行使留置权。[43] 关于承运人留置权，如果是公共承运人，因承运货物系由不特定人委托，承运人不需要知道真正的货主是谁，除非承运人明知留置物的占有针对货主而言是非法占有，其对运输货物的留置权可以延伸约束第三方；如果是私人承运人，通常情况下，留置权不能对未以明示或默示的方式同意货物留置的非运输合同当事人产生约束力。[44] 关于美国法，美国法虽然原则上不允许动产适用善意取得，但仍然在商事领域作出了例外规定。根据《美国统一商法典》第 2.403 条规定，只要第三人是通过正常的商业渠道从商人手中取得动产，且系由所有权人将动产交付（entrusted）给商人并符合合同条款用语，善意取得就可以发生。[45] 在海运物流领域亦是如此，例如船东留置权，美国海商法规定，在航次租船或者定期租船运输中，船东（出租人）对承租人的船载货物享有留置权，如果租船合同同时规定了对转租运费的留置权，船东可以对属于转租人的货物强制执行该留置权。[46] 再如承运人留置权，《美国统一商法典》第 7.307 条规定，承运人就货物费用对提单覆盖的货物或承运人占有的货物享有留置权，并有权就其提单注明费用或合理

---

41 另有“混合诉讼”作为分类补充。

42 D. C. Jackson, Enforcement of Maritime Claims, Lloyd's Shipping Law Library Press, 2005, p. 20. 23 – 20. 39.

43 John F Wilson, Carriage of Goods by Sea , Henry Ling Ltd Press, 2010, p. 304.

44 Richard Aikens, Richard Lord, Michael Bools, Bills of Lading , Informa Law from Routledge Press, 2016, p. 12. 60

45 参见［美］彼得·海著：《美国法概论》，许庆坤译，北京大学出版社 2020 年版，第 205 – 206 页。

46 See OSKA SHOSEN KAISHA v. PACIFIC EXPORT LUMBER CO. , Supreme Court of the United States, 1923, 260 U. S. 490, 43S. Ct. 172, 67 L. Ed. 364, 1923 AMC 55, David W. Robertson, Steven F. Friedell, Michael F. Sturley, Admiralty and Maritime Law in the United States, Carolina Academic Press, 2001, p. 475 – 477.

费用债权，对抗发货人或货物的任何权利人，包括取得提单的货物所有人，除非承运人被事先通知发货人缺乏货物处分权利。[47]

在国际公约方面，《1993年船舶优先权公约》第4条、第6条和第8条规定，船舶优先权的行使并不要求船舶为债务人所有。根据《1991年港站经营人公约》第10条规定，港站经营人在留置运输货物时无须考虑货物是否为债务人所有，但如果要对留置物进行销售处置，则不能对非托运人或承运人所有的且具有明显所有权标识的留置物进行处分，对运输包装物的修理或改善费用之债除外。2008年《鹿特丹规则》第49条规定承运人对承运货物的留置权依赖于合同约定或准据法，并未对留置货物的所有权归属进行限定。

综上，在海运物流领域，其他大陆法系国家、英美法系和国际公约不谋而合地对留置权（包括商事留置权）可以适用善意取得进行了明示或默示的肯定性规定。我国《民法典担保制度司法解释》第62条规定虽然未在条文中体现"善意取得"的文本表述，但在事实上创设了留置权（包括商事留置权）的善意取得适用规则。从规范内容来看，其法益考量和价值取向基本借鉴吸收了《德国商法典》第366条、第369条第1款和第2款的立法精神，但并未采用德国商法"构成要件式"的立法形式，而是选取了类似于英美法和国际公约"结果论断式"的规范表征，与民法典相关留置权条款（第447条和第448条）以及善意取得相关条款（第311条）的衔接出现了较为明显的逻辑断层。建议在立法体例设计方面借鉴德国法，通过补充民法典司法解释一般规定、增加海商法特别法律规制的方式，为《民法典担保制度司法解释》第62条规定的法律后果认定创设构成要件范式基础。

（二）兼采各方理据之长

作为商事留置权的直接法源，德国商法对于商事留置权善意取得适用的成文法规定得最为详尽，是大陆法系相关立法的典型代表。《德国商法典》第366条、第367条、第369条（商事留置权）、第371条和第372条共同构成了德国法下商事留置权善意取得适用的一般法律原则。[48]第397条、第440条、第464条、第475b条和第495条则分别对行纪人、一般承运人、运输代理人、仓库营业人和海运承运人的留置权适用进行了特别规定。从立法体例来看，第366条在1998年德国运输法改革之前并无第3款规定，其增设初衷是解决运输领域项

---

47 参见《美国统一商法典》（UNIFORM COMMERCIAL CODE），潘琪译，法律出版社2018年版，第423页。

48 参见《德国商法典》，杜景林、卢谌译，中国政法大学出版社2009年版，第173－176页。

下，债权人对他人货物或无关债权项下债务人名下的其他货物适用留置权善意取得的一般法律依据缺失问题。[49] 通过增加该条款，海运物流领域第 397 条、第 440 条、第 464 条、第 475b 条和第 495 条的法律适用从此与善意取得理论紧密联系起来，形成了一套完整的理论规范体系。从规范内容来看，德国商法的上述规定有三项基本特征：第一，实质上确认了运输物流领域债权人行使商事留置权适用善意取得“善意默认推定”的规范模式，其启动前提条件为存在合法的运输物流合同法律关系；第二，确认了债权人对运输货物随附单证（限于提单、提货单、仓单等有价证券）享有与运输货物同等适用条件的商事留置权；第三，规定无关债权情形下商事留置权善意取得适用的权利边界止于第三人所有权。

对比大陆法系，英美法系并无体系完整、概念精确的留置权成文法规范体系，其关于留置权善意取得适用的规范多与其他担保权利制度置于同一规范语境之中或通过判例法的形式予以具体体现。从前述关于英美法留置权的相关规范、理论和判例可以看出，坚持“物的相对独立性”和“债权物因性”、强调交易信赖保护原则、尊重意思自治核心价值，是英美法留置权善意取得适用得以成立的法理基础。如果与大陆法系相关权利规范内容相对照，英美法下海运物流领域留置权善意取得适用规则体系有如下三项主要特征：第一，根据合同的性质和内容区分认定留置权能否及于非委托人所有的运输货物；第二，事先通知债权人委托人不具有对运输货物的处分权是货物所有人对抗留置权善意取得适用的抗辩基础；第三，债权与运输货物之间的直接关联性是留置权善意取得适用的先决条件。

国际公约方面，从留置权规范内容来看，虽然受英美法影响较大，但其形成了自己独特的规范特征：第一，船舶遵循“债随物走”的法律规则，“直接物因性”特征是其典型代表。第二，港口经营人留置运输货物，采取“债物二分”的方式解决留置货物的所有权归属问题。留置权被分为两个阶段分别处理，第一个阶段为“抗辩留置”，所有权归属并不构成权利障碍；第二个阶段为“处分留置”，又分两种情况：一是关于运输费用本债，处分留置货物时需要考量留置货物的所有权归属，如果明知留置货物不属于债务人所有，则不能对留置货物进行处分清偿，但亦不排除“善意取得”情况下的货物处分权；二是关于包装物的修理改善费用辅债，因“直接物因性”规则，对留置货物相应份额的留置清偿权不受货物的所有权归属限制。第三，承运人留置运输货物，有法定从法

---

49 参见［德］C. W. 卡纳里斯著：《德国商法》（下），杨继译，法律出版社 2006 年版，第 654 页。

定，无法定从约定。

综上，两大法系与国际公约对海运物流领域商事留置权善意取得适用的理据规制可归纳为如下三种路径：第一，以“商事外观主义”为核心，适用法律推定规则，对所有权的善意取得保护扩展至处分权的善意取得保护，并以无关债权作为第三人财产善意取得适用的阻隔界限，但运输物流领域合同相对人所有权项下的承运货物除外；第二，以“债权物因性理论”为主体，以“交易信赖保护原则”为补充，所有权或处分权善意取得保护的适用可及于无关债权项下的第三人，但须以债的发生与物的运输存在直接关联关系为必要前提；第三，以“有限列举的特别规制”为基础，对船舶留置、港口经营人留置和承运人留置分别采取了不同的规制模式，其中港口经营人留置规制中的“债物二分”模式虽然有回归商事留置权，发展早期法德权利属性理论之争的“退化”嫌疑，但其在实践争议解决层面的“创新”价值有待进一步挖掘。

我国《民法典担保制度司法解释》第 62 条规定在理据层面基本沿袭了上述第一种大陆法系国家的一般规制路径，但在无关债权的善意取得规制方面，存在显著差异：第一，将无关债权项下商事留置权善意取得适用债务人其他动产的范围由行纪、货运、运输代理和仓储四行业扩展至所有动产商事领域；第二，新增赋予债务人非持续经营之债的商事留置权善意取得适用抗辩权。探究立法本意，扩大无关债权项下商事留置权善意取得适用的商事范围，是对债权人权益保护中心主义商事交易结构法治保障客观需求的立法回应。对债务人抗辩权的新增赋权，则是基于法益平衡限制债权人商事留置权权利的滥用。目的正当性无可指摘，但在理据阐释表达方面，仍存有瑕疵和不足：第一，第 62 条第 2 款对债务人的抗辩权以物上返还请求权作为形式表征，但未能解释该权利的请求权基础，是基于债务人对留置物的所有权返还原物请求权抑或不当得利返还请求权，并未明晰；第二，债务人抗辩权的适用情形（“不属于企业持续经营中发生的债权”），是仅指债务人企业或包括双方企业，还是指债务人自身未能持续经营（例如企业经营范围变更或股东结构发生变化借壳上市等），抑或是指双方企业的同类商业合作行为终结，存在定义不清、界定不明的适用困难。究其原因，除了立法技术瑕疵之外，根源仍是商事留置权制度与善意取得规则之间在理据融通层面缺乏有效的衔接。此外，鉴于英美法对全球海运规则的巨大影响力，“债权物因性理论”和“交易信赖保护原则”在海运物流领域具有独特的生命力，以致大陆法国家在立法时大多将海商法律关系独立成编（例如德国商法、日本商法、韩国商法等），在不同程度上赋予了海运物流法律规范的特别法地位。中国海商法作为特别法中的单行法，相比其他大陆法系国家的海商立法其独立性更为突出，受“海法自体性”和“民商特别法”方向之争的影响更为明显，但从国家立法机关、部分修法专家以及司法实务经验的反馈来看，“民商特别法”的发展定位几成定局。因此，对《民法典担保制度司法解释》第62条的补充完善需要兼顾其对一般商事留置权和海运物流特别商事留置权的理据指导意义。以大陆法一般规制路径为模式参考，吸收英美法“债权物因性理论”和“交易信赖保护原则”的合理成分，借鉴国际法融通两大法系的“折中”经验，将兼具理论创新与实践导引的双重价值。

（三）理顺制度逻辑衔接

对《民法典担保制度司法解释》第62条规定进行补充完善需要在两个方面理顺逻辑衔接：第一，商事留置权制度与善意取得适用规则之间的逻辑关系；第二，一般商事留置权与海运物流特别商事留置权之间的逻辑关系。从体系相容性来看，德国民商法是最为成熟的参考样本。《德国民法典》第161条第3款、第932条、第990条、第1006条、第1007条、第1207条、第1208条、第1244条和第1248条规定，分别从条件成否未定前之处分效力、无权利人之善意取得及非善意之认定、恶意占有人之责任、占有人之所有权推定、前占有人对非善意占有人之返还占有物请求权、无权利人设定质权之善意准用、动产质权之善意取得和善意质权人对出卖质物之所有权推定等方面，就善意取得理论在动产让与，动产质权设立与让与全流程中的适用，设立了逻辑清晰、结构严谨的构成要件规范体系。[50]德国商法中商事留置权的善意取得适用规则，虽然增加了无关债权项下动产商事留置权设立及留置物清偿的规范要件，但其理据仍基本沿袭德国民法中动产及动产权利适用善意取得的相关理论和规范逻辑，不存在特别规范与理论基础及规范体系逻辑结构脱节的问题。

此外，因海商法律关系为德国商法的其中一编，为了协调海运物流特别商事留置权与一般商事留置权之间的逻辑理据，《德国商法典》通过第367条部分有价证券适用善意取得的规定，第368条及时变卖质物的规定，第369条海运单、提单、仓单项下占有留置的规定以及新增第366条第3款无关债权项下运输领域适用法定质权善意取得的特别规定，与海商编相关规定一起，将海运物流领域特别商事留置权的特殊性与一般商事留置权的普适性进行了有效的衔接与融合。

经总结，德国法下，商事留置权制度与善意取得规则融通适用的一般进路为：善意取得→动产及动产权利→商事留置权（包含无关债权和有价证券）→

50 参见台湾大学法律学院、台大法学基金会编译：《德国民法典》，北京大学出版社2016年版，第141页、第841页、第850页、第881页、第957页、第976页。

运输领域商事留置权→海运物流领域商事留置权→多重留置权的优先次序（装运优先主义）。

就第一项逻辑关系，我国《民法典》第 311 条、第 313 条、第 448 条、第 460 条、第 836 条、第 903 条、第 918 条、第 959 条分别就动产或不动产所有权适用善意取得的构成要件、其他物权的善意取得参照准用、善意取得后动产原有权利的消灭及非善意认定标准之认定、企业之间的商事留置权、善意无权占有人之必要费用返还请求权、运输合同承运人留置权、保管（仓储）合同保管人（仓储人）留置权、行纪合同行纪人留置权进行了规定。就第二项逻辑关系，我国《海商法》第 25 条、第 87 条、第 88 条、第 141 条、第 161 条分别对船舶留置权、海运承运人留置权、承运人留质物申请拍卖权、船舶承租人留置权、承拖人留置权进行了规定。可以说，《民法典》的编纂基本解决了之前《物权法》《合同法》中关于善意取得与商事留置权之间的初步理据衔接问题，《民法典》第 311 条第 3 款规定为各类留置权（包括商事留置权）准用善意取得规则提供了规范依据，但在细节方面仍有较大的完善空间。例如对所有权善意取得适用构成要件的规定适用于其他物权（包括商事留置权）时普适性不足，缺乏有价证券适用商事留置权和善意取得规则的成文法规定，未对善意取得后动产处分的权利依据（所有权拟制）进行规制。同时，因《海商法》独立成法，《民法典》中商事留置权与善意取得适用的相关规范不能直接适用于海运物流领域相关法律关系，进一步提升了海运物流领域善意取得规则与商事留置权制度的理据融通难度。

综上，针对商事留置权制度与善意取得适用规则之间的理据衔接问题，建议对《民法典》第 311 条第 3 款规定颁行相应司法解释，重点就其他物权（包括商事留置权）适用善意取得的构成要件进行分类规范，并为海运物流领域商事留置权的特别规制提供理据基础。参考新增商事留置权的部分司法解释条款为："企业之间主张善意取得动产留置权的，需同时符合下列条件：1. 债权人以双方商行为期间存在其他无关债权为由主张留置债务人交付动产的，应当符合善意认定条件，不知道且不应当知道债务人并非交付动产的有权处分人；2. 债权人的己方合同义务已履行完毕；3. 留置动产按法律规定需要登记的已经登记，不需要登记的已经交付实物或对应有价单证。"对于一般商事留置权与海运物流特别商事留置权之间的衔接问题，建议在《民法典》第 311 条相应司法解释中新增独立条款："其他法律另有规定的从其规定，没有规定的，适用本法。"

（四）确认"债物二分"规则

自由和效率是私法的两个基本原则，物权法规范的主要目的即明确界定物权（产权），减少交易成本，排除协议障碍，减少协议失败损害。[51]德国民商法虽然在逻辑理据层面理顺了善意取得理论与一般商事留置权及海运物流特别商事留置权制度的衔接融通问题，但对于海运物流领域物权制度的特殊考量不足，未能体现海运物流领域对于“债”“物”高效流转，兼顾自由与效率的客观要求。同时，如前文所述，鉴于英美法对于全球海运物流法律制度的深刻影响，单纯以大陆法善意取得理论和一般商事留置权制度来解释海运物流领域实践中产生的司法争议，效果不彰，但完全弃用大陆法一般规则，改用英美法理论体系解决实践问题，又不符合中国一般法与特别法法律体系建构的基本要求。是故，坚持民法典善意取得与商事留置权制度基础理据地位的同时，辅以英美法一般理论为补充，是当前中国法下解决海运物流特别商事留置权适用困境的最优路径。如何融合兼采两大法系之长，参考国际公约的规范内容无疑是绝佳选择之一。海运物流相关国际公约的签署国既包括大陆法系国家，也包括英美法系国家，故其在融合两大法系的立法经验方面相对比较成熟，其中尤以《1991年港站经营人公约》最为接近大陆法下善意取得与商事留置权的一般理论。公约虽然未能生效，但其规范内容的形成得到了包括中国、美国、法国、苏联、意大利、北欧诸国等41个国家的投票赞成，[52]对很多国家国内的立法实践产生了重要影响。

综上，建议以《1991年港站经营人公约》确立的“债物二分”模式作为中国海商法下设立海运物流特别商事留置权的参考范式。结合2020年1月7日交通运输部《海商法（修订）》上报稿条文草案，[53]建议《海商法》修改的具体规范条文设置参考如下：第一，在总则中增加衔接《海商法》与《民法典》的一般条款。例如《海商法》第1条可增加一款为“本法没有规定的，适用《中华人民共和国民法典》的相关规定”。新增关于善意认定的第7条为：“本法中所称善意，以不知道且不应当知道为认定标准，其构成要件参照适用《中华人民共和国民法典》第311条的规定。”第二，在第二章船舶物权部分增加船舶留置权（包括商事留置权）善意取得的相关规定。[54]将《海商法》第25条修改为：“船舶留置权，是指造船人、修船人在合同另一方未按照约定支付船舶建造

51 王泽鉴著：《民法物权》，北京大学出版社2009年版，第11页。

52 郭政：《浅析〈联合国国际贸易运输港站经营人责任公约〉》，载《国际贸易问题》1992年第9期。

53 《交通运输部关于提请审议〈中华人民共和国海商法（修改送审稿）〉的请示》（交法发〔2020〕10号，2020年1月7日发布）。

54 《海商法（修订）》上报稿将“船舶”修改为“船舶物权”，并增加三个专节：一般规定、船舶留置权、建造中的船舶物权。

费用或者船舶修理费用时，留置占有船舶的权利。占有船舶与船舶修造合同属于同一法律关系时，造船人、修船人就该船舶享有优先受偿的权利。占有船舶与船舶修造合同不属于同一法律关系时，造船人、修船人就该船舶享有抗辩交付的权利，未经船舶所有人同意不得擅自处分清偿，但造船人、修船人符合善意取得条件的除外。”第三，在第四章海上货物运输合同部分增加承运人留置权（包括商事留置权）善意取得的相关规定。将《海商法》第 87 条修改为：“应当向承运人支付的运费、共同海损分摊、滞期费和承运人为货物垫付的必要费用以及应当向承运人支付的其他费用未付清，承运人可以在合理的限度内留置债权相关的运输货物。留置的货物与承运人债权并非同一法律关系，但属于托运人所有的，留置有效。留置的货物与承运人债权并非同一法律关系，不属于托运人所有但托运人具有合法占有处分权的，承运人可以留置相应货物并享有对留置货物的优先受偿权；第三人合法权益受损的，可以向责任人请求损害赔偿。留置的货物与承运人债权并非同一法律关系，不属于托运人所有且托运人为无权处分人的，承运人可以基于善意取得规则留置相应货物，但不得对留置货物进行擅自处分清偿；第三人有权向承运人主张原物返还请求权，但不得损害承运人的留置债权抗辩权，并应当向承运人支付留置货物期间维护支出的必要费用；第三人合法权益受损的，可以向责任人请求损害赔偿。”第四，在第七章拖航合同部分增加承拖人留置权（包括商事留置权）善意取得的相关规定。将《海商法》第 161 条修改为：“被拖方未按照约定支付拖航费和其他合理费用的，承拖方对被拖物享有留置权。留置的被拖物与承拖方债权并非同一法律关系或第三人主张被拖物原物返还请求权的，参照适用第 87 条规定。”

结语

善意取得的本质是赋予占有所有权推定的效力，只有在所有权人引起正当的占有状态时，才会适用善意取得。[55] 商事留置权作为担保物权的一种特殊形式，其制度价值的基础在于对商事关系中正当占有状态的保护，而衡量和判断留置占有的正当性，需要善意取得理论与规则的理据支撑。海运物流领域“债”“物”高效流转的行业特征，决定了商事留置权善意取得在海运物流领域适用的高频性与多样性。《民法典》关于善意取得与商事留置权的规定基本延续了之前《物权法》的主要内容，未能回应长期以来理论界和实务界发现的问题与争议。《民法典担保制度司法解释》第 62 条规定有力地补充了《民法典》相关规范的

55　［德］鲍尔·施蒂尔纳著：《德国物权法》，申卫星、王洪亮译，法律出版社 2006 年版，第 394 页、第 398 页。

空白，但其采用的“结果论断式”而非“构成要件式”的规制模式，未能将善意取得规则与商事留置权制度进行有效的理据衔接，且其对商事留置权善意取得适用的限定，与海运物流领域的行业商事习惯及实践中形成的海事司法“惯例”存在部分冲突。有鉴于此，基于一般法与特别法的基础性建构体系，在比较借鉴两大法系与国际公约的基础上，建议兼采众家之长，补充确认善意取得规则与商事留置权制度的理据融通路径，把握《海商法》修改契机，以“债物二分”规则作为海运物流领域商事留置权制度善意取得适用的理据基础。

《民法典》与旧民事法律规范：冲突、解构及路径

——以《民法典时间效力规定》为视角

孙　鹏　舒金曦*

【内容提要】在《民法典》施行后，若再以头痛医头、脚痛医脚的方式对新旧法衔接适用规则加以规定，势必会影响《民法典》的权威和施行效果。根据诉讼时效等规定，旧民事法律规范在近几年之内仍将大量适用，适用新法或旧法将导致裁判结果大相径庭，由此产生的矛盾必将加剧。自2021年1月1日起施行的《最高人民法院关于适用〈中华人民共和国民法典〉时间效力的若干规定》因存在过于笼统、制定仓促、程序欠妥等不足，并不能完全解决新旧法适用的冲突困境，也不利于发挥《民法典》对市民生活的指引作用，仅能作为《民法典》施行之初统一裁判标准的缓兵之计，单独制定民法典施行法才是保障《民法典》正确施行的长久之策。

【关键词】《民法典》　溯及力　过渡法　时间效力

一、问题的提出：适用新法或旧法将致裁判结果大相径庭

新法和旧法的具体规定犹如药品，新旧法选择适用规则如同药方。药品药效虽佳，但也需要正确使用才能发挥其价值，否则会产生甲之蜜糖、乙之砒霜

---

*　孙鹏——西南政法大学民商法学院教授，博士生导师，主要研究领域：民法；舒金曦——西南政法大学民商法学院博士研究生，主要研究方向：民法、公司法。本文系国家社会科学基金项目“赔偿均衡化与侵权赔偿法的现代转型”（20XFX011）、重庆市教委人文社科研究重点项目“农村集体经济组织特别法人的财产权构建”（19JD013）、西南政法大学党的十九届四中全会精神研究阐释专项课题“对标世行‘办理破产’的破产法治优化研究”（2020XZYB－04）的阶段性成果。

之效。新旧法冲突适用规则在裁判民事纠纷中的地位至关重要。《最高人民法院关于适用〈中华人民共和国民事诉讼法〉的解释》第390条规定了违反法律溯及力规定导致判决、裁定结果错误的，应当认定为《民事诉讼法》第200条第6项规定的原审裁判适用法律确有错误，该情形属于法定再审事由之一。中国法学会民法典编纂项目领导小组起草的《中华人民共和国民法典·民法总则专家意见稿（征求意见稿）》曾对新旧法衔接适用问题进行规定，但因分歧过大，该征求意见稿删除了新旧法适用规则，《民法典》对该问题未予规定。

《民法典》对此问题暂未作规定并非因为新旧法衔接适用规则不重要，恰是因为新旧法衔接适用规则兹事体大和制定具体规则的难度极大，在未有充分研究时，不宜草率对此作规定，否则贻害无穷。以常年高居各基层法院收案数之首的民间借贷纠纷为例，2020年8月，《最高人民法院关于修改〈关于审理民间借贷案件适用法律若干问题的决定〉》一公布，便一石激起千层浪，在社会上掀起轩然大波，引发各界对应如何理解《最高人民法院关于审理民间借贷案件适用法律若干问题的规定》（以下简称《民间借贷司法解释》）第32条规定的激烈讨论。因2020年8月18日，最高人民法院审判委员会刚通过该修改决定，而该决定自2020年8月20日起便要施行，该解释规定利息以LPR为标准计算，摒弃原司法解释中“以24%和36%为基准的两线三区”的计算方法，且仍以法院受理案件时间作为适用新旧民间借贷司法解释的界点。仅仅相隔两天，便产生出借人所获利息金额相差甚大的区别，使法律界不少人士戏言立案时间要挑选“黄道吉日”。然而，仅仅相隔4个多月，最高人民法院对《民间借贷司法解释》又进行了第二次修正，《最高人民法院关于审理民间借贷案件适用法律若干问题的规定》（以下简称新《民间借贷司法解释》）于2021年1月1日起施行，新《民间借贷司法解释》第31条对新旧民间借贷司法解释选择适用规则作了重大修订。

不过，该修订仍然存在不少不尽如人意之处。根据最高人民法院管辖规定，一审案件大都已下沉到基层法院，而基层法院绝大多数案件都是以独任审判为主，这意味着审限只有3个月。即依据《民间借贷司法解释》第32条审理的案件在新《民间借贷司法解释》施行前便已一审生效，而根据《最高人民法院关于适用〈中华人民共和国民法典〉时间效力的若干规定》（以下简称《民法典时间效力规定》）第5条规定，判决书既判力优先法律溯及力，当事人并不能依据新《民间借贷司法解释》规定申请再审，由此产生的利息差只能由当事人自行承担。

新旧法衔接适用规则的重要性不仅在实体规范上得以凸显，有关程序规范亦然。如《民法总则》自2017年10月1日施行后不久，便产生了在此之后起诉到法院的纠纷应适用两年还是三年普通诉讼时效的争议。为妥善处理《民法总则》与《民法通则》不同规定的衔接适用问题，2018 年 7 月 2 日最高人民法院审判委员会通过的《关于适用〈中华人民共和国民法总则〉诉讼时效制度若干问题的解释》对该问题作了专项规定。又如《最高人民法院关于适用〈中华人民共和国婚姻法〉若干问题的解释（二）》第 24 条关于认定夫妻共同债务的规定饱受诟病，产生了诸多离婚时夫或妻一方承担了其原本不应承担的债务，甚至承担虚构债务的纠纷。2018 年 1 月 18 日，最高人民法院专门出台《关于审理涉及夫妻债务纠纷案件适用法律有关问题的解释》，对夫妻债务认定规则加以完善，规定夫妻一方在婚姻关系存续期间以个人名义超出家庭日常生活需要所负的债务，由债权人承担证明该债务用于夫妻共同生活、共同生产经营或者基于夫妻双方共同意思表示的举证责任，在债权人举证不能时，法院不予认定该债务为夫妻共同债务。不过，由于该解释仅规定了施行时间，并未对新旧法衔接适用问题作出规定，最高人民法院不得不于 2018 年 2 月 7 日又出台《关于办理夫妻债务纠纷案件有关工作的通知》，对正在审理的一审、二审和再审案件是否能适用该解释专门进行规定。

在《民法典》施行后，若再以这种头痛医头、脚痛医脚的方式对新旧法衔接适用规则加以规定，势必会影响民法典的权威和施行效果。并且，2021 年 1 月 1 日前施行的法律及最高人民法院制定的各种司法解释、会议纪要在近几年仍然会广泛适用，那我们不得不思考的是：《民法典时间效力规定》能否完全解决新旧法衔接适用矛盾，如果不能解决，应怎样完善《民法典时间效力规定》，或者又应通过何种路径解决该难题？是否可借鉴瑞士、德国、俄罗斯、日本等国和我国台湾地区制定民法施行法的立法经验？

二、对《民法典时间效力规定》的检视

（一）《民法典时间效力规定》存在的不足

2020 年 12 月 29 日最高人民法院发布了《民法典时间效力规定》，该规定共 28 条，由法不溯及既往原则、有利溯及情形、空白溯及情形、衔接适用四部分组成。与《民法典》仅规定施行时间，以及《立法法》第 93 条“不溯及既往，有利于当事人为例外”的原则性规定相比较，《民法典时间效力规定》可解决一定范围内的新旧法选择适用难题，但仍存在以下不足。首先，《民法典时间效力规定》所规定的内容稍显单薄，未能涵盖《民法典》和司法解释等法律规范的所有特殊情形，仅是对《立法法》第 93 条“不溯及既往，有利于当事人为例

外”原则进行了有限拓展。表现为仅规定了5种有利溯及情形，[1]9种空白溯及情形，[2]8种特殊衔接适用情形。[3]9种空白溯及特例不能涵盖《民法典》中所有特殊情形，仍会让法官、律师无所适从，更不能对普通民众的诉讼行为进行指引。其次，《民法典时间效力规定》第2条规定的有利于保护民事主体、有利于维护社会和经济秩序、有利于弘扬社会主义核心价值观等有利溯及判断规则过于抽象，可行性较差，不利于对当事人的诉讼行为进行指引，譬如以“有利于保护民事主体”为例，民事纠纷类型以给付之诉为主，法院判决要求一方对另一方作出某一项行为时，大多是对一方有利，而对另一方不利。在法官价值取向不一致时，这些抽象的新旧法衔接适用原则将会加剧司法裁判不统一矛盾。再次，《民法典时间效力规定》第6条至第27条虽对《民法典》中一些特殊情形的新旧法适用予以规定，但这些规则如沧海一粟，并不能涵盖《民法典》施行过程中面临的所有新旧法选择适用困境。并且，《民法典时间效力规定》只规定了《民法典》的时间效力，并未对司法解释、民商事审判工作会议纪要的时间效力作出规定。司法解释具有普遍效力，实际是针对一般关系应普遍适用的裁判规则，这与法律规则是相同的，差别仅是规则的制定者所根据的权限性质不同。[4]即便最终裁判文书中裁判依据一处并不能引用司法解释和民商事审判工作会议纪要内容，但法官总会通过各种解释方法在说理部分适用司法解释和民商事审判工作会议纪要内容。最后，《民法典时间效力规定》中的一些具体规定在裁判中得以适用的难度大且程序烦琐。按照最高人民法院《全国法院贯彻实施民法典工作会议纪要》第18条规定，如发生在《民法典》施行前的法律事实需要适用《民法典》规定的，经本院审委会讨论后，须层报省高级人民法院审委会讨论，若省高级人民法院审委会同样认为该适用的，再报最高人民法院备案。有鉴于此，体系磅礴的《民法典》加之诸多修订的司法解释，在界定标准较为模糊时，如何确定是否属于有利溯及和空白溯及，无疑会极大增加法官工作量，让早已疲于应对案多人少的法官雪上加霜。客观上也会导致在案件的新旧法选择适用存在模棱两可时，一些法官为及时结案，直接适用旧民事法律规范，而不适用《民法典》规定。

（二）对新旧法衔接适用规则以原则性规定为主的反思

如前文所述，《民法典时间效力规定》的28个条文仍未能完全涵盖所有新

1 《民法典时间效力规定》第7－9条、第13条、第19条。

2 《民法典时间效力规定》第6条、第10－12条、第14－18条。

3 《民法典时间效力规定》第20－27条。

4 梁慧星著：《裁判的方法》，法律出版社2012年版，第90页。

旧法选择适用的特殊规则，且大多属于原则性规定，并不能有效解决《民法典》施行过程中存在的新旧法选择适用难题。实际上，正如不少学者所言，要精练地总结出适用于所有民事法律规范的新旧法选择适用规则非常困难。有学者称要总结出能够统一适用于民法体系中所有规范的新旧法适用冲突规则非常困难，在其专著中对民法体系中人的身份、物法、债法、继承、家庭法等不同特性所产生的新旧法适用冲突规则进行一一论述。[5]有学者认为对于纷繁复杂的各类民事法律关系，仅仅原则性指出“法不溯及既往”“从旧从轻”是非常无力和没有可操作性的。在立法层面和理论研究上，都有很大不确定空间。[6]史尚宽先生则认为“要以法律之溯及力如何，本无一定原则。当探究各条之性质如何，而为个别之规定，为最得策也”，[7]笔者十分赞同先生该观点。尽管萨维尼已提出新法涉及的不是个人取得权利，而是权利的存在（或法律制度的存在），因而它完全不适用不溯及既往的原则。[8]

与我国对新旧法衔接适用规则重视程度不够不同的是，域外不少立法模式与上述学说遥相呼应，一些国家和地区数百年前便对民法领域中新旧法适用困境制定了详尽的过渡法。法律的调整对象从一个法律规则的管辖下转移至另一个法律规则，为此而制定的法律被称为过渡法。[9]最早的过渡法是普鲁士于1794年2月5日公布《普鲁士联邦法》的一份法律文件。法国除《法国民法典》第2281条规定了“在本法颁布前已经开始的时效，适用以前法律的规定”等过渡性规则外，还单独制定了几部关于收养、离婚、婚生子问题的单行过渡法。1912年1月1日起生效的《瑞士民法典》末章用60余条法条对旧法及新法的适用、施行与过渡规则加以规定。德国也专门制定《德国民法施行法》对《德国民法典》在时间上的适用范围加以规定。虽然《德国民法施行法》不仅包括时间上的适用范围问题，还包括国际私法中冲突法规定和《德国民法典》与州私法之间的关系，但《德国民法典》的制定者并未采用笼统的方式来解决1900年1月1日《德国民法典》施行前后新旧法选择适用冲突，而是在《德国民法施行法》中用数百条法条以一一列举的方式对新旧法适用作了详尽规定。日本在

5 ［德］弗里德里希·卡尔·冯·萨维尼著：《法律冲突与法律规则的地域和时间范围》，李双元、张茂、吕国民、郑远民、程卫东译，武汉大学出版社2016年版，第162-163页。

6 贺栩栩：《法的时间效力界限与法的稳定性——以德国民法为研究视角》，载《环球法律评论》2011年第5期。

7 史尚宽著：《民法总论》，中国政法大学出版社2000年版，第14页。

8 ［德］弗里德里希·卡尔·冯·萨维尼著：《法律冲突与法律规则的地域和时间范围》，李双元、张茂、吕国民、郑远民、程卫东译，武汉大学出版社2016年版，第167页。

9 ［德］弗里德里希·卡尔·冯·萨维尼著：《法律冲突与法律规则的地域和时间范围》，李双元、张茂、吕国民、郑远民、程卫东译，武汉大学出版社2016年版，第146页。

1898年便制定了详尽的《民法施行法》，并在昭和和平成年间对有关新旧法的过渡规则以附则的形式进行了十多次修改完善。《俄罗斯联邦民法典》也先后制定了《关于施行〈俄罗斯联邦民法典〉第一部分的联邦法律》《关于施行〈俄罗斯联邦民法典〉第二部分的联邦法律》《关于施行〈俄罗斯联邦民法典〉第三部分的联邦法律》《关于施行〈俄罗斯联邦民法典〉第四部分的联邦法律》对新旧法适用冲突加以规定。我国澳门地区也根据审理民事纠纷需要或特点作出新旧法选择适用的规定，将有关合同、婚姻、继承等法律关系的溯及力问题在总则中加以规定。[10]我国台湾地区在1929年颁布的“施行法”基础上，近年来也先后对“民法总则施行法”“民法物权编施行法”“民法债编施行法”“民法继承编施行法”“民法亲属编施行法”“破产法施行法”进行修改。

固然并非人云亦云，他国或其他地区制定民法施行法，我国就必须效仿，而是我国客观上也需要一部《民法典施行法》对新旧法适用冲突规则加以规定，具体原因如下。

1. 新旧民事法律衔接适用规则与刑法溯及力“原则不溯及既往，从旧兼从轻”的规定有很大区别，民法典新旧法衔接适用规则非常复杂，难以三言两语阐释清晰。立法虽是专业化十分强的活动，但也不能弃法律应为市民生活提供指引的这一功能而不顾。制定法律规范尤其是私法规范时不应只沉浸在法律人自有的逻辑体系里，还应考虑到高度浓缩和抽象的法律规范如何能更高效引导公民行为。此外，应充分认识到刑法与民法调整对象的不同特性，意图如刑法一样以数个条文对新旧法律规范适用标准加以规定都是徒劳无功。《民法典》在施行过程中必然会面临诸多空间和时间上的适用范围问题。对于空间适用范围问题，因涉及一国主权，鲜有国家未单独制定冲突法适用准则，[11]并且对该问题也更为关注。[12]对于时间适用范围问题，我国对其复杂程度与难度的认识则明显不足，只言片语不能概括这一世纪难题。民事法律新旧规范冲突规则实难一言以蔽之，萨维尼和拉伦茨对该问题的难度早有论述。并且，由于各类法律关系的形成过程、效果的存续时间、对公共利益影响大小以及人们对其稳定性

10　朱力宇：《关于法的溯及力问题和法律不溯及既往原则的若干新思考》，载《法治研究》2010年第5期。

11　我国于2010年10月28日公布了2011年4月1日起施行的《涉外民事关系法律适用法》，并于2012年12月28日公布了2013年1月7日起施行的涉及新旧法适用衔接问题的《最高人民法院关于适用〈中华人民共和国涉外民事关系法律适用法〉若干问题的解释（一）》。

12　梁慧星：《民法总则立法的若干理论问题》，载中国法学网，http：//www. iolaw. org. cn/showArticle. aspx？id＝4564，最后访问于2020年9月15日。梁慧星先生认为“关于民法地域效力规则”是《民法典》在编纂过程中需要注意的17个问题之一，但并未提及关于民法时间效力规则这一民法典施行过程中法官选择适用法律的难题。

的期待不同，如果溯及力规定过于笼统，将加剧合法性与合理性之间的冲突，既损害法律的权威，也不利于权利的保障。[13]

2. 有关民事法律新旧规范适用冲突规则的解释标准难以界定。正如张新宝教授所言，“虽然现代国家尊崇不溯及既往为一项法治原则，但从我国适用情况看，该原则只在刑事法律中得到较好的贯彻，在民事法律中的适用却是差强人意”。[14] 民法典施行后，新旧法应如何适用，并非《立法法》第93条和《民法典时间效力规定》能自如应对。民法典保护的法律关系是平等主体间的人身关系和财产关系，也正是由于各方对利益的诉求不一致，才会诉诸法院，然而司法机关难以做到让双方皆满意，故在很多情况下，裁判结果有利于一方当事人，也同时意味着对另一方当事人不利。对何谓“有利”等词的判断，终将又会回归到法律解释方法中，然而法学解释方法目前又是我国民法学界争议很大的一大领域。“如果把法律解释的场合限定于具体个案的司法裁判和法律适用，那么就可能认为法律解释的主体是法官、学者和当事人”，[15]“法律适用关键在于法律解释，法律解释不正确，最后必然导致法律适用不当。一个法官水平的高低，当然在认定事实、判断证据时是重要的，但是最关键的是他掌握法律解释的这套规则、方法和理论如何”。[16] 至今，有关解释方法的观点众说纷纭，王泽鉴先生不认为各种解释方法具有一定不变的位阶关系，亦不认为解释者可任意选择一种解释方法以支持其论点，日本学者矶村哲则认为目的论解释有终局的优越性，即法规语义——其论理的关联性——其趣旨目的，我国台湾地区学者黄茂荣则认为应有以文义解释为优先的大致顺序，梁慧星先生所主张的上述解释规则又与这几位学者不一致。[17]

在理论界对解释规则的先后顺序尚且未达成一致意见时，再加上法律亦未规定解释方法的顺序，极易导致各法官根据自己的价值判断甚至喜好来选择新旧法适用。尽管应充分信任并尊重法官的自由裁量权，但平心而论，须正视我国法官执业现状离法治社会所要求的专业化、职业化、精英化还有些许距离。在尚未达到这一目标之前，并不宜牺牲个案正义为代价。并且，减少自由裁量是司法公正性的关键因素之一。自由裁量越大，将个人偏好塞进法律的自由就

13 刘风景：《法不溯及既往原则的法治意义》，载《新疆师范大学学报（哲学社会科学版）》2013年第2期。

14 张新宝、王伟国：《最高人民法院民商事司法解释溯及力问题探讨》，载《法律科学》2010年第6期。

15 张志铭著：《法律解释学》，中国人民大学出版社2015年版，第15页。

16 梁慧星著：《裁判的方法》，法律出版社2012年版，第69－70页。

17 梁慧星著：《民法解释学》，法律出版社2015年版，第245－248页。

越多。限缩自由裁量的范围，就能够减少诱惑法官忽视中立性的因素，[18]也如同罗尔斯在其《正义论》中所述，一个法律制度只有大体上满足四个正义准则，才可称为法治，其中一个准则便是“类似案件类似处理”。[19]

三、制定我国新旧民事法律衔接适用规则的路径

（一）制定《民法典施行法》与完善《民法典时间效力规定》之争

有学者提出，为解决《民法典》施行后的法律适用冲突问题，德国和我国台湾地区等都制定了专门的民法典施行法，详细规定民法典和相关法律的适用关系，这确实不失为最佳方法，但并非中国的立法惯例，在《民法总则》施行后，最高人民法院及时作出司法解释是最现实的路径。[20]《最高人民法院关于适用〈中华人民共和国民法典〉若干问题的解释（一）》（暂定名）将进入全面征求意见阶段，将对《民法典》施行后的新旧法律衔接适用、《民法典》各编溯及标准、《民法典》与商事法律特别规定适用等问题进行规定。[21]然而，最高人民法院在《民法典》施行前夕仅公布了《民法典时间效力规定》，并未如之前工作部署中所描述的那样对《民法典》各编溯及标准等作规定，预想与现实存在较大差距。笔者认为在仅针对《民法总则》的施行情况时，由最高人民法院制定司法解释对法律适用冲突加以规定无可厚非，但在《民法典》正式施行后，即便对《民法典时间效力规定》作进一步完善，但长期仍以司法解释的形式对新旧法衔接适用规则加以规定，会产生诸多争议及矛盾，制定司法解释仅能作为解决《民法典》施行之初必将面临适用难题的缓兵之计，制定《民法典施行法》才是解决新旧法律适用冲突的长久之策。具体理由如下。

1. 从制定时间分析。《民法典》1260 个条文中，保留条文占 36.3%，新增条文占 11.7%，实质性修改条文占 19.5%，非实质性修改条文占 32.5%。[22]

---

18 ［美］戴维·奥布莱恩编：《法官能为法治做什么——美国著名法官演讲录》，何帆、姜强、刘媛等译，北京大学出版社 2015 年版，第 209 页。美国联邦最高法院大法官克拉伦斯·托马斯在演讲《裁判是什么》的摘录。

19 谷春德、史彤彪主编：《西方法律思想史》（第四版），中国人民大学出版社 2014 年版，第 252 页。

20 谢鸿飞：《〈民法总则〉实施亟须解决量大问题》，载《经济参考报》2017 年 10 月 10 日，第 8 版。

21 最高人民法院民法典贯彻实施工作领导小组办公室：《统筹协调　蹄疾步稳　全力推进民法典贯彻实施》，载微信公众号“最高人民法院”，2020 年 10 月 10 日。

22 王栋：《正确处理民法典颁布后的新旧法衔接问题》，载《检察日报》2020 年 9 月 23 日，第 7 版。

《民法典》新增和实质性修改条文不及《民法典》总体量的三分之一，但《民法典》编纂工作从2015年3月20日正式启动，耗时五年多才完成。新旧法适用冲突并非选择旧法或新法这非此即彼关系，而是涉及条文所隐藏的立法本意、价值取向等变化。新旧法适用冲突也不仅是涉及《民法典》与《物权法》《合同法》等单行法规定之间的冲突，还涉及与最高人民法院制定的各类司法解释和民商事审判工作会议纪要之间的冲突。仅以最高人民法院之力，便对《民法典》1260条法条和数百件司法解释内容的时间适用范围进行规定，稍显仓促。

2. 从制定主体分析。过渡条款存在的目的，既然是因应新法制定的旧有秩序之存废，不仅是机关的权限，也及于实体法及程序法性质的法规。过渡条款因此是立法者全盘规范一个新的法律秩序下的立法手段。施行法与本法在体系上虽然分别独立，但皆是同样的立法行为。[23] 1976年的Usery v. Turner Elkhorn Mining Co. 一案，[24] 裁判将法律公布前已离职的矿工列入肺病医疗福利给付的溯及规定，美国联邦最高法院承认其合宪性，以及在1940年的Veix v. Sixth Ward Bldg & Loan Assn案[25]和1946年的Anderson v. Mount Clemens Pottery Co. 案[26]中，都因新旧法适用问题产生是否合宪的争议。

尽管我国宪法并没有对新旧法适用冲突作原则性的规定，但将新旧法适用冲突规则称为法治国家理念的灵魂并不为过。因此，由最高人民法院制定新旧法适用冲突规则的合法性存疑，缺乏正当性基础，必将引发诸多质疑。《立法法》第104条规定最高人民法院作出的属于审判工作中具体应用法律的解释，应当主要针对具体的法律条文，并符合立法的目的、原则和原意。2018年修订的《人民法院组织法》第18条规定最高人民法院可以对属于审判工作中具体应用法律的问题进行解释。不过，新旧法适用规范的重要性远超《民法典》本身，因为《民法典》属于静态的法律，并不能径自发挥效用，而新旧法适用规范属于动态法律，直接指向当事人权益适用标准，如新旧民间借贷司法解释中关于年利率的不同规定一样，将使得当事人权益会因新旧法律规范的适用而千差万别，故新旧法适用冲突规则并非对《立法法》和《人民法院组织法》中所规定的对具体法律条文作出解释，而是创立新规则。

---

23 陈新民著：《德国公法学基础理论》（增订新版·下卷），法律出版社2010年版，第204－205页。

24 428 U. S. 1. 96 S. CT. 2882，49 Led. 2d 752（1976），转引自陈新民著：《德国公法学基础理论》（增订新版·下卷），法律出版社2010年版，第200页。

25 John E . Nowak & Ronald D. Rotunda，Constitutional Law 5th ed. ，1995，p. 422，note24. 转引自陈新民著：《德国公法学基础理论》（增订新版·下卷），法律出版社2010年版，第194页。

26 328 U. S. 680（1946），转引自陈新民著：《德国公法学基础理论》（增订新版·下卷），法律出版社2010年版，第195页。

另外，根据《最高人民法院关于司法解释工作的规定》第16条的规定，司法解释起草工作由最高人民法院各审判业务部门负责，而《民法典》的起草工作是由全国人大常委会专门委员会、中国法学会、最高人民法院等多部门经过无数次研讨合力完成。从某种意义上说，《民法典》犹如制作精良的药材，而新旧法适用冲突规则是规定这药材的使用范围和适用标准，药材用错了地方，不但不会治病救人，还会适得其反。尽管日本、瑞士等国的民法施行法并不包括国际私法内容，但德国民法施行法与我国台湾地区“民法施行法”[27]却包含国际私法内容。《民法典》施行后，我国于2010年10月28日颁布的《涉外民事关系法律适用法》势必也会进行修改，为在立法中一次性解决国内和涉外的新旧法适用冲突难题，可将涉外民事关系法律适用法纳入施行法体系中。有鉴于此，由最高人民法院独立制定新旧法衔接适用规则不妥。

3. 从制定程序分析。虽然2007年4月1日起施行的《关于司法解释工作的规定》比1997年施行的《关于司法解释工作的若干规定》更完善，但根据《关于司法解释工作的规定》第17条第2款规定，向社会公开征求意见并非制定司法解释的必经程序，若需向社会公开征求意见，还需要经分管院领导审批后报常务副院长或院长决定。在编纂《民法典》过程中，广泛听取社会各界意见。然而，最高人民法院并未如担保制度司法解释公开征求意见那样面向社会公开征求对《民法典时间效力规定》的意见，出现该解释一经公布便立即施行的局面，这也将难免产生司法解释的权威性是否高于《民法典》的质疑，否则为什么《民法典》从编纂到公布都需要经过多方一层层审核，而决定《民法典》具体怎么适用的司法解释却是一经面世就不容置疑马上生效呢？这也与《法治中国建设规划（2020—2025年）》中要求扩大公众参与的覆盖面和代表性，增强立法透明度的规定背道而驰。

此外，根据《立法法》规定，《民法典》的制定先后会历经提案、草案送发、代表团审议、专门委员会审议、说明情况、听取与征求意见、草案公布、意见的收集、评估、表决与通过、公布等程序。虽然根据《最高人民法院关于司法解释工作的规定》规定，《民法典时间效力规定》也将历经立项、起草、报送、审议、发布等程序，但这些程序均是在最高人民法院内部便得以完成。整个过程并不如编纂《民法典》那般公开透明。因此，制定新旧法适用冲突规则的程序要求不应仅是由最高人民法院审判委员会审议通过即可，从最高人民法院以往制定的司法解释和各裁判文书分析，最高人民法院对新旧法律适用冲突规则的观点都各执一词，且广东省高级人民法院在对民法典溯及力问题进行专

27　刘孔中：《民法总则施行法之回顾与检讨》，载《台大法学论丛》1998年第27卷第4期。

项调研后，提出“在讨论新旧法衔接问题时，应当以不同法律渊源的适用顺序为基础，对于民法典实质性新增的内容，也应当遵循符合可预见性原则和尊重当事人意思自治原则，根据具体案件情况区分处理，不宜采取一刀切的方式。对哪些新设制度或规定确实对各方当事人都有利，只能在个案中，根据案件事实，围绕法律关系成立目的、侵权情况、主观过错等因素综合考虑”，[28]不管是最高人民法院内部，还是不同法院间，抑或是中国民法学会，大家对新旧法适用冲突规范的争议都非常大，在此种情形之下，更应集思广益，不应仅交由最高人民法院予以定夺。

（二）制定我国民法典施行法的路径

1. 制定我国过渡条款可选择的模式

过渡条款是法律中处理新法与旧法关联的规范，即新法改易或部分维持旧法关系的条文，也是处理新旧法位阶关系的规定。制定过渡条款的模式大致可分为三种：第一种是订立附则方式，是过渡条款最通常使用之模式，且衡以置于新法的最后一节以表明其与前后法之关联；第二种是以订立法律修正法之方式，修正一个法律时顺便将原法的相应规定一并过渡处理；第三种是以订立施行法之方式，施行法存在的必要性一定是新法公布时，旧法秩序的规模庞大、案件众多及问题复杂，故必须另以一法来处理此盘根错节。[29]大多数国家和地区采取的过渡条款立法模式在这三类立法模式之列。《瑞士民法典》采用第一种过渡条款模式，即在法典最后一节以附则规定新旧法的衔接适用。《瑞士民法典》末章“适用与施行规定”由“旧法及新法的适用”与“施行与过渡规则”这两部分组成。在第一节旧法及新法的适用中，分为一般规定、人格法、家庭法、继承、物权法、时效、合同形式这七个部分。在除一般规定外的另外六个部分项下，又分为一般规定和特别规定。如家庭法部分，在离婚、婚姻的一般效力、1912年1月1日前或后结婚夫妻的财产制、婚姻协议等项下均作了一般规定和对具体事项作了特别规定。在第二节施行与过渡规则中，则对州的补充规定、瑞士法及外国法的适用、废除的联邦民法等作了规定。[30]我国《民法典》已正式施行，且近期内不会再对其内容进行修订。因此，我国采用第一种订立附则或第二种在修订法律时制定新旧法衔接适用规则的模式已不现实，选择绝

28 广东省高级人民法院专项调研组：《民法典溯及力问题研究》，载《人民司法》2020年第31期。

29 陈新民著：《德国公法学基础理论》（增订新版·下卷），法律出版社2010年版，第203－204页。

30 《瑞士民法典》，于海涌、赵希璇译，法律出版社2016年版，第338－365页。

大多数国家或地区采用的单独制定施行法的模式更符合当下国情。

他山之石、可以攻玉。在我国立法史上，鲜有针对具体法律制作施行法的先例。由此，有必要借鉴他国或地区的立法例，并且这类偏程序的立法例不会因文化、制度土壤等不一致而在内容上出现截然相反的情形，故而我国可借鉴德国、日本、俄罗斯和我国台湾地区单独制定民法典施行法的立法经验。

2. 我国《民法典施行法》可纳入《民法典》空间适用范围的规定

正如萨维尼在其著作《法律冲突与法律规则的地域和时间范围》中所言，部门法面临空间和时间适用范围的争议，我国《民法典》亦不例外。笔者主张我国不宜以司法解释方式对《民法典》衔接适用问题予以规定的原因之一便是认为《民法典施行法》可将《民法典》在空间上适用范围的内容纳入其中。我国《涉外民事关系法律适用法》及其司法解释分别于 2010 年及 2012 年施行，其中内容亟须结合我国《民法典》予以调整。

在民法施行法的立法例中，对是否包含民法空间适用范围规定有两种立法模式。支持将民法空间适用范围规定纳入民法施行法的国家有德国、俄罗斯。《德国民法施行法》并不仅包括时间上的适用范围问题，还包括国际私法中冲突法规定和《德国民法典》与州私法之间的关系。德国民法典原草案共有 30 条规范涉及外国法之适用，后上议院将这部分归于施行法中。《德国民法施行法》有 218 条，分为四章：第一章为通则，亦即国际私法（第 7 条至第 31 条）；第二章规定民法与帝国法律之关系；第三章规定民法与各邦法律（亦即地方法）之关系；第四章是关于过渡时期的规定。[31]《俄罗斯联邦民法典》分为四个部分：第一部分由总则、所有权和其他物权、债法总则组成；第二部分为债的种类；第三部分为继承法、国际私法；第四部分为智力活动成果和个别化手段的权利。其中，自 2002 年 3 月 1 日起施行的《关于施行〈俄罗斯联邦民法典〉第三部分的联邦法律》对继承法和国际私法部分予以规定，国际私法部分又分为一般规定、确定法律地位时应适用的法、对财产关系和人身非财产关系应适用的法这三部分。

将民法空间适用范围内容予以另行规定的代表是日本和我国台湾地区。日本与瑞士、德国均不同，日本单独制定了《民法施行法》，不像瑞士那样将民法施行过渡条款规定在民法典的尾章，也不像《德国民法施行法》那样还规定国际私法内容，日本单独制定《法律适用通则法》对涉及国际私法部分予以规定。我国台湾地区的“民法施行法”由“民法总则施行法”“民法物权编施行法”

31　《德国民法典》，台湾大学法律学院、台大法学基金会编译，北京大学出版社 2017 年版，第 22 页。

“民法债权编施行法”“民法亲属编施行法”“民法继承编施行法”构成，空间适用范围由单独制定的涉外民事法律适用法予以规定。

笔者认为制定我国《民法典施行法》时可纳入我国《民法典》在空间上的适用范围。尽管我国对此问题的立法先例是单独制定，但从《涉外民事关系法律适用法》及其司法解释的制定时间分析，这两部法律规范制定的时间与《民法通则》等主要民事法律规范的施行时间相去甚远。从提高制定效率和节省人力、物力资源等角度考虑，可以借制定新旧民事法律衔接适用规则之东风，一并制定民法典空间适用范围规定，也便于法官、律师、当事人等群体查询适用。

3.《民法典施行法》应根据《民法典》体例分编制定

《民法典》共分为七编，各编调整的权利义务并不尽相同，如物权编的基本原则是物权法定，合同编偏向尊重民事主体意思自治，婚姻家庭编侧重公序良俗，继承编强调被继承人自由处分自己财产，而侵权责任编又大都与侵权行为人的主观过错与承担责任息息相关，故欲总结提炼适合各编的新旧法衔接适用原则非常困难。正因如此，大多数制定民法施行法的国家和地区都是针对各编或各章不同特性分别制定新旧法衔接适用规范。

譬如，《德国民法施行法》对债务关系的形成时间（含使用租赁、收益租赁和雇佣关系、请求权消灭时效、所有权、婚姻效力、婚姻财产分割、继承等问题）分门别类作规定。[32] 如《德国民法施行法》第198条第1款规定《德国民法典》施行以前缔结的婚姻有效，第199条规定夫妻之间的人身关系，尤其是抚养义务以《德国民法典》的规定为准，第200条规定对于在《德国民法典》施行之时业已缔结的婚姻财产制，仍适用原来的规定。[33] 于明治31年颁布，在平成23年进行最后修改的《日本民法施行法》由通则、关于总则编的规定、关于物权编的规定、关于债权编的规定、关于亲属编的规定、关于继承编的规定、附则等七部分组成。《日本民法施行法》不像《瑞士民法施行法》那样在各编的项下又分为一般规定和特别规定，仅在第1条规定了“民法施行前发生的事项，除本法另有规定外，不适用民法的规定”，[34] 其各编项下再无一般规定，直接对各编中的具体问题作特别规定。

又如，《俄罗斯民法典》的衔接适用规则也是分为四个部分。《关于施行〈俄罗斯联邦民法典〉第一部分的联邦法律》对应的是民法典总则及所有权部

32 ［德］卡尔·拉伦茨著：《德国民法通论》（上册），王晓晔、邵建东、程建英、徐建国、谢怀栻译，法律出版社2013年版，第20页。

33 ［德］卡尔·拉伦茨著：《德国民法通论》（上册），王晓晔、邵建东、程建英、徐建国、谢怀栻译，法律出版社2013年版，第20页。

34 《日本民法典》，王爱群译，法律出版社2014年版，第188页。

分，主要内容为规范性文件的失效及时间，以及涉及法人主体部分的新旧法前后衔接规定。《关于施行〈俄罗斯联邦民法典〉第二部分的联邦法律》对应的是《俄罗斯联邦民法典》中的债的种类部分，除例行规定了有关法律规范时效时间外，还对持续性债权债务、跨越新旧法的各种合同的订立程序和形式，以及对关于对它们进行国家登记，合同解除、受害人受损结果发生在新法生效后的赔偿计算等新旧法适用作了规定。《关于施行〈俄罗斯联邦民法典〉第三部分的联邦法律》对应的是继承法和国际私法。《关于施行〈俄罗斯联邦民法典〉第四部分的联邦法律》对应的是民法典中的知识产权部分，规定了自 2008 年 1 月 1 日起失效的 54 个规范性文件，对法律关系和权利义务分别产生在新法生效前后，要约和合同跨越新法施行时间，解除合同，新法生效前不受法律保护的作者的身份权、姓名权和作品不受侵犯权等适用法律作了规定。我国台湾地区“民法施行法”也是分为“民法总则施行法”“民法物权编施行法”“民法债权编施行法”“民法亲属编施行法”“民法继承编施行法”。我国台湾地区“民法”的这五编施行法第 1 条均规定不溯及既往原则，其余条文均是对各编的一些具体事项作规定，未再总结提炼出适合该编通用的原则。

四、对制定我国《民法典施行法》的建议

正如拉伦茨先生所言，极难总结提炼出能通用于民法总则、物权、合同、人格权、婚姻家庭、继承、侵权责任等编新旧法衔接适用规则的一般原则，且我国民法典各编调整的法律关系均有各自的特殊性，故我国若制定《民法典施行法》，建议应以《民法典》各编排列顺序进行编排，并根据各编的具体条文来提炼适用该编的一般原则。若存在所提炼的一般原则不适用于该编一些条文的情形时，则应对这些具体条文的新旧法衔接适用规定作专项规定。尽管制定《民法典施行法》必定耗时长，难度大，但较之因裁判者适用新旧法观点不统一，进而加剧类案不同判矛盾，制定《民法典施行法》更有利于保障《民法典》得以正确施行。简而言之，制定我国《民法典施行法》应按照《民法典》各编体例予以制定，各编施行法又可采取一般原则 + 特殊规则模式。因《民法典》新增条文和有实质性修改的条文近 400 条，囿于篇幅，难以对这些条文的衔接适用规则一一阐释，故下文仅对《民法典》各编中较为典型的规定予以分析。

（一）关于总则编施行法的建议

《民法典》总则编包含的内容多且不具备共通性，难以提炼该编新旧法衔接适用的一般原则，故以对该编新增和新修订条文进行逐条梳理为宜。将《民法

典》总则编条文与旧民事法律逐条对比，该编的变化主要体现在公序良俗原则、对民事主体资格的认定、成年人监护、诉讼时效、个人信息和虚拟财产保护、“好人条款”、民事权利等部分，这些规定大多是对民事主体权利的完善和新增。由于法不溯及既往的法理在于认为其破坏了人们对法律的可预期性，进而侵犯一方当事人的合法权益，上述规定虽然为当事人不可预期，但这些新规定并未损害当事人已获得或即将获得的权益，也未损害他人的合法权益。因此，这些完善型和赋权型规范可适用于《民法典》施行前发生的法律事实。

（二）关于物权编施行法的建议

因物权编新增和修订内容较为分散，难以提炼物权编新旧法衔接适用规范的共性，应对该编新增和修订内容逐条厘清。无论是《物权法》，还是《民法典》物权编，都规定了物权法定性。这决定了当事人主观意志对物权法律关系影响较小。物权编新增和修订的内容主要体现在按份共有人转让份额、业主共同决定事项、居住权、抵押人转让抵押财产、抵押权和质权等的受偿顺序上，这些事项将直接影响物权变动，因而应对这些内容的新旧衔接规则予以区别。关于业主共同决定事项、按份共有人转让份额、抵押人转让抵押财产、抵押权和质权等受偿顺序等问题，因不具有可预见性，且会直接损害一方当事人获得或将可获得的权益，故不能溯及《民法典》施行前发生的法律事实。但是对于居住权这一章规定，虽然也不具有可预见性，但这属于不动产所有权人对自己房屋的自由处分，且已通过居住权合同予以设立，故在设立该居住权并不影响其他人的合法权益时，应对《民法典》施行前通过获得居住权的居住权人的合法权益予以承认和保护。

（三）关于合同编施行法的建议

合同编新旧法衔接规范以不溯及既往为原则，溯及既往为例外，例外情形须对该编内容进行逐条梳理为佳。经对《民法典》合同编和《合同法》、合同法司法解释逐条比照，合同编新增和修订的内容主要体现在连带债务制度的份额和责任承担比例、保证责任、保理合同、物业服务合同、合伙合同、无因管理、不当得利等方面。正因合同强调意思自治，故合同当事人可以随时对合同内容进行调整变更，在双方未能对合同变更达成一致意见时，合同编中连带债务份额和责任承担比例、保证责任、保理合同等新增和修订的规定因不具备预见性，且会直接影响合同当事人的原权利义务，故不能溯及《民法典》施行前发生的法律事实。不过，尽管准合同中无因管理和不当得利新增内容较多，但这些新增和修订内容均在当事人的日常认知范围之内和情理之中，并未超过当事人的可预见范围，现《民法典》仅是对无因管理和不当得利的法律规定进行完善，故可溯及《民法典》施行前发生的法律事实。

（四）关于人格权编施行法的建议

人格权编新旧法衔接适用规则应以溯及《民法典》施行前发生的法律事实为原则，以不溯及为例外。不管是一般人格权，还是具体人格权，也无论之前《民法通则》对维护具体人格权的规范是否有不完善之处，作为完全民事行为能力人，应对不侵犯他人的生命权、身体权、健康权、姓名权、名称权、肖像权、名誉权、荣誉权、隐私权等权利有一定认知，不会因法律没有具体规定不能实施侵犯上述权利行为而认为可无限制予以侵犯，这与采取刑法中罪刑法定原则有根本性区别。因此，人格权编中的绝大多数内容都可适用于《民法典》施行前的法律事实。如《民法典》第1017条对姓名权、名称权保护范围的扩大，第1019条将肖像权的保护范围扩大至所有侵害肖像权的行为，否定了《民法通则》第100条所规定的关于侵害肖像权营利性要求，又如《民法典》第1010条规定了禁止性骚扰等，都可适用于《民法典》施行前所产生的法律事实。

（五）关于婚姻家庭编施行法的建议

婚姻家庭编新增和修订的内容较为分散，所以制定该编衔接适用规则也以对该编法条逐条梳理为宜。婚姻家庭编的立法精神强调对妇女、儿童、老年人、残疾人的保护，以及弘扬家庭美德，婚姻家庭编的规定具有维护家庭稳定和保障妇女儿童等重要作用，不仅关涉幼儿身心健康发展，还涉及社会文明。譬如《民法典》第1044条新增收养应当遵循最有利于被收养人的原则；第1053条新增一方患有重大疾病，未如实告知的，另一方可以请求撤销婚姻；第1098条新增收养人应具备无不利于被收养人健康成长的违法犯罪记录的条件；第1088条新增离婚时家务补偿制度；第1090条增加了离婚时有负担能力一方对生活困难的另一方给予适当帮助的规定。这些新规定无不体现了对保护妇女儿童权益规范的进一步完善，有利于弘扬社会主义核心价值观，故这些新规定应适用于《民法典》施行前发生的法律事实。

（六）关于继承编施行法的建议

继承编新旧法衔接适用规则应以溯及《民法典》施行前发生的法律事实为原则，以不溯及为例外。《民法典》继承编与合同编的立法精神均有尊重当事人意思自治之处，但继承编所体现的意思自治具有单向性，立法精神强调在绝大多数情况下，被继承人对如何分配自己的财产具有高度自治权。譬如，《民法典》继承编在《继承法》基础上，增加了打印和录像这两种遗嘱形式和被继承人宽恕制度，扩大了代位继承人范围，规定侄甥也可代位继承遗产，还删除了原规定公证遗嘱优先于其他遗嘱效力的内容。这些内容本质上都更为尊重被继承人对自己财产的自由处分，尊重其意思自治，即便代位继承属于法定继承，扩大代位继承范围与当事人意思表示无关，但这也有利于与被继承人在血缘上更亲近的人继承财产，在无遗嘱时，如此推定更符合被继承人意愿和我国传统人伦常理，并不违反继承编的基本精神和原则。因此，这些新规定也适用于《民法典》施行前发生的法律事实。

（七）关于侵权责任编施行法的建议

虽然侵权责任编新增和修订的内容并不多，但较为分散，也不具备共性，故制定该编衔接适用规则，同样以对该编变化的法条逐条梳理为上策。例如《民法典》第1192条第1款新增了在提供劳务的一方因劳务造成他人损害时，接受劳务的一方可以向有故意或者重大过失的提供劳务一方追偿，因该条不具备可预见性，且会加重另一方民事主体的责任，故不能溯及适用《民法典》施行前发生的法律事实。又如《民法典》第1176条规定了自甘风险，第1183条规定了损害具有人身意义的特定物，造成该特定物所有权人严重精神损害的，被侵权人可以请求精神损害赔偿等内容，因具备可预见性，是对《侵权责任法》的完善，故可溯及《民法典》施行前发生的法律事实。《民法典》第1234条和第1235条对环境侵权行为的法律适用制定了更为详细的规定，在并未增加侵权人的侵权责任时，应可溯及《民法典》施行前发生的法律事实。

（八）不宜规定新旧民事程序规范冲突时一律从新

实体法溯及既往会影响法的安定性和人民对于旧法的信赖利益，而程序法溯及既往反而可能有助于新法迅速妥适地适用。[35]因此，一般认为“实体从旧、程序从新”是基本原则，程序性的法律在价值上是中立的，没有溯及既往发生的可能，这个理解是片面的。[36]通常认为实体法涉及民事主体权利义务的实际处分，而民事程序法并不涉及实体权利。因此，有人提出有关程序的规定对生效前的民事诉讼活动一律具有溯及力，因为民事程序规范仅解决程序适用，不

35 胡建淼、杨登峰：《有利于溯及原则及其适用中的若干问题》，载《北京大学学报（哲学社会科学版）》2006年第6期。

36 张洪波：《论不溯及既往原则在新〈婚姻法〉及其司法解释中的适用》，载《当代法学》2015年第5期。

涉及具体权利义务承担。但在 Weaver v. Graham 案中，[37] 美国联邦最高法院认为，尽管制定法是以程序性的形式出现的，但只要该法的改变变更了行为人的实体权利，那么该法律也应认为是事后法，是法律的效果而非形式决定了其是否违反禁止事后法原则。因此，一部法律就其实质内容而言，只要关涉行为人的实体性权利，不论以何种面目出现，如果其溯及既往不利于被告人，就违反了禁止事后法条款。[38]

笔者赞同美国联邦最高法院这一判决理由，民事程序规定主要是法院在审理民事纠纷时对诉讼活动的调整，其新旧法选择适用问题主要是针对正在审理中的案件而言的。尽管民事程序规定大多不会影响民事主体的实体权利义务处分，然而，实体法与程序法并不能完全割裂开来判断，两者界限并非泾渭分明。民法典中也有不少程序性规定，这些程序性规定也直接影响实体权利的实现，如《民法典》第 1064 条便对以往《最高人民法院关于适用〈中华人民共和国婚姻法〉若干问题的解释（二）》第 24 条夫妻共同债务的举证责任分配进行重大变动，将原规定由夫妻一方承担的举证责任变更为由债权人承担。程序法溯及既往可例外的情形主要有两种：（1）关于主管、诉讼受案范围和管辖的程序规则。因为这涉及司法资源的合理利用问题。（2）证据法则。证据是行为及意思表示的表证。证据法的变动势必动摇行为的合法性或者引起举证责任的重新分配。[39] 笔者认为，在《民法典》中若涉及上述程序性规定时，不宜一律认为该适用新法或是旧法，还是应结合该规定的立法本意和背景等进行综合判断。

结语

民事新旧法衔接适用规则涉及全国法院裁判标准及尺度的统一，各界应高度重视该问题。在制定民事新旧法衔接适用规则时，应注意其与刑法的差异，欲毕其功于一役以数个法律条文规定民事新旧法适用规则并不符合《民法典》包罗万象、纷繁复杂的特性。鉴于《民法典》中总则、物权编、合同编、人格权编、婚姻家庭编、继承编、侵权责任编中不同的功能及目的，应分别制定各编的新旧法衔接适用规则，如“举证之所在，败诉之所在”的举证责任等程序性规则，也将直接影响当事人的实体权利，故不能把程序规则一律从新视为金

---

37 450 U. S. 24（1981），转引自孙晓红著：《法的溯及力问题研究》，中国法制出版社 2008 年版，第 90 页。

38 David C. Brody，James R.，Acker，Wayner A. Logan：Criminal Law，An Aspen publication Gaitherburg. Maryland 2001，p. 80. 转引自孙晓红著：《法的溯及力问题研究》，中国法制出版社 2008 年版，第 90 页。

39 杨登峰著：《新旧法的适用原理与规则》，法律出版社 2008 年版，第 92 页。

科玉律。《民法典》编纂工作持续五年之久才得以完成，制定《民法典》衔接适用规范更应慎之又慎。由此，《民法典时间效力规定》仅适宜在《民法典》施行初期解决新旧法适用冲突的燃眉之急，由最高人民法院制定民法典施行规范将饱受质疑。从长远看，我国单独制定《民法典施行法》为上策，也能更好地落实《法治中国建设规划（2020—2025 年）》中要求加强同《民法典》相关联、相配套的法律制度建设的规定。制定《民法典施行法》应按照《民法典》各编体例分别制定，各编又可采取适用于该编的一般原则结合针对该编一些具体规定的特殊规则模式。

《民法典》中的信息产权制度填补

——兼析《民法典》第 111 条和第 127 条中的公法规制性

许　娟　黎浩田*

【内容提要】《民法典》是行政管理和司法的基本遵循，各级信息管理部门要把《民法典》作为行政管理的重要标尺。以《民法典》第 111 条到第 127 条为例证，在《民法典》所涉信息条文中给信息主体预留了一个需要运用公法法外评价的信息产权制度空间。第 111 条中的“任何组织或者个人需要”确立了利益需求标准，“依法取得”是用户同意与行政许可的复合规范表达，“确保信息安全”确立了信息安全原则。第 127 条“虚拟财产的保护”是司法保护新型财产权的权利推定。《民法典》中的个人信息条款提取信息产权制度的公因式，具体为：建立平台统一认证与标准化信用体系，统一监督管理与综合协调信息制度，平台监管信息共享与随机抽查制度，信息交易风险控制与检测等。

【关键词】个人信息权益　《民法典》第 111 条　《民法典》第 127 条　信息产权制度

《民法典》总则将信息与数据分置在第 111 条和第 127 条，分别保护个人信息和数据权益。2021 年 8 月 20 日全国人大常委会公布的《个人信息保护法》起源于《民法典》第 111 条和第 127 条分立条款的理论纷争，并最终延续了第 111

---

* 许娟——南京信息工程大学法政学院教授、大数据法治研究院院长，主要研究领域：民法、信息法学、数据法学；黎浩田——南京信息工程大学大数据法治研究院研究员，主要研究领域：行政法、信息法。本文为国家社会科学基金项目“个人信息权利行使的平衡机制研究”（19BFX127）的阶段性成果。

条将个人信息的法律属性表达为“个人信息权益”。个人信息数据化给人们生活带来极大便利的同时，大量的信息泄露事件给个人乃至国家安全造成了巨大隐患。从山东女孩徐某玉被诈骗案到清华教授被电信诈骗案，这两个侵害个人信息的司法个案，转化成诱发立法者危机立法的公共事件，促成了《民法典》第111条和第127条两个条款的最终设立。《民法典》第111条（以下简称第111条）规定：“自然人的个人信息受法律保护。任何组织或者个人需要获取他人个人信息的，应当依法取得并确保信息安全，不得非法收集、使用、加工、传输他人个人信息，不得非法买卖、提供或者公开他人个人信息。”《民法典》第127条（以下简称第127条）规定：“法律对数据、网络虚拟财产的保护有规定的，依照其规定。”从第111条到第127条之间有一个法外空间[1]，即从法律条文的字里行间寻找其目的要件和效果要件，发现规范中的法律无评价空间。民事立法者在民法传统概念体系的基础上，以现实主义的态度面对互联网信息革命，形成以私法设立权利、以公法证明权利的民事权利体系。

一、第111条和第127条中的民法概念、公法原则和行业标准

第111条明确规定个人信息权益是一项独立的民事权利，确立了个人信息权益的私法地位，启动了中国个人信息的私法保护。第111条所指保护自然人的个人信息权益为虚，实指保护信息业者的财产权，第127条系保护数据、网络虚拟财产的权利。结合两个条文，立法者的目的要件是限制信息权人的权利，给信息业者一个法外空间。立法者的效果要件，在规范层面是以客体性和法益保护为特征。在解释层面，效果要件在权能权利化的民事法律行为去中心的运作过程中，隐藏着个人信息向数据转化的信息产权的规范结构。根据所涉民法规范结构，还需要以公法原则填补私法规范缝隙[2]，以满足未完全概念化的个人信息权益保护的需要。

（一）个人信息权益是一个未完全概念化的民法概念

第111条到第127条之间存在的规范缝隙，主要是由于个人信息权益的未完全概念化，以至于在《民法典》无法进行完全理论化、完全类型化和完全规范化的规定，只能以法外空间思维，填补规范缝隙。

1　考夫曼精确地指出：“法外空间并非意指‘法律没有规定’，而是指‘法律没有评价’。”［德］阿图尔·考夫曼著：《法律哲学》，刘幸义译，法律出版社2004年版，第321－322页。

2　颜厥安：《规范缝隙初探》，载《法律方法与法律思维》，中国政法大学出版社2005年版，第89－114页。

第一，未完全概念化的法理分析。未完全概念化理论的一个显著特征是为法律推理的产物，美国学者创立了原则和标准说，提出要用原则对概念和规则进行填补[3]，其直接面对的是规则的教条和尚未建立起的教条，以标准化与原则化突破概念和规则的边界，这不仅要打破规范的概念等级体系[4]，而且要打破规则的概念体系[5]。德国学者创立的利益理论对未完全概念化提供了一种社会法学的思维方法，德国学者耶林在《法学的概念天国》中指出，对法律概念作出形式主义的理解存在误区，法律权利很大程度是法律所保护的利益，但有一部分法律不能保护的利益，就是法律概念无法触及的领域，需要破除概念的天国，进入到社会利益保护的事实问题的讨论中去[6]。美国学者将未完全概念化理论推向极致，由于不可能达成一个未完全理论化的协议，相反要放弃高深的理论，只是有意识地作出解释[7]，尤其是对于有些模糊地带的概念化追问是没有意义的，重要的是确立标准以应对未完全概念化的现象。[8]

第二，个人信息权益是一个未完全概念化的民法概念。法概念的革新需要去本质主义，改革未完全概念化的边缘地带，防止法律变成信息革命的阻力，给互联网技术革命腾出法外空间。我国涉及个人信息的立法对个人信息权益概念的争议很大，由于信息的流动性，导致本质上的不确定性而无法完全概念化。在一个不确定的信息社会中，个人信息权益运作过程中呈现多中心法益衡量，当信息处于高速流动状态下，无法确定信息的本体时，民事立法需要对尚未形成中心化的边缘地带留白，给尚未概念化的事物留空，以便于技术不断更新赋权确权。第111条中没有规定个人信息权，源于个人信息权无法完全概念化，只能通过禁止非法行使之法，根据私法“法不禁止即自由”原则，以留白的方式等待合法确认。第127条规定数据财产权，但由于无法给数据财产权下定义，只能采取法律拟制的方式，等待进一步确权。

3　参见［美］罗纳德·德沃金著：《认真对待权利》，信春鹰、吴玉章译，中国大百科全书出版社2008年版，第163页。

4　参见［奥］凯尔森著：《法与国家的一般理论》，沈宗灵译，中国大百科全书出版社1996年版，第251页。

5　参见［英］赫伯特·哈特著：《法律的概念》，张文显译，中国大百科全书出版社1996年版，第34页。

6　参见［德］耶林著：《法学的概念天国》，中国法制出版社2009年版，第24－69页。

7　［美］凯斯·R. 孙斯坦著：《设计民主：论宪法的作用》，金朝武、刘会春译，法律出版社2006年版，第65页。

8　参见［美］凯斯·R. 孙斯坦著：《法律推理与政治冲突》，金朝武、胡爱平、高建勋译，法律出版社2004年版，第213页。

（二）第111条和第127条中所涉行业标准和公法原则

第111条、第127条并没有写明个人信息权益的原则，但是可以从法律条文中推导出原则、标准，即利益需求标准、合法交易原则、确保安全原则。

第一，利益需求标准。个人信息权益概念是个人信息客体性和法益保护的产物，其客体性和法益保护的目标是形成个人信息权益的概念，由于个人信息权益的未完全概念化，其客体性和法益保护需求比其概念更为重要。根据第111条，“任何组织或者个人需要”是其客体性和法益保护的目标，即法律就应当满足人民的需要。第111条的“需要”转化为生活利益，转化为社会的公共利益、组织的商业利益和个人利益。法律是对需要的规范调整形式，可以分为法律规范下的利益、法律秩序中的利益、法律价值上的利益。三种利益需求分别对应三种不同的规范形式，法律规范下的利益需要满足人民生活水准[9]需求；法律秩序中的利益需要是概念化的利益需求；法律价值上的利益需要是理念化的利益需求。随着信息的数据化利用，必须在确保信息安全，取得依法获取数据经营权的条件下，根据不同层级的利益需求，进行法益保护。

在个人信息权益的主体性概念中，由于没有进一步明确自然人的个人信息与信息企业的信息使用之间的关系，就不可能在自然人与企业双重主体之间形成有效的权利规范，单一主体性权利规范条件下，个人信息权益不可能获得有效行使，在第111条规范的射程之内，个人信息权益无法涵摄自然人的个人信息利益，自然人在行使个人信息权益或企业行使数据利用权的时候，无法应对行使过程中出现的风险。无法实现私主体和公主体之间的权利平衡，其公私主体之间的权能运作呈现不均衡状态。数字经济的发展，带来了获取海量信息形成的大数据，以及大数据平台企业提供的平台交易带来的社会生活便利的需要。尽管公众利益表达的侧重有所不同，无论是隐私权保护阶段还是商业化利用阶段，都应当把保护和利用的平衡看成一致的共同性社会需求，但由于立法者在缺乏完全理论化的个人信息权益民法概念的时候，只能选择利益需求行业保护标准和公法原则补充，给个人信息权益保护留下了法外空间，在司法活动过程中进行规范解释。

第二，合法交易原则。为了避免黑市交易，必须使交易合法化。从第111条所列收集、使用、加工、传输、买卖、提供或公开等七种行为模式，以法律行为模式确立了个人信息利用的合法原则。根据互联网发展的阶段性特征，区

---

9 参见［印］阿玛蒂亚·森著：《生活水准》，徐大建译，上海财经大学出版社2007年版，第12页。

分不同阶段的行为模式，即收集、使用、加工与传输行为发生在互联网 1.0 下，合法分为主体之合法、法定之合法和约定之合法，由合法行为的后续行为，即合法收集、使用、加工、传输不在排除性禁止范围内，“收集”可以区分为主动提交、自动采集、从第三方获取等，并将获取但不回传至服务器的行为排除在“收集”行为之外，使用、加工、传输等行为也应当制定类似的安全规范予以合法授权。买卖、提供、公开行为发生在互联网 2.0 下，其合法分为依法定或约定，约定的是合同之合法，法定是公法之合法。

个人信息“合法”行为对于“需要”的优先权和抗辩权。所谓法律的优先权是指获取他人个人信息的，应当依法行使，“应当”是命令性规范。法律为限制膨胀的个人需求提出了合法标准，尽管第 111 条并没有提出依据什么法，是公法、私法还是所有的法，但依据法理，所依之法是《网络安全法》等公法规范。互联网交易平台行业的市场准入较《公司法》的市场准入更为松散、简易，互联网市场的基本法则低门槛、高监管、重信任，需要有一套解决交易纠纷的机制来保障合法运转，使交易平台产生的经济收益获得可持续发展。基于互联网平台产生的合法交易法益必须是在法律限制之下的法益，是受到合法性制约的法益。

第三，确保安全原则。第 111 条规定的个人信息权益包含一项最低限度自然法的原则，强调安全价值优位。从法理上看，主权者通过命令[10]确保安全，以实现法律监管的目标，进行安全监管是稳定法秩序的客观需要，是法律世界的首要保障。各国充分意识到信息安全不仅只是一个安全问题，有时一个安全问题可以升级为主权问题。在信息安全乃至主权危机下，习近平总书记提出了国家网络新安全观的基本理念，由国务院网络信息化工作领导小组以及网信办负责全国网络信息安全工作，在依法治理网络安全问题上，民法应当及时回应并确立框架性原则确保信息安全。

从第 111 条来看，“应当依法取得并确保信息安全”是命令性规范。“应当依法取得”之“应当”表明反向禁止黑市交易，“确保信息安全”之“确保”二字是绝对命令标准，确保信息安全更多是通过行政法进行安全监管。在权利—权力的法权结构中，“确保”是命令性规范，是国家发出的绝对主权者命令，目前公法标准的确立仍然被体现在信息安全标准法律法规、政策甚至信息安全发展战略。2017 年 12 月 29 日，中国国家标准化管理委员会正式发布《信息安全技术　个人信息安全规范》，2018 年 5 月 1 日正式实施，在标准层面，明确企业收集、使用、分享个人信息的合规要求，为企业制定内部隐私政策及个

10　参见［英］约翰·奥斯丁著：《法理学的范围》，刘星译，中国法制出版社 2002 年版，第 315 页。

人信息的管理规范指明了方向。[11]

二、第111条到第127条之间的规范填补

对于信息业者来说，第111条确立了一项独立的民事权利和权利类型，第111条列举信息业者合法使用的七大权能：收集、使用、加工、传输、买卖、提供、公开。其中收集、使用、加工、传输需要简单的技术处理，买卖、提供、公开需要复杂的技术处理，形成了“技术+行为”的信息行为法模式，第127条数据财产的授权保护，形成了中国特有的信息产权制度，然而作为自然人的个人信息保护被掏空。

（一）第111条到第127条之间的权利不均衡

从个人信息有效利用原则的规范效力上看，个人信息所有者和信息业者之间权利非均衡性主要是效力上的不均衡，“个人信息保护模式法益+特定义务结合”比“权利+一般义务结构保护模式”要弱[12]，即个人信息被有效利用后，自然人的个人信息权利保护被第111条掏空。第111条规定个人信息权益本意是确立自然人的个人信息权的私法保护，结果却通过“确保信息安全”进行框架性原则保护，第111条禁止性规定排除不能行使，并不能将权利保护及其财产性利益纳入保护范围，导致民事权利配置的不均衡。

信息产权制度是财产性法律关系的利益衡量机制，是个人信息权益有效行使的结果，是以劳动剩余的方式再创造出增值的商业利益。在个人信息权能行使过程中，发生的是一组具有法律意义的事件和行为通过交易形成信息产权束，即劳动和交易创造了个人信息的剩余产权，是一组权利化的权能运动。信息产权制度的有效行使是信息社会发展的稳定器。没有信息产权制度配置，要么无法确保信息安全，要么无法有效利用和合法交易，无法形成权利的均衡行使。

在《个人信息保护法》问世之前，司法解释和司法判例已经开始尝试在信息主体间寻求双向赋权的产权配置。即便是《个人信息保护法》颁布后，对于企业与个人之间一层原本应有的、基于数据权益的经济关系及其内嵌的人格保护与经济利用的平衡难题，仍无法从现有个人信息保护法律体系中找到一以贯之的逻辑线索，立法的利益衡量和司法的自由裁量呈现出碎片化的情景，需要信息产权制度以填补法秩序之间的规范缝隙。

11　黄春林：《个人信息安全规范全文解读》，载微信公众号“律商视点”，2018年1月25日。

12　杨立新：《个人信息：法益抑或民事权利——对〈民法总则〉第111条规定的“个人信息”之解读》，载《法学论坛》2018年第1期。

（二）第 111 条到第 127 条之间的产权化填补

一项完整的个人信息权益是能够自己运行的，但是在第 111 条的民事权利规范结构里，并不是一项完整的自然人的个人信息权，而是通过禁止非法行使个人信息来保护个人信息权益。从自然人的个人信息权转化为信息业者的信息产权化行使，在产权化过程中开始权利的制度变迁。信息业者运用大数据的过程是权能化行使的过程，第 111 条为信息业者提供了一个权能是可行使的，基于权能行使即权能化形成每一项具体权利，权能行使是不需要产权结构的，权能有效行使则需要产权结构，在第 111 条的规范结构中隐藏着权能有效行使，隐藏着产权结构，这一产权结构是权能权利化的过程，是不断发生着理论化、类型化、结构化的制度变迁过程。个人信息完全依靠民事权利很难发生制度变迁，其理论化依赖国家的制度供给，只要国家愿意供给制度，即便未完全理论化也可以形成规则，该规则不以列举式的权利形态为内容，国家留给产权制度一个“规范缝隙”。

三、信息产权规范结构中的法益衡量

一项权利如果非常明确，就不需要产权，个人信息权益尚且不明确为一项权利的时候，以产权制度填补个人信息未完全概念化，更有利于信息保护和利用的均衡。产权以其去中心化、匿名化处理、反向定义、非独立性等特性填补在个人信息权益规范结构的缝隙之间，以公法保护法益和私法法益衡量实现信息产权的均衡保护。

（一）产权结构中的去中心化法益衡量

第 127 条的数据财产权等待法律赋权，这一任务交给司法解释，其保护法益本质上就是确认信息产权的司法行为。产权是在权利的边缘地带进行保护法益的衡量机制，第一步是在司法实践中找法条，有法条的按照法条办；第二步是当找不到明确的法条规定时，按照立法精神判断保护某种利益；第三步是当几种立法精神相互冲突的时候，通过案例和解释来保护利益，这个利益就称为法益。随着立法成文法的完成，法学的任务转向了司法学，用法解释学进行保护法益是产权化处理方式。相反，将法益看成法律利益，法益是在法律行为的实施环节的利益衡量，其中涉及法律推理和法律论证理论。

（二）产权结构中的匿名化处理法益衡量

匿名化处理就是结构化数据，基于匿名化处理的不完全性，可以将数据分为结构化数据、非结构化数据和半结构化数据，结构化数据产权的法益赋予收集加工数据的企业数据产权，将数据产权匿名化处理利益分配给收集者和加工者。完全结构化的数据产权的归属是清晰的，即归属于数据的收集者、加工者。非结构化或半结构化数据的归属是剩余控制权[13]，剩余控制权就是掌握了非结构化或半结构化数据的产权。在不同领域、不同阶段的产权治理结构与行为类型及其变化过程的最终实际控制者，也就是最后清洗数据的公司享有数据的剩余控制权。数据清洗公司是负责匿名化处理的公司，在不断外包数据后，产生出无法控制其剩余权的问题。数据产权匿名化处理的保护法益主要涉及防止复名的问题、数据清洗环节过多的问题、数据保护利益分配不均的问题。脸书外包数据泄密事件，其信息安全问题出在匿名化处理环节，一家数据公司不可能自己独立完成数据清理的所有环节，外包数据匿名化就成了数据行业的行规，数据行业外包数据匿名化过程中出现的产权分配问题，其可能的复名乃至泄露，对用户个人信息和国家安全造成的威胁是必须处理的法益保护问题，产权在个人隐私权、国家安全、企业数据清洗权之间进行法益衡量，一项可执行的产权必须实现匿名化处理的法益保护。

（三）产权结构中的反向定义法益衡量

基于明晰化的产权在市场经济配置中的基础性作用，界定产权是配置市场的首要任务，然而产权是一组动态的权能权利化的稳定形态，其明晰的产权关系是动态的、多维的稳态。当我们的认知尚且无法完全把握产权结构的时候，用反向定义法益去明晰产权不失为一种方法。产权结构是一种定价机制，但是给信息定价非常困难，如果我们不能给信息市场定价就排斥那些影响信息市场定价的因素，在这种信息市场化运作的定价机制困境中，影响信息市场定价机制包含信息市场不正当竞争、市场垄断等，《反不正当竞争法》《反垄断法》主要是反对影响市场定价机制的法，一项缺乏市场定价机制的制度不仅是经济问题，而且会引发社会问题。不同的信息化市场形成差异化定价机制，差异化定价导致产权交易不公平，市场混乱会直接影响到产权经济发展，国家设计信息产权制度必须改善信息交易的法益结构，引导市场公平有序竞争。

13　参见［美］奥利弗・哈特著：《企业、合同与财务结构》，费方域译，上海人民出版社 2006 年版，第 216 页。

（四）产权结构中的非独立性法益衡量

民法的潘德克顿体系精巧的规范体系应被沿袭，然而只有民法体系的开放性[14]才能促进信息的有效利用，一种有效的办法是运用产权方法论进行开放，即把产权作为经济的运行过程，[15]通过国家对信息财产权的赋权，给信息权能权利化运行一个产权运行的结果。在民法学说史上，日本人运用所有权权能演化的规律得出所有权的诞生[16]，英国与德国的历史学巨擘梅特兰与萨维尼之间产生了激烈的论战[17]，是围绕所有权权能演化而来的，民法史上的例子很多，如占有变成所有，无主物抛弃物变成所有物，经过一段时效后债务关系变成取得时效，经过一段时间没有行使请求权同样也取得时效，这类权能演化的规律表明产权是权利运行的过程，只有权能独立化为权利，但是产权并没有独立于权利，产权是权利的衍生物，产权是民法权利体系开放的产物。在个人信息权益基础上赋权给信息产权，也就意味着财产权不是独立存在的法益，而是经过法律赋权后的保护利益。从第127条的规范赋权可以推导出数据财产权，这一财产权不能脱离个人信息权益而独立存在，产权是建立在权利基础上运行的，“没有权利，无以运行，没有法益，无以保护”。[18]在权能权利化运行过程中，在边缘地带进行权利化产权的法益衡量。

（五）产权结构中的公法法益衡量

除了把产权作为经济的运行过程以外，制度经济学派把产权作为一种方法论[19]，更有利于对产权填补法外空间的理解。制度经济学家们将制度还原为公法问题，即国家在制度建设中，所有的方法论问题都是宪法问题，[20]没有任何方法论能够脱离宪法而存在，否则就不是方法论了，产权方法论强调制度变迁

---

14 ［美］艾伦·沃森著：《民法法系的演变及形成》，李静冰、姚新华译，中国法制出版社2009年版，第54页。

15 龙卫球：《数据新型财产权构建及其体系研究》，载《政法论坛》2017年第4期。

16 参见［日］加藤雅信著：《“所有权”的诞生》，郑芙蓉译，法律出版社2012年版，第84－93页。

17 参见［英］梅特兰著：《普通法的诉讼形式》，王云霞等译，商务印书馆2010年版，第5－28页。

18 参见［英］弗雷德里克·波洛克著：《普通法上的占有》，中国政法大学出版社2013年版，第67页。

19 参见［美］R. 科斯、A. 阿尔钦著：《财产权利与制度变迁：产权学派与新制度学派译文集》，刘守英译，上海人民出版社1994年版，第78页。

20 参见［德］菲利普·黑克著：《利益法学》，傅广宇译，商务印书馆2016年版，第45页。

的力量，国家至少睁一只眼，闭一只眼，国家没有评价的行为最标准的发挥空间是不完全规范，产权规范类似于权利的公共池、行政法上的规矩，我国在更大的范围内，把所有的经济活动中的产权完全替代成中央层面的所有制，产权就是被国家允许的所有制形式，是可交换的所有制。只要权利能够交换就构成产权关系[21]。私法中的公法管制道路可以把政府改造得很小，还给市场最大的自由，但是又不免除政府维护生态环境、照顾落实团体的责任，这样理想的第三条道理，是不是走得通，还有待观察。[22]

四、个人信息权益规范结构中的产权制度设计

如何把公法的规范力适度延伸到私法关系中，以调和现代社会规制与自治的矛盾，是依赖体系思考而传统上又以公私法区隔为基本体系构架的大陆法系国家的一项重大考验。[23]产权结构的规制理论强调对公民个人的保护必须依靠国家规制的力量，如产权交易合同的强制性确认无效，需要法官运用裁判规则进行转化[24]，在司法裁判过程中，援引公法确认私法效力，提高了规制成本，降低了规制效率。科斯强调组织化的企业管理使得产权更能节省交易费用，[25]企业是国家权力下层的基础性社会单位，但是信息革命通过技术越过了不同公司企业的准入机制，使得互联网小企业或经销商准入门槛和退出机制便捷，需要平台企业成为代行国家权力监管职责的基层单位。在互联网企业准入机制的合法性审查中，通过法律制度强制注册登记并公示宣告破产，电商在自由依托大平台从事经营的同时，需要提高对互联网企业的风险控制监管。

（一）平台企业产权合规性审查制度

为了降低风控成本，提高规制效率，国家应当确立信息产权合规性审查制度，从主体合规性到交易合规性，从审批的合规性到激励分配合规性，全覆盖企业产权运作的合规性规制，具体制度如下：大型的互联网交易平台企业必须取得行业的资质认定，审查其合规性合法性。建立平台统一安全认证与标准化

---

21 ［美］道格拉斯·C. 诺斯著：《制度、制度变迁与经济绩效》，刘守英译，三联书店1994年版，第182页。

22 参见苏永钦著：《跨越自治与管制》，台湾五南图书出版有限公司1999年版，第3页。

23 See Cruz, Peter De, Comparative Law in a changing world, 3edi, 2007, p. 46.

24 苏永钦：《以公法规范控制私法契约——两岸转介条款的比较与操作建议》，载《人大法律评论》2010年卷，第16页。

25 ［美］罗纳德·哈里·科斯著：《论生产的制度结构》，盛洪、陈郁译，三联书店1994年版，第19页。

信用体系，统一监督管理与综合协调信息制度、平台监管信息共享与随机抽查制度、信息交易风险控制与检测制度等。工信部和网信部负责平台统一安全认证与标准化信用体系，建立市场主体的信息公示与分享机制，加强信用监管，推动平台信用惩戒体系。工信部和网信部负责统一监督管理和综合协调工作，起草平台企业监督管理有关法律、法规草案，确立平台企业监管的规章、政策、标准和组织。

（二）平台企业内部信息安全管理制度

企业内部合规性审查是信息产权安全监管的重要环节，通过有组织化的合规性审查，确保互联网企业的安全。企业内部组织包含企业委员会、企业联席会议、企业隐私委员会、企业管理委员会等机构，具有不同组织化职责和行为法意义。企业委员会是企业内部合规性审查的常规机构，对企业交易行为的合规性进行政策审查。企业联席会议是企业的议事协调机构，负责企业与企业、企业与政府之间的安全管理问题的协调。企业隐私委员会负责设计保护隐私的企业管理制度，以“隐私即设计”为宗旨开展企业内部隐私管理工作。企业管理委员会负责企业内部信息安全危机管理协调，保障企业信息安全事后处理。

综上所述，为了实现个人信息保护和利用的平衡，通过对第 111 条和第 127 条两个条款的规范解析，发现民法中的行政规制嵌入在民法规范结构之中，通过法益衡量在保障信息安全和合法利用的平衡。新产权制度理论不仅仅是通常意义上理解的民事司法利益衡量的裁判规则和行为规则，而且以产权方法论为认识起点，强调国家在制度变迁中的力量，国家通过控制结构化数据，以行政法上的规制确保信息安全，所以，个人信息权益保护需要运用个人信息公法私法化、私法公法化的司法评价，在法益衡量中形成其产权化评价。

继承权的迷失与回归

杜志红*

【内容提要】 在司法实践中，遗产分割是否适用诉讼时效、继承人在放弃继承时是否需要配偶同意和转继承发生时配偶是否可以主张遗产为夫妻共同财产三类纠纷，都存在依继承权还是遗产所有权裁判的争议，导致了大量的“同案异判”。究其原因，是现有的继承法规范和理论存在不足，司法机关为了处理遗产继承中的特殊情况，通过司法解释或者选择性的法律适用而借用了所有权规则。从继承法律关系的实质来看，继承人难以行使所谓的遗产所有权，只能行使继承权，继承人取得遗产的效力是溯至继承开始时。应该坚持以继承权为依据处理三类“同案异判”纠纷实现继承权的司法回归。在《民法典》实施的背景下，近期应完善司法解释明确继承权的基础性地位和统一适用的规则。

【关键词】 继承权　所有权　遗产分割　放弃继承　转继承

目前司法实践中存在遗产分割纠纷是否适用诉讼时效、继承人在放弃继承时是否需要配偶的同意，以及转继承发生时配偶是否可以将相应遗产作为夫妻共有财产分割三个问题，导致了大量的“同案异判”。究其原因是继承过程中继承人对于遗产享有的权利性质是继承权还是所有权存在争议，而且争议的两面都存在直接的法律依据。2021 年生效的《民法典》延续了相关法律规定，因而也遗留下这些问题。如果不从法律规范体系和法学理论上对此争议加以澄清，

---

* 杜志红——西南大学法学院讲师，主要研究领域：婚姻家庭继承法、家庭教育立法。本文为 2019 年度教育部人文社会科学研究青年基金项目“继承权制度体系化构建研究——以‘同案异判’问题为切入点”（19YJC820010）的阶段性成果。

则这方面的“同案异判”难以消除，民众的继承利益难以得到保障。[1]本文尝试从三类“同案异判”继承纠纷及其背后的法律冲突入手，深入分析继承人对于遗产的权利性质，为《民法典》相关规定的体系性协调提供一种合理的解释路径。

一、继承权迷失的表现：三类继承纠纷“同案异判”

司法实践中继承人对遗产的权利性质因继承纠纷类型不同而被法院区别认定。共同继承人之间的遗产分割纠纷，法院倾向于认定为所有权纠纷，理由是继承开始后共同继承人未放弃继承的，继承人之间成立共同共有关系。在放弃继承纠纷中，继承人对于遗产的权利，法院倾向于认定为继承权，且因继承权具有人身专属性，继承人的配偶不能按照夫妻共同财产制，以继承人应继份额的共有权人身份干涉继承人放弃继承的行为。对于转继承纠纷，法院也倾向于认为继承人的配偶无权请求将遗产应继承份额作为夫妻共有财产分割。对于“继承权”或“所有权”的选择性适用，不仅浪费了大量的司法资源，而且也导致了诉讼当事人对司法权威的严重质疑。下面作进一步举例说明。

（一）三类继承纠纷的“同案异判”问题

1. 遗产分割的依据是继承权还是所有权

假设案例1：甲、乙、丙系三兄弟，1994年三人之父丁病故，留有房屋一幢，但三人当时并未对该房屋进行分割。从1996年开始该房屋由乙居住并管理。后经过修缮、翻新，乙将其对外出租并收益。甲和丙要求分割房屋，乙不同意，2015年10月甲和丙诉至法院，请求依法分割该房屋。乙一审答辩称，本案应属继承权纠纷，且自继承开始之日起已逾20年，超出《继承法》规定的诉讼时效。而甲和丙则认为该案是所有权纠纷，是三人对共有房屋的分割争议，不应适用继承权诉讼时效。

在司法实践中，不同法院在审理过程中形成了两种截然不同的观点：一种观点认为遗产分割纠纷是继承权纠纷，当然应该适用《继承法》第8条的规定受继承诉讼时效的限制。[2]另一种观点认为继承开始后甲、乙、丙均未明确放弃

---

1 “《民法典·继承编》功用价值的实现路径，在于回应继承关切、保障继承利益。”参见王歌雅：《〈民法典·继承编〉：编纂争议与制度抉择》，载《法学论坛》2020年第1期。

2 如许某与符某等继承纠纷上诉案，海南省海南中级人民法院（2008）海南民二终字第112号民事判决书；周某权等与周某3等继承纠纷上诉案，广东省广州市中级人民法院（2007）穗中法民一终字第3510号民事判决书。

继承，则视为接受继承，而依据《物权法》第29条规定，继承开始后，甲、乙、丙三人取得对丁遗留房屋的所有权。故甲和丙请求分割遗产的行为属于所有权纠纷，故不适用继承诉讼时效的规定。[3]

关于共同继承人之间的遗产分割纠纷应按继承权纠纷审理还是所有权纠纷审理的问题，法院的两种审判意见几乎各占一半。[4]而《人民法院报》刊载的案例及最高人民法院法官发表的观点，则倾向于第二种观点，即遗产未分割且继承人未放弃继承的视为接受继承，此时继承已经完毕、继承权已经实现，其后的遗产分割纠纷是所有权纠纷而非继承权纠纷，不适用诉讼时效的规定，[5]并且案由应当确定为共有权确认、共有物分割纠纷。[6]可见，遗产分割纠纷作为继承纠纷中最主要的一种类型，在司法实践中已经演化为共有权纠纷。

2. 继承人放弃的是继承权还是所有权

假设案例2：甲、乙双方为夫妻，现双方因感情不和起诉到法院请求离婚。在离婚诉讼期间，甲的父亲丙因病去世，留有别墅一栋，价值500万元，另有存款100万元。甲为丙唯一子女，且丙的父母和配偶均先于其死亡，但丙的姐姐丁在世。现甲、乙双方均同意离婚，但是对于财产分割无法达成一致意见。甲在诉讼期间向法院表示自己放弃继承，因此甲认为双方分割的财产仅限于夫妻双方婚姻关系存续期间的共同财产，而不包括丙的遗产。乙则认为甲无权单独放弃继承，双方分割的财产应将丙的遗产包括在内。

不同法院在审理过程中也形成了两种相反观点：一种是根据《物权法》第29条和《婚姻法》第17条的规定，认为丙的遗产应作为夫妻共同财产进行分割；[7]另一种是根据《最高人民法院关于执行〈中华人民共和国继承法〉若干问题的意见》（以下简称《继承法司法解释》）第49条，认为甲在丙死亡后遗

---

3 参见汤文元：《继承权纠纷诉讼时效的理解与适用》，载《人民司法》2012年第2期。

4 参见杜志红：《法定继承中遗产分割纠纷的时效限制》，载《河北法学》2016年第6期。

5 参见梁帅：《继承人间的房屋遗产权属纠纷不适用诉讼时效——浙江湖州中院判决周明娥等诉周学新共有权确权纠纷案》，载《人民法院报》2013年2月7日，第6版；郭灵燕：《未分割继承财产引发共有权确认纠纷不受时效限制》，载《人民法院报》2015年11月4日，第7版；最高人民法院民一庭吴晓芳法官认为关于继承开始后继承人未表示放弃继承且未分割遗产的应按析产案件处理，参见吴晓芳：《婚姻家庭纠纷审理热点、难点问答（一）》，载《民事法律文件解读》2011年第11辑，人民法院出版社2011年版，第105-106页。

6 刘海银：《继承纠纷诉讼时效法律适用问题研究——以民通意见第177条为例的分析》，载中国法院网，https：//www. chinacourt. org/article/detail/2013/04/id/948029. shtml，最后访问于2021年9月23日。

7 辽宁省锦州市古塔区人民法院在审理“何某兰诉杨某国在婚姻关系存续期间放弃继承侵犯其财产权利纠纷案”中持该观点。参见刘疆：《放弃继承需要征得配偶同意吗——对辽宁省锦州市古塔区法院一份判决书的思考》，载《中国公证》2014年第6期。

产未分割前放弃继承的，甲放弃的是继承权，而非所有权。继承权是具有人身属性的权利，甲作为完全民事行为能力人，其放弃继承是依法对自己权利的处分，且其放弃的行为没有违背《继承法司法解释》第46条之规定，即影响甲对他人法定义务的履行，因此甲放弃继承的行为无须征得乙的同意，甲、乙双方分割的财产范围也不应将丙的遗产包括在内。[8]

从上述案情分析来看，类似案件的争议主要集中在继承开始后继承人放弃继承的是继承权还是所有权、已婚的继承人单方放弃继承是否需要征得配偶同意。曾有法官对某直辖市中级人民法院所辖的九个基层法院三年的同类案件统计发现，近七成法院判决驳回继承人配偶不同意继承人放弃继承的主张，三成左右法院根据个案情况，全部或部分支持了继承人配偶的请求。[9]最高人民法院支持前述七成法院的观点，主要理由是继承开始后遗产分割前继承人所享有的是遗产继承权，并未实际取得遗产所有权。《物权法》第29条的规定应理解为继承开始后，数个继承人依法取得了被继承人遗产的共有权，但该共有权因各继承人对其可继承的份额和内容都未明确，也不能单独支配该遗产份额，故并未实际取得该遗产份额的所有权。因此，对于一方可继承但未分割而不能支配的遗产份额不能视为夫妻共同财产进行分割。[10]从上述表述看，继承开始后遗产分割前继承人放弃的权利被界定为继承权。

3. 转继承转移的是继承权还是所有权

假设案例3：甲早年丧偶，有两个儿子乙和丙，乙于2002年与丁结婚，未育。但乙与前妻育有一子戊，现戊跟随其前妻一起生活。甲于2016年5月因病去世，留有存款800万元。后乙在甲去世同年的12月，因外出旅行不慎坠落悬崖，意外死亡。丁和戊对甲的遗产如何分割出现了分歧，丁认为乙继承的甲的400万元应作为乙和丁的夫妻共同财产，在分割时先分出自己应得的200万元，其余的200万元再作为遗产由丁和戊平分，最终丁和戊分别分得300万元和100万元。而戊认为乙继承的400万元应直接由他和丁继承，因此，两人应各自分得200万元。双方在此问题上无法达成一致意见，遂起诉到人民法院。

类似案件的处理形成了两种代表性观点：一种观点认为依据《继承法》第

8 参见韩玫：《放弃继承引发的物权法思考》，载最高人民法院民事审判第一庭编：《民事审判指导与参考》总第34辑，法律出版社2008年版，第22页。

9 参见鲁晓彦：《放弃继承与继承人配偶利益保护》，华东政法大学2011年硕士学位论文，第3页。

10 参见最高人民法院中国应用法学研究所编：《人民法院案例选》2012年第3辑，人民法院出版社2012年版，第135－138页；吴晓芳主编：《婚姻家庭继承案件裁判要点与观点》，法律出版社2016年版，第363页。

2条和《物权法》第29条，甲去世后，乙和丙即取得遗产的所有权。根据《继承法》第10条，二者均为第一顺序继承人，且双方无法律规定多分或少分之情形，因此，乙和丙对于甲的遗产各应继承400万元。又依据《婚姻法》第17条之规定，乙继承的400万元应属于夫妻共同财产，故丁有权先分走一半，剩余的一半再由丁和戊平均分配，双方各继承100万元。[11] 而另一种观点认为依据《继承法司法解释》第52条之规定，甲死亡后，乙未放弃继承，乙在和丙分割遗产前死亡，则乙继承甲遗产的权利转移给他的继承人丁和戊。因此，丁和戊应直接从甲处继承乙的份额，二人平分，各得200万元。[12]

从上述案情分析来看，主要争议点集中在转继承人的权利是继承权还是所有权。如果是所有权，在上述假设案例中，则乙的配偶丁可获得300万元，戊仅获得100万元，如果是继承权，则丁和戊均获得200万元。目前，关于转继承纠纷发生的案件数量较少，尚欠缺较为权威的判决统计数据。但是从最高人民法院发布的典型案例来看，法院倾向于支持第二种观点，即在转继承的情形下，继承人的配偶无权作为遗产共有权人先分出被转继承应继份的一半。因为被转继承人虽然对于遗产有继承权，但是在其死亡前未通过确权和析产对其遗产份额进行确定，故该遗产份额未转化为夫妻共同财产，继承人配偶无权要求先分出应继份额的一半。[13] 可见，在转继承情况下法院同样认为继承人对遗产的权利为继承权而非所有权。

（二）“同案异判”问题背后的法律规定冲突

如前所述，在遗产分割纠纷、放弃继承纠纷以及转继承纠纷中，继承人对于遗产的权利性质作了不同的选择。如果仅从个案分析，无论作出哪种判断，都可能有其合理的一面，并不必然得出“同案异判”的结论。但是上述三类案件均属于典型的继承纠纷，如将其放在继承法律制度的体系中考察就会发现，继承人对于遗产的权利性质在立法设计和法学理论上存在重大疏漏，而且这个疏漏在《民法典》编纂过程中并没有解决。下面对相关法律规定作进一步梳理和分析。

11　参见杨立新主编：《婚姻继承法典型案例与法律适用》，中国法制出版社2014年版，第162页；李静芹、王艳玲：《转继承与夫妻财产制》，载《河北法学》2005年第12期。

12　参见周水森：《转继承只是继承权利的转移》，载《法学》1987年第1期；张玉敏著：《继承法律制度研究》，华中科技大学出版社2016年版，第152页。

13　参见吴晓芳主编：《婚姻家庭继承案件裁判要点与观点》，法律出版社2016年版，第330－331页。

1. 继承人的权利被界定为继承权

《继承法司法解释》第49条规定："继承人放弃继承的意思表示，应当在继承开始后、遗产分割前作出。遗产分割后表示放弃的不再是继承权，而是所有权。"根据《最高人民法院关于废止部分司法解释及相关规范性文件的决定》（法释〔2020〕16号），上述司法解释已被废止。但《最高人民法院关于适用〈中华人民共和国民法典〉继承编的解释（一）》（以下简称《民法典继承编司法解释（一）》）第35条仍然延续了该规定，[14]这表明两个司法解释均认为继承开始后遗产分割前继承人享有的权利是继承权而非所有权。

《继承法司法解释》第52条规定："继承开始后，继承人没有表示放弃继承，并于遗产分割前死亡的，其继承遗产的权利转移给他的合法继承人。"这表明继承开始后，继承人因死亡而转移给其继承人的权利是继承权而非所有权。该司法解释后被纳入《民法典》，其第1152条作出了明确规定："继承开始后，继承人于遗产分割前死亡，并没有放弃继承的，该继承人应当继承的遗产转给其继承人，但是遗嘱另有安排的除外。"有人据此认为，《民法典》将转移的权利从"继承权"改变为"所有权"。[15]笔者并不认同这种理解，从文义解释的角度来看，这里"应当继承的遗产"是指继承人通过遗产分割而实际取得的遗产，其重点强调的是转继承人继承后的结果，而非对于转继承人所取得的权利性质的界定。[16]

2. 继承人的权利被界定为所有权

（1）《物权法》颁行之前

1988年4月最高人民法院发布了《关于贯彻执行〈中华人民共和国民法通则〉若干问题的意见（试行）》［法（办）发〔1988〕6号］，其第177条明确规定继承开始后，继承人未明确表示放弃继承的，继承人对于遗产成立共同共有关系。该解释虽因"与物权法有关规定冲突"被废止，[17]但废止前是共同继承人对遗产享有所有权最直接、最明确的依据。此外，《最高人民法院关于继承开始时继承人未表示放弃继承遗产又未分割的可按析产案件处理的批复》（〔1987〕民他字第12号）和《最高人民法院关于向勋珍与叶学枝房屋纠纷案

---

14 《民法典继承编司法解释（一）》第35条规定："继承人放弃继承的意思表示，应当在继承开始后、遗产分割前作出。遗产分割后表示放弃的不再是继承权，而是所有权。"

15 最高人民法院民法典贯彻实施工作领导小组主编：《中华人民共和国民法典婚姻家庭编继承编理解与适用》，人民法院出版社2020年版，第657页。

16 囿于篇幅，关于转继承的权利性质的讨论重点放在本文第三部分。

17 《最高人民法院关于废止2007年底以前发布的有关司法解释（第七批）的决定》（法释〔2008〕15号，2008年12月18日发布）。

的复函》（〔1990〕民他字第45号）中指出继承人在继承开始后未表示放弃继承的，继承人共同共有遗产，继承人因遗产分割而发生诉讼的，可按照析产（分割共有财产）的案件进行处理。[18]从文义解释的角度看，后面两份司法文件并未直接明确遗产分割纠纷的性质，其真实含义是遗产分割纠纷比照析产案件进行处理。具体表述上，用的是“可”而非“应当”，因此上述司法文件并不能当然成为继承人对遗产享有所有权的依据。但是，又因上述司法文件对共同继承人之间成立共同共有关系作了界定，造成不少法官误认为这就是最高人民法院将遗产分割纠纷界定为析产纠纷的依据。

我们认为前述司法文件仅仅表明最高人民法院借用所有权理论及规则来处理具体的遗产分割纠纷，是便宜之举，原因在于法院能够比较公正地处理此类案件。但问题在于这种便宜处理只注重了该类型案件实际问题的解决，而没有注意其在继承法理论和制度体系上的协调性。这必然导致与其他情况之下例如前述放弃继承纠纷与转继承纠纷中将继承人的权利性质界定为继承权相冲突。

（2）《物权法》颁行之后

2007年10月《物权法》正式实施，其第29条规定：“因继承或者受遗赠取得物权的，自继承或者受遗赠开始时发生效力。”虽然对该条文存在“实际取得说”与“立即取得说”两种不同观点，[19]但明显后者占上风，多数人认为继承开始时继承人立即取得遗产的所有权。如果按照“立即取得说”，继承开始时遗产物权就发生变动。如被继承人只有一位继承人，则遗产就归该继承人单独所有，如继承人为数人，遗产就归全体继承人共有。[20]

从“上位法优于下位法”来看，[21]《物权法》颁行之后继承人对于遗产的权利性质就应该统一，不应该在放弃继承或转继承情形下有所区别。但是从前述三类继承纠纷“同案异判”的梳理来看，无论是基层法院还是最高人民法院都倾向于在放弃继承纠纷和转继承纠纷中适用《继承法司法解释》，认为继承人放弃继承和转移继承的均是继承权而非所有权。为何会因继承纠纷情形不同，而对继承人对于遗产的权利作出不同性质的理解，相关司法文件和法院判决均未给予合理的解释。

18　这两个司法解释目前仍有效。

19　持“实际取得说”观点的学者认为，继承人只有在通过遗产分割后才实际取得遗产的所有权。参见杨忠建：《放弃继承权公证中的法律适用和法律解释》，载《中国公证》2008年第10期。

20　参见梁慧星：《物权法草案（第二次审议稿）若干条文的解释与批判》，载《时代法学》2005年第2期。

21　余文唐：《法律冲突：三大规则之法理研辩》，载中国法院网，https://www.chinacourt.org/article/detail/2017/12/id/3104756.shtml，最后访问于2021年9月23日。

（3）《民法典》颁行之后

2020年5月28日，第十三届全国人大第三次会议审议通过《民法典》，自2021年1月1日起施行。《民法典》第230条规定："因继承取得物权的，自继承开始时发生效力。"这表明我国《民法典》与《物权法》相关规定的精神一致，均认为继承人从继承开始时直接取得了遗产所有权。[22]这就遗留了《物权法》规定存在的问题。

《民法典》在其第六编"继承"中明确规定继承权受国家保护。[23]但对于何为继承权、继承人从何时取得继承权以及继承权具体包括哪些内容，继承权和所有权的关系如何均没有规定。因此，《民法典》颁行后，继承人对于遗产权利的性质界定以及继承权和所有权的关系问题仍悬而未决。

综合来看，三类继承纠纷"同案异判"表明法院在共同继承人遗产分割、继承人放弃继承或者发生转继承时，存在将继承人权利认定为所有权或者继承权的不同选择。这种在不同类型继承纠纷中看似合理却又相互冲突的选择，所依据的是存在同样冲突的法律规定。这些司法实践和法律规定集中来看就是继承过程中继承权时而清晰，时而又因为所有权被引入而迷失。这表明继承法理论对于继承过程中继承人对遗产享有的权利性质缺乏统一的解释。

二、继承权迷失的理论分析：争议、误用和实质

继承权是继承人依据遗嘱或法律规定继承遗产的权利，继承权法律关系包括遗嘱继承法律关系和法定继承法律关系。遗嘱继承相比法定继承多了遗嘱对于遗产继承或者遗嘱执行的指定，因而遗嘱继承人之间、遗嘱继承人与法定继承人之间的关系较之纯粹的法定继承关系更为复杂。为了减轻讨论的复杂程度并且聚焦主要问题，下面只讨论法定继承人的继承权问题，在使用继承人一词时如无特别说明均指法定继承人。第一部分所列三类"同案异判"继承纠纷之所以发生，《物权法》和《民法典》相关规定之所以被理解为继承人自继承开始享有遗产所有权，主要原因在于未对继承权法律关系进行深入、全面的梳理，而借用所有权规则进行了便宜处理。下面我们对继承权迷失的理论问题作进一步分析。

22　参见黄薇主编：《中华人民共和国民法典释义》，法律出版社2020年版，第440页；最高人民法院民法典贯彻实施工作领导小组主编：《中华人民共和国民法典物权编理解与适用》（上），人民法院出版社2020年版，第165－167页；杨立新著：《中华人民共和国民法典条文要义》，中国法制出版社2020年版，第179页。

23　《民法典》第1120条规定："国家保护自然人的继承权。"

（一）继承权迷失的理论争议及评价

学界对于继承开始后继承人对遗产的权利性质，有“继承权说”“所有权说”和“并存说”三种观点。这三种观点是第一部分所述三类“同案异判”问题背后的理论分歧。下面对这三种观点进行简要介绍和评析。

1. 争议简介

第一，“继承权说”。该说认为被继承人死亡后，其财产丧失了所有权主体，此时所有权关系消灭，新的法律关系——继承关系开始。继承人取得了对遗产的继承权，死者财产变为遗产，遗产成为继承法律关系的客体。只有等待继承过程终了，继承人才能取得遗产的所有权。[24]第二，“所有权说”。该说认为继承开始后，继承人只要不放弃继承，继承权转化为所有权，被继承人的遗产从继承开始时即转归继承人所有。[25]第三，“并存说”。该说认为被继承人死亡时对遗产既享有继承权，又享有所有权。继承权是取得所有权的前提和基础。继承人能否取得遗产所有权，完全取决于其能否享有继承权，因而遗产所有权是继承权实现的自然结果。遗产的所有权和继承权因被继承人的死亡而结合在一起。[26]

2. 简要评价

“继承权说”认为在继承开始后遗产分割前，围绕遗产发生的法律关系是继承法律关系。被继承人对于遗产的所有权因其死亡而丧失，继承人对于遗产的所有权有待遗产分割后才能享有，在此期间，继承人对于遗产享有的权利仅为继承权，遗产为继承权的客体而非所有权的客体。该说符合继承的客观实际，也与继承的本质相吻合。该说的问题在于没有进一步说明被继承人死亡后，被继承人的生前财产变成遗产后，遗产作为继承权的客体，是如何得到继承权的保护的，为何遗产成为继承权的客体就无须再用所有权规则来避免财产无主。换句话说，就是继承权是如何保障遗产继承秩序的有序运转的。对于上述问题，我国法律没有明文规定，《奥地利普通民法典》第532条对继承权作了明确界定，其认为继承权是继承人占有全部遗产或遗产的一部分且可以对抗任何自以为是地对遗产享有权利者的一项物权。[27]而在我国，继承权与物权是并列的一项财产权利。因此，要彻底解决前述“同案异判”问题，仍需要对继承权的内

---

24 参见李校利、王孔雀：《论遗产所有权转移的时间》，载《当代法学》1993年第2期；杨震、王歌雅：《继承权向所有权转化探究》，载《学习与探索》2002年第6期。

25 参见许裕华：《浅谈继承权何时转化为所有权》，载《人民司法》1990年第2期。

26 参见王作堂、魏盛礼：《试论转继承的性质》，载《中外法学》1993年第5期。

27 参见《奥地利普通民法典》，周友军、杨垠红译，清华大学出版社2013年版，第90页。

涵、权能以及继承权和所有权的关系作进一步阐释和说明。

“所有权说”认为继承人只要未放弃继承就视为接受继承，因此从继承开始时享有对遗产的所有权。该说解决了继承开始后遗产分割前遗产无主的问题。但该说存在的问题是如认为继承开始时继承权就瞬间转化为所有权，那么《民法典》第1124条和第1125条规定的继承权放弃和丧失、第1128条规定的代位继承和第1152条规定的继承权转移等均无存在余地，均应认为是对所有权的放弃、丧失和转移。此外，继承人取得继承权依赖于法律的规定或者被继承人的遗嘱，即《民法典》继承编第二章和第三章分别规定的法定继承以及遗嘱继承。如果认为继承权因继承人接受就已经实现、继承权在继承开始时就已经转化为所有权，那么几乎没有继承权存在的必要，遗产分割直接按照所有权转移或者共有权分割就可以了。

“并存说”认为继承开始时，继承人同时享有继承权和所有权，能同时解决遗产秩序维护和继承权制度被所有权制度解构的问题，也与现行法律体系相一致。故为我国多数学者所采纳。但继承权和所有权二者的关系，却远非“并存”那么简单。既然继承权是所有权取得的依据，那么从逻辑上推演，继承权在先，所有权在后。而继承权虽然于继承开始后就当然取得，但继承人是否实际取得也要具体情况具体分析。如果继承人于继承开始后放弃继承或存在法定丧失继承权的情形，则继承人自始不为继承人，也不享有继承权。另外，如果享有期待权的继承人被遗嘱排除在继承遗产的名单之外，该继承人也不享有继承权。故在继承人是否享有继承权还不明确的前提下，更难说继承人于继承开始时就已经取得了所有权。“皮之不存毛将焉附?”仅此一点，“并存说”就存在“和稀泥”之嫌，其并未真正厘清继承过程中继承权与所有权的关系，说清楚这个问题还需从继承的本质入手。

（二）“遗产所有权”名不符实

假设对《民法典》第230条的一种理解即继承人从继承开始时就对遗产享有所有权能够成立，那么按所有权规则处理遗产问题应该顺畅。但是，从主体、客体和内容三个要素来分析，遗产所有权存在严重的名不符实问题。

1. 主体存在不确定性

法定继承关系是法定继承人与法定继承人之间、法定继承人与其他遗产利害关系人之间的关系。因此法定继承关系的主体是法定继承人和其他遗产利害关系人。其中，法定继承人（以下统称继承人）是依法律规定取得遗产的主体，属于法定继承关系的核心主体，其他主体依照自身在遗产上的利益与继承人发生关系。继承开始以后，继承人的范围存在不确定性。在被继承人既有婚生子又有非婚生子时，婚生子可能并不知道还有非婚生子存在，继承过程中非婚生子的出现将导致继承人范围的变动。类似情况还存在于被继承人有继子女和养子女时，继子女能否成为继承人主要在于其是否与被继承人形成了具有扶养关系的继父母子女关系，养子女能否成为继承人则在于养父母子女关系是否成立。而这些往往成了继承纠纷中当事人争执的焦点，需要法院依法予以确认。因此，在上述情形中继承人具体包括哪些人，实际上难以确定。在遗嘱继承时，也存在因为遗嘱效力被否定而导致继承人变动的情况。按照前述全国人大法工委及最高人民法院版条文释义对《民法典》第 230 条的理解，继承开始以后，继承人就对遗产享有所有权，则会出现由于继承人范围的变动而导致这个遗产所有关系主体的不确定性。[28]

2. 客体难以厘清

在前文论述中我们并未对遗产的概念进行仔细分辨，学界或司法实践均将继承权和所有权的客体归结为“遗产”，[29]但实际上所有权规则并不能覆盖所有的遗产类型。被继承人死亡后，除了可能留有房屋、存款、图书或生产资料等动产和不动产外，还可能留有债权、知识产权、股权、虚拟财产，等等。根据《民法典》物权编的规定，所有权客体仅限于动产和不动产，不包括其他权利，因此，严格地讲，遗产所有权仅涉及遗产中的动产和不动产。如果仍然使用“所有权”概念则难以覆盖动产和不动产之外的遗产类型。司法实务将二者混为一谈的原因在于涉案的遗产往往仅表现为动产和不动产，而不涉及其他财产。[30]除了财产类型以外，遗产的范围在继承开始时也难以确定，只有通过厘清程序才能查清楚，例如被继承人突然死亡时继承人往往难以掌握其生前的财产状况。由此可见，将《民法典》第 230 条理解为继承人自继承开始时享有遗产的所有权存在客体种类和范围不确定的问题。

3. 内容不相符合

继承人直接行使所谓“遗产所有权”在实际中往往既不充分也不全面，从而也与所有权的内容要素不符，具体表现在以下三个方面：

第一，“遗产所有权”人因遭遇各种障碍而无法直接行使所有权。一是继承

---

28 但是在继承过程中继承权主体发生变动就很正常，因为一方面继承过程本身就是对继承资格的确认过程，另一方面继承权相对于一般的财产权而言本身就是一个取得遗产的权利而不是财产权本身。

29 有学者认为，在我国采大陆法系直接继承的立法理念下，我国的遗产范围应既包括财产权利又包括义务。参见黎乃忠：《遗产范围界定的误区与修正》，载《法学论坛》2016 年第 1 期。

30 在基层法院，继承人起诉分割遗产往往是单单请求分割一套房产或者被继承人的存款，遗产的类型较为单一。

人不知道自己为继承人，如继承人为非婚生子不知自己的身世，无从主张权利，产生行使“遗产所有权”的前提性障碍。二是继承人未与被继承人共同生活，对于被继承人留有哪些遗产并不清楚，产生行使“遗产所有权”的现实性障碍。[31]三是由于需要在先取得继承权证明书或者已完成对遗产的分割，产生行使“遗产所有权”的法律性障碍。例如，根据现行法律规定继承人意欲取出被继承人的银行存款，需要取得继承权证明书或者人民法院的判决书、裁定书或调解书；[32]意欲将遗产中的房屋过户到自己名下，需提交死亡证明、遗嘱或者全部法定继承人关于不动产分配的协议以及与被继承人的亲属关系等材料或者相关的公证书或者生效法律文书。[33]上述障碍显然与继承人处理自己财产时行使所有权的情况迥然不同。

第二，“遗产所有权”发挥的作用有限。如前所述，遗产所有权的客体仅针对遗产中的动产和不动产，不包括其他财产，因此即使承认继承人的遗产所有权，该权利规则也无法对其他遗产发挥作用。对于遗产中的其他财产、财产性权利，例如知识产权中的财产权利和要约人、投资人的法律地位等，继承人必须通过行使继承权所包含的遗产管理权来处理。一般认为，遗产管理权是指“继承人为了遗产的保值或增值，或为清偿债务所为的事实行为和法律行为”，[34]具体包括对于遗产的占有、取得、保管、防御、修缮、使用安排、孳息收取、有争议的法律关系的起诉，尚未收取债权的收取、可处分的资本的安置等。[35]可见，继承人只有通过行使遗产管理权才能实现对其他财产权利和债务的处理，而“遗产所有权”无能为力。

第三，所谓遗产共有权存在诸多特殊之处。[36]一是成立的基础与一般共有

---

31 典型案例如侯某文遗产继承案，参见丁一鹤：《侯某文遗产案背后真相》，载《大江周刊(焦点)》2010年第9期。

32 参见中国人民银行、最高人民法院、最高人民检察院等《关于查询、停止支付和没收个人在银行的存款以及存款人死亡后的存款过户或支付手续的联合通知》(〔80〕银储字第18号，1980年11月22日发布)。2021年1月28日，中国银保监会办公厅、中国人民银行办公厅联合发布了《关于简化提取已故存款人小额存款相关事宜的通知》(银保监办发〔2021〕18号)，该通知明确余额合计在1万元以内（含1万元）的，无须提交继承公证书，继承人持相关材料即可办理提取，并鼓励银行业金融机构在5万元以内上调免公证提取的账户限额。这表明银行仅可能对5万元的小额存款简化手续，对于5万元以上的存款仍需提供继承公证证明或相关法律文书。

33 自然资源部《不动产登记暂行条例实施细则》(2019年修正）第14条。

34 ［德］雷纳·弗兰克、托比亚斯·海尔姆斯著：《德国继承法》，王保莳、林佳业译，中国政法大学出版社2015年版，第189页。

35 参见史尚宽著：《继承法论》，中国政法大学出版社2000年版，第185页。

36 目前，关于数个继承人共有遗产的性质有“共同共有说”和“按份共有说”两种观点，但学界通说为共同共有。

不同。继承开始后在继承人之间形成的所谓遗产共有是一时的、不得已的，主要是基于身份关系而非出于共同的意愿。而一般共有的成立是基于当事人之间的合意，例如合伙财产共有是当事人订立合伙合同共同出资、经营、共享收益和共担风险的结果。二是成立的目的与一般共有不同。遗产共有人可以随时提出分割遗产的请求，并且以分割后各自单独所有为目的。而在一般共有关系中，共有人之间以不分割财产为原则，以分割为例外。三是分割的效果与一般共有不同。关于遗产分割后数个继承人单独取得遗产所有权的效力是溯及到继承开始时发生还是从遗产分割时发生，学界通说认为应采溯及主义即从继承开始时发生效力。[37] 而一般共有财产分割的，从分割完成时起发生所有权转移的效力。

综上，从所谓“遗产所有权”的主体、客体和内容三个要素来看，将《民法典》第 230 条规定理解为继承人从继承开始时就享有遗产所有权与现实情况不符，是一种严重的误用。继承人只有完成继承过程才能对遗产直接行使所有权等财产权利。当然，继承过程完成了，遗产状态也就“坍塌”了，遗产变成了普通财产。此时，继承权作为完成被继承人与继承人权利主体转换的中间性和过渡性权利，也完成了使命。[38]

（三）继承人对遗产的真实权利状态

下面进一步探究继承人对于遗产的真实权利状态，并以此为基础探讨对《民法典》第 230 条的应然理解。

1. 继承人对遗产的权利为继承权

遗产是被继承人的财产在其死亡之后至遗产处理完毕之前的特殊状态。理解继承人对于遗产的真正权利状态，需要对遗产作为财产的一种特殊状态进行简要分析。财产是以满足主体的生产、生活需求为目的的具有客观性的对象。法律对财产进行保护的目的是肯定权利主体对具体财产的支配性，体现为赋予主体物的所有权和其他财产权利。所有权或者继承权等财产权可以进一步理解为一套实现前述目的的规则体系。这套规则体系实际发挥作用天然地包含两个不可分离的方面：一是财产本身作为客观对象必须存在，或者将来能够产生，无论其是具有使用价值的具体物，还是具有市场价值的权利。财产的灭失或者其价值消失将直接导致财产权的消灭，转而可能产生赔偿或者补偿请求权。二是财产权利主体具有意思能力或者对于财产的享受能力。权利主体没有意思表

---

37 参见梁慧星主编：《中国民法典草案建议稿附理由：继承编》，法律出版社 2013 年版，第 200 页；参见张玉敏著：《继承法律制度研究》，华中科技大学出版社 2016 年版，第 112 页；房绍坤：《论民法典继承编与物权编的立法协调》，载《法学家》2019 年第 5 期。

38 章正璋：《继承权法律保护的六个疑难问题探析》，载《现代法学》2012 年第 4 期。

示能力就无法直接实施支配行为或者对妨害支配的行为进行阻止，各项财产活动难以正常开展，财产的作用和价值容易受影响，典型情况是权利主体处于无民事行为能力或者限制民事行为能力状态。财产权利主体对于财产的享受能力欠缺主要出现在其死亡或者解散情况下。人一旦死亡当然也就不可能再享受财产利益，但由于财产权对象往往具有社会一般性、通用性的价值，原来权利主体的消亡并不会带来财产本身或者其价值的消灭，因而自然有新的权利主体来接续其地位。在新的权利主体尚未完全明确之前，为使这部分财产不会成为众人争夺的无主财产，必须由一定的主体对该财产进行保护、管理、分割并且继续完成与财产相关联的事务，例如偿还债务等。[39]

具体而言，被继承人去世后其生前遗留的物权、债权、知识产权、股权和虚拟财产等权利主体缺失，而新的权利主体又尚未确定。此时，继承人并不能直接行使上述财产上的一般性权利，[40]而只能以最终取得遗产的目的和管理的必要性支配这些一般财产权利，继承人享有的这个权利就是继承权。对于继承人或者遗产管理人而言，遗产上的一般性权利处于受限制而不完整、不充分的状态，待遗产分割完毕即明确了各自的权利主体之后，才恢复为一般状态即完整和充分的状态，由分得该遗产的权利人自由和充分地行使该项权利。例如，被继承人A有继承人甲、乙、丙三人，留有遗产房屋一栋价值100万元、存款100万元和股票100万元。在继承开始后遗产分割完毕之前，继承人对于上述遗产进行管理，如将房屋对外出租以取得收益，保护股票及其权益不受损害，此时房屋、存款和股票均是作为继承权的客体被遗产管理人予以管理。此时，继承人并不能如同被继承人生前一样直接对于房屋、存款、股票行使权利，例如变卖、赠与，而只能出于维护遗产真正权利人及遗产债权人利益的考虑对这些财产进行管理。三个继承人只有在遗产分割完毕后，如甲通过遗产分割分得价值100万元的房屋，乙分得存款100万元，丙分得股票100万元，才可以分别自由地行使相应的财产权利。此时，甲可以将该房屋登记在自己名下，乙可以按自己的意愿处分所分得的100万元，丙可以要求将股票转入自己名下或直接变现。

更进一步讲，继承人对于遗产享有的权利是特殊的，首先与继承人之外的其他主体相比较，他们有权管理和最终取得遗产；其次又不同于遗产最终权利人对遗产享有的一般性财产权利。继承人对遗产享有的权利是以遗产的一般性

39　《民法典》第1147条以“管理”概括这些内容。在法定继承的情况下，主要是由继承人推选或者共同担任遗产管理人。

40　所谓财产上的一般性权利是指根据该类财产的一般法律规范为其主体设定的权利。

财产权利为基础的，因为如果没有遗产的一般性权利，也就谈不上继承人对于遗产的权利。限制继承人遗产权利的根本原因在于继承人只是“很可能”而非“确定”是最终的权利人。基于其很可能是最终权利人的身份，继承人拥有继承权以便于保护和最终取得遗产的一般性财产权利。但同时为了维护最终权利人的利益，又必须限制继承人对遗产上的一般性财产权利，例如物权、股权等的行使。

在继承关系之外，遗产作为财产的权利和义务是完整的，因为遗产范围内各种类型财产的一般性法律规范依然存在。继承关系之外的其他人仍然不能够抢夺、破坏遗产或者贬损其价值，例如承租被继承人财产的人同样应当支付租金，原属被继承人的股权同样具有完整的权利，遗产上所应当负担的税费和债务也一样存在。在面对继承关系外的其他主体时，尽管遗产上的一般性财产权利是完整的，但继承人在行使遗产上的权利或者履行遗产上的义务时无法直接以一般性财产权利人的身份行使，而是必须以遗产管理人的身份行使。因为此时他们根本就不是一般性财产法律规范上的权利人，只是依据继承法律规范享有一定权利的人。尽管遗产的一般性财产权利对外是完整的，但是毕竟控制其状态和表示相关意思的主体不是一般性财产权利人，因此在处理某一类型遗产的对外关系时，遗产管理人受到的法律限制就会表现出来，其他人需要容忍这种限制带来的不正常。例如，在公司的控股股东兼主要负责人突然死亡时，其他人需要等待遗产状态的终结或者期待遗产管理人依据《民法典》第1147条作出决定。[41]

可见，继承权与“遗产所有权”并存关系实际上不存在。实质是“遗产所有权”虽然作为遗产上的一般性财产权一直存在，但其是继承权的客体、目标和对外发挥作用的基础。继承权不等于所谓的“遗产所有权”，也不能为其所替代，因为继承权体现了财产处于遗产状态时继承人既享有一定权利又受到一定限制的特殊状态，为继承人行使权利和同时受到限制提供了法律依据。由于继承权充分体现了继承关系的特殊性，其应处于继承法律关系的核心和基础地位。

2. 继承人取得遗产的效力溯及至继承开始时

关于遗产分割后，数个继承人取得遗产的效力是溯及到继承开始时发生还是从遗产分割时发生，有“溯及主义”和“移转主义”之争。“溯及主义”认为继承人取得的遗产所有权溯及至继承开始时发生效力，“转移主义”认为继承人从遗产分割时起取得遗产的所有权。二者各有利弊，“溯及主义”的优点在于其更符合继承的实质，表明继承人所取得的遗产直接来源于被继承人而非分割

41 在现实生活中，还需要考虑《公司法》的相关法律规定。

共同共有财产，继承人可不经遗产登记为共有而直接登记为所有人。“移转主义”的优点则在于对继承人在遗产分割前处分遗产的效力予以确认，从而有利于保障交易安全。[42]但如前所述，继承人于继承开始后就享有“遗产所有权”属于严重误用，并不符合客观实际。从我国不动产登记机构在进行继承登记时允许继承人不经过遗产共有登记而直接登记为个别继承人所有来看，[43]我国房地产管理实务上采“溯及主义”。基于此，《民法典》第230条应解释为继承人因继承取得物权的，溯及到继承开始时发生效力，而非从继承开始时就直接享有物权。

全国人大法工委民法室2017年7月28日提出的《民法典继承编》草案第34条曾规定：“遗产在分割前，继承人有数人的，由全体继承人共同共有。”但在后续的四次征求意见稿中均不见该条文的踪影，可见立法机关并未明确共同继承人对于遗产的权利性质，而这个问题在学界也存在诸多争议。[44]《民法典》最后通过设立遗产管理制度来规范继承人之间的权利义务关系。遗产管理制度设立后，继承过程不论是遗嘱继承还是法定继承，均由遗产管理人负责处理遗产事务。遗产管理人的职责包括遗产范围的清理以及遗产清册的制作、防止遗产毁损、处理被继承人的债权债务以及其他必要的遗产管理行为等。遗产管理制度的设立考虑到了继承法律关系的复杂性和特殊性，在一定程度上弥补了《民法典》继承编没有界定继承人对于遗产权利性质的缺憾，为继承权在法律和理论上的回归创造了条件。

仔细分析《民法典》第1145条可以发现，除了由遗嘱执行人担任遗产管理人的情况，遗产管理权实质是继承人的权利，无论是继承人推选遗产管理人，还是直接共同担任遗产管理人，抑或是没有继承人或者继承人均放弃继承时由民政部门或者村民委员会担任遗产管理人。民政部门或者村民委员会担任遗产管理人实际上是充当了继承人角色。根据前文对“继承人对遗产的权利为继承权”的分析，遗产管理职责是继承权的内容之一，只能体现继承人既享有权利又受限制的遗产管理目的。如果将遗产管理职责作为共同共有权的内容来理解，就无法从法理上兼容这种目的。

综上所述，从继承法律体系和理论上采用继承人遗产所有权观点都忽视了

---

42 参见张玉敏著：《继承法律制度研究》，华中科技大学出版社2016年版，第112页。

43 参见自然资源部《不动产登记暂行条例实施细则》（2019年修正）第14条、第27条、第38条、第42条。

44 学界多数学者认为是共同共有，部分学者认为是按份共有，还有学者认为应区分不同情形作出不同的界定。参见马新彦、卢冠男：《民法典编纂中继承法编几个问题的探讨》，载《当代法学》2017年第1期。

遗产继承法律关系的特殊性。遗产继承实际上就是逐步厘清继承人和遗产范围，然后在各继承人之间分割遗产的过程。将这个过程简化为继承人对于遗产的所有权并按一般的所有权规则来处理遗产关系，必然导致前述“同案异判”。所谓的“遗产所有权”在主体、客体和内容三个方面都不符合所有权的情况，遗产所有权只能是继承权的客体，继承过程要用继承权的遗产管理权能来处理。而《民法典》第230条应该理解为因继承取得遗产物权的效力溯及至继承开始时生效。

三、继承权的司法回归：三类“同案异判”纠纷的妥善处理

下面以前述理论分析为基础，对在司法实践中按继承权规则处理前述三类“同案异判”纠纷提出具体方案。

（一）按继承权规则处理遗产分割纠纷

遗产分割纠纷是继承人之间因对遗产分割的时间、方式和份额等无法达成协议而产生的民事纠纷。遗产分割纠纷应当适用诉讼时效，并且时效起算点应为继承权被侵害之日。

1. 遗产分割纠纷应适用诉讼时效

司法实践中把遗产分割纠纷作为所有权纠纷来处理，主要是考虑到我国民间存在父母一方在世时子女不分割遗产的习惯。如完全适用原来诉讼时效的相关规定，势必损害未占有遗产继承人的合法权利，导致孝顺谦让的一方利益受损。按《民法典》第188条的规定，[45] 继承权纠纷最长诉讼时效起算时间从继承权受到侵害时起算，而非《继承法》第8条规定的从继承开始之日时起算。继承开始后，只要遗产未被其他继承人所侵害，诉讼时效就不起算。这就可以有效化解前述“同案异判”背后的现实问题，使得继承人不必担心继承开始后迟迟未分割遗产而导致诉讼时效经过，司法机关也不必借助遗产共有制度来保护父母一方在世时子女不分割遗产的善良风俗。

申言之，遗产分割纠纷适用诉讼时效不仅有利于加速财产的流通和利用，而且有利于法官查清案情，节约司法资源。随着我国城市化进程的加快，城市和农村房屋等不时面临拆迁补偿问题。如果放任继承人长期不分割遗产，这势必会导致征收补偿主体难以确认、相关利益主体缠讼、上访等不利于社会稳定

---

45 《民法典》第188条规定：“向人民法院请求保护民事权利的诉讼时效期间为三年。法律另有规定的，依照其规定。诉讼时效期间自权利人知道或者应当知道权利受到损害以及义务人之日起计算。法律另有规定的，依照其规定。但是，自权利受到损害之日起超过二十年的，人民法院不予保护，有特殊情况的，人民法院可以根据权利人的申请决定延长。”

的事件发生。此外，遗产长期不分割容易导致利益主体因遗产管理等问题而产生矛盾和冲突，影响遗产效用的发挥和亲属关系和谐。从审判实务角度看，如果不督促继承人尽快行使遗产分割的权利，随着时间的流逝，不仅遗产的种类和范围会发生较大的变化，而且与继承相关的人证或物证也难以寻找，从而导致法院调查遗产范围或者遗产债权时面临巨大困难。[46]

2. 明晰遗产分割纠纷诉讼时效的起算情形

《民法典》第 188 条第 2 款规定："诉讼时效期间自权利人知道或者应当知道权利受到损害以及义务人之日起计算……"在遗产分割纠纷中，如何认定"权利受到损害"关系到诉讼时效的起算。现实生活中，继承人的遗产分割权利被侵害，主要是指继承人主张分割遗产被拒、对遗产分割方式不满、分割时应当保留的份额未保留等。如有上述情形发生，继承人应在知道或者应当知道权利受到损害之日起 3 年内向人民法院起诉请求保护其权利，如果继承人不知道或因客观原因确实无法知道的，从该权利被侵害之日起 20 年就不再受法律的保护。

《民法典》没有设定遗产管理时限来强制继承人在一定时间内完成遗产分割，可能是为了照顾继承中的复杂情况，同时避免过度干涉私人自由。但是，遗产管理权利并非不受诉讼时效的限制，在其他继承人通过隐瞒、拒绝等形式阻止当事人参与遗产管理以及出现《民法典》第 1148 条规定的情形时，继承权诉讼时效应当起算。一般情况下，遗产管理权利受到侵害都会直接或者间接地影响到继承人最终取得遗产的权利，损害继承人之间的信任进而打破遗产管理状态，随之产生遗产分割请求，因而遗产管理纠纷往往会演变为遗产分割纠纷。

（二）按继承权规则处理继承人放弃继承纠纷

为了保障继承人选择接受或放弃继承的自由，继承人放弃继承的权利原则上不应该受到第三人的干涉。在司法实践中，继承人放弃继承权原则无须征得配偶的同意，但为了保障配偶的正当权益应当明确继承人放弃继承的时限。

1. 继承人放弃继承权原则上无须征得配偶同意

在司法实践中，因我国对于继承人放弃继承的时间未作严格限制，在继承属于纯粹获利时，离婚纠纷中的继承人一方当事人往往通过放弃继承而避免配偶获得遗产。[47]这种情形在继承人为避免用继承所得的遗产来偿还自己的债务

---

46 参见杜志红：《法定继承中遗产分割纠纷的时效限制》，载《河北法学》2016 年第 6 期。

47 这在继承人的父母一方死亡，另一方在世时表现得尤为明显。假设继承人的父亲死亡，继承人在离婚诉讼中表示放弃继承，则遗产全部由其母亲继承。而事后其母亲的遗产既可通过设立遗嘱也可通过法定继承的形式由其继承。

时同样存在。关于继承人的债权人对于继承人放弃继承的行为是否享有撤销权的问题，学界有肯定说和否定说之争，肯定说认为放弃继承侵害了继承人的债权人的利益，继承人的债权人可以申请撤销；[48]而否定说认为放弃继承有强烈的人身属性，且放弃继承未减少继承人自身的财产，故不能撤销。[49]笔者赞同否定说。继承是对被继承人权利义务的概括承受，继承人接受继承并不一定获利，当遗产债务大于遗产时，继承人可能还需要用自己的个人财产来偿还遗产债务。因此，从古罗马开始为了保障继承人的利益，各国立法纷纷赋予继承人放弃继承的自由。更进一步而言，无论是继承人的配偶还是债权人都不应当对继承人获得遗产抱有法律意义上的期望，因为根据《民法典》第1133条和第1123条规定，自然人享有遗嘱自由并且遗嘱继承优先于法定继承。既然继承人的配偶或者债权人不具有此种法律上的期望，则继承人放弃继承的权利也不应受到配偶或者继承人的债权人等继承人以外的第三人的限制。

《民法典》第1129条规定："丧偶儿媳对公婆，丧偶女婿对岳父母，尽了主要赡养义务的，作为第一顺序继承人。"这说明继承人的配偶基于其履行主要赡养义务的情况可以作为与继承人同等的第一顺序继承人。举重以明轻，配偶在婚姻关系存续期间与继承人共同履行了赡养义务的，虽然不享有直接作为第一顺序继承人的权利，但是对于继承人以第一顺序继承人身份所获得的遗产享有权益。[50]从另一角度看，法律要求成年子女赡养父母，则必然带来夫妻以共同财产赡养双方父母的后果。[51]既然履行法定赡养义务时需要使用共同财产，则享受到的遗产利益也应该纳入共同财产范围。继承人为了防止配偶从自己的应继份中获益而放弃继承权，实际上导致配偶无法享受该利益，这显然对继承人的配偶不公平。为了维护配偶的合法权益，《民法典》颁行后，可以考虑通过以下方案对配偶予以救济：一是配偶可以依据《民法典》第1131条的规定，作为对被继承人扶养较多的人，在另一方放弃继承时，提出分给适当遗产的请求，即行使遗产酌分请求权；二是最高人民法院通过司法解释明确继承人放弃继承的时间期限。这对于在离婚诉讼前继承就已经发生，作为继承人的离婚当事人一方如未在法定期限内表示放弃继承的，其就无权在离婚诉讼中再放弃继承，

---

48 参见张平华、刘耀东著：《继承法原理》，中国法制出版社2009年版，第151页。

49 参见陈苇、王巍：《论放弃继承行为不能成为债权人撤销权的标的》，载《甘肃社会科学》2015年第5期。

50 显然这一点不能引起继承人配偶对于被继承人财产的确定性期待，因为被继承人基于财产所有权而享有的以遗嘱形式处理财产的自由处于更高的权利顺位。继承人也不能因为自己尽到了赡养义务而主张被继承人所订的遗嘱无效，举重以明轻，继承人的配偶当然也不可以。

51 我国实行的法定夫妻财产制为婚后所得财产制。因此，夫妻双方如无特别约定，夫或妻一方赡养父母的支出均来源于夫妻共同财产。

故另一方当事人可在该继承人实际取得遗产后请求分割这部分遗产。[52]而对于在离婚诉讼中继承才发生的，作为继承人的离婚当事人一方有权在法定期限内放弃继承，其配偶无权干涉，但如其配偶有证据证明继承人是和其他人恶意串通而假意放弃继承的，其可以在离婚后提起诉讼请求再次分割上述遗产，并请求法院根据《民法典》第1092条判决继承人少分或不分。[53]

2. 明确继承人接受和放弃继承的时限

关于继承人接受和放弃继承的时间期限，在德国为继承人知悉遗产归属或有资格做继承人的原因时起6个星期，但被继承人只在外国有最后住所，或在期间起算时，继承人在外国居留的，为6个月；[54]在瑞士，为法定继承人知道被继承人死亡之日或指定继承人在接到主管机构关于被继承人处分的通知之日起3个月；[55]在日本，为继承人知道自己为继承人时起3个月，但根据利害关系人或检察官的请求，可以向法院申请延长。[56]参考上述立法例，我们建议该期限以继承开始后3个月为宜。这样规定的理由是：按照我国的风俗传统，被继承人死亡后，不应立即分割遗产而是应当妥善办理丧事，即“死者为大”。在遗产分割前，继承人既要厘清被继承人遗留的财产和财产权利范围，又要查清被继承人遗留的债务和需承担的其他义务。在此情况下，如果有明显证据表明被继承人的债务远远超过了他所遗留的财产，那么继承人可以选择放弃继承。因此，除了考虑办理丧事的时间，还需要给予继承人进一步核查遗产范围的时间。一般情形下，我国民众办理丧事1个月足够，核查清楚被继承人的财产和债务等2个月足够，故我们建议以3个月为宜。但这仅是一般性规定，因为对于被继承人遗产状况较为复杂的情形，3个月可能远远不够，这种情况下继承人可以向法院请求延长该期限，具体延长的时间期限由法院根据具体情况裁量。

（三）按继承权规则处理转继承纠纷

1. 转继承的权利性质为继承权

转继承是指继承人在被继承人死亡之后、遗产分割之前，因为某种缘故尚未

52　《最高人民法院关于适用〈中华人民共和国民法典〉婚姻家庭编的解释（一）》第81条规定：“婚姻关系存续期间，夫妻一方作为继承人依法可以继承的遗产，在继承人之间尚未实际分割，起诉离婚时另一方请求分割的，人民法院应当告知当事人在继承人之间实际分割遗产后另行起诉。”

53　《民法典》第1092条规定：“夫妻一方隐藏、转移、变卖、毁损、挥霍夫妻共同财产，或者伪造夫妻共同债务企图侵占另一方财产的，在离婚分割夫妻共同财产时，对该方可以少分或者不分。离婚后，另一方发现有上述行为的，可以向人民法院提起诉讼，请求再次分割夫妻共同财产。”

54　参见陈卫佐译注：《德国民法典》（第五版），法律出版社2020年版，第654－655页。

55　参见《瑞士民法典》，于海涌、赵希璇译，法律出版社2016年版，第201－202页。

56　参见《日本民法典》，刘士国、牟宪魁、杨瑞贺译，中国法制出版社2018年版，第233页。

实际取得遗产而死亡，其继承遗产的权利由他的法定继承人继承的法律制度。[57] 死亡的继承人为被转继承人，其继承人为转继承人。综观国外立法例，如继承人在继承开始后未承认或放弃继承就死亡的，其转移给其继承人的权利是接受或放弃继承的权利。如《意大利民法典》第 479 条规定："被传唤继承的继承人未承认继承而死亡时，其承认的权利移转于其继承人。"[58]《日本民法典》第 915 条和第 916 条规定，继承人未承认或放弃继承而死亡时，该人的继承人知道自己为继承人时可在 3 个月内表示接受或放弃继承。在有特殊情形下还可以申请延长。[59]《俄罗斯民法典》第 1156 条规定："如果遗嘱继承人或者法定继承人在继承开始后死亡，且在所规定的期限内未来得及接受继承，他应享有的接受遗产的权利移转给他的法定继承人，如果所有的遗产都由遗嘱处分，则转给他的遗嘱继承人。"[60]《瑞士民法典》第 569 条规定，继承人在选择是否继承之前死亡的，死者拒绝继承的权利转移给他的继承人。拒绝的期限从死者的继承人知道遗产属于死者之日起计算，且最早在其拒绝继承死者本人遗产期限届满前到期。[61] 如前所述，我国《民法典》对放弃继承的期限未作明确限制，继承人直至遗产处理前均可以放弃继承。因此，参照国外立法例，死亡的继承人在其未明确表示接受或放弃继承时，转继承人仍然享有接受或放弃继承的权利。因为继承是对被继承人权利义务的概括继承，转继承人并不当然地因为转继承而不能放弃继承，背负债务。因此，如将《民法典》第 1152 条理解为转继承人继承的权利是"对遗产份额的再继承，而非继承权利的转移"，[62] 将剥夺转继承人放弃继承的权利，使其被迫承担偿还被继承人遗产债务的义务。而这对转继承人而言既不公平也与继承人可以自由放弃继承的法理相违背。[63] 因此，《民法典》第 1152 条的规定应解释为对转继承人继承所得结果的表述，而非对于权利性质的界定。

2. 明确界定转继承人权利的具体内容

我国《民法典》未对接受或放弃继承的期限作出明确限定，这导致继承法

---

57 参见张玉敏著：《继承法律制度研究》，法律出版社 2016 年版，第 150 页。还有一种观点认为转继承是指继承人在继承开始后、遗产分割前死亡，其所应继承的遗产份额转由其继承人承受的一种制度。参见张平华、刘耀东著：《继承法原理》，中国法制出版社 2009 年版，第 208 页。

58 《意大利民法典》，陈国柱译，中国人民大学出版社 2010 年版。

59 参见《日本民法典》，刘士国、牟宪魁、杨瑞贺译，中国法制出版社 2018 年版，第 233 页。

60 《俄罗斯新民法典·继承权》，鄢一美译，载《清华法学》2003 年第 2 期。

61 参见《瑞士民法典》，于海涌、赵希璇译，法律出版社 2016 年版，第 202 页。

62 最高人民法院民法典贯彻实施工作领导小组主编：《中华人民共和国民法典婚姻家庭编继承编理解与适用》，人民法院出版社 2020 年版，第 658 页。

63 司法实践中，特别是在继承公证时，也经常发生转继承人放弃继承的情况。

律关系的不稳定，不仅继承开始后遗产管理人无法确定，而且遗产债权人的债权因未确定偿还的主体也无法顺利得到清偿，故未来应予以修正。假如前述“继承人接受或放弃继承的法定期限为继承开始后 3 个月”的立法建议被采纳，那么在被转继承人未明确表示放弃继承而于继承开始后遗产分割前死亡的，其转移给其继承人的权利为接受或放弃继承的权利。而关于其接受或放弃继承的时间限制，参考日本和瑞士的立法例，至少应和被转继承人所赋予的时间期限一致。即继承人在继承开始后遗产分割前死亡的，如果未在 3 个月内表示放弃继承的，那么他的合法继承人可以在知道自己有继承资格之日起 3 个月内表示接受或放弃继承，特殊情况下还可以向法院申请延长。

四、继承权的制度回归：《民法典》相关规定的完善

基于上文对司法实践中三类继承纠纷“同案异判”背后的法律规范和法学理论分析，我们认为根本解决办法是修改完善《民法典》继承编的相关规定，明确继承权在继承制度中的基础性地位，提升继承法律规范的逻辑严密性。但在《民法典》短时间内难以修改的情况下，应该率先在司法解释层面作出规定。

（一）明确继承权的地位、内涵和权能

建议在与《民法典》继承编配套的司法解释中对《民法典》第 1120 条中的“继承权”进行适当的解释或者拓展，将放弃继承、遗产管理和请求分割遗产明确为继承权的权能。具体建议如下：“继承开始后遗产分割前继承人对于遗产享有继承权。继承权是继承人接受或放弃继承、对遗产进行管理以及随时请求分割的权利。”[64]

（二）对《民法典》第 230 条进行解释

对《民法典》第 230 条中的“自继承开始时发生效力”的含义作进一步明确，建议在《民法典》物权编配套司法解释中规定：“继承人因继承实际取得物权的，其效力溯及至继承开始时。”

64　这就明确了继承权的具体内容，使得继承权不再是性质不明、内涵不清、内容空洞的虚权。在继承开始后遗产分割前，继承人通过继承权的行使——对遗产进行管理来维护财产秩序的稳定，从而无需再借用所有权制度来处理继承纠纷。

（三）三类“同案异判”纠纷相关法律完善方案

1. 关于遗产分割纠纷适用诉讼时效的法律完善方案

建议在《民法典》继承编配套司法解释中对遗产分割纠纷适用诉讼时效作如下规定：“继承人有权请求分割遗产，因此而发生的纠纷适用民法典总则编诉讼时效的规定。”

2. 关于继承人放弃继承的法律完善方案

建议在《民法典》继承编配套司法解释中，对继承人放弃继承作如下规定：“继承人知道或者应当知道继承开始后，放弃继承的，应当在继承开始 3 个月内作出表示，没有表示的，视为接受继承。因特殊情况需要延长的，继承人可以向人民法院提出申请。是否予以延长和延长的具体期限由人民法院决定。继承人接受和放弃继承的效力溯及到继承开始时。”

3. 关于转继承人权利性质的法律完善方案

建议在《民法典》继承编配套司法解释中，对转继承人的权利性质作如下规定：“继承人在继承开始后遗产分割前死亡的，如果未在规定期限内放弃继承，其接受或放弃继承的权利转移给他的合法继承人。该继承人可以在知道自己有继承资格之日起 3 个月内表示接受或放弃继承，因特殊情况需要延长的，可以向人民法院提出申请。”

《民法典》时代避风港规则下直播带货平台的地位及义务

董慧娟　苏　旭[*]

【内容提要】 避风港规则自2000年首次引入中国后，发展至今已经从知识产权保护扩展到民事权益保护领域，《民法典》对避风港规则更是进行了重大修改和完善。实践中，随着信息网络技术的发展，在互联网领域出现了许多新型的网络服务提供者，网络直播带货平台的发展更是势如破竹，由此引发了避风港规则在司法实践中适用上的问题。明确直播带货平台的性质对于限定避风港规则的适用主体及明确其在网络侵权中的地位和义务具有重要意义。作为纯粹的网络服务提供者，直播平台应遵循"通知—删除"规则的要求，及时转送通知与反通知。建议平台主动承担事前审核义务，尤其是适当提高平台对重复侵权者的注意义务。司法实践中应正确看待平台的事前审核问题。

【关键词】 避风港规则　直播带货平台　通知—转通知　必要措施

一般认为，避风港规则（或原则）最初起源于1998年美国《数字千年版权法》[1]，是作为网络服务提供商可享受的法定的责任豁免规则而存在的；该条款的初衷在于解决互联网领域的盗版与作品保护问题，旨在通过明确网络服务提供商的侵权责任承担与免责构成要件等关键问题，来实现著作权人与网络服务

＊　董慧娟——厦门大学知识产权研究院、一带一路研究院副教授，主要研究领域：知识产权法学、网络法学；苏旭——厦门大学知识产权研究院在读硕士生。本文为福建省法学会重点课题"民法典视域下直播带货平台的相关义务与'避风港'新规则之适用"［编号：FLS（2020）A07］的阶段性成果。

1　参见该法第512条。

提供商之间的利益平衡。根据相关规则，当网络服务提供商实际不知道也未意识到能明显推断出侵权行为的事实或情况时，在收到权利人的适格通知后，只要及时移除侵权内容，即可不承担相关的法律责任。

在我国，避风港规则首先被引入著作权法领域，后来，为回应互联网经济多元化发展的现实需求、侵权类型的多样性等，相关规则的适用范围在我国不断扩大，延伸至商标、专利法领域，而作为其核心架构的“通知—删除”规则，在我国也经历了一个演变与完善的过程。[2]

我国避风港规则的演进，还伴随着一个重要的背景——直播电商行业的兴起。2016 年起，电商平台着力探索新的业务模式，直播电商市场从 2019 年开始迅速发展。2020 年由于疫情的影响，直播带货商业模式迅猛发展。作为电商与新媒体结合的新行业、新商业模式，互联网“直播带货”模式存在巨大的市场发展潜力，但与此同时也成了互联网侵权的新区域和频发地。我国广告协会《网络直播营销行为规范》第 30 条规定：“网络直播营销平台是指在网络直播营销活动中提供直播技术服务的各类社会营销平台，包括电商平台、内容平台、社交平台等。”可见，在直播经济的高速发展之下，“直播带货”更是从传统的电商平台逐步发展到了内容平台与社交平台。

在直播经济发展如日中天的同时，实践中，对直播带货平台的性质认定及其责任承担，包括避风港规则的适用问题，却出现了不一致的认识。例如，对平台的性质认识不一，规则适用的主体范围扩大，部分直播带货服务提供者希望借助避风港规则享受豁免，网络用户和权利人利益是否能充分保障等，这些问题的解决，关系着直播带货行业及其商业行为的统一、规范。作为互联网领域的一个新型行业，网络直播带货需要有及时、统一、明确的引导与规范，平台的性质要明确，其地位和义务也应明确，否则不利于该行业的长久发展。

我国《民法典》第 1194 条至第 1197 条规定了网络侵权责任的一般规则、避风港规则以及红旗规则，就此形成了完善的网络侵权责任规则体系。在《民法典》时代背景下，直播带货平台在我国直播带货侵权行为中的地位及其应承担的义务或责任，值得我们深入研究。

一、对直播带货及直播带货平台的界定

（一）直播带货的法律性质

直播带货通常表现为由专门的主播在直播间通过网络在线的方式向观众或

2　这一过程，可参见董慧娟、张佳鑫：《我国“必要措施”条款适用中的主要问题与对策——以电商直播平台为重点》，载《电子知识产权》2021 年第 7 期。

平台的用户介绍推广某件产品，用户根据需要点击直播间下方的链接进行购买。“根据广告法的基本原理，只要符合广而告之的形式、商业推销之目的、指向特定商品或服务这三个要件的商业性展示信息均属于商业广告。”[3] 在直播带货模式中，主播的工作就是向直播间的观众推荐商品或服务（符合商业推销的目的），直播往往是在网络平台上公开进行并且会在短时间内吸引大量的网络用户（符合广而告之的目的），观众可以通过直播间的链接对相应的商品或服务进行购买（指向特定的商品或服务），因此直播带货的内容构成商业性展示信息。同时，根据《广告法》的规定，商业广告活动是指商品经营者或服务提供者通过一定媒介或形式直接或间接地介绍自己所推销的商品或服务。[4] 直播带货行为符合商业广告活动的定义。

2020 年人力资源与社会保障部发布《关于对拟发布新职业信息进行公示的公告》，其中提到的新型职业“互联网营销师”就包括直播营销师。公告中对“互联网营销师”的界定是“在数字化信息平台上，运用网络的交互性与传播公信力，对企业产品进行多平台营销推广的人员”。[5] 从这个意义上讲，“直播带货”即直播营销师在网络平台上通过在线直播的方式在短时间内促成交易的广告营销行为。故笔者认为，“直播带货”在法律性质上属于一种商业广告行为。

（二）平台在直播带货活动中的法律地位

基于对直播带货法律性质的界定——商业广告行为，直播带货平台是否构成广告发布者或广告经营者，不可一概而论。广告发布者就是为广告主或者广告主委托的广告经营者发布广告的自然人、法人或者其他组织。广告经营者是指接受委托提供广告设计、制作、代理服务的自然人、法人或者其他组织。[6] 直播带货平台仅为直播带货活动提供直播技术支持，对直播信息不进行主动的组织和筛选，其属于网络服务提供者中的网络技术服务提供者。但是，当平台对直播间进行宣传、推荐、置顶、实时搜索排名等推广并对直播带货的效果起到决定性作用时，其地位超越了直播技术服务提供者的定位，可以视为广告发布者为商家提供广告发布服务。“若网络平台还亲自参与招揽广告主和带货业务，甚至亲自为主播设计带货台词、商品买点及营销方式，则同时还构成广告经营

---

3 宋亚辉：《网络市场规制的三种模式及其适用原理》，载《法学》2018 年第 10 期。

4 参见我国《广告法》第 2 条。

5 中华人民共和国人力资源和社会保障部：《关于对拟发布新职业信息进行公示的公告》，载人力资源和社会保障部官方网站，http：//www. mohrss. gov. cn/SYrlzyhshbzb/zwgk/gggs/tg/202005/t20200511_ 368176. html，最后访问于 2021 年 6 月 3 日。

6 参见我国《广告法》第 2 条。

者，属于多重身份竞合。”[7]

二、《民法典》对网络侵权避风港规则的规定

我国《民法典》第1194条至第1197条在沿袭《侵权责任法》[8]第36条规定的基础上，总结以往的立法经验，详细规定了网络侵权责任的一般规则、避风港规则以及红旗规则，对“转通知”“反通知”“二次转通知”等作了原则性规定，形成了完善的网络侵权责任规则体系。

（一）网络侵权责任的一般规则

《民法典》第1194条规定，网络用户、网络服务提供者利用网络侵害他人民事权益的，应当承担侵权责任。法律另有规定的，依照其规定。该条对网络用户以及网络服务提供者直接侵权的情形进行了规定，明确了网络服务提供者利用自己的网络侵害他人的民事权益的，应当承担责任；同时明确了适用过错责任原则归结网络服务提供者的责任。

（二）网络侵权避风港规则

1. 权利人的通知权

《民法典》第1195条第1款规定，网络用户利用网络服务实施侵权行为的，权利人有权通知网络服务提供者采取删除、屏蔽、断开链接等必要措施。通知应当包括构成侵权的初步证据及权利人的真实身份信息。该条款明确规定了权利人的通知权及其行使规则。

首先，权利人的通知权产生于网络用户在网络上实施侵害其合法权益的行为，但在网络服务提供者并未直接实施该侵权行为的情形下，通过行使通知权及时制止侵权行为，维护自己的合法权益。

其次，通知权的行使必须具备构成侵权的初步证据以及权利人的真实身份信息。所谓“构成侵权的初步证据”至少应当包含：利用网络服务实施侵权行为的网络用户的身份信息、受到侵害的民事权益的类型以及相应的权属证明、侵犯该民事权益行为方式等。[9]此外，“初步证据只要证明网络用户的行为有侵

---

7 宋亚辉：《网络直播带货的商业模式与法律规制》，载《中国市场监管研究》2020年第8期。

8 随着我国《民法典》的正式施行，《侵权责任法》已废止。

9 参见程啸：《论我国〈民法典〉网络侵权责任中的通知规则》，载《武汉大学学报（哲学社会科学版）》2020年第6期。

犯其合法权益的可能性即可，不需要达到高度盖然性”。[10] 提供真实的身份信息，更便于网络服务提供者对通知的真实性进行判断以及转送网络用户的反通知。

2. 网络服务提供者的转送通知以及“采取必要措施”的义务

《民法典》第 1195 条第 2 款规定，网络服务提供者接到通知后，应当及时将该通知转送相关网络用户，并根据构成侵权的初步证据和服务类型采取必要措施；未及时采取必要措施的，对损害的扩大部分与该网络用户承担连带责任。

首先，该条明确规定了网络服务提供者对权利人负有转送通知的义务，这相较于《侵权责任法》属于新增规定，《侵权责任法》仅规定网络服务提供者在收到权利人的通知后应及时采取必要措施，未规定向网络用户转送通知的义务，在一定程度上造成实践中权利人滥发通知而网络用户的权益无法得到保障的情形。增加规定转送义务，保障了网络用户的言论自由。

其次，明确规定了网络服务提供者应当及时采取必要措施的义务。该规定对必要措施采取了开放式态度，“显然是为了适应网络服务多样化和动态发展的需要”。[11] 网络服务提供者在收到通知后，根据通知中的初步证据以及其所提供的网络服务类型，对应当采取的措施作出判断。笔者认为，网络服务提供者对初步证据的审查仅为形式审查，网络服务提供者不应当充当侵权的裁判者，况且根据一方的初步证据也无法对是否构成侵权作出准确判断，网络服务提供者应当保持其中立性，更符合该制度应有的效率性。正如部分学者所指出的那样，“‘等必要措施’从文义解释的角度来看，应当是指与删除、屏蔽、断开链接具有相同或同等效果的措施”[12]，最终“所取得的效果应当是在技术能够做到的范围内避免相关信息进一步传播”[13]。

最后，若网络服务提供者未及时采取必要措施，应当对损害扩大的部分与网络用户承担连带责任。该规定沿袭了《侵权责任法》第 36 条第 3 款的规定，这实质上将“未及时采取必要措施”作为网络服务提供者成立帮助侵权的要件，即该条在性质上属于“归责条款”。网络侵权行为属于一般侵权行为，网络用户以及网络服务提供者也只有在具有过错的情形下才对网络侵权行为承担责任。

---

10 杨立新：《网络服务提供者在网络侵权避风港规则中的地位和义务》，载《福建师范大学学报（哲学社会科学版）》2020 年第 5 期。

11 孔祥俊：《“互联网条款”对于新类型网络服务的适用问题——从“通知删除”到“通知加采取必要措施”》，载《政法论丛》2020 年第 1 期。

12 周学峰：《“通知—移除”规则的应然定位与相关制度构造》，载《比较法研究》2019 年第 6 期。

13 黄薇：《中华人民共和国民法典侵权责任编解读》，中国法制出版社 2020 年版，第 125 页。

《民法典》中的“通知—必要措施”规则符合过错责任的归责原则。因为网络服务提供者对网络用户实施的在线侵权行为不负担一般性的审查义务，“通知—必要措施”规则发挥了合理确定网络服务提供者的过错功能。[14]针对权利人通知之前的侵权行为，若要追究网络服务提供者的责任，需要证明其主观上存在过错，这在实践中通常很难证明；通知之后，若网络服务提供者及时采取必要措施制止侵权行为的进一步扩散，则证明了其对侵权行为的发生不存在过错，不承担任何责任；若网络服务提供者收到通知后未及时采取必要措施，放纵侵权行为的实施，在此种情形下，可以证明其主观上对侵权是明知或应知的，客观上又对侵权的进一步发展提供了帮助，因此网络服务提供者对损害扩大的部分与网络用户承担连带责任，符合帮助侵权的构成要件，同时也符合过错责任原则的要求。

3. 网络用户的反通知权

《民法典》第1196条规定，网络用户接到转送的通知后，可以向网络服务提供者提交不存在侵权行为的声明。声明应当包括不存在侵权行为的初步证据及网络用户的真实身份信息。网络服务提供者接到声明后，应当将该声明转送发出通知的权利人，并告知其可以向有关部门投诉或向人民法院提起诉讼。网络服务提供者在转送声明到达权利人后的合理期限内，未收到权利人已经投诉或提起诉讼通知的，应当及时终止所采取的措施。该条明确规定了网络用户的反通知权及其行使规则。立法没有对“合理期限”进行具体规定，目的是便于司法实践中法院根据具体的案情合理确定该期限。但法律另有规定的依其规定，主要是指《电子商务法》第43条规定的“十五日”以及《信息网络传播保护条例》规定的“立即恢复”。[15]

本条对于网络用户的反通知规则进行了完善的规定，较好地平衡了网络用户与权利人之间的利益关系，弥补了《侵权责任法》在立法上的缺陷。

4. 权利人错误通知的责任

《民法典》第1195条第3款规定，权利人因错误通知造成网络用户或网络服务提供者损害的，应当承担侵权责任。法律另有规定的，依照其规定。

相比之下，《侵权责任法》并没有对权利人恶意通知的后果进行规定，实践中易导致权利人滥发通知，破坏正常的网络秩序。

---

14 参见程啸：《论我国〈民法典〉网络侵权责任中的通知规则》，载《武汉大学学报（哲学社会科学版）》2020年第6期。

15 《中美贸易协定》（2020年1月15日）第1.13条“打击网络侵权”第2款规定，将权利人收到反通知后提出司法或行政投诉的期限延长至20个工作日。最高人民法院发布的《关于涉网络知识产权侵权纠纷几个法律适用问题的批复》第3条规定该期限不超过20个工作日。

该条表述“应当承担侵权责任”与《信息网络传播权保护条例》第 24 条“应当承担赔偿责任”[16] 的规定相近，更接近于严格责任，理论上有可能出现加大权利人发出通知风险的情况。[17] 不过，有学者认为，既然权利人享有通知权，基于权利与风险对等的原则，错误通知的赔偿责任也应当适用无过错责任，以敦促权利人谨慎地发出通知。若权利人发出错误通知，网络服务提供者因此采取删除、断开链接等必要措施导致网络用户尤其是利用网络销售商品或提供服务的网络用户遭受损害的，因其遵守了通知删除规则的要求，所以其既不需要向权利人承担责任，也无需向网络用户承担责任。[18] 笔者认为，网络服务提供者在权利人与网络用户之间的侵权纠纷中更多的是承担一种程序性角色，应保持其中立性，无须对是否构成侵权作出实质性判断，以避免承担不必要的风险。

“法律另有规定的，依照其规定”主要是指《电子商务法》第 42 条[19] 的规定。若错误通知（包含恶意通知）发生在电子商务领域时，适用《电子商务法》第 42 条的规定，对恶意通知的权利人可以增加一倍的惩罚性赔偿。

（三）网络侵权责任中的“红旗规则”

《民法典》第 1197 条规定，网络服务提供者知道或应当知道网络用户利用其网络服务侵害他人民事权益，未采取必要措施的，与该网络用户承担连带责任。该条规定了网络侵权的“红旗规则”。与《侵权责任法》相比，该条明确了网络服务提供者的主观状态应当是“明知或应知”，且就全部的损害与网络用户承担连带责任。“红旗规则”是指当侵权行为像“红旗”一样明显和显著，网络服务提供者就有义务主动对侵权行为采取必要措施，否则就可以认定网络服务提供者对侵权事实主观上明知却放纵侵权的发生和继续，应当承担相应的责任。

“红旗规则更注重对版权人利益的考量和对网络服务提供者注意义务的强调，它要求网络服务提供者应当主动尽到合理注意义务，不能对明显的、显著的侵权内容或链接置之不理，更不能对这种侵权行为进行纵容，扩大权利人的

---

16 我国《信息网络传播权保护条例》第 24 条规定：“因权利人的通知导致网络服务提供者错误删除作品、表演、录音录像制品，或者错误断开与作品、表演、录音录像制品的链接，给服务对象造成损失的，权利人应当承担赔偿责任。”

17 参见刘晓春：《〈电子商务法〉知识产权通知删除制度的反思与完善》，载《中国社会科学院研究生院学报》2019 年第 2 期。

18 参见程啸：《论我国〈民法典〉网络侵权责任中的通知规则》，载《武汉大学学报（哲学社会科学版）》2020 年第 6 期。

19 《电子商务法》第 42 条规定：“因通知错误造成平台内经营者损害的，依法承担民事责任。恶意发出错误通知，造成平台内经营者损失的，加倍承担赔偿责任。”

损失。”[20]在法律适用上，“红旗规则”应当先于避风港规则，只有当“红旗”侵权不存在、无法认定网络服务提供者主观明知或应知状态时，才可以适用避风港规则来判定网络服务提供者的主观过错状态。

三、直播带货平台在网络侵权避风港规则中的地位与义务

在此，所谓的直播带货平台在避风港规则中的地位及义务，针对的主体仅指为直播带货活动提供直播技术服务的网络服务提供者（平台），不包括作为广告发布者或广告经营者的网络服务提供者（平台）。

直播带货平台为商家提供广告发布或广告制作服务，应当依照《广告法》履行广告发布者或广告经营者的法定义务；若直播带货活动本身侵权（不涉及商品侵权），即广告本身侵权，平台应当依照《广告法》承担相应的责任；若直播推荐的产品或服务侵权，平台在制作或发布广告时，主观上对于侵权事实明知或应知的，应当依照《民法典》第1165条第1款[21]的规定承担过错责任，即与商家承担共同责任。平台作为广告发布者或广告经营者应承担的责任，不是本文的研究对象，故不展开论述。

（一）直播带货平台在避风港规则中的法律地位

在直播带货活动中，平台并不是侵权法律关系的一方当事人，真正的纠纷产生于权利人与主播或商家之间，但在避风港规则法律关系中他们不发生直接的权利义务关系，而是分别与网络服务提供者产生权利义务关系。权利人对平台行使通知权，平台在收到通知后履行转送通知以及采取必要措施的义务；主播或商家行使反通知权的对象也是平台。平台在避风港规则法律关系中承担双重义务人的角色。

直播带货平台之所以处于双重义务人的地位，是因为平台对参与主体、资源、信息、交易、数据等平台要素具有掌控力。[22]平台对直播带货活动具有很强的控制能力，在收到通知后，可以及时采取措施对直播带货活动中的侵权信息进行处理。权利人行使通知权是为了及时制止侵权行为，因此其针对的对象是平台；主播或商家行使反通知权是因为平台的措施侵害了其合法权益，因此

---

20 林承铎、安妮塔：《数字版权语境下避风港规则与红旗原则的适用》，载《电子知识产权》2016年第7期。

21 我国《民法典》第1165条第1款规定：“行为人因过错侵害他人民事权益造成损害的，应当承担侵权责任。”

22 参见王志鹏、张祥建、涂景一：《大数据时代平台权力的扩张与异化》，载《江西社会科学》2016年第5期。

其针对的对象也只能是平台。因此，平台就这样处于双重义务人的地位，通过满足权利人和主播或商家的权利要求，将具体的侵权法律关系的当事人联系起来。

（二）直播带货平台在网络侵权避风港中的主要义务

1. 直播带货平台的转送通知的义务

直播带货平台在收到权利人要求采取必要措施的通知后，应当及时将该通知转送给主播或商家。主播或商家与直播平台通常存在合同关系，网络用户开通直播功能时需要进行注册，并且提供身份信息以及联系方式和住址，因而，对于平台而言，将权利人的通知转送给网络用户并不存在障碍。

2. 直播带货平台采取必要措施的义务

《民法典》第1195条既明确列举了“删除、屏蔽、断开链接”这几种比较典型的和彻底的制止侵权行为的措施，又规定了“等必要措施”，保持了必要措施的开放性。不同的直播带货平台对直播活动的控制力是不一样的。电商平台对于其平台上的直播带货活动的管控能力要高于内容平台和社交平台。此外，对于《民法典》而言，《电子商务法》属于特别法，当直播带货侵权发生在电商平台时，根据特别法优于一般法的原则，应优先适用《电子商务法》的规定，因此，电商平台还可以采取终止交易和服务等措施。

在“爱奇艺诉虎牙平台侵害作品信息网络传播权案”中，爱奇艺以虎牙直播的主播未经授权在虎牙直播上播出《盗墓笔记》涉嫌侵权为由将虎牙直播诉至法庭，该案历时四年，最终北京市高级人民法院认定虎牙平台采取了合理措施，对于主播的侵权行为不存在主观过错，不构成帮助侵权，适用“通知—删除”规则，驳回了爱奇艺的再审申请。[23]该案明确了平台在直播活动中的注意义务，直播平台对于涉嫌侵权的直播活动进行推荐或排名，在权利人通知后，及时制止侵权行为并对相关主播进行处罚，视为已尽到合理注意义务。该案对于直播带货侵权中平台责任认定具有借鉴意义，同样地，直播带货平台在收到权利人的通知后采取必要措施制止涉嫌侵权的直播活动的，应当适用避风港规则，不承担侵权责任；否则，应当就损害扩大的部分与主播或商家承担连带责任。

不过，在涉及微信小程序直播带货时，情况又有所不同。在“微信小程序案”中，法院认定腾讯公司对小程序的开发者提供的是架构与接入的基础性网络服务，其性质类似自动接入、自动传输服务；基础性网络服务提供者通常无

---

23 参见北京市高级人民法院（2019）京民申2693号民事裁定书。

法审查用户上传内容，对侵权的判断识别能力很弱，甚至无法准确地删除侵权内容或切断与侵权内容有关的网络服务。[24]在这种情况下，腾讯公司若采取与“删除、屏蔽等必要措施”或具有同等效果的措施，就只能彻底删除小程序。这与避风港规则追求的“定位清除”效果相悖，势必会扩大必要措施对小程序开发者所造成的损害。因此，有学者认为，“在此种情况下，将权利人的通知转送给被投诉人是网络服务提供者技术能力和可预见范围内较为合理的选择”。[25]在最高人民法院发布的指导案例83号中，法院认为，基于天猫公司对于发明专利侵权判断的主观能力等因素的考量，并不必然要求其在接受投诉后立即采取删除和屏蔽措施，对被诉商品采取的必要措施应当秉承审慎、合理原则，以免损害被投诉人的合法权益，但是将有效的投诉通知转达被投诉人并通知其申辩当属天猫公司应当采取的必要措施之一。[26]该案虽然是专利侵权纠纷，但同样涉及《侵权责任法》第36条的适用，这对于小程序直播侵权中的平台责任之认定具有一定的参考意义。

以上讨论的“采取必要措施”，是在平台收到通知后应当承担的义务；但是，当侵权行为如“红旗飘飘”一样显而易见时，平台应当主动采取阻止侵权行为的必要措施，否则应当就全部损失与主播（或商家）一起承担连带责任。

3. 直播带货平台的事前审查义务

一般来说，根据我国广告协会《网络直播营销行为规范》的相关规定，直播带货平台对直播带货内容所承担的事先审核义务大多停留在内容安全层面[27]，同时应当对入驻的市场主体的真实身份和资质证明等信息进行审核、查验。[28]目前，我国《民法典》第1195条并未明确规定网络服务提供者的事前审查义务，似乎是免除了网络服务提供者对在平台上发布信息的注意义务。

关于事前审查义务，学界存有不同观点。有学者对网络服务提供者事先审核网络信息侵权与否的做法持肯定或赞同意见，可以称为“注意义务肯定论”，此种观点认为，要求网络服务提供者承担事先审核义务，才能实现网络用户与网络服务提供者之间的利益平衡[29]；反对者则认为，事先审核义务使网络服务

---

24 参见杭州互联网法院（2018）浙0192民初7184号民事判决书。

25 倪朱亮、徐丽娟：《“通知—删除”规则的适用局限及出路——以两则新型网络服务提供者案例为切入点》，载《电子知识产权》2020年第4期。

26 参见浙江省高级人民法院（2015）浙知终字第186号民事判决书。

27 中国广告协会《网络直播营销行为规范》第4条。

28 中国广告协会《网络直播营销行为规范》第32条。

29 参见刘晋名、艾围利：《“避风港规则”的法律适用困境及消解路径》，载《南京社会科学》2020年第8期。

提供者遭受“莫名其妙的纠纷困扰和不可预见的责任风险”[30]，这也是立法者所认可的观点。

虽然网络服务提供者一直以中立和被动自居，声称其仅扮演“通道和技术支持”角色，不应承担普遍的审核义务，但从实际情况来看，“网络服务提供者早已超越被动性、工具性和中立性等特性，已具备推介、置顶、修改、删除、屏蔽特定信息的能力”[31]。平台为网络用户提供了相应的服务，获取了可观的利润，应当承担一定的注意义务。因此，诚如部分学者所提出的那样，“当制止侵权发生或扩大的成本合理且可控、技术便捷有效时，电商平台应当采取必要措施阻止侵权”[32]。

目前，我国法律并未对网络服务提供者的事前审核义务作出明确规定。不过，部分平台自行制定相应规则、主动承担其对网络侵权行为的事前审核义务，是一种值得推荐的做法，体现了平台对于知识产权保护的重视。但是，笔者认为，不能仅因为平台未尽到主动审核义务就认定其存在“过错”，其是否应当承担责任，应当从主观上对侵权行为是否明知或应知这一点上进行判断。

平台主动承担事前审核义务是一种值得鼓励的行为，不应令其因此而承担不利的后果。在“爱奇艺诉虎牙平台侵害作品信息网络传播权案”中，法院肯定了虎牙平台提供版权投诉指引、设置在线投诉功能等权利保护机制的行为，认定其已经尽到了事前的管理责任，平台对直播行为主观上无过错，因而不承担责任。

大数据、区块链以及人工智能技术的发展，使得平台具备了过滤内容的能力。于是，在现实中，有学者指出，部分地区存在“行政主管部门甚至要求网络直播平台服务提供者对主播直播内容先审后播，对用户弹幕互动进行实时管理”。[33]笔者认为，网络平台在对相关内容进行事前审核时，可以考虑引入侵权行为过滤技术（如 YouTube 的“内容身份系统”、腾讯的“视频基因对比技术”等），与权利人合作建立合理的侵权过滤机制，再辅以人工复核机制，实现对侵权行为的打击，净化网络环境，同时也不会对网络用户的合法权益造成实质性影响。正如有学者指出的那样，“技术发展需要法律调整或适应，而立法目的的

---

30 最高人民法院侵权责任法研究小组：《〈中华人民共和国侵权责任法〉条文理解与适用》，人民法院出版社 2010 年版，第 265 页。

31 刘晋名、艾围利：《“避风港规则”的法律适用困境及消解路径》，载《南京社会科学》2020 年第 8 期。

32 陈思静：《电商平台商标间接侵权归责原则具体适用研究》，载《科技与法律》2019 年第 6 期。

33 田小军、郭雨笛：《设定平台版权过滤义务视角下的短视频平台版权治理研究》，载《出版发行研究》2019 年第 3 期。

实现亦需要技术的应用，适当的技术与完善的体制相结合可在行为与规范之间形成一种良性的正反馈循环”。[34] 无论立法或司法为平台附加、设定了何种审核义务，都需要借助技术的应用才能得以实现，两者可望实现良性循环。

然而，值得注意的是，就我国目前而言，无论是立法中还是司法实践中，都不宜为所有的直播平台统一设定整齐划一的、过高的事前审核义务，原因在于：一方面，现实中各种平台的规模大小不一、经济实力强弱不一、在直播带货过程中所起的作用以及是否参与直播带货之经济收益分享等方面也有差异，不宜“一视同仁”，否则容易造成权利与义务不对等的不公平状况；另一方面，技术的过滤能力是有限的，采用不同技术的成本高低也有所不同，如何为不同的平台设定与其身份、地位、规模、经济实力相称的审核义务，尚需要产业界等部门事先对各种网络平台进行体系化梳理，分门别类，区别对待。

4. 直播带货平台对重复侵权直播带货行为的自审核义务

在美国《数字千年版权法》中，适用避风港规则的前提是，“网络服务提供商已经采取并合理实施了在适当情况下对作为反复侵权者的网络用户和账号持有者停止服务的政策，并将这一政策告知网络用户和账户持有者”。[35] 我国《民法典》则未对网络服务提供者对重复侵权者的注意义务作明确规定。但在“衣念诉淘宝案”中，衣念公司就杜某发的商标侵权行为向淘宝公司投诉七次，淘宝公司每次收到通知后仅采取了删除链接的措施，未采取进一步的措施，法院对此认定，“淘宝公司知道杜某发利用其网络服务实施商标侵权行为，但仅是被动地根据权利人通知采取没有任何成效的删除链接之措施，未采取必要的能够防止侵权行为发生的措施，从而放任、纵容侵权行为的发生，其主观上具有过错，客观上帮助了杜某发实施侵权行为，构成共同侵权”。[36] 从该案的判决可以看出，网络服务提供者对于重复侵权行为者应当承担更高的注意义务，有必要采取积极的措施预防侵权行为的再发生。

笔者认为，针对重复侵权的直播带货活动，平台应当重点关注对相关主体直播活动的事前审核，根据行为人的主观态度判断侵权行为再次发生的可能性，并采取相应的必要措施（不限于注销账号、关闭直播间、禁止入驻平台等措施），以尽量阻止并预防侵权行为的再次发生。此时，对于已经发生过侵权行为

34 李晶、张靖辰：《音乐现代化法案对我国版权制度的启示——著作权集体管理组织、音乐数据库、版税计算》，载《贵州师范大学学报（社会科学版）》2021年第1期。

35 万勇：《人工智能时代的版权法通知—移除制度》，载《中外法学》2019年第5期。

36 参见上海市浦东新区人民法院（2010）浦民三（知）初字第426号民事判决书、上海市第一中级人民法院（2011）沪一中民五（知）终字第40号民事判决书。

的主体，直播平台对其负有较普通主体更高的注意义务，以预防重复侵权行为的发生。

结语

近年来，直播电商发展迅速，从传统的电商平台逐步发展到内容平台和社交平台，未来还有进一步发展的趋势。针对在直播活动中发生的侵权行为，平台的责任如何承担，应当分两步判断。首先，应当明确其在直播活动中的法律地位，根据平台的参与度、所提供的服务等，将其划分为广告发布者、广告经营者或纯粹的网络服务提供者；其次，根据平台的法律地位选择适用《广告法》《民法典》或《电子商务法》来明确平台的法律义务以及相应的法律责任。

实务研究

我国邮轮污染海洋环境监管问题研究

郭　萍*

【内容提要】 本文通过对邮轮污染海洋环境现状及特征的分析，指出目前我国在针对邮轮污染海洋环境方面的立法及监管机制存在的不足，提出强化海洋环境保护监管主体间权限及分工合作、完善邮轮船舶污染物全链式监督合作机制、细化邮轮船舶污染物排放前端监管措施、促进邮轮船舶污染物中后端监管的部门协调等应对措施建议。

【关键词】 邮轮　海洋环境污染　监管　应对措施

引言

中国邮轮旅游先后经过萌芽发展期、快速成长期和稳定发展期。据《邮轮绿皮书：中国邮轮产业发展报告（2019）》提供资料，中国邮轮在2006—2011年萌芽阶段的年均增长率为36.7%，2012—2016年快速成长期年均增长72.84%，2017—2018年经历了产业发展的调整期。[1] 2019年中国14个邮轮港口接待邮轮808艘次，同比下降17.6%，邮轮市场呈波动性调整态势，逐步由“高速度增长”阶段转向“高质量、高品位发展”阶段[2]。2020年全球蔓延的新

---

* 郭萍——中山大学法学院/南方海洋科学与工程广东省实验室（珠海）教授、博士生导师、最高人民法院国际海事法律研究基地（中山大学）执行主任。本论文系中山大学中央高校基本科研业务费专项资金资助项目“粤港澳大湾区海事法律冲突与协调研究”（19wkjc01）阶段性成果。

1 《邮轮绿皮书：中国邮轮产业发展报告（2019）》，载中国皮书网，https：//www.pishu.cn/zxzx/xwdt/541171.shtml，最后访问于2020年1月20日。

2 史健勇、叶欣梁、梅俊青：《2019—2020年中国邮轮产业发展研究：新形势、新挑战、新路径》，转引自汪泓主编：《中国邮轮产业发展报告》（2020），社会科学文献出版社2020年版，第43页。

冠肺炎疫情对全球邮轮经济产生重创，中国邮轮市场概莫能外。但是经过中国邮轮业发展的黄金十年，中国已成为全球第二大邮轮客源市场。全球邮轮界普遍看好疫情后的中国前景和中国发展潜力。[3] 越来越多的国际邮轮公司将最新、最好的邮轮布局到中国市场。我国各级政府及主管部门对邮轮产业发展予以关注和重视，先后出台促进邮轮运输、旅游、建造、港口等相关产业链发展的若干政策。在邮轮产业高质量发展阶段，如何处理好产业发展与海洋环境保护问题也不容忽视。正如习近平总书记所强调，生态环境保护和经济发展是辩证统一、相辅相成的，建设生态文明、推动绿色低碳循环发展，不仅可以满足人民日益增长的优美生态环境需要，而且可以推动实现更高质量、更有效率、更加公平、更可持续、更为安全的发展，走出一条生产发展、生活富裕、生态良好的文明发展道路。[4]

因此本文通过对邮轮运输中海洋环境污染的现状、特性，以及我国应对邮轮污染海洋环境立法及实践存在的问题和不足等的分析，对邮轮运输下海洋环境污染监管规制及措施等进行探讨。

一、邮轮污染海洋环境现状

为更好地提高邮轮旅客体验质量和感受，现代化邮轮更加趋于大型化、舒适化、豪华化、娱乐设施多元化。邮轮载客数量较大，而且封闭性较强，能够提供水、电、垃圾处理、固定及移动电话、有（无）线电视、网络、急救等各类服务，因此称邮轮为“移动的微型城镇”或“移动式星级宾馆”并不为过。在人口及消费高度集中的情况下，邮轮上产生和排放的垃圾废物以及可能造成的海洋环境污染远远超过普通货船，也超过传统客船。为更好地提供住宿、餐饮、娱乐、休闲、消遣等旅游服务，邮轮上通常配置游泳池、娱乐场、健身房、餐厅等设施，一艘邮轮每晚的能源消耗能够达到陆地上最豪华酒店平均消耗能源五倍之多。因为邮轮的能源消耗除了在船舶推进动力方面，更多是在船上住宿、餐饮、娱乐等场所或设施方面，例如向这些场所和设施供电、供水、供热等。而邮轮在停靠港等待游客登岸旅游期间，也需要为船舶操纵、停泊或锚泊提供能源。在所有船舶类型中，邮轮的燃料需求和消耗是最高的，产生的污染

3　史健勇、叶欣梁、梅俊青：《2019—2020 年中国邮轮产业发展研究：新形势、新挑战、新路径》，转引自汪泓主编：《中国邮轮产业发展报告》（2020），社会科学文献出版社 2020 年版，第 38 页。

4　《习近平在中共中央政治局第二十九次集体学习时强调 保持生态文明建设战略定力 努力建设人与自然和谐共生的现代化》，载新华网，http：//www. xinhuanet. com/politics/leaders/2021 -05/01/c_ 1127401181. htm，最后访问于 2021 年 11 月 14 日。

物是普通柴油燃烧产生污染物的100倍。[5]有环保专家曾以"海洋和谐"号为例指出其产生的污染物排放量相当于7.3万个高能耗家庭。[6]因此如果不对邮轮的经营活动进行监督管控，恐将会对海洋生态环境造成污染。

目前我国尚未公开报道因为邮轮导致的海洋环境污染的事件或判例，但是在国外开展邮轮旅游业务比较广泛和成熟的地区，已经有相关问题出现。根据美国会计总署（General Accounting Office，GAO）关于邮轮非法排放导致海域污染的调查报告显示，1993—1998年，来自邮轮及其他船舶在北美水域非法排放的事件达到104起，72%的案件涉及油类或与油类物质有关的事故性排放。而针对邮轮船舶非法排放事件的认定，仅仅占全部非法从事排放活动邮轮的4%。这意味着还有更多邮轮的非法排放活动，尤其是日常可操作性非法排放活动因为比较隐蔽而没有被发现。[7]

2016年6月，西班牙巴塞罗那港口上百人走上街头抗议"海洋和谐"号邮轮的到来。抗议的理由包括邮轮导致环境污染，以及每年多达260万游客乘坐邮轮来到巴塞罗那，挤占当地居民的公共资源，特别在游客密集的旅游区，当地居民的日常生活受到较大影响。"海洋和谐"号隶属于皇家加勒比国际游轮公司，船舶总吨位高达22.7万吨，能够搭载7000名乘客和2000名船员。在每年的6月至10月底，每周都将围绕地中海区域做一次海上巡游。2012年的一项有关邮轮的研究报告显示，一艘像"海洋和谐"号这样体积庞大的邮轮，二氧化碳的排放量相当于8638辆汽车的排放量，二氧化氮的排放量相当于42.1万辆汽车，二氧化硫的排放量相当于3.76亿辆汽车。[8]显然邮轮在拉动地方经济发展方面起到了重大作用，但因邮轮旅游带来的环境保护问题也日益引起人们的关注。

无独有偶，作为美国最流行也最受欢迎的邮轮旅游访问地之一——阿拉斯加，近年来也日益关注邮轮引起的海洋环境保护问题。由于阿拉斯加的地理位置和气候条件限制，每年春季至秋季为邮轮旅游高峰。为更好地保护环境，阿拉斯加州政府制定了世界上最为严厉的环保标准，甚至比美国其他州法律或者

5 刘叶：《论防治邮轮污染海洋环境的法律机制》，大连海事大学2019年硕士学位论文，第19页。

6 《世界最大邮轮污染惹争议》，载航运界官方网站，http://www.ship.sh/news_detail.php?nid=20945，最后访问于2018年12月22日。

7 Suzanne Dobson, The Environmental Policy-Making Process In The Cruise Ship Industry: A Comparative Case Study Analysis, Dissertation for the degree of Doctor of Philosophy, Simon Fraser University, Fall 2008, p. 69-70.

8 《世界最大邮轮污染惹争议》，载航运界官方网站，http://www.ship.sh/news_detail.php?nid=20945，最后访问于2018年12月22日。

联邦法律的标准还要严格。基于巨大的旅游收入和旅游市场蓬勃发展的吸引力，一些开辟阿拉斯加航线的邮轮公司仍然自愿遵守这些高标准法律要求，并为此花费了数亿美元，以满足环保标准。

二、邮轮污染海洋环境特征

与普通商船相比，邮轮产生的污染物种类繁多而且某些种类污染物数量巨大。例如，一艘比较典型的为期7天航程的邮轮航次会产生50吨船用垃圾（garbage），200万加仑灰水（graywater），21万加仑生活污水（sewage），3.5万加仑含油污水。[9]因此邮轮污染海洋环境具有污染物种类特殊性、港口污染累积显著性、防治污染标准差异性、防治设备专业性等特点。

（一）邮轮海洋环境污染物种类特殊

邮轮上能够产生多种污染物，例如黑水、灰水、有毒有害物质、含油舱底水、压载水和固体垃圾废物，这些污染物排放到海洋环境中，不但会影响周围水域，严重影响海洋生物的多样性，邮轮上排放的氮氧化物等废弃物还会造成空气污染。一旦这些污染物不加以任何控制就排放入海，最终会对人类自身健康和海洋动植物、水生生物等造成严重的危害。[10]

1. 邮轮水污染

邮轮上产生的水污染一般包括黑水、灰水、油性舱底水、压载水等。所谓黑水是指通常意义上没有经过处理的生活污水，大部分来自船上厕所产生的废水以及船上医务室（药房、病房等）所产生的污水，含有有害细菌、病原体、疾病、病毒、肠道寄生虫和其他有害物质。[11]灰水主要是指来自船上洗涤槽、淋浴系统、空调浓缩机、厨房、洗衣房的废水，也包括来自医务室、温泉SPA和美容院等产生的废水。[12]邮轮上的水污染90%属于灰水。[13]油性舱底水指沉

---

9 Suzanne Dobson, The Environmental Policy-making Process In The Cruise Ship Industry: A Comparative Case Study Analysis , Dissertation for the degree of Doctor of Philosophy, Simon Fraser University, Fall 2008, p. 75.

10 郭萍：《邮轮海洋环境污染法律问题研究》，中国法学会环境资源法学研究会第五次会员代表大会暨2017年年会论文集（2017年8月26—27日河北保定市召开），第327－333页。

11 U. S. Environmental Protection Agency, Cruise Ship Discharge Assessment Report, 2008, p. 2.

12 U. S. Navy Naval Sea Systems Command and US EPA Office of Water, Technical Development Document: Phase I, Uniform National Discharge Standards for Vessels of the Armed Forces. Quote from Kira Schmidt, Cruising for Trouble: Stemming the Tide of Cruise Ship Pollution, Bluewater Network, 2000, p. 5.

13 Congressional Research Service Report for Congress, Cruise Ship Pollution: Background, Laws and Regulations, and Key Issues, Claudia Copeland, 2005, p. 4.

积在邮轮底层，在清洗发动机和邮轮机舱内部时从舱底排出的夹杂泥沙、油污、金属碎屑的污水。压载水是为了保证邮轮在不同情形下的平衡和稳定而载入到船上的海水。

2. 邮轮固体废物污染

邮轮固体废物污染包括邮轮在旅游航行过程中和停靠邮轮码头期间排放的各种固体废物，主要包括生活垃圾和船舶营运垃圾，例如包装用品、弃用纸巾、食物残余等。一艘邮轮每天产生大约 7 吨垃圾和其他固体废弃物。[14] 全球商用船舶产生的固体垃圾，其中 24% 来自邮轮。[15]

尽管国际公约严禁在海洋上处置塑料垃圾，但是在邮轮实践操作中仍然无法完全避免塑料垃圾入海。邮轮上经常会有游客把个人卫生用品，例如牙刷、剃须刀、梳子及其他塑料包装等冲进马桶，但并非所有邮轮马桶系统会安装筛选设备以清除这些垃圾，导致一些塑料制品直接被排放到海洋中。[16] 这些塑料垃圾不仅污染海洋环境，还可能对海洋生物造成致命伤害，甚至会影响海上旅游业，干扰船舶航行安全。[17]

3. 邮轮空气污染

邮轮排放的气体大部分来自为船舶提供动力的燃料，而且排放的气体中含有高硫、高氮氧化合物等大量有毒有害气体。邮轮如果以 20—22 节的航速行进，每小时会消耗 8—9 吨船用柴油燃料或其他硫含量较高的燃油。根据美国加利福尼亚州一家研究机构的统计资料，停靠在邮轮码头的邮轮在驶离港口码头时，单艘船舶每天产生 1 吨烟雾氮氧化物和数百磅的致癌颗粒物。所有停靠在港口的邮轮产生的有毒有害气体排放量，相当于 100 万辆车的有毒气体排放量。[18]

4. 邮轮有毒有害物质污染

有毒有害物质是指在生产、使用、运输或处置的任何阶段，具有对人类、其他生物或环境带来潜在危害特性的物质。由于具有这种危害特性的物质形态多样，可以是固体、液体，也可以是气态物质，因此目前尚没有法律专门界定

---

14 赵俊杰、白静：《国际邮轮码头运营中有关环境问题的研究》，载《天津科技》2012 年第 3 期。

15 Brida, J. G. and Zapata, Cruise Tourism: Economic, Socio-cultural and Environmental Impacts, International Journal Leisure and Tourism Marketing, 2010 (1), p. 219.

16 吕方园：《运输视角下邮轮法律问题研究》，大连海事大学 2015 年博士学位论文，第 89 页。

17 范志杰、李宗品：《塑料垃圾对海洋生物的危害》，载《海洋环境科学》1988 年第 4 期；王慧卉、梁国正：《塑料垃圾对海洋污染的影响及控制措施分析》，载《南通职业大学学报》2014 年第 1 期。

18 吕方园：《运输视角下邮轮法律问题研究》，大连海事大学 2015 年博士学位论文，第 89 页。

有毒有害物质的范围。国际海事组织通过的《1973年国际防止船舶造成污染公约的1978年议定书》(以下简称MARPOL73/78公约) 在公约附则Ⅱ和附则Ⅲ中分别针对散装有毒液体物质和带有包装形式的有害固体物质等予以专门规定。国际海事组织于1996年5月3日通过《1996年国际海上运输有害有毒物质损害责任和赔偿公约》(以下简称HNS公约),是在国际海事条约层面第一次明确规定有毒有害物质 (harmful and noxious substance, HNS) 的概念。

事实上,邮轮上大量人员活动和旅游、休闲、消遣、娱乐等活动也会产生有毒有害物质。例如,邮轮上干洗店使用的干洗剂含有全氯乙烯,对水生动物有毒害性。照片打印和冲洗加工场所,因使用显影液和定影液制剂,会产生硼酸、硫酸、银等有毒物质。船上理发店以及船舶设备、甲板及相关娱乐设施等进行日常清洁活动时,船上人员会使用各种清洁剂、洗涤剂、除臭剂、消毒剂等,这些制剂均具有一定的毒害性。邮轮上存在有毒有害物质的场合还包括:含甲苯的废物、油漆废物及不洁溶剂 (含甲苯、二甲苯、苯、松节油、甲基乙基酮),印刷场所废弃物 (含碳氢化合物、氯化烃和重金属),荧光灯泡 (含水银) 以及船上使用的电池,等等。[19]

有研究数据显示,在皇家加勒比国际游轮公司为期一周航程的邮轮上,能够累积产生141加仑的照片化学物质,7加仑干洗废物,5加仑电池,10磅荧光灯,3磅医疗废物以及108磅过期化学品。[20]尽管邮轮上的有毒有害物质数量并不多,但是种类繁多、毒害性高,如果不加处理就排放入海,对敏感的海洋生态系统的影响是显而易见的。

(二) 邮轮港口污染累积效应突出

1. 邮轮产生污染物数量较大

尽管邮轮在整个国际航运业所占的比例不大,但邮轮经营活动中产生的黑水、灰水、固体废弃物等污染物数量不容小觑。根据美国Bluewater Network统计,将近77%的海洋污染来自邮轮。[21]这是因为邮轮上载运的船员及旅客数量比较庞大,在人口密集的范围内所产生的废水、固体垃圾污染量比一般商船要

---

19 Meredith Dahl, The Federal Regulation of Waste from Cruise Ships in U. S. Waters, Environment Law, 2003 (9), p. 609-672.

20 Kira Schmidt, Cruising for Trouble: Stemming the Tide of Cruise Ship Pollution. Bluewater Network's Cruise Ship Campaign. March 2000. Quote from Cruise Control - Regulating Cruise Ship Pollution on the Pacific Coast of Canada, West Coast Environmental Law. 2001.

21 Campbell, Frank A., Whispers and Waste Our Planet, Vol. 10 No. 3, 1999. Quote from Cruise Control - Regulating Cruise Ship Pollution on the Pacific Coast of Canada, West Coast Environmental Law, 2001.

多。此外，邮轮上产生的污染物以生活污染物为主，但污染物品种类丰富、多样。如果船舶对上述污染物未经任何处理即排放入海，由于船舶的流动性以及排放的频繁性，这种营业性操作排放不能轻易地被检测或发现，尤其是在远离陆地的公海上排放，更加难以监督。而日积月累的排放，会对海洋环境带来深远影响。如果将上述污染物交由停靠港口处理，则对港口接受能力带来较大挑战。

2. 邮轮停靠港口污染物接受及处理压力显著

邮轮运营航线往往具有跨境、跨海域的特点，尤其是邮轮母港，不仅作为邮轮的始发港和停靠港，还需要具有能够为邮轮提供补给、维修、垃圾处理等相关服务能力。邮轮大多集中在特定水域从事航行活动，旅游航线较为固定，会经常重复地靠泊相同的港口，因而对邮轮母港以及邮轮经常停靠港口所在区域产生的污染累积效应更加突出。如果在邮轮经营中产生的废水、固体废弃物无法有效处置并排放，则需要停靠港口具备接受和处置这些污染物的能力和技术条件。

（三）防治邮轮污染海洋环境标准存在差异性

目前还没有专门针对邮轮污染海洋环境方面的国际公约，虽然《关于1973年国际防止船舶造成污染公约的1978年议定书》（以下简称73/78MARPOL公约）对国际海上航行的船舶防止海洋环境污染措施作出规定，但缺乏对邮轮污染物排放标准的具体规定，因此仍需要根据各国国内法规定操作和处置标准。由于各国有关海洋环境污染治理的规定和标准存在差异，邮轮公司往往会选择性地遵守那些标准规范相对宽松的国家的法律规定，或者选择到对海洋环境监管不够严格的地区进行排污。特别是邮轮在公海上进行排污，由于沿海国或者港口国难以对此行为予以监督和管理，主要由船旗国负责。目前大多数邮轮悬挂方便旗，因此对于这些邮轮的船旗国而言，通常很少对邮轮经营活动、航线安排、船员配备、排污作业等予以严格监督和干涉，甚至很多邮轮从来都没有停靠过船旗国港口，船旗国与邮轮船舶之间缺乏有效的实质关联。

（四）防治邮轮污染海洋环境设备具有专业性和投资昂贵性

从国际公约到国内立法规定，对船舶污染的防治程序作出专业性技术操作要求。鉴于邮轮污染物数量较大、种类繁杂，因此为了达到上述规定标准，邮轮需要配备的设备及标准要求远高于普通商船。例如，需要配置先进的水处理系统（Advanced Water Treatment Systems）、废气净化设备（Exhaust Gas Cleaning Systems）、油水分离器、燃气涡轮机，等等。例如，单就邮轮上安装处理污水的系统而言，每艘船的费用为200万—220万美元。[22]配备这些先进的高技术设备不仅耗资巨大，而且邮轮公司还需要花费一定时间进行安装或更新，会因此影响原有营运计划和航线的安排，从而带来一定的营运损失。

三、我国有关防治邮轮污染海洋环境的立法及问题分析

（一）有关邮轮污染海洋环境的国内立法

目前我国尚不存在有关邮轮污染海洋环境的专门立法，相关的立法主要包括1982年《海洋环境保护法》（先后经过1999年、2013年、2016年、2017年四次修订）、1983年《船舶污染物排放标准》[23]、1984年《水污染防治法》（先后经过1996年、2008年、2017年三次修订）、2010年《船舶及其有关作业活动污染海洋环境防治管理规定》（先后经过2013年8月、2013年12月、2016年、2017年四次修订）、2003年《港口法》（先后经过2015年、2017年、2018年三次修订）、2009年《防治船舶污染海洋环境管理条例》（先后经过2013年7月、2013年12月、2014年、2016年、2017年、2018年六次修订）、2015年《防治船舶污染内河水域环境管理规定》、2019年《港口和船舶岸电管理办法》（2021年修订）等。

此外还包括相关部委发布的规章或规范性文件，例如2006年12月19日交通运输部发布的《船舶污染物接受和船舶清舱作业单位接受处理能力要求》（JT/T 673—2006），[24]2018年1月16日环境保护部与国家质量监督检疫检验总局联合发布的《船舶水污染物排放控制标准》（GB 3352—2018），[25]2015年12月2日交通运输部发布的《珠三角、长三角、环渤海（京津冀）水域船舶排放控制区实施方案》（交海发〔2015〕177号）、2018年11月30日交通运输部发布的《关于印发船舶大气污染物排放控制区实施方案的通知》，[26]2019年1月28日交通运输部、财政部、国家发展改革委、国家能源局、国家电网公司、南

22　刘叶：《论防治邮轮污染海洋环境的法律机制》，大连海事大学2019年硕士学位论文，第15页。

23　1983年《船舶污染物排放标准》（GB 3552—83）已被船舶水污染物排放控制标准（GB 3552—2018）替代，后者于2018年7月1日实施。

24　参见建标库官方网站，http：//www.jianbiaoku.com/webarbs/book/89697/2806877.shtml，最后访问于2020年3月20日。

25　参见建标库官方网站，http：//www.jianbiaoku.com/webarbs/book/117548/3592281.shtml，最后访问于2020年3月20日。

26　参见交通运输部官方网站，http：//www.gov.cn/xinwen/2018 - 12/20/content_ 5350451.htm，最后访问于2020年3月19日。

方电网公司联合发布的《关于进一步共同推进船舶靠港使用岸电工作的通知》、2019 年 12 月 9 日交通运输部发布的《港口和船舶岸电管理办法》等。

综上，我国在有关防治船舶污染海洋环境方面已经初步建立起一套法律体系，不仅包括相关法律、法规，而且包括国家标准、行业标准等。因此邮轮如果在我国管辖海域从事经营活动以及进行污染物处置、排放、操作的，需要符合上述法律规定及标准要求。

（二）我国应对邮轮污染海洋环境的问题及其分析

1. 有关邮轮污染海洋环境管辖范围的条文规定有待厘清

邮轮在经营活动中，除了始发港、停靠港外，大部分航行是在公海上进行的。目前尚无悬挂五星红旗的船舶从事我国跨境海上邮轮旅游航线，因此针对外籍邮轮可能发生的我国海洋环境污染事件的行政监督管理，是应对邮轮海洋环境污染不得不面对的法律问题之一。

根据 73/78MARPOL 公约第 5 条规定，每个船旗国政府应当对悬挂本国国旗的船舶进行检验和发证。第 4 条规定，对于不论发生在何处以及在任何缔约国管辖海域内违反公约规定的事件，应当予以禁止及制裁。因此对于违反公约规定的事件或行为，船旗国都要承担首要责任。由于公约本身没有对“缔约国管辖海域”的表述予以解释，加之该公约通过时，1982 年联合国《海洋法公约》还没有出台，所以是否可以根据《海洋法公约》的相关规定理解 73/78MARPOL 公约的条文表述尚不够明确。此外，根据 73/78MARPOL 公约附则Ⅳ和附则Ⅴ的规定，有的废弃物可以在领海内排放，有的则要求在 12 海里领海以外排放，因此就会涉及 73/78MARPOL 公约有关“管辖海域”的内涵是否仅限于 12 海里的领海范围。如果答案是肯定的，则作为缔约国的港口国家对 12 海里以外的海域上发生的违法行为无法行使管辖权。如果答案是否定的，则意味着港口国家可以在更为广泛的海域范围行使管辖权。

我国是《海洋法公约》以及 73/78MARPOL 公约的成员国，在 1982 年颁布的《海洋环境保护法》第 2 条，明确规定该法律适用范围及于我国内海、领海以及我国管辖的一切其他海域。在我国管辖海域内从事航行、勘探、开发、生产、科学研究及其他活动的任何船舶、平台、航空器、潜水器、企业事业单位和个人，都必须遵守该法律。在我国管辖海域以外，排放有害物质，倾倒废弃物，造成我国管辖海域污染损害的，也适用于本法。但 1982 年条文规定仅明确提及内海、领海等表述，对“管辖海域”表述的范围未予明确。《海洋环境保护法》后经过 1999 年、2013 年、2016 年、2017 年多次修订。自 1999 年修订的文本开始，包括后续修订的文本，均对我国管辖的海域范围予以明确。即(1) 明确我国管辖的海域不仅包括内水、领海，还包括毗连区、专属经济区、大陆架以及其他海域。（2）在我国管辖海域内，凡是从事航行、勘探、开发、生产、旅游、科学研究等活动的，均需要受该法律的约束，并且第一次明确将“旅游”活动列入其中，而非1982年条文只是将旅游活动泛泛地包括在“其他活动”之中。因此本文论及的海上邮轮旅游经营活动也应当受该法律约束。（3）将《海洋环境保护法》的适用范围向陆地适当扩展，即首次明确如果沿海陆域从事的经营活动影响海洋环境的，也需要受该法的约束。这也是我国“陆海统筹”管理海洋环境理念的具体体现。（4）在我国管辖水域外的“一切活动”，只要会造成我国管辖海域污染的，均应当受该法律的约束。即对我国管辖海域外经营活动的内涵不再局限于1982年条文中“排放有害物质，倾倒废弃物”这两种情形，因此能够更好地保护我国海洋环境。目前我国尚没有海洋基本法，《海洋环境保护法》中有关我国管辖海域的条文规定，是否可以及于对我国批准的73/78MARPOL公约条文规定的理解尚需澄清。

2. 邮轮污染物排放标准的执行及监督仍存难度

根据73/78MARPOL公约附则Ⅳ对船舶污水排放标准，要求邮轮必须以驾驶速度超过每小时4节的航速才能排放，对于经过消毒和粉碎处理的污水，可以在距陆地4海里以外排放；对于未经消毒和粉碎处理的污水只能在距离最近陆地12海里以外排放。来自污水处理设备的污水只要不产生可见的漂浮固体，或者使得海洋水体变色即可。根据公约规定，如果船舶本身没有污水处理系统，也可以通过港口污水处理设施集中进行污水处理。

虽然国际海事组织（IMO）第55届环境保护委员会通过MEPC157（55）号决议——“关于船舶未经处理生活污水排放率标准的建议”，对73/78MARPOL公约附则Ⅳ提供可批准和计算适当排放率的标准和指导，并对船舶在不同吃水条件以及不同航速之下的排放率作出具体规定。但是否能够符合上述规定标准，在很大程度上有赖于船员的实践经验和操作经验。

邮轮大部分时间航行在公海上，往往远离船旗国，因此船旗国无法对本国邮轮在公海上的污水排放行为进行有效监管。而沿海国很难对公海上的非法排污行为行使管辖权，除非该排污行为危及或影响沿海国海域并构成污染威胁。因此在公约作出明确排放标准的前提下如何对排放作业进行有效监管成为亟须解决的问题。

3. 船舶污染物接收处理之监管主体呈现多元化

船舶污染物从产生、满足条件下进行排放、接收、转移到处置等各个环节，涉及生态环境保护的全链条以及死循环式的管理问题。

交通运输部办公厅、生态环境部办公厅、住房和城乡建设部办公厅于2019

年1月31日联合发布《关于建立完善船舶水污染物转移处置联合监管制度的指导意见》（交办海〔2019〕15号），可以看出，我国对船舶污染物排放、接收、处置等活动采取两分法，以船/港—港/岸为界，在船舶或者港口内存储、排放的，由海事局以及港口所在地负责港口管理事务的交通运输部门负责。在岸上存储、转移及处置污染物的，则根据船舶污染物的种类不同予以区别对待。即船舶污染物属于生活垃圾的，按照《城市生活垃圾管理办法》实施管理，由港口所在地环境卫生主管机关监管，纳入当地生活垃圾处置系统一并进行；对船舶产生的生活污水，则接入当地市政污水管网，由港口所在地城镇排水主管部门监管；如果船舶废弃物属于危险废物的，则按照《危险废物经营许可证管理办法》《危险废物转移联单管理办法》等相关规定，由港口所在辖区内生态环境部门监管。因此就船舶污染物产生至最终处置的全流程看，先后涉及海事管理、港口管理、环境卫生、城镇排水、生态环境等多个部门。

4. 港口污染物接收规定存在缺失

首先，缺乏对污染物接收公司资质的明确规定。73/78MARPOL公约只是原则上要求各个港口国应当配置充分的污染物接收设施并提供相关服务，并未规定违反该义务的港口国责任或法律后果承担问题。我国《港口法》[27]《港口经营管理规定》[28]对港口内从事垃圾及污水处理的经营资质及审批等予以原则规定，没有明确港口污染物接收公司具体经营活动或操作方面的权利、义务及标准。交通运输部办公厅于2016年8月29日发布《交通运输部办公厅关于印发〈港口和船舶污染物接收转运及处置设施建设方案编制指南〉的通知》（交办水函〔2016〕976号），但更侧重从基础设施建设的角度给出推荐性建议，仍然没有涉及具体操作标准和规范。

其次，对港口污染物接受设施监管部门之间的有效衔接规定不明。污染物接收设施的配置作为港口为到港船舶提供服务不可或缺的一部分，在我国现行管理体制中被人为割裂开来。例如根据《港口法》，海事管理机构只能在港口码头设施新建、改建或扩建之前，对污染物接收设施提出建议要求[29]，而港口及其设施的规划和建设归属于港口行政管理部门。因此港口配置的船舶污染物接收设施或者有相应资质的港口污染物处理单位数量，是否能够满足全部到港船舶垃圾处理和应对能力不无疑问。

27　我国《港口法》2003年6月28日经第十届全国人大常务委员会通过，并先后经过2015年、2017年、2018年三次修订。

28　《港口经营管理规定》于2009年11月6日由交通运输部发布，先后经过2014年、2016年、2018年、2019年4月、2019年11月、2020年多次修订。

29　杨兆俊：《结合MARPOL公约浅议防治船舶垃圾污染》，载《中国水运》2011年第12期。

最后，港口污染物收费标准不统一引发民怨。以船舶垃圾为例，因为船舶吨位大小、船员人数、旅客人数和航程长短等不同，每艘船舶上产生的垃圾数量和种类会存在明显区别。目前全国各个港口尚未出台有关船舶污染物接收和处理的统一指导性收费标准，港口污染物接收公司大都自行制定费用细则，因缺少有效的市场竞争机制，收费往往较高。国外港口在充分考虑污染物回收后具有再生或可利用经济价值等因素，收费比较低廉甚至免除费用。我国港口污染物经营人或因为技术受限，接收后转包陆域其他经营人处理，若无陆域经营人接收，则拒绝接收来自船舶的污染物；或对接收的污染物挑三拣四，仅愿意接收油类废弃物、含金属类等具有较好回收价值的废弃物，从而导致船舶经营人因收费不合理或者无处排放污染物而引发不满和抱怨。

四、对我国邮轮污染海洋环境监管机制构建与防治措施的建议

邮轮本身吨位大、载客数量多，除了生活污水及灰水数量较大之外，其他污染物数量较小、种类繁多并通常具有毒害性。加上邮轮在港时间较短，尤其是在停靠港驻留时间一般不超过24小时，大部分时间处于海上巡航中，也导致海洋环境保护主管部门对邮轮监督检查时间受限，彻底对所有污染物排放检查不仅耗时长且难度大。因此不能简单采用针对一般商船的监督检查机制，只有对邮轮污染物排放采取更加有效的创新监管手段，才能更好地保护邮轮港口及我国海洋环境。

（一）明确海洋环境监管执法主体间权限及强化分工合作

《海警法》经第十三届全国人大常委会第二十五次会议表决通过，于2021年2月1日起施行，明确了我国海警机构在维护国家主权、安全和海洋权益方面的职责。其中第12条明确规定海警机构“在职责范围内对海洋工程建设项目、海洋倾倒废弃物对海洋污染损害、自然保护地海岸线向海一侧保护利用等活动进行监督检查，查处违法行为，按照规定权限参与海洋环境污染事故的应急处置和调查处理”。因此在邮轮污染物排放监督管理和行政执法方面，应当进一步明确海警机构和海事行政管理部门之间的分工，并积极推进二者的合作机制。海警机构应更加侧重于我国管辖海域范围内国家海上安全、海洋权益维护等方面，当然也包括海洋环境保护，而根据《海洋环境保护法》第5条，海事行政管理部门主要负责船舶航行安全、船舶污染事故调查处理及监督检查。由于目前海警机构通过船舶海上巡游、空中监测等方式维护海洋主权及保护海洋环境已经成为常规执法手段，因此当发现邮轮在航行途中，存在随意排放、倾倒废弃物行为时，可利用其武装性、军事性强大的执法力量，及时采取有效措

施制止违法行为；并及时将有关信息与海事行政管理部门分享。在邮轮停靠我国港口时，由海事行政管理部门及时对邮轮违法排污行为或导致海域污染事件进行调查、监督检查及处罚。

（二）完善邮轮船舶污染物全链式监督合作机制

目前我国在邮轮船舶污染物产生、排放、存储、处置等各个作业活动中，分别涉及多个行政主管部门，涵盖船舶污染物防治管理的前端、中端及末端。现有污染物处理的条块式分割式行政管理模式，不但会存在掣肘现象，而且会影响我国海洋生态环境的有效保护，并有可能影响邮轮行业在我国高质量发展。因此在不具备彻底改变多元化监管部门的现实条件下，依据共同治理理念，构建一个常态化或者明确化的全链式、全覆盖的船舶污染物监管合作机制，尤其是能够通过立法对涉及邮轮污染物处理的海事管理、港口管理、环境卫生、城镇排水、生态环境等部门的职能、权限、相互协作、沟通机制等予以明确。

（三）细化海事管理部门对邮轮船舶污染物排放前端监管措施

未雨绸缪总好过亡羊补牢，因此应当对邮轮污染物监管给予高度重视，形成邮轮船舶产生、排放污染物的前端监管长效机制，进一步细化完整流程。第一，强调邮轮污染物排放行为应当予以记录、保存以供检查。并重点关注有毒有害物质的储存方式、措施和储存场所等检查。海事管理部门应当重点检查排放是否合规、记录内容与邮轮污染物的产生情况是否符合，一旦发现违规行为，应当予以严厉行政处罚。第二，海事管理部门应加强对邮轮污染物质的取样和记录，尤其是针对黑水、灰水和有毒有害物质污染方面。可以考虑通过第三方专业检测结构检测邮轮公司提供的样本，以便提供更为公正独立的评估和检测结果。第三，海事管理部门应当定期检查邮轮船舶污水处理设备的运行状况，或者在我国特定港口和水域，要求邮轮船舶安装更为先进的或者高标准的污水处理装置，从而确保邮轮船舶在污水排放及标准方面满足我国加入的国家公约或国内法的最低标准和要求。对于监管与检查过程中产生的费用，明确规定由邮轮公司负担。第四，海事管理部门应当加强陆域和水域巡视，对发现违规将船舶垃圾、废弃物等排放入海的行为进行查处，对《垃圾记录簿》等污染物排放记录事项进行详细核查，对记载的船舶污染物数量明显与事实不符的或者多次记录排放到码头接收设施的活动加强调查了解，询问直接排放的操作人、记录人的具体情况，对比排放的日期、地点与实际航次动态是否一致，对比排放船舶污染物种类和数量是否超过码头实际接收设施的能力等。一经发现违法排放船舶污染物的，应当依法予以行政处罚。第五，我国海事管理部门应建立邮轮船舶监管信息平台，适时披露监管中获取的相关数据，使得邮轮母港所在地或者邮轮停靠港所在地海事管理部门、港口管理部门以及其他相关管理部门能够共享信息，并允许在符合一定条件下向公众开放并供查询。

（四）推动邮轮船舶污染物中后端监管部门间的协调

港口管理部门应当加强与海事管理部门的沟通，明确邮轮母港或停靠港口码头接收船舶污染物经营者的资质、接收设施的规格、容量，确定该设施是否能够满足邮轮垃圾分类接收和存放的要求，确定码头相关经营方是否有确保接收和对邮轮船舶污染物进行无害化处理的措施和能力。对真正符合防污条件、具备安全生产与防污管理体系的单位，才能授权准许其从事邮轮污染物相关接收作业。

对在码头处理邮轮污染物的，港口管理部门应当明确和细化污染物接收程序及处理程序。例如，明确码头接收单位应该开具污染物接收单证，载明作业单位名称、时间、地点，以及污染物种类、数量等内容，该单证需船舶及港口接收单位双方签字确认并保存，以确保船舶污染物从接收到处理的全程可追溯性。该内容应当能够与船舶垃圾处理簿记载事项或者其他污染物排放单证的记载互相印证。对于需要转移、交付给岸上其他单位处理的污染物种类、数量、交接双方名称、时间地点等信息，做好交接、转移的记录，以便港口管理部门备查。

港口管理部门应当重点检查码头污染物接收设施是否符合规范，接收后的废弃物是否严格予以分类并存放至适当场所，是否为邮轮船舶准备相应的备用垃圾箱、垃圾袋等临时性存储设备容器。定期对污染物接收单位安全防污体系管理机制进行检查，确保该管理体系良好运行，做好应急预案；及时督促检查码头相关接收设施是否配备到位，是否处于良好运行状态。

不论是海事管理部门还是港口管理部门，针对邮轮污染物的排放、接收和转移，应当注重与污染物处理中、后端监管部门的协调和沟通，核查岸上接收单位递交上来的船舶污染物接收证明与前期的审批记录或者检查内容是否一致，从而了解、查清污染物接收单位对来自邮轮船舶污染物的处理是否符合国际公约及国家法律的相关规定，强化船舶污染物后续处置工作的监管，有效避免二次污染发生，做到邮轮船舶污染物全链式、全过程的跟踪、溯源。对于来自邮轮污染物需要到港口以外进行处置的，岸上环境卫生、生态环境、城镇排水等末端监管部门，应当确保在符合我国相关废弃物处置、排放标准基础上对来自邮轮船舶的污染物进行处理，并及时将有关处理的信息与海事管理、港口管理等相关部门进行共享，强化沟通、协调联合工作机制。

法定犯的出罪机制研究

陈 伟　　李 晓*

【内容提要】随着政府行政管理职能的不断强化，刑事与行政相互交织的现象越发普遍，法定犯在刑事立法中日益占据主导位置。法定犯具有不同于自然犯的罪责构造和规范属性，其构成要件的空白性、保护法益的集体性、罪责考量的虚无性以及程序法上的缺口等因素叠加导致司法实践中法定犯的入罪更为容易，而出罪渠道不畅。沿着阶层论的进路，通过对构成要件要素的规范解释、刑事违法性的实质判断和主观可谴责性的科学评价建立法定犯实体法面向出罪路径的同时，在程序法上予以关照和跟进，构建行政先行的责任追究程序、行政证据的转化适用规则和行政认定的实质审查制度，从而准确划定刑法处罚范围，实现法定犯刑事裁判结论的合法、合理、合情。

【关键词】法定犯　出罪　路径　机制

一、背景与问题

工业革命与现代科技在为人类提供传统社会无法想象的物质便利的同时，也滋生了众多新型社会风险，从交通事故到环境污染，从食品药品安全到网络安全，从恐怖主义到生物技术的滥用等，犯罪现象的结构蜕变带来了国家任务

* 陈伟——西南政法大学法学院教授，重庆市新型犯罪研究中心执行主任，博士生导师，研究领域：刑法学；李晓——西南政法大学法学院博士研究生，研究领域：刑法学。本文系国家社科基金项目“刑罚退出机制的价值确立与实践运行研究”（17XFX009）、重庆市人文社科重点研究基地西南政法大学毒品犯罪与对策研究中心“零包贩毒案件法律适用的疑难问题研究”（19JD012）和西南政法大学法学院学生科研创新项目“法定犯时代的出罪机制研究”（FXY2021016）的阶段性研究成果之一。

与角色的转变。基于风险社会安全防控的需要，政府的行政管理职能不断加强，所调整的社会关系领域不断扩充，各国纷纷加大动用刑罚治理社会的力度和广度，“与此相适应就出现了法律上的犯罪形态的结构性变化，也就是说，犯罪形态在数量变化上由传统的自然犯占绝对优势演变为法定犯占绝对比重这样的局面”。[1] 世界各国自然犯的刑事立法趋于饱和，而法定犯的范围不断增生，这样的趋势从我国《刑法修正案（十一）》新增罪名在性质上几乎都是法定犯可见一斑，可以预见未来相当长的时期内法定犯的立法仍将处于扩张状态。

随着法定犯时代的全面到来，法定犯不同于自然犯的双重违法性、违法性认识错误等相关司法认定问题也更加类型化地集中涌现，尤其是近年来一系列颇有争议的法定犯类型的案例，如“陆某销售假药案”[2]“天津大妈持枪案”[3]“无证收购玉米案”[4]“深圳鹦鹉案”[5]等更是将对司法合理性的关注推至舆论的风口浪尖。司法机关作出的有罪认定与普通民众的正义直觉之间产生了激烈的对立，公众对相关有罪结论感到错愕，而为了弥合二者之间的巨大鸿沟，司法机关不得不煞费苦心地寻求法定犯的出罪事由，如在“陆某销售假药案”中检察机关认定其行为不属于“销售”而将其排除在犯罪构成要件的范围之外，虽最终达成出罪的效果，但该项理由却备受诟病，无法化解“倘若陆某或者他人下次以相同方式代购的是存在相当安全隐患不能抗癌的假药，难道不成立该罪”的疑问。[6] 因此，如何畅通法定犯的出罪渠道，构建合法、合理的法定犯出罪机制成为时代背景下亟须解决的司法难题。需要指出的是，尽管法定犯与行政犯的思想源流不同，两个概念的视角存在区别，但基于行政犯都属于法定犯的涵摄判断，本文在论及法定犯时就不作具体界分。

二、法定犯出罪困境的症结所在

法定犯是相对于自然犯而言的，现代意义上自然犯与法定犯的划分源于 19 世纪后期的加罗法洛的犯罪学思想。尽管二者的具体界限不是那么泾渭分明，但我们不能否认这一区分的重要意义，其能够为法定犯违法性认识错误等问题的解决提供基本的思考框架。因此，本文将立足于法定犯不同于自然犯的罪责

1　储槐植：《要正视法定犯时代的到来》，载《检察日报》2007 年 6 月 1 日。

2　湖南省沅江市人民检察院沅检公刑不诉（2015）1 号不起诉决定书。

3　天津市第一中级人民法院（2017）津 01 刑终 41 号刑事判决书。

4　最高人民法院指导案例 97 号：王力军非法经营再审改判无罪案。

5　深圳市中级人民法院（2017）粤 03 刑终字第 1098 号刑事判决书。

6　张明楷：《避免将行政违法认定为刑事犯罪：理念、方法与路径》，载《中国法学》2017 年第 4 期。

构造和规范属性，探寻法定犯出罪困境形成的原因，追根溯源、有的放矢，才能真正疏通法定犯的出罪渠道，实现个案正义。

（一）法定犯构成要件的空白性

自然犯是违背了社会伦理道德的犯罪，其犯罪构成要件一般都是由记述的要件要素组成，只需进行事实判断即可确定。与之不同的是，法定犯是为了满足行政管理方面的需要而后天由国家人为规定的犯罪，构成要件多采用规范的要素，仅仅根据事实的认识还不能确定，需要法官依据特定社会的某种公认的价值判断标准进行补充评价后才能够确定。麦茨格尔将规范的构成要件要素分为三类，除一般文化的、社会的评价要素，如“淫秽物品”“贪污贿赂”等和量的评价要素，如“公然”“微薄的价值”等之外，还存在法律的评价要素，即需要参照刑法以外的其他法律领域中的法的评价或者法的概念的构成要件要素。[7]法定犯是以违反行政法规为前置条件的犯罪，法律的评价要素在法定犯中所占比例极大，如“违反国家规定”“内幕信息”“注册商标”“濒危动物”等，对于这些行政要素的理解通常需要借助行政法制定的标准。

因为法定犯的构成要件构造具有不同于自然犯的特点，出于立法技术的考虑，法定犯的刑法规范多采用空白罪状。与自然犯的简单罪状不同，空白罪状仅仅对罪名和法定刑作了明确规定，而将犯罪构成要件的全部或者部分内容诉诸其他规范或者制度加以填补和充实。[8]虽在一定程度上增强了刑法的适应性和包容性，但其构成要件在形式上处于“空白”的结构特征不仅对刑法的明确性造成冲击，同时也深刻影响着司法实践的理解与适用。空白罪状缺乏具体的构成要件的表述，刑事违法客观事实的内容需要由行政法客观事实及规范予以型构，一方面怠于找法的裁判习惯导致“违反国家规定”等行政要素被虚置，形成对部分构成要件要素判断的忽视；另一方面存在司法人员对行政标准的迷信及定罪路径的依赖，将行政性构成要素的符合视为犯罪成立的充要条件，从而导致法定犯的认定呈现出越来越严重的行政规则化，法官常常简单套用行政认定标准进行司法裁判，一旦案件事实符合空白罪状的行政违法就径直上升为刑事违法，产生符合空白罪状参照性规范即等于达成犯罪构成的虚假表象。[9]

7　张明楷著：《刑法学》（第五版），法律出版社 2016 年版，第 121 页。

8　张建军著：《刑法中不明确概念类型化研究》，法律出版社 2016 年版，第 129 页。

9　于冲：《行政违法、刑事违法的二元划分与一元认定——基于空白罪状要素构成要件化的思考》，载《政法论坛》2019 年第 5 期。

（二）法定犯集体法益的扩张性

不同于自然犯对生命、身体、财产等个人法益的保障，法定犯的设立是为了维护国家公共利益或社会公共福祉，因此，法定犯侧重于对秩序等超个人法益的保护。自然犯罪占据主导地位的传统刑法体系围绕个体权利所建构的具体化、现实化和物质化的法益范畴，在面对不断涌现的现代风险时显得捉襟见肘，现代刑法保护法益范围从个人“法益”向集合“法益”蔓延，从现实“法益”向未来“法益”延伸，从“物质”法益向“精神”法益扩展。不仅如此，我国当前所处的社会阶段出现的许多新的影响社会整体存续发展的系统性高发风险，尤其是以恐怖主义、环境污染、重大传染性疾病等为代表的非传统安全威胁，这类集体法益涉及不特定多数人甚至未出生的后代的权益，侵害后果充满不确定性和无差别性，一旦发生实害则难以评估和认定。因此，在具体设置罪刑规范模式时，立法者一改将结果犯和实害犯作为犯罪行为通常形式的架构，危险犯成了立法者首选的集体法益的保护方式。刑法不必等到实际侵害结果出现后再予以消极的惩罚，而是在危险现实化之前就积极介入。刑法立法的基础由自然犯时代的结果本位转向法定犯时代的行为本位。[10]

法定犯时代所表现出的对集体法益的偏爱较好地契合了国家的风险治理需求和公众的安全期待，具有预防性立法导向下的合理性，但集体法益本身所具有的抽象化和宽泛化特点，不仅使得其承担的立法批判功能备受质疑，而且对构成要件的解释也难以起到指导作用，甚至成为不当入罪的理由。如刑法中的管理秩序法益有日益沦为“口袋法益”的趋势，以保护经济秩序、社会秩序为名的犯罪类型在司法实践中出现了泛化问题。[11] 尤其是抽象危险犯型的法定犯的大量设置，这种双重前置的法益保护模式促使刑法具有过度扩张之品性。[12] 不同于实害犯和具体危险犯，抽象危险犯将立法者基于社会生活经验推定甚至拟制的危险作为处罚根据，从行为无价值的立场出发，将某种行为模式直接评价为侵害法益的高度盖然性，处罚基础不以具有社会危害性的结果或者具体危险状态为要件。正因为定量因素的阙如，司法实践中存在将其等同于行为犯的误区，即行为人一旦实施相应行为，犯罪即告成立，从而基本堵塞了此类犯罪的出罪空间，许多不具有刑罚处罚必要性的行为被认定为犯罪。

---

10 储槐植：《要正视法定犯时代的到来》，载《检察日报》2007 年 6 月 1 日。

11 何荣功：《经济自由与经济刑法正当性的体系思考》，载《法学评论》2014 年第 6 期。

12 杜小丽：《抽象危险犯形态法定犯的出罪机制——以生产销售假药罪和生产销售有毒有害食品罪为切入》，载《政治与法律》2016 年第 12 期。

（三）法定犯罪责考量的虚无性

在自然犯时代主观故意的证明任务相对简单，因为自然犯是与生俱来的犯罪，行为人对社会危害性认识的判断基本属于常识范畴，根据基本的经验法则和逻辑法则，只要行为人外部的行为得到证实，就可以成为推断其主观罪过的事实基础。[13]而社会危害性认识的判断又与违法性认识的判断具有高度一致性，即只要认识到行为的社会危害性就可推导行为人的违法性认识，通常情况下无需再就违法性认识进行单独考量。然而法定犯是基于政治社会特定的秩序维护所需而设，其悖德性并不明显，普通民众仅仅依据常识、常情和常理难以认识到行为的社会危害性，行为的社会危害性退居次席或者从犯罪概念中消失，而违法性成为犯罪的主要特征。[14]这并不是说法定犯不具有社会危害性，而是其社会危害性认识与违法性认识的关系发生变化。在自然犯时代是社会危害性认识→违法性认识，而在法定犯时代则是违法性认识→社会危害性认识，即如果行为人不了解相应的行政法规，一般不可能了解行为的社会危害性，也就难以认定行为人具有犯罪故意。不少法定犯罪离开法律的特别规定，行为事实本身就只是一种价值中立的活动，无法自动彰显危害社会的属性。[15]因此，错误类抗辩事由尤其是法律错误在法定犯时代具有一定的出罪空间，理应得到司法机关的重新审视。

自古罗马法以来，“不知法律不免责”“不知法律不赦”就成为最广为人知的一句刑法格言。尽管进入20世纪后出现了一些变化，特别是美国在“不知法律不免责”问题上出现了司法松动，如在State v. O’nell和Lambert v. California（355 U. S. 225）等案件中存在作为这一原则的例外而不受处罚的判例，但要求行为人对自己行为的评价具有一定程度的认识仍是绝大多数国家的通识。“不知法律不免责”的根据在于推定国民均应知法。法秩序具有客观性，刑法所表现的是通过长期历史经验和多数人社会舆论形成的客观伦理。[16]具有辨别控制能力的行为人都应该知道法律，法律认识错误对于行为人刑事责任的认定几乎不产生影响。这一论断就自然犯而言基本成立，这是因为自然犯的刑罚根据在于自体恶，即便是普通公民对于杀人、强奸、放火等犯罪的刑事违法性也是完全知悉的。而随着大量超出核心刑法领域的、仅凭日常普通人的生活常识难以轻

---

13 陈烨：《法定犯违法性认识必要说：我国现行刑事立法框架下如何坚守》，载《政治与法律》2017年第7期。

14 孙万怀：《法定犯拓展与幸福理论取代》，载《政治与法律》2008年第12期。

15 陈璇：《责任原则、预防政策与违法性认识》，载《清华法学》2018年第5期。

16 张明楷著：《刑法格言的展开》，北京大学出版社2013年版，第377页。

易而知的法定犯规定不断涌现，修法频率日益加快，价值观逐渐多元，“不知法律者不免责”的传统观念已经不能适应法定犯时代的到来。[17]

（四）法定犯出罪的程序性缺口

第一，法定犯的适用程序出现刑事优先的偏差。法定犯罪是因严重违反行政管理规定而具有刑事违法性的行为，具有行政违法与刑事违法的双层违法性。故在认定某一行为是否触犯刑法规范时，需要进行两次违法性的判断。不仅如此，法定犯的双层违法性之间具有一定的位阶性，即只有在断定行为具有行政违法性的基础上，才能进一步判断其是否具有刑事违法性。相应地，法定犯的处理亦同样遵守行政处罚先行的逻辑和模式，如逃税罪处罚阻却条款的规定强烈地彰显出刑事追诉相对行政查处的后置性，税务稽查部门和公安经侦部分在分工合作中遵从的就是前者先行介入、后者等待前者移送的方式。[18]事实上在其他未明确规定行政前置程序的法定犯中，“刑事优先”观念根深蒂固，实践中存在公安机关将行政违法行为直接作为刑事案件予以立案的普遍现象，而在我国司法缺乏漏斗型过滤机制而呈现典型的“流水作业”的诉讼模式下，一旦作为刑事案件立案，往往都会进入审判程序并最终被定罪。

第二，法定犯的认定程序呈现过度的专业依赖。法定犯以违反行政法为前提，相关的行政法规和制度是刑事违法性判断的法律依据。在法定犯的司法认定中，对于是否存在该前提行为，通常需要借助行政法制定的标准。诚然，法定犯的认定往往涉及特定领域或者行业的专业化判断，基于准确适用法律和提升司法效率的考量，刑事司法人员对行政机关所确认的情况和作出的结论一般会直接采纳。比如，在证券类犯罪中，是否构成内幕交易、利用未公开信息交易等罪基本取决于中国证监会出具的认定函；而在交通肇事案件中，交警部门出具的责任事故认定书则成为刑事责任认定的主要根据。但行政法与刑法的体系定位、价值取向和规范目的存在重大差异，这就决定了行政主管部门认为构成犯罪的行政认定意见对刑事司法而言只能是一种参考，若将罪刑关系的认定完全依附甚至从属于行政机关的前置性判断，刑法将丧失自己独立的品格，从而造成行政权对司法权的架空和僭越。

17 车浩：《法定犯时代的违法性认识错误》，载《清华法学》2015年第4期。

18 宁利昂、邱兴隆：《“无证收购玉米”案被改判无罪的系统解读》，载《现代法学》2017年第4期。

三、法定犯实体法面向的出罪路径

我国以社会危害性为基石构建的犯罪论体系，社会危害性往往成为入罪的核心依据，而传统四要件构成要件体系出罪机制的缺乏也常成为主张借鉴德日刑法犯罪构成理论体系学者的一个重要理由。无罪判决率低是我国刑事司法实践的重要特征，它一方面折射出我国刑事司法具有精细化的基本特点，另一方面也反映出司法实践中间或存在入罪思维。[19] 即便作出无罪判决，司法机关也普遍感到无所适从，出罪无门，抑或存在过度依赖“但书”的滥用、错用。因此，在我国法定犯的刑事立法处于空前活跃期的时代背景下，将目光适时地从入罪标准转移到出罪事由上，构建合法、合理的法定犯出罪机制对于践行人权保障机能和刑法谦抑性无疑具有重要的理论意义和实践价值。

（一）构成要件要素的规范考量

与记述的构成要件要素不同，法定犯中“违反国家规定”“非法”以及大量的行政要素本身包含价值评判，对这些规范性构成要件要素内涵的深入挖掘和外延的准确界定，能够起到约束法定犯认定的作用。

1. 对“国家规定”的严格把握

违反国家有关规定是法定犯成立的前提，因此严格把握作为法定犯法源的法律法规对于准确认定法定犯至关重要。为此应遵循以下几点原则。

一是相当性原则。在法定犯所有的法源性构成要件要素中，国家规定是出现频率最高的。为准确把握刑法中“违反国家规定”的认定标准，《刑法》第96条和《最高人民法院关于准确理解和适用刑法中“国家规定”的有关问题的通知》有着明确的界定。但是，实践中仍有大量的法定犯据以定罪的前置性规范层级过低，导致司法机关仅凭部门规章、地方性法规或者相关司法解释就完成定罪。如在“姚某文非法经营案”[20] 中，司法机关依据商务部《原油市场管理办法》认定被告人姚某文未经许可收购、加工、销售原油的行为扰乱经济秩序，情节严重从而构成非法经营罪。但问题是商务部的上述规定既非国务院制定的行政法规或规范性文件，又非国务院以制发文件的形式加以规定的行政措施，司法机关误将国家有关部门的规定等同于效力位阶更高的“国家规定”。

二是协调性原则。前置性规范的变动必然影响法定犯的认定，对犯罪的成立范围具有实质意义。在“深圳鹦鹉案”中，争议的焦点在于对《刑法》中珍

19　刘艳红著：《实质出罪论》，中国人民大学出版社2020年版，第1页。

20　内蒙古自治区呼伦贝尔市中级人民法院（2015）呼刑终字第181号刑事判决书。

贵、濒危野生动物的认定，即涉案鹦鹉（人工变异种）是否属于珍贵、濒危野生动物?《最高人民法院关于审理破坏野生动物资源刑事案件具体应用法律若干问题的解释》明确将驯养繁殖的列入《濒危野生动植物种国际贸易公约》附录一、附录二的物种认定为珍贵、濒危动物的前提下，司法机关据此认定王某构成非法收购、出售珍贵、濒危野生动物罪似乎无可非议。然而，法院的裁判忽略了前置性行政规范《野生动物保护法》的修订，第 28 条规定了对人工繁育技术成熟稳定的国家重点保护野生动物采取与野外种群不同的管理措施，体现出了对野生动物实施分类分级保护的理念和限缩保护范围的精神，但司法实践并未与之保持一致。[21]

三是明确性原则。具体的国家规定才能确定行为类型，进而作为行为的前置性评价依据，因此，司法机关在相应的裁判文书中，必须明文指出行为所违反的具体法律法规的情况，若找不到被违反的国家有关规定，则不能认定相应法定犯的成立。如违反国家规定，使用销售点终端机具（POS 机）进行信用卡套现且情节严重的行为以非法经营罪定罪处罚，但问题是目前并无禁止该类行为的国家规定，该类行为难以被行政规范的具体条款所覆盖，如果按照两高的司法解释将其认定为犯罪，则存在严重的合法性问题。

2. 对“非法”要素的合理解读

在法定犯中广泛存在“非法”这一构成要件要素。通常认为，法定犯中的“非法”要素从属于“违反国家规定”，本身只是对违反国家有关法律法规的重复与强调。如非法捕捞水产品罪中的“非法”一词不过是对违反水产资源法规的语义反复，强调行为对《渔业法》《水产资源繁殖保护条例》等保护水产资源的法律、法规的违反，不具有独立的功能和意义。然而，基于法定犯行政违法与刑事违法的双重特性，从法秩序统一性原理、法定犯的内部结构和处罚范围分析，刑法条文中即便未规定“违反国家规定”，也是法定犯不成文的构成要件要素。[22] 也就是说，“违反国家规定”是法定犯成立之基础的一般性构成要件要素，不需要特意提示和强调，立法者在法定犯的构成要件中设置“非法”要素，应当具有独立的功能和意义，不宜简单地把它评价为赘述。[23]

“非法”所修饰的大多数行为本身并不具有天然的、必然的社会危害，只是因为法律禁止才成为犯罪。因此，“非法”不是对行为违反国家相关规定的强调，而是为了将“非法”行为与法律允许的合法行为加以区分而设置的。如刑

---

21 刘凯：《野生动物资源刑事保护研究》，载《法学论坛》2020 年第 6 期。

22 刘艳红：《论法定犯的不成文构成要件要素》，载《中外法学》2019 年第 5 期。

23 车浩：《非法持有枪支罪的构成要件》，载《华东政法大学学报》2017 年第 6 期。

法中非法吸收公众存款罪因为司法认定的不合理，将大量合法的民间融资行为纳入刑法的打击半径，从而造成该罪整体处罚范围的扩张，逐步沦为学者口诛笔伐的“口袋罪”。事实上，民间融资存在合法与非法的区分。合法的民间借贷在很大程度上缓解了社会资金供求关系的紧张，对于中小企业的发展具有十分重要的意义。如企业以借款方式筹集资金用于正常的生产经营活动，则不存在致使投资人资金被挪用、侵占等重大风险，即便其中存在正常的金融风险也完全可以通过民事法律制度、行政法律制度予以管控。刑法真正需要规制的是后一种所谓“非法”的借贷，即融资人利用信息不对称或者优势地位给投资者的资金安全带来非正常商业风险的行为。若刑法对民间金融不加区分地予以犯罪化，这种家长式的做派既无助于挽回投资人的损失，也无助于构建自由、开放的现代金融市场，对市场经济的发展也会起到阻滞作用。[24] 因此，这里的“非法”要素是在提醒司法人员注意对价值中立的犯罪行为加以类型化区分，将具有法定事由的正当行为排除在不法行为之外。

3. 对行政要素的限缩解释

除了法源性和“非法”要素以外，每个法定犯中都有数个实质性的行政要素，如假药、枪支、伪造、变造等。这些实质性行政要素概念内涵广、含义张力大，如果不严格恪守限缩解释，法定犯的口袋化将不可避免。[25] 如在备受诟病的“口袋罪”非法经营罪中，对“经营”一词的解读是界定非法经营行为法律责任的关键。根据一般的认识理解，“经营”通常具有以下两个特性：一是营利性，即行为主体以营利为目的而进行的长期性的、有计划的同种类活动。因此，行为的主观营利目的和时间上的持续性要求能够缩小行政要素含义的外延，将出于自用的目的和偶然、偶尔实施的行为排除在刑法规制范围之外。二是交易性，即“经营”是通过提供商品或者服务的行为形式获取对价性的财产利益，经营行为的载体是商品或服务，因而单纯通过提供劳务取得报酬的行为就不构成非法经营罪。通过限缩解释的方法，行政要素作为一个筛子，将不符合“经营”特征的行为排除在刑法的规制范围之外，避免因脱离法律条文的基本含义从而造成国民预测可能性的损害。

需要特别提出的是，限缩解释并不意味着可以离开前置性规范而独创性地解释法定犯行政要素的内涵。法定犯中存在众多需要援引的参数、指数、技术标准类行政要素，如枪支、假药、内幕信息等。随着众多社会影响力案件的持

24 郝艳兵：《互联网金融时代下的金融风险及其刑事规制——以非法吸收公众存款罪为分析重点》，载《当代法学》2018 年第 3 期。

25 刘艳红：《“法益性的欠缺”与法定犯的出罪》，载《比较法研究》2019 年第 1 期。

续发酵，为了达到出罪目的，不少学者主张对此类行政要素的理解适用应围绕刑法目的进行实质解释，即建构独立于行政机关规定之外的司法认定标准。如在“陆某销售假药案”发生后，学界不乏“形式假药不属于刑法上的假药”的呼声。这种坚持刑事司法的独立性判断，使裁判结果不至于完全依附于行政规范的良苦用心是值得肯定的，但问题是实质论者搁置《药品管理法》关于假药的定义，对涉及假药的案件进行个别化风险评估不仅在现实层面不具有可操作性，也违背了法定犯设立的初衷以及刑法空白罪状的意义。法定犯之法条规定中的参照罪状和空白罪状，离开其他法律法规，这些罪状就成了无源之水，无本之木。[26]事实上，即便承认法定犯的相对从属性，也并不会造成出罪无门的困境。因为行政性构成要素的符合只是刑事违法性判断的前提和依据，仅仅意味着具有了行政违法继而进入刑法评价范围的资格，并非对罪刑规范适用的最终判断。

（二）刑事违法性的实质判断

在行为符合构成要件具备形式违法性之基础上，还应进行实质违法性的考察。结合个案的具体行为事实进行判断，将形式上该当构成要件、实质上不具备刑罚处罚必要性的行为排除在定罪量刑范围之外。

1. 刑法法益的廓清

立法者制定任何规范，都是为了实现一定的目的（保护法益），即便是为了国家行政管理需要而设的法定犯也不能仅仅为了强制国民服从而对国民发布命令、禁止，对法定犯法益侵害性的强调是其正当性证成的基础，通过法益的解释论机能，将单纯违反秩序而缺乏法益侵害的行为排除刑法保护范围。然而，法益并非刑法的专属概念，尤其是法定犯所保护的多为经济秩序、公共秩序、司法秩序等秩序法益，这类利益与前置规范所保护的行政利益在某种程度上具有一致性，司法实践中存在界限模糊的区分难题。刑法与行政法虽同为公法，但二者规范保护目的的不同决定了所保护法益之间“质”的区别，而绝不仅是法益侵害程度之“量”的差异。刑法法益的选择并非刑法对前置法亦步亦趋地完全附庸和绝对从属的产物，而是有着刑法独立于前置法的“青出于蓝而胜于蓝”的内在判断。[27]因此，需要进一步追问值得刑法保护的利益究竟是什么，才能发挥法益的甄别和限缩功能，从而准确划清行政不法与刑事不法的边界。

---

26 刘伟：《经济刑法规范适用中的从属性问题》，载《中国刑事法杂志》2012年第9期。

27 田宏杰：《立法扩张与司法限缩：刑法谦抑性的展开》，载《中国法学》2020年第1期。

秩序虽通过法律建构起来，但秩序本身并不必然能成为刑法保护的法益。[28]在笔者看来，值得刑法保护的秩序法益至少应满足两个正当化条件。一是秩序法益的关联性。秩序建构的目的在于保障个体法益得以更好地实现和发展，尽管对于集体法益是否都可以还原成个人法益尚无定论，但至少应与背后内含的具体性、实体性利益之间存在勾连，与人的普遍利益无关的单纯秩序维护，不应成为刑法的任务。[29]例如，在“马戏团无证运输野生动物案”中，未经行政主管部门的批准运输、携带国家重点保护野生动物的行为符合当时有效的《野生动物保护法》的相关规定，具有行政违法性，但《刑法》设置第341条的目的在于通过保护野生动物栖息地和原生环境来保障其更好地生存及繁衍。对已经被驯化并具有合法的驯养繁殖许可证的野生动物进行运输，并不会侵害或者威胁珍贵、濒危野生动物资源。此外，在“无证收购玉米案”“滥伐林木案”[30]“分装农药案”[31]中也存在类似的形式化认定问题，司法机关将单纯的行政管理秩序上升为刑法法益。二是秩序法益的优越性。在具体个案中，涉及的利益具有复杂性和多样性，只有经过系争利益的比较权衡，符合法益衡量比例要求，才能避免法定犯刑事裁判的实质不合理。如在“陆某销售假药案”中，药品风险管理的特殊性决定了假药认定标准形式化具有内在合理性。[32]因此，本案定性的关键不在于仅具有规范违反而没有对患者的生命健康权造成实质危险的法益关联性的阙如，而是国家药品管理秩序与生命健康权之间的利益衡量问题。显然，基于优越的利益原则，衡量的结果只能是否定非法销售假药罪的成立。

2. 社会相当性考察

刑法并不处罚所有具有法益侵害的行为，只有在违法性的质以及量方面达到一定强度，值得科处刑罚，才以犯罪论处。这就是日本刑法学提出的可罚的违法性理论。可罚的违法性，依据佐伯千仞教授的说法，乃是“构成要件该当之后，违法性层次本身质与量的要件的充足问题”。[33]其中，所谓的“量”主要是针对结果无价值而言，意指侵害结果的轻微性；而所谓的“质”则主要针对行为无价值而言，意指行为逸脱之轻微性。考察行为可罚与否，应结合“质”与“量”两方面进行综合判断，不可偏废其一。其中，所谓行为脱逸之轻微性

---

28 姜涛：《社会风险的刑法调控及其模式改造》，载《中国社会科学》2019年第7期。

29 孙国祥：《集体法益的刑法保护及其边界》，载《法学研究》2018年第6期。

30 曹毅：《树木虽已枯死 采伐仍需持证》，载《人民法院报》2008年11月7日。

31 陈兴良：《违反行政许可构成非法经营罪问题研究——以郭嵘分装农药案为例》，载《政治与法律》2018年第6期。

32 张伟珂：《论销售假药罪司法认定的解释规则》，载《中国人民公安大学学报（社会科学版）》2019年第4期。

33 ［日］佐伯千仞著：《刑法讲义总论》，有斐阁1977年版，第177页。

意指行为本身的态样虽违法，但其脱离历史形成的社会共同生活秩序，尚未达到社会相当性的程度，尚无须动用刑罚加以制裁，这就是韦尔策尔提出的社会相当性理论。作为一种实质违法性的判断依据，该理论的运用可将相当一部分形式上该当构成要件而为社会公众所普遍容忍的法益侵害行为进行非罪化处理，这会极大地限缩犯罪圈，并与国民朴素的正义感相呼应。

判断行为是否具有社会相当性，通常认为只有当作为经验事实的行为通常性与作为规范价值的行为适当性两者同时具备时，才能成立社会相当性。[34]因此，社会相当性的考察应分为两个步骤：一是行为在社会生活中是否具有惯常性的社会事实判断；二是以宪法为指导的行为是否符合整体法秩序的规范价值判断。如在“古火烟花案”[35]中，杨某申未经有关部门的批准，非法制作烟火药15千克以上，违反了国家有关爆炸物的行政管理法规，且火药的制作和使用也存在公共安全的危险性，从形式上看具备给予刑罚处罚的必要性。然而作为非物质文化遗产活动的“五道古火会”有着悠久的历史渊源，是相应区域内人文生态的重要构成，其传递和承载的不仅是一门技艺，更是民族的精神集聚和百姓的思想寄托。我国《宪法》第22条规定：“国家保护名胜古迹、珍贵文物和其他重要历史文化遗产。”国家保护非物质文化遗产，而非遗保护的核心便是保护传承人。老人制作烟花的行为是其作为传承人应尽之义务，属于一种历史形成的，有着广泛接受基础的民间习俗活动，何罪之有？同理，在“天津大妈持枪案”中，摊位射击游戏是一种在全国范围内的街头巷尾司空见惯的群众娱乐活动，处在社会共同体认知认可的日常生活范围之内，即便违反了行政法上的枪支管理规定，但脱逸社会相当的程度非常轻微，在一个倡导以社会正义价值为导向的整体法秩序的评价中，该行为仍然应该得以正当化。

3. 罪量因素的过滤

可罚的违法性理论除了要求对行为的社会相当性进行考察外，还需要审视刑事违法的程度，对特定犯罪的法益侵害尚未达到刑事可罚的不法程度，则行为不具有实质违法性。与国外大多数国家刑法“立法定性司法定量”模式不同，我国刑法采用的是“立法定性加定量”的模式，刑法中绝大多数的个罪存在诸如情节恶劣、后果严重等罪量因素的规定，如果不法行为没有达到这些罪量因素的标准，则不具有构成要件该当性。除此之外，某些犯罪的罪状只含定性描述而没有定量要求，但反映社会危害程度的罪量因素是认定任何犯罪的必备要

---

34 陈璇著：《刑法中社会相当性理论研究》，法律出版社2010年版，第196页。

35 河北省石家庄市中级人民法院（2017）冀01刑终557号刑事判决书。

件，而非选择要件。[36]因此，即便是对于所规定的不法行为本身的性质已经类型性地使其具有刑事可罚性的个罪，也并非行为一经实施便构成犯罪，而是应结合个案进行罪量因素的考量，立法定量也不能完全排除司法的自由裁量，就像法定的罪量因素也非绝对明确一样。其中，最为典型的当属作为风险刑法宠儿的抽象危险形态法定犯。

抽象危险犯是将特定行为本身直接评价为对社会利益具有高度风险性的行为而加以禁止的犯罪类型，抽象不是对法益侵害危险判断的否定，只是司法认定过程和证明责任的简化，立法推定行为本身就足以对刑法所保护的社会利益制造不被允许的风险，从而省去了司法机关的证明工作。司法者在认定抽象危险犯时，虽原则上可以根据行为符合罪状的定性描述判定该当性，但仍不能排除个案中存在与立法者类型化规定不符的例外情形。因此，与具体危险犯的正向证明路径不同，抽象危险犯的重点在于成立后对行为人反驳推定的合理性的证明，“但书”在个案中存在可能的适用空间。例如，危险驾驶罪属于典型的抽象危险犯，并不意味着该当构成要件的“醉驾”行为一律入罪，表面上符合醉酒驾驶犯罪的罪状但实质上没有对所保护的公共安全形成具有刑罚处罚必要的危险时，不能认定构成犯罪。司法者对“情节显著轻微危害不大”进行个案化判断的做法也得到了官方的肯定，如最高人民法院2017年生效的《关于常见犯罪的量刑指导意见（二）（试行）》对醉驾一律入刑的思维进行了校正；[37]浙江省高级人民法院等部门于2019年发布的《关于办理“醉驾”案件若干问题的会议纪要》更明确将危险程度远低于立法者根据社会风险量化评估后所拟制的典型危险的行为排除出犯罪圈。[38]如果在认定抽象危险形态法定犯时，不对法益侵害的危险进行实质性的判断，则容易陷入形式犯或单纯行为犯的错误逻辑，不当地扩大处罚的范围。允许行为人反驳抽象危险犯对行为风险的法律推定，是合理控制抽象危险犯过度处罚无风险行为的有效路径。[39]

---

36 孙建保：《可罚的违法性理论利弊之启示》，载《华东政法大学学报》2014年第2期。

37 《最高人民法院关于常见犯罪的量刑指导意见（二）（试行）》规定：“对于醉酒驾驶机动车的被告人，应当综合考虑被告人的醉酒程度、机动车类型、车辆行驶道路、行车速度、是否造成实际损害以及认罪认罚等情况，准确定罪量刑。对于情节显著轻微危害不大的，不予定罪处罚。”

38 《关于办理“醉驾”案件若干问题的会议纪要》（浙高法〔2019〕151号）第1条规定：“……对于醉酒在广场、公共停车场等公众通行的场所挪动车位的，或者由他人驾驶至居民小区门口后接替驾驶进入居民小区的，或者驾驶出公共停车场、居民小区后即交由他人驾驶的，不属于刑法第一百三十三条之一规定的‘在道路上醉酒驾驶机动车’。”

39 谢杰：《“但书”是对抽象危险犯进行适用性限制的唯一根据》，载《法学》2011年第7期。

（三）主观可谴责性的科学评价

“责任”或“罪过”或“刑事责任”，是与不法（法益侵害性）并列的犯罪核心要素。[40]只有当行为人对该当构成要件且违法的行为具有非难可能性时，才能肯定犯罪的成立，这就是近代责任主义的基本含义。刑事司法在肯定不法的基础上，需要进一步判定行为人具有的责任才能加以非难，以防止“客观归罪”。

1. 事实认识错误

《刑法》第14条明确规定主观故意的认识对象为行为的“社会危害性”，我国刑法中的故意属于实质概念，犯罪故意所需的明知，不止于对构成要件事实的感知，还需要行为人理解其行为的性质，即该行为在法律上作为非难根据的行为意义。[41]传统自然犯罪中行为在社会意义上的“有害性”往往易于为民众所感知，不仅如此，行为人通常只要认识到构成要件中的描述性事实要素，就能推断其具备完全的意义认识，行为人对其行为社会危害性的认识并不依赖于法律规定的知晓。如在故意杀人罪中，只要认识到行为对象为“人”，行为人就能意识到行为致人死亡的危害性，这种行为的法益侵害性质可谓尽人皆知。这也是在所谓的“大义灭亲”和“为民除害”等案件中，即便行为人坚信自己的行为为正义行为，也成立犯罪故意的原因所在。但与自然犯描述性的构成要件要素不同，法定犯充斥着大量诸如“枪支”“濒危”“珍贵”等规范性构成要件要素，对这类要素对应的“自然事实”或称“裸事实”的认识，并不一定对意义有认识。例如在“非法采伐兰草案”中，行为人仅仅对“兰草”系野生植物的基础事实认识并不足以支撑行为人对采伐行为社会危害性的认知。在法定犯的场合，行为人对其行为在社会意义层面上“有害性”的价值评价往往需凭借其对前置性行政规范的认识得出结论。

对于法定犯而言，行为人对前置性行政法规内容的认知与对社会意义的认知是同步进行的。这是因为法定犯规制的行为本身大多中立，公众基于生活经验与常识对从事经营、采摘植物、捕获动物等行为所蕴含的社会意义难以作出准确评价，其对此类行为社会危害性的判断有赖于对前置性行政规范的认知程度，如果行为人对自己行为的自然事实有认识，但对前置性行政规范不具有认识可能性，难以知道行为的社会危害性时，则不符合犯罪故意要件。因此，在

---

40 阮齐林：《刑事司法应坚持罪责实质评价》，载《中国法学》2017年第4期。

41 刘之雄：《违法性认识错误与构成要件认识错误的界分——以法规范性要素认识错误为焦点》，载《法学评论》2020年第5期。

“非法采伐兰草案”中，犯罪故意的成立要求行为人须认识到所采摘的植物属于国家重点保护植物，被告人是否认识到所采摘的“开花野草”具有国家重点保护的规范属性就是判断其是否具有犯罪故意的关键。在本案中，经再审查明，蕙兰虽然在国际公约中出现，但是不在我国的《国家重点保护野生植物名录(第一批)》中，即蕙兰不属于国家重点保护植物，从而改判无罪。由此可见，在“国家重点保护”这一具有高度专业性规范内容的判断上，即便是法院对行政规范的具体内容都无法准确认知，对于偶然介入特定领域的行为人，更加不能苛求其不通过对行政规范的认识而从“裸”的事实中评价出得以被裁判者认定为危害性的社会意义“有害性”。[42]

2. 违法性认识错误

在法定犯中，行为人不通过前置性行政规范的禁止内容，难以对行为具有的社会危害性有所认识，因此，前置性行政规范认识错误应归属于事实认识错误，阻却犯罪故意。法定犯的违法性具有双重性，行为人认识到自己行为的行政违法性，并不意味着具有刑事的形式违法性认识。当行为人认识到自己的行为违反前置性行政规范，具有实质故意，但没有认识到自己的行为为刑法所禁止，这就是违法性认识错误。如果该错误不具有避免可能性，则可以阻却责任。违法性认识不是故意的要素，前者是关于行为在法律上不被允许的错误，而后者是关于构成要件该当事实的错误，严格意义上说，行政违法性认识错误也应属于违法性认识错误的范畴，只不过因为前置性行政规范的认知与作为构成要件客观事实的规范性要素的勾连，才使得对行为行政违法性的认识错误归属于故意内容的认识错误。随着社会分工的精细化和社会结构的复杂化，犯罪涉及的专业化问题远远超出普通民众的认知能力，对法律认识可能性提出严峻挑战。正是在这样的社会背景下，违法性认识必要性的价值得以凸显，违法性认识错误若没有回避可能性则阻却刑事责任的成立。

关于违法性认识错误“回避可能性”的判断基准，通常认为需要考虑行为人在客观上认识自己行为违法性的现实可能性和反思自己行为违法性的契机，而现实可能性和契机的判断又有赖于失范行为本身的价值属性。在法定犯的内部，失范行为违背社会伦理规范的程度呈现出梯度性，部分法定犯的常识性体现得特别明显，甚至已经具备了自然犯的属性，这类法定犯可称为不典型的法定犯，或者称为法定犯的自然化。除此之外，还存在典型的法定犯，这类犯罪

42 于润芝：《故意中意义认知和违法性认识的关系研究》，载《苏州大学学报（法学版）》2019年第3期。

的悖德性并不明显，其超常性使得普通民众往往失去判断力。[43]在这两类不同的法定犯中出现违法性认识错误的概率存在明显差异。前者如在涉枪类案件中，一旦行为人对涉案枪支并不属于玩具枪或者仿真枪具有认识，至少能够产生对行为是否违反刑法的怀疑。因此，即便不知道刑法条文的具体表述，行为人也存在认识违法性的契机，这种错误就属于可以避免的错误。而在典型的法定犯中，对行政违法性和刑事的实质违法性有所认识的前提下，仍存在一定的出罪空间。比如，在“无证收购玉米案”中，粮食产区多年来存在大量的粮食经纪人的粮食收购活动，这种活动在当地的田间地头、农家院场时有发生，即便行为人知道从事粮食收购活动需要办理许可证，但也不可能认识到玉米是专营专卖或限制买卖物品。此时通过行政处罚这种更为经济、节制的手段就足以预防行为人再次实施相同的行为，没有必要动用刑罚手段，这也是刑法谦抑性和宪法合比例性的应有之义。

3. 期待不可能

期待可能性是随着规范责任论的兴起而逐渐获得关注的概念。所谓规范责任论，一言以蔽之，责任的本质在于行为人的意思形成与意思活动的可非难性。[44]较之心理责任论，规范责任论对刑事责任的认定作出了更为严格的限制，仅基于故意或过失的心理事实并不足以对行为人进行非难，须进一步确认行为人是否具有不实施不法行为而实施其他适法行为的选择可能性。如果不能期待行为人实施适法行为，则不能对其进行刑法上的非难，缺乏期待可能性就成为特殊情形下的一种责任阻却事由。期待可能性理论的基本精神在于对行为人的意志自由形成制约性的客观附随情状给予应有的关注，这种关注体现了对基本人性的尊重与对人性弱点给予的法的救济。法律不强人所难，期待可能性是想对在强大的国家法规范面前喘息不已的国民脆弱人性倾注刑法同情之泪的理论。[45]当前刑事裁判的合法性与合理性之间矛盾丛生，认可期待可能性理论的实践价值无疑为这种司法冲突注入调和剂，能够适度缓和法律人思维和公众思维之间的紧张关系。

法律不仅不能勉强任何人履行不可能履行的事项，它在追究一个人的责任时，还必须为其指明一条合法而且可行的出路，而不是在被告人发出“那我究

---

43 胡亚勋、郑浩文：《自然犯与法定犯的区别：法定犯的超常性》，载《中国刑事法杂志》2013年第12期。

44 车浩：《责任理论的中国蜕变——一个学术史视角的考察》，载《政法论坛》2018年第3期。

45 ［日］大塚仁著：《刑法论集（1）》，有斐阁1978年版，第240页。

竟该怎么办”的疑问时，双手一摊、缄口不语。[46]在“张某华伪造居民身份证案”[47]中，被告人不慎遗失居民身份证，因其户口未落实，无法向公安机关申请补办居民身份证，辖区派出所也并没有告知其可以申办临时身份证，于是以其本人照片和真实姓名、身份证号码和暂住地址，出资让他人伪造了居民身份证一张，且仅将此证用于个人的正常生活。所谓“伪造”不仅包括无权制作身份证件的人擅自制作居民身份证件（有形伪造），而且包括有权制作人制作内容虚假的居民身份证件或者违反法律规定的身份证件（无形伪造）。[48]因此，张某华伪造的居民身份证虽然内容是真实的，但不能改变其无权制作从而构成伪造的犯罪性质。但问题在于身份证是独一无二的公民身份的证明工具，只要是办理个人业务，牵扯到身份证明的，都需要出示身份证。毫不夸张地说，在高度流动和开放的现代社会，没有身份证可谓“寸步难行”，法律显然无法也不应期待补办无门的行为人能够忍受没有身份证带来的诸多生活不便和困难，在本案中张某华伪造身份证的行为并不具有其他行为可能性，而对缺乏期待可能性的行为予以谴责，则难以达成预防犯罪的目的和效果。

四、法定犯出罪的程序性缺口补足

“刑事一体化”概念最早由储槐植教授提出，其主要立足点是刑法结构，强调刑法和刑法运行内外协调的关系。在内部关系方面，刑事实体法与刑事程序法在现实运行中是相互交织、密不可分的。没有纯粹的刑事实体法问题，出罪是一系列司法行为过程及结果的总称，其条件依据和效果是实体性的，而操作依据具有明显的程序性。[49]如果仅将目光锁定在实体法层面，缺乏程序法的关照与跟进，法定犯实体法面向的出罪路径就宛如空中楼阁，难以落实到具体个案之中，从某种意义上讲，实体法面向的出罪路径依赖于正当程序才能实现。程序性因素不仅制约刑事实体法的实施，对于在司法实践中所发现的实体法层面出罪的缺漏与问题，能够通过程序性制度的构建加以弥补和完善。刑事实体法与刑事程序法犹如鸟之两翼、车之双轮，确保国家刑罚权在合理轨道上运转。[50]

---

46 陈璇：《正当防卫、维稳优先与结果导向——以“于欢故意伤害案”为契机展开的法理思考》，载《法律科学（西北政法大学学报）》2018 年第 3 期。

47 上海市第二中级人民法院（2004）沪二中刑终字第 220 号刑事判决书。

48 张明楷著：《刑法学》（第五版），法律出版社 2016 年版，第 1041 页。

49 孙本雄：《出罪及其正当性根据研究》，载《法律适用》2019 年第 23 期。

50 李勇：《跨越实体与程序的鸿沟——刑事一体化走向深入的第一步》，载《法治现代化研究》2020 年第 1 期。

(一)构建行政先行的案件处理模式

不同于自然犯刑事追诉程序的直接启动，法定犯具有行政违法与刑事犯罪的双重属性，在程序上往往涉及行政执法与刑事司法的衔接问题。“刑事先理”是世界各国在处理同时涉及刑事诉讼与民事诉讼的案件时，法律赋予刑事诉讼相对的优先权。这一诉讼原则虽得到学界的广泛认可，但不应该成为行刑竞合案件的处理法则。笔者认为，在解决法定犯行政查处与刑事追诉的先后顺序和主次问题时，应强调“行政先行”的归责程序。

首先，基于社会分工的专业化考量。不同于刑民交叉案件，法定犯的认定常常涉及专业性概念的厘定，例如，何为有毒有害食品、何为假药劣药等，相较于公安机关，行政管理机关拥有的专门技能和知识能够就案件所涉性质究竟属于行政违法还是刑事违法作出相对准确的判断，尽管《公安机关行政案件程序规定》中规定对性质暂时无法确定的案件，可以依照行政案件的程序办理，但“可以”的柔性规定，仍然无法阻挡公安机关基于部门利益或者个人权力寻租的需要将行政违法案件作为刑事案件予以立案，导致大量行政违法行为被犯罪化处理的趋势。[51]赋予行政机关先行调查处置权和在案件移送中的主导权，能够避免本应在行政处罚环节予以规制的行为进入司法程序。其次，遵循刑法二次性违法的规范属性。对于违法行为的治理，现代法治社会存在多种手段和方式，道德、习惯、风俗等非正式的社会控制手段和民事、行政等其他法律手段，以及刑事的治理方法，它们由轻至重形成了一个“阶梯”。在这个阶梯关系中，刑法是保证各种前置性法律规范得以贯彻实施的最后一道屏障，它始终处于保障法的地位。通过民事或者行政制裁手段能够有效干预与规制的领域，刑法就不能轻易地介入。只有在充分运用前置性规范仍难以保障被侵犯的法律关系恢复正常之时刑法才有介入的必要。刑事制裁方式的选取及其具体适用，取决于在先适用的行政处罚所需的功能补充与力量救济程度。[52]在法定犯的认定中，应充分发挥行政处罚的案件分流和过滤机能，凡给予行政处罚便足以制止和惩罚触犯规范的违法行为时就不必动用刑罚手段进行调整。最后，尊重司法程序的终极性地位。社会纠纷的解决方法多种多样，司法是其中最权威、最彻底和最具约束力的方式，司法的介入不仅意味着其他纠纷解决方式的无效或停止，同时也意味着解决纠纷最终也是唯一途径的开始。[53]“刑事优先”的传统行

---

51 张泽涛:《行政违法行为被犯罪化处理的程序控制》，载《中国法学》2018年第5期。

52 田宏杰:《行政犯罪的归责程序及其证据转化——兼及行刑衔接的程序设计》，载《北京大学学报(哲学社会科学版)》2014年第2期。

53 姜小川:《司法权基本属性之探析》，载《法学杂志》2007年第5期。

刑衔接程序颠倒了作为社会治理第一道防线的行政权和作为社会正义最后一道防线的刑事司法权之间的关系，[54]不仅不利于及时制止行政违法行为的继续实施，而且负有监督职能的司法程序先于被监督的行政执法活动而完结，导致司法对不断扩张的行政权的监督在实践中大打折扣，难以有效钳制行政的恣意与滥用。

事实上，2012 年修订的《刑事诉讼法》对行政机关收集的证据可在刑事诉讼中作为证据使用的规定也佐证了行政查处先于刑事追诉的程序流程。因此，对于涉及“行刑竞合”的案件，在启动刑事立案程序前一般应先由行政机关依据职权进行“前置”的调查取证工作，如果有证据证明行政违法行为涉嫌犯罪的，则应及时主动地将案件移送有管辖权的司法机关立案侦查。对于行政机关受理后怠于认定或移送的，除强化检察机关和监察机关对行政执法机关的全面监督外，还应建立司法机关与行政机关对行政违法案件查处的联系制度、司法机关在行政机关查处阶段的主动介入制度等，[55]以防止行政机关“有案不移”“以罚代刑”对刑罚功效的削弱。

（二）构建行政证据的转化适用规则

行政处罚具有效率性，以维护整体社会秩序为出发点和落脚点，在行政违法认定上以效率优先，但司法权以公正为最终价值诉求，效率价值在司法中处于低位阶，正是因为二者在价值目标上的本质区别，我们才对行政处罚和刑事处罚分别设定了程度不同的认定标准，对于犯罪事实的认定显然比行政不法事实的认定受到更为严格的法律限制。相应地，法律规范对于在行政执法和刑事司法过程中有关取证程序和证明标准方面的要求不同，造成移送案件行政执法证据的效力低于刑事司法证据，这就决定了在刑事诉讼中对于行政执法证据不能“照单全收”，将行政执法证据直接用于证明犯罪事实的成立，但如果全盘否定行政执法证据在刑事司法中的效力，由侦查机关重新进行证据收集活动，不仅违背《刑事诉讼法》部分行政证据可采纳为刑事证据的规定，也不利于减少诉讼成本和提高刑事侦查效率，更何况部分用于证明犯罪事实成立的关键证据无法补充取证，一旦错过了最佳取证时机，会给犯罪认定带来难以挽回的损失。比如，驾驶人员血液中的酒精含量成为醉驾案件定罪量刑的关键证据，交通管理部门对驾驶者血液中酒精含量的检测具有时效性，待案件移送公安机关后根

---

54 田宏杰：《知识转型与教义坚守：行政刑法几个基本问题研究》，载《政法论坛》2018 年第 6 期。

55 刘艳红、周佑勇著：《行政刑法的一般理论》，北京大学出版社 2020 年版，第 288－289 页。

本无法进行二次提取检测。因此，在认可行政执法证据在刑事司法程序中准入的前提下，如何确定行刑证据的转化规则才是实现行政执法程序和刑事司法程序顺利衔接需要解决的问题。

不同类型的证据在取证方式、调查程序等方面存在较大差异，因而所呈现出的证明力和证据能力截然不同，在确立行政证据具体转化规则时应区分证据类型。一是对实物证据以形式化审查为主。以实物、文件等方式记载证据事实的证据为实物证据，主要包括物证、书证、视听资料和电子数据。这类证据具有相当的客观性和稳定性，一般不因取证主体和取证方式的差异而产生明显的不同，其内容、外观和形态等也不易受人为影响而发生实质性改变，因此司法机关只需对其真实性和相关性方面进行形式合法化审查，即可在刑事诉讼活动中予以使用。二是对言词证据以重新收集为原则。诸如证人证言、被告人供述、被害人陈述等言词证据，一般不能被采纳为刑事证据，因为言词证据具有较强的主观性和易变性，会因取证主体和收集程序的变化而呈现不稳定的状态，因此原则上言词证据不能进入刑事诉讼加以适用。但是对于特殊情况下不能二次提取的言词证据以及犯罪嫌疑人、被告人没有任何异议的言词证据，经过法庭质证环节，可以在刑事诉讼中作为证据使用。三是对鉴定意见分情形区分对待。实践中对食品药品监督管理部门等行政机关自行出具的鉴定意见，以及环保部门下属的环境科学研究机构等出具的鉴定意见，由于鉴定主体与案件的最终认定结果具有利害关系，其得出的鉴定结论公正性难以保证，使得鉴定意见的可信度堪忧，因此这两类行政鉴定意见不能被采纳为刑事证据使用。对于行政机关委托中立的第三方鉴定机构所作的鉴定意见，如医疗事故技术鉴定书等，在充分审查所委托的第三方机构具有的鉴定能力和资质条件后，可以有条件地在刑事诉讼中予以适用。当然在适用过程中要审查鉴定程序及意见的合法性、报送的鉴定材料的可靠性等。[56]

（三）构建行政认定的实质审查制度

在司法实践中，行政机关在行政执法过程中经常会对案件专业性问题加以确认进而形成“行政认定书”。行政机关出具的认定意见在一定程度上解决了裁判者在该专业领域的盲区，天然地具有权威性。[57] 在刑事诉讼中，控方往往会将行政认定作为公文书证类证据予以出示，而法院对此几乎采取完全接纳的态

---

56 龚义年著：《刑行衔接机制研究》，法律出版社 2017 年版，第 181 页。

57 刘玫、胡逸恬：《行政认定的证据能力——以刑事庭审实质化为视角》，载《甘肃政法学院学报》2018 年第 6 期。

度，对被告人及其辩护人提出的相关异议通常置之不理，这种将行政机关出具的结论性意见作为定罪量刑直接根据的做法使得法定犯的刑事审判完全形式化，司法机关对法定犯的审理沦为对行政执法结果的简单确认。[58]不可否认行政机关对违法事实和性质的定性对刑事审判的重要参考价值，但该结论毕竟是案件发生后相应的主管机关对行政违法、权利、义务和责任等事项作出的主观评价，并不是其在前期行政执法活动中收集而来，而书证类实物证据形成于案件发生之时，因此，行政认定书与书证的生成机制不符，不具备实物证据的客观性，在性质上更接近于言词类证据的基本特征，但与证人证言又有所不同，证人证言是了解案件事实情况的自然人对自己亲自感知事实的客观陈述，而行政认定属于一种蕴含着专业知识以及法律适用的推论。既然行政认定属于行政人员的主观判断，则存在失真和错误的可能性，在刑事诉讼中具有进行实质甄别的必要性。即便行政认定书、行政认定函以及行政认定处罚决定书等行政认定文书所承载的结论具有合理性，但也只是依据行政法律和法规对行为人行政法律责任的一种确定，不能据此推断其必然承担刑事责任，否则，我们就会混淆行政法律责任与刑事责任的界限。[59]司法机关除对主体的权威性、形式的规范性等进行形式审核外，还应就以下方面进行实质审查。

一是因果关系。刑法理论中的因果关系，是指危害行为与危害结果之间的一种引起与被引起的关系。如果二者之间没有必然的因果联系，即便发生刑法意义上的危害结果，也不能将该结果归属于行为人。例如，在交通肇事案件中，致人重伤、死亡或者使公共财产遭受重大损失的结果必须是由违反规范保护目的的行为所引起，否则就不能认定为本罪。根据《道路交通安全法实施条例》第 92 条的规定，发生交通事故后当事人逃逸的，逃逸的当事人承担全部责任。实践中一旦驾驶者在事故发生后逃逸，司法机关就会以行政认定为据定罪处刑。但问题在于交通管理部门认定的全部责任是指行政责任的划分，并非刑事责任，《刑法》规定的“交通运输肇事后逃逸”是指行为人在发生了构成交通肇事罪的交通事故后的逃跑行为，是在可将伤亡结果归责于行为人的前提下才产生的。倘若结果的发生超出了规范保护目的，那么，就难以肯定驾驶者的先前违法行为与危害结果之间的因果联系，驾驶者逃逸也是伤亡结果发生后的事实。如《道路交通安全法》之所以禁止未悬挂号牌的机动车上路行驶，要求驾驶者随身携带行驶证、驾驶证，是为了方便交通管理部门的有效管理，而不是防止车辆碰撞导致交通事故。个案中若由于被害人自身的原因，如横穿马路、醉酒驾驶

---

58 陈兴良：《法定犯的性质和界定》，载《中外法学》2020 年第 6 期。

59 陈瑞华：《行政不法事实与犯罪事实的层次性理论》，载《中外法学》2019 年第 1 期。

等发生伤亡事故，即便驾驶者落荒而逃，此时也不能以交管部门的行政认定代替刑法中交通肇事罪的认定。

二是主观罪过。基于行政效率和管理的需要，行政机关在作出责任认定时往往侧重对客观行为的评价，甚少考虑行为人的主观心态问题，而刑事责任的追究则要求主客观方面的一致性，不仅需要认定不法事实，还需要考察表明行为非难可能性的各种要素，如故意、过失、目的与动机等，对缺乏主观罪过的不法行为定罪处罚有违近代刑法的责任主义原则。以传销犯罪为例，司法机关对传销组织、传销活动人员人数的判断均是建立在准确认定“传销活动”的基础之上，刑法和公安机关相关的规范性文件中均未明确，其司法认定就缺乏相应依据。[60] 在此情况下，市场监督管理部门出具的证明被告人的行为属于传销行为的认定书就成为定罪的直接依据。《禁止传销条例》第7条明确了属于传销行为的三种类型，即拉人头型、收取入门费型和团队计酬型。拉人头型传销和收取入门费型传销属于典型的诈骗型传销，而单纯的团队计酬型传销属于经营型传销，将经营型传销纳入刑法打击范围在《刑法修正案（七）》增设传销犯罪前基本没有问题，因为在此之前这种行为是按照非法经营罪处理的，然而《刑法修正案（七）》不仅将骗取财物明确规定为组织、领导传销活动罪的构成要件，还将所增设的此罪作为《刑法》第224条之一，第224条为合同诈骗罪，由此可见组织、领导传销活动罪的性质为诈骗犯罪，至此，《刑法修正案（七）》关于传销犯罪的规定在性质上发生了逆转：从经营型传销改变为诈骗型传销。[61] 以销售商品牟利为目的的团队计酬型传销活动缺乏该罪的本质特征“骗取财物”，不符合以非法占有为目的的主观罪责考量。

结语

相比于自然犯的刑事违法性，法定犯“恶”的性质往往并不明显，在刑事司法中需要妥当考量其出罪空间。然而，观念上“有罪必罚”“刑法万能”的入罪思维和衡量司法业绩的考核指标容易导致出罪路径的封闭，由此形成不少不当入罪的社会影响性案件。在法定犯时代刑罚处罚范围不断扩张的时代背景下，沿着阶层论的进路探明法定犯的出罪事由，充分挖掘能够出罪的有效资源予以规范适用势在必行。在构成要件层面，应对法定犯的法源性要素、“非法”要素和行政要素进行规范考察；在违法性层面，刑法法益、社会相当性和罪量

---

60 刘洋：《行政认定书的刑事诉讼运用及其限度》，载《汕头大学学报（人文社会科学版）》2019年第4期。

61 陈兴良：《组织、领导传销活动罪：性质与界限》，载《政法论坛》2016年第2期。

因素用来衡量刑事违法性的有无及其程度；在责任层面，事实认识错误、法律认识错误和期待不可能均为主观阻却事由。经由构成要件符合性、实质违法性和主观可谴责性的三重体系的科学判断和层层过滤，并通过行政先行的案件处理模式、行政证据的转化适用规则和行政认定的司法审查制度的程序法协同配合，疏通法定犯的出罪渠道，将法定犯限制在合理的范围之内，避免司法裁判的“行政化”倾向。法定犯并非前置法的完全从属，在具体的刑事审判实践中，应结合前置性规范进行独立性判断，在秩序维护和人权保障之间寻求平衡，从而实现个案公正与类案公正、法律公正与社会公正的统一，让人民群众在每一个司法案件中切实感受到公平正义。当然，无论是实体法面向的路径探索还是程序法面向的制度构建，落地生根还有赖于司法环境的优化和以“司法良心”为主体的职业保障体系的健全，这无疑应成为当下及未来司法改革的应有之义。

刑事证据属性理论和证据种类制度再述

张吉喜 程 晨*

【内容提要】《刑事诉讼法》中证据概念的修改和证据种类表述方式的变化对传统的证据属性和证据种类理论产生了较大的影响，但是这却没有引起应有的关注。以材料说代替事实说颠覆了传统的证据“三性”理论，改变了证据的审查判断程序。将“证据有下列七种”修改为“证据包括”，意味着证据种类从封闭走向了开放。现行《最高人民法院关于适用〈中华人民共和国刑事诉讼法〉的解释》进一步明确了证据种类的开放性。在司法实践中，没有必要牵强地将相关证据归入特定的证据种类，更不能以相关证据不能被归入特定证据种类为由而否定其证据资格。

【关键词】 证据概念 证据属性 证据种类

2018年《刑事诉讼法》第50条规定了证据的概念、证据的种类和定案根据的条件。该条沿用了2012年《刑事诉讼法》第48条的规定。[1] 2012年《刑事诉讼法》第48条对1996年《刑事诉讼法》第42条作了两处修改：一是证据的概念，二是证据的种类。这两处修改对证据属性理论和证据种类制度产生了较

---

* 张吉喜——西南政法大学法学院教授，主要研究领域：刑事诉讼法学；程晨——吉林大学法学院博士研究生，主要研究领域：法理学、刑事诉讼法学。本文是中国法学会部级法学研究课题“刑事程序多元化背景下的证据理论跟进和证据制度完善”［项目编号：GLS（2018）D105］的阶段性成果。

1 我国《刑事诉讼法》颁布于1979年，分别于1996年、2012年和2018年被三次修正。为了表述方便，在本文中分别称1979年《刑事诉讼法》、1996年《刑事诉讼法》、2012年《刑事诉讼法》和2018年《刑事诉讼法》。

大的影响。从当前的研究来看，虽然有相关的研究成果对此有所涉及，[2]但是该条的修改对证据属性理论和证据种类制度的影响尚没有引起充分的关注。因此，有对此作专门研究的必要。

一、证据概念的变化及其对证据属性理论的影响

（一）证据概念的变化

事实说曾经是证据概念的主流学说，也是证据概念的立法规定。事实说将证据定义为“证明案件真实情况的事实”。[3]1979 年《刑事诉讼法》第 31 条和 1996 年《刑事诉讼法》第 42 条都规定“证明案件真实情况的一切事实，都是证据”，采用的是事实说。尽管事实说既是主流学说，也是立法规定，但是长期以来对事实说的质疑一直存在，质疑的焦点是证据的真实性。质疑事实说的代表观点有根据说、材料说等。根据说认为，证据是证明案件事实的根据；材料说认为，证据是证明案件事实的材料。[4]在根据说和材料说看来，无论证明案件事实的根据或材料是真是假，都是证据。

2012 年《刑事诉讼法》第 48 条对证据的概念作了修改，规定“可以用于证明案件事实的材料，都是证据”，采用的是材料说。自此，材料说代替了事实说，成为立法确认的证据概念学说。

《刑事诉讼法》采用材料说来界定证据，至少解决了事实说带来的如下问题：[5]

第一，1996 年《刑事诉讼法》第 42 条第 1 款和第 3 款的内在逻辑矛盾。1996 年《刑事诉讼法》第 42 条第 3 款规定“以上证据必须经过查证属实，才能作为定案的根据”，这与证据的概念是自相矛盾的。根据 1996 年《刑事诉讼法》第 42 条第 1 款的规定，“证明案件真实情况的一切事实，都是证据”。既然证据是事实，便直接可以作为定案的根据，而不需要再经过查证属实。《刑事诉讼法》对证据的概念采用材料说后，由于证明案件事实的材料可真可假，查证属实后才能作为定案的根据。解决了事实说的证据概念和“证据必须经过查证属实，才能作为定案的根据”之间的逻辑矛盾。

---

2 参见陈瑞华：《关于证据法基本概念的一些思考》，载《中国刑事法杂志》2013 年第 3 期；韩旭：《证据概念、分类之反思与重构》，载《兰州学刊》2015 年第 6 期；万毅：《证据概念及其分类制度批判——法解释学角度的反思》，载《兰州学刊》2015 年第 6 期。

3 陈一云著：《证据学》，中国人民大学出版社 2000 年版，第 99 页。

4 参见陈瑞华：《证据的概念与法定种类》，载《法律适用》2011 年第 5 期。

5 虽然材料说也并非完美无缺，如有些证据不能被称为材料，被告人、被害人、证人、鉴定人等在庭审中所作的陈述便不属于材料。

第二，证据的不确定性问题。生效裁判文书认定的证据，既是证明案件真实情况的事实，也是查证属实的定案根据，属于当之无愧的证据。但是，由于事实认定错误或者证据不足而被审判监督程序改判的案件也不在少数。在此情况下，原生效裁判文书认定的部分证据便不再是证明案件真实情况的事实，也不是查证属实的定案根据。也就是说，在事实说的证据概念背景下，即使是生效裁判文书认定的证据仍然可能不属实，仍然可能某一天不能再称其为证据。

第三，证据名称上的困境。在侦查阶段，侦查人员收集的材料可能不属实；在审查起诉阶段，检察人员作为提起公诉依据的材料可能不属实；在审判阶段，控辩双方当庭举示的材料也可能不属实。在事实说的证据概念背景下，在法院认定某项材料的真实性之前，严格来说，是不能称其为证据的。因此，在制度上和实践中，出现了证据资料的概念。在某项材料被法院认定具有真实性之前，不能使用证据这一较为简洁的名称，只能使用证据资料这一略显复杂的名称。另外，有些材料（如讯问笔录、询问笔录等）真假混杂，即它的部分内容是真实的。在事实说的证据概念背景下，符合事实的部分内容是证据，不符合事实的其他内容不是证据。那么，该怎么称呼这一材料呢？

（二）证据概念的变化对证据属性理论的影响

证据属性又称证据的基本特征、证据的本质特征，解决的是证据资格问题。证据属性是证据法学研究中十分关注的问题，虽然出现过关于证据属性的争议，[6]但是绝大多数学者都接受了“三性说”，“三性说”成为证据属性的主流学说。“三性说”认为证据具备“三性”，即客观性、关联性和合法性。在证据的“三性”理论看来，一项材料需要具备客观性、关联性和合法性，才具有证据资格，才能够作为证据使用。虽然材料说已经成为证据概念的立法规定，但是证据属性理论并没有及时跟进。以材料说代替事实说，在证据法理论上具有重大意义，它颠覆了传统的证据属性理论。

事实说和材料说的关键区别是，前者强调证据是真实的，后者不关注证据是不是真实的。以材料说代替事实说改变了证据的“客观性”。这里需要简要分析客观性与真实性的关系。对于证据的客观性，有如下两种理解：第一，客观性即指真实性。该观点认为，案件发生总会留下一定的痕迹，可能是客观物质痕迹，也可能是主观知觉痕迹。证据的客观性是指证据的内容必须是真实的，

6 “两性说”与“三性说”对于证据具有“客观性”和“关联性”这一点并无原则上的分歧，却对证据是否具有“合法性”问题提出了不同看法。参见陈瑞华：《关于证据法基本概念的一些思考》，载《中国刑事法杂志》2013年第3期。

也就是说，作为证据使用的客观物质痕迹和主观知觉痕迹，都必须是对案件事实的真实反映，而不能是主观想象、猜测和捏造的。[7]第二，客观性是指证据是独立于主观意识之外的客观存在。[8]无论犯罪人采用多么隐蔽的犯罪手段，其犯罪活动留下的痕迹和物品是客观存在的，被害人、证人等的记忆也是客观存在的，不以办案人员的主观意志为转移。我们认为，上述两种对证据客观性的理解并不矛盾，体现了对证据客观性认识的两个不同角度。证据的客观存在和证据的真实性具有先后关系。证据的客观存在是指证据进入诉讼程序之前的状态。证据进入诉讼程序之后，其客观性指的就是真实性。因此，在诉讼过程中，证据的客观性实质上指的就是真实性。

在材料说成为证据概念的立法规定之后，任何材料，无论真假，只要可以用于证明案件事实，都是证据。因此，传统的证据“三性”理论在立法上已经被颠覆。根据当前证据概念的立法规定，证据的属性包括“两性”，即关联性和合法性。一项材料只要具备了关联性和合法性，就具有了证据资格。立法上对材料说的表述也体现出了证据的“两性”。立法上对材料说的表述是“可以用于证明案件事实的材料，都是证据”。在这里，“可以”表明法律允许相关材料成为证据，即指合法性。“用于证明案件事实”强调的是相关材料具有“证明性”，换言之，其与案件事实相关，即指关联性。[9]

但是，这绝不是说，对于证据来说，真实性无关紧要。虽然相关材料是否真实不影响其证据资格，但是证据是否真实却影响着其是否能够作为定案的根据。“证据必须经过查证属实，才能作为定案的根据”，这意味着作为定案根据的证据必须具有真实性。也就是说，定案的根据需要具备“三性”——真实性、关联性和合法性，与传统的证据“三性”理论一致。需要说明的是，证据属性中的合法性与定案根据的合法性具有不完全相同的要求。证据属性中的合法性有三方面的要求，即取证主体的合法性、证据形式的合法性和取证程序的合法性。定案根据的合法性在上述三方面要求的基础上，增加审查程序的合法性，即证据需要经过法定程序查证属实。《刑事诉讼法》和《最高人民法院关于适用〈中华人民共和国刑事诉讼法〉的解释》（以下简称《刑诉法解释》）的相关规定体现了上述观点。比如根据《刑事诉讼法》第 61 条的规定，证人证言必须在法庭上经过公诉人、被害人和被告人、辩护人双方质证并且查证属实以后，才能作为定案的根据。又如根据《刑诉法解释》第 71 条的规定，证据未经当庭出

7 陈光中著：《证据法学》，法律出版社 2011 年版，第 146 - 147 页。

8 参见崔敏：《怎样看待刑事证据的客观性》，载《法学杂志》1984 年第 5 期。

9 参见韩旭：《证据概念、分类之反思与重构》，载《兰州学刊》2015 年第 6 期。

示、辨认、质证等法庭调查程序查证属实，不得作为定案的根据。再如《刑事诉讼法》第192条第3款规定："……经人民法院通知，鉴定人拒不出庭作证的，鉴定意见不得作为定案的根据。"

需要特别指出的是，材料说的证据概念被写入立法对证据属性带来的上述变化并没有引起充分关注。相关教材仍然沿用传统的"三性说"来解释证据的属性。如有教材认为，"根据现在有关法律文件、司法解释以及司法实践，我们认为，我国的证据属性应概括为真实性、关联性和合法性"。[10]也有教材认为，"在各种与法律有关的证明活动中，证据的资格标准还是有一些共性的东西，即一般标准，包括采纳证据的客观性标准、关联性标准和合法性标准"。[11]我们建议，相关教材的编写专家应当充分重视材料说的证据概念对证据属性的影响，不宜再用传统的"三性说"来解释证据的属性，而应当仅将关联性和合法性作为证据的属性。同时，为了避免引起读者误认为证据的真实性无关紧要，应当区分证据属性与定案根据，即定案根据需要具备"三性"——真实性、关联性和合法性。

二、新的证据属性理论下的证据审查程序

证据属性是确定某材料是否可以在诉讼活动中被采纳为证据的依据。某材料成为证据被称为证据的采纳。某证据成为定案的根据被称为证据的采信。被采纳的证据不一定能够被采信，这是因为被采纳的证据可能由于不能经法定程序查证属实而不能成为定案的根据。

在事实说的证据概念背景下，证据需要具备真实性、关联性和合法性。这意味着，某材料具备了证据资格就可以作为定案的根据。换言之，证据的采纳和证据的采信适用相同的要求。从证据审查程序的角度来说，由于证据的采纳和证据的采信是同时完成的，因此可以将对证据属性和定案根据的审查方式称为一步式审查。[12]

在材料说的证据概念背景下，证据只需要具备关联性和合法性；证据要成为定案的根据，在具备关联性和合法性的基础上，还需要具备真实性。也就是说，证据的采纳和证据的采信适用不同的要求。从诉讼程序进程的角度来看，应当先审查相关材料是否具备关联性和合法性，即能否成为证据；在此基础上，

---

10 陈瑞华：《证据的概念与法定种类》，载《法律适用》2011年第5期。

11 何家弘、刘品新著：《证据法学》，法律出版社2019年版，第118－122页。

12 相关司法解释体现了一步式审查。2002年《最高人民法院关于行政诉讼证据若干问题的规定》第39条规定，当事人应当围绕证据的关联性、合法性和真实性进行质证。

再对具有证据资格的相关材料进行审查，以确定其是不是真实的，经查证属实的证据才能够作为定案的根据。即证据的采纳和证据的采信是分两步完成的，可以将此称为二步式审查。

《刑诉法解释》第77条的规定充分体现了上述二步式审查方式。根据该条的规定，对来自境外的证据材料，人民法院应当对其关联性和合法性进行审查。经审查，该证据能够证明案件事实且符合《刑事诉讼法》规定的，可以作为证据使用。只不过，如果材料来源不明或者其真实性无法确认的，不得作为定案的根据。

二步式审查不仅是材料说证据概念的要求，同时在如下两方面优于一步式审查：

一是二步式审查体现了证据审查的规律。在“三性”中，对客观性进行审查的难度往往大于对关联性和合法性的审查，因为对证据的真实性往往需要综合全案证据进行审查。[13] 先审查证据资格，即先审查合法性和关联性；如果具有证据资格，再审查真实性，即能否“查证属实”，由易到难，体现了认识的规律。

二是二步式审查可以尽早排除不具有证据资格的材料，避免对不具有证据资格的材料的真实性进行不必要的审查，有助于节约司法资源。以对鉴定意见的审查为例，对于鉴定意见，控辩双方可以申请法庭通知有专门知识的人出庭，就鉴定意见提出意见。如果鉴定意见不具有关联性或合法性，不具有证据资格，便没有对其可靠性进行质证的必要。只有对于具有关联性和合法性的鉴定意见，有专门知识的人才有出庭提出意见的必要。又以证人当庭证言和庭前证言矛盾时对证人证言的审查为例，如果证人当庭证言或庭前证言不具有关联性或合法性，便不能作为证据使用，不存在在相互矛盾的证言中进行取舍的问题；在证人当庭证言和庭前证言都具有关联性和合法性，都可以作为证据使用时，才需要进一步审查谁可以作为定案的根据，对相互矛盾的证人当庭证言和庭前证言进行取舍。

但是，材料说的证据概念被写入立法已有数年，在庭审中常见的仍然是一步式审查。在法庭调查中，公诉人在举示完一组证据后，耳熟能详的表述仍然是：上述证据收集程序合法，内容客观真实，且与案件相关联，请法庭审查后采信。在质证环节，审判人员仍然是引导控辩双方围绕“三性”对对方举示的证据发表质证意见。另外，无论是在基层法院、中级法院公布的裁判文书中，还是在高级法院公布的裁判文书中，都存在没有区分证据的采纳与证据的采信

13 如《刑诉法解释》第139条规定：“对证据的真实性，应当综合全案证据进行审查。”

的现象，都是依次阐明证据的“三性”，作为采信证据的依据。从具体的表述方式上看，主要有两种表述模式：一是先阐明证据的合法性，再阐明证据的真实性和关联性。[14] 二是先阐明证据的真实性，再阐明证据的合法性和关联性。[15]

我们认为，应当正视证据属性变化所要求的证据采纳与证据采信的二步式审查方式。首先，应当进一步强化证据资格的优先处理原则，优先处理证据资格问题，避免将证据资格问题与定案根据问题审查混淆在一起。[16] 能够在庭前会议中解决的证据资格问题，在庭前会议中解决；不能在庭前会议中解决的证据资格问题，在庭审中优先解决。在法庭调查中，应当先对举证方举示的材料是否具有证据资格发表质证意见，在法庭作出具有证据资格的认定后，再对该证据是否能够作为定案的根据发表质证意见。[17] 其次，应当完善裁判文书说理部分的写作。在裁判文书的说理部分，对于证据资格和定案根据问题，根据具体情况，可以分别采用两种阐述方式：第一，在部分材料有证据资格，但是不能查证属实，不能作为定案的根据时，应当在裁判文书中认定这些材料的证据资格，重点阐明其不能作为定案根据的理由。第二，在所有材料既有证据资格，也查证属实，都可以作为定案的根据时，可以采取概括式认定的方式。但是在阐述的顺序上，应当是先阐明证据的关联性和合法性，再阐明证据是客观真实的。可以参考如下的表述方式：上述证据具有关联性和合法性，且经法定程序查证属实，本院予以采信。

三、证据种类表述变化对证据种类制度的影响

我国《刑事诉讼法》对于证据种类作了详细规定。1979年《刑事诉讼法》明确规定的证据种类有物证、书证；证人证言；被害人陈述；被告人供述和辩解；鉴定结论；勘验、检查笔录。1996年《刑事诉讼法》将“被告人供述和辩解”修改为“犯罪嫌疑人、被告人供述和辩解”，另外，还增加了“视听资料”。2012年《刑事诉讼法》将“鉴定结论”修改为“鉴定意见”；将“勘验、

---

14 如“证据来源合法，内容客观真实，与本案具有关联性，且能相互印证，足以认定本案基本事实，本院予以确认”。参见海南省高级人民法院（2020）琼刑终82号刑事判决书。又如“上述证据来源合法，且客观真实、关联一致，足以认定”。参见辽宁省大连市旅顺口区人民法院（2020）辽0212刑初134号刑事判决书。

15 如“上述证据均经庭审示证、质证，客观真实，来源合法，与本院审理查明事实具有关联性，本院予以确认”。参见江苏省连云港市中级人民法院（2020）苏07刑初34号刑事判决书。

16 参见吴洪淇：《刑事证据审查的基本制度结构》，载《中国法学》2017年第6期。

17 当前，只是在涉及非法证据排除时，才实行证据合法性先行调查原则，没有全面规定证据资格的先行审查原则。

检查笔录”扩展为“勘验、检查、辨认、侦查实验等笔录”；另外，还增加了“电子数据”。对于我国的法定证据种类，学界一直存在较大的争议。有学者认为证据只有物证、书证、人证三种，其他种类的规定都是不合理的；[18] 有学者提出在法律中明确规定证据种类根本没有必要，是立法者在作茧自缚；[19] 还有学者甚至主张应尽快抛弃法定证据种类的概念。[20] 我们认为，对我国证据种类划分的立法体例不宜绝对否定。应该承认，在立法上对证据种类加以规定，有利于根据不同的证据种类规定相应的审查、判断规则，有利于规范证据的审查、判断。

从立法规定来看，我国刑事诉讼中的证据种类经历了从封闭式到具有一定开放性的发展过程。1979 年《刑事诉讼法》第 31 条第 2 款规定“证据有下列六种”；1996 年《刑事诉讼法》第 42 条第 2 款规定：“证据有下列七种”；2012 年《刑事诉讼法》第 48 条第 2 款将其修改为：“证据包括”。“证据有下列六种”和“证据有下列七种”是封闭式的，表明合法的证据种类只有“下列六种”或“下列七种”，六种或七种证据种类之外的材料都不是证据。“证据包括”是开放式的，“包括”可以解释为“包括但不限于”，意为除了法律列举的证据种类之外，其他“可以用于证明案件事实的材料，都是证据”。2012 年《刑事诉讼法》对于证据种类的开放性态度还体现在关于笔录类证据的规定中。1979 年和 1996 年《刑事诉讼法》规定的是“勘验、检查笔录”，是封闭式的。2012 年《刑事诉讼法》除增加了“辨认、侦查实验”两类笔录外，还以“等”字结尾，表明不限于法条中所列举的四种笔录。《公安机关办理刑事案件程序规定》在上述四种笔录之外，还列举了搜查、查封、扣押、提取等笔录。另外，从实践情况来看，笔录还应当包括提取笔录、称量笔录等。

正所谓“法有穷而情无限”，具有一定开放性的证据种类制度是司法实践的客观需要。首先，虽然在 2012 年《刑事诉讼法》修改之前，《刑事诉讼法》关于证据种类的规定是封闭式的，但是司法实践中并没有否定法定证据种类之外的其他证据，这在一定程度上体现了具有一定开放性的证据种类制度是司法实践的客观需要。在 2012 年《刑事诉讼法》修改之前，自诉人陈述，搜查、查封、扣押、提取等笔录以及各种情况说明等虽然都难以被归为法定证据种类，但是几乎没有任何法院以“不属于法定证据种类”为由，否定上述材料的证据资格。换言之，《刑事诉讼法》规定的封闭式的证据种类并没有被严格遵循，相

18 参见裴苍龄：《论证据的种类》，载《法学研究》2003 年第 5 期。

19 参见陈瑞华：《证据的概念与法定种类》，载《法律适用》2011 年第 5 期。

20 参见孙远：《论法定证据种类概念之无价值》，载《当代法学》2014 年第 2 期。

反，由于司法实践的客观需要，其长期处于被架空的境地。其次，从比较法的角度来看，很多国家都对证据种类持一定的开放态度，这进一步体现了具有一定开放性的证据种类制度是司法实践的客观需要。相关国家关于证据种类的规定至少包括三种情形。第一种情形是，法律没有明确列举证据种类。这些国家的法律虽然没有列举证据种类，但是其在理论上和实践中存在对证据种类的划分。这些在理论上和实践中划分的证据种类往往具有极大包容性，是开放性的。如《美国联邦证据规则》没有明确列举证据种类，美国在理论上和实践中将证据划分为六种：证言（oral evidence）、物证（real evidence）、书证（documents）、说明性证据（demonstrative evidence）、当事人双方同意事实的协议（stipulation）以及司法认知。[21] 上述证据种类具有极大的包容性，如被告人、被害人、普通证人以及专家证人所作的陈述均属于证言；所有实物均属于物证；所有记录信息的文本均属于书证；所有用来说明概念或事实的证据，如图表、图片、录像、地图、幻灯片、电脑模拟、现场演示等均属于说明性证据。[22] 第二种情形是，法律采取列举加兜底的方式规定证据种类。在这种情形中，兜底规定体现了证据种类制度具有一定的开放性。如2011年《澳大利亚证据法》第二章列举的证据种类包括证人、书证和其他证据。《俄罗斯刑事诉讼法》第74条列举的证据种类有：犯罪嫌疑人、刑事被告人的陈述；被害人的陈述、证人证言；鉴定人的结论和陈述；专家的结论和陈述；物证、侦查行为的笔录和审判行为的笔录；其他文件。第三种情形是，法律有专门条文规定证据种类的开放性。《意大利刑事诉讼法典》规定了证人证言、询问当事人、对质、辨认、司法实验、鉴定和文书等证据形式。另外，其第189条专门规定了“不受法律约束的证据”。根据该规定，对于不符合法定证据种类的证据，法官在完成一定程序后，也可以予以采纳。

四、以新的证据种类制度化解与证据种类相关的争议

正如上文所谈到的，在司法实践中存在大量难以归入法定证据种类的证据。对于这些证据的证据种类，甚至证据资格，无论在理论上还是在司法实践中，都曾存在较大争议。以下列举交通事故认定书和海关核定证明书在理论上和司法实践中的争议，由此可见一斑。

---

21 当事人双方同意事实的协议（stipulation）是指当事人双方就特定事实是否存在达成的一致意见。该协议免去了一方就特定事实承担的举证责任。

22 Deborah Jones Merritt and Ric Simmons, Learning Evidence: From the Federal Rules to the Courtroom (2nd), West Academic, 2011, p. 6 – 19.

第一，交通事故认定书。交通事故认定书是交通肇事案件中的关键证据，但是对于交通事故认定书的证据归类，无论是在理论上，还是司法实践中都存在较大分歧。在理论上，有观点认为，交通事故认定书属于鉴定意见；[23] 也有观点认为，交通事故认定书属于书证；[24] 还有观点认为，交通事故认定书属于勘验、检查笔录。[25] 从相关裁判文书来看，有的裁判文书将交通事故认定书归为勘验、检查笔录；[26] 有的裁判文书将交通事故认定书归为鉴定意见；[27] 有的裁判文书将交通事故认定书归为书证。[28]

第二，海关核定证明书。涉嫌走私的货物、物品偷逃税款海关核定证明书（以下简称《核定证明书》）是走私货物案件中计核偷逃税款数额的关键证据。最高人民法院、最高人民检察院、海关总署印发的《办理走私刑事案件适用法律若干问题的意见》规定，在办理走私普通货物、物品刑事案件中，对走私行为人涉嫌偷逃应缴税额的核定，应当由走私犯罪案件管辖地的海关出具《核定证明书》。相关裁判文书对核定证明书证据种类的认定存在较大分歧。有的裁判文书将其归于书证之列，[29] 有的裁判文书将其归为鉴定意见。[30] 虽然《办理走私刑事案件适用法律若干问题的意见》规定，海关出具的《核定证明书》，经走私犯罪侦查机关、人民检察院、人民法院审查确认，可以作为办案的依据和定罪量刑的证据。但是，核定证明书的证据资格在很多案件中还是面临挑战。辩方否定核定证明书证据资格的理由主要包括以下几类：核定证明书的计核单位不是法律意义上的鉴定机构；[31] 海关核税部门与海关缉私局同隶属海关，作为鉴定单位有失公平、公正；[32] 核定证明书未附有计核机构、计核人员具备法定计核资质的证明材料。[33] 上述辩方否定核定证明书证据资格的理由都是以将核定证明书归入鉴定意见为前提的，其共同指向的是核定证明书不符合鉴定意见的相关要求。

---

23 参见张栋：《“交通事故责任认定书”的证据属性》，载《中国司法鉴定》2009 年第 2 期。

24 参见刘品新：《交通事故认定书存在明显错误，其法律效力如何认定》，载《中国审判》2008 年第 3 期。

25 参见戎百全：《交通事故认定书的证据地位辨析》，载《学术交流》2006 年第 1 期。

26 参见新疆维吾尔自治区喀什地区中级人民法院（2019）新 31 刑终 250 号刑事裁定书。

27 参见山东省潍坊市中级人民法院（2017）鲁 07 刑终 140 号刑事裁定书；贵州省黔南布依族苗族自治州三都水族自治县人民法院（2018）黔 2732 刑初 101 号刑事判决书。

28 参见吉林省辽源市西安区人民法院（2018）吉 0403 刑初 2 号刑事判决书。

29 参见浙江省高级人民法院（2018）浙刑终 89 号刑事判决书。

30 参见广东省高级人民法院（2017）粤刑终 725 号刑事裁定书。

31 参见广东省广州市中级人民法院（2015）穗中法刑二初字第 86 号刑事判决书。

32 参见福建省南平市中级人民法院（2017）闽 07 刑初 21 号刑事判决书。

33 参见广东省高级人民法院（2019）粤刑终 148 号刑事裁定书。

很显然，交通事故认定书不完全符合鉴定意见、书证和勘验、检查笔录的特征，核定证明书也不完全符合书证和鉴定意见的特征。在2012年《刑事诉讼法》修改之前，对上述证据的证据种类和证据资格问题进行探讨和争论，具有一定的必要性。但是，在2012年《刑事诉讼法》修改之后，我国刑事诉讼中的证据种类从封闭式转变为具有一定开放性。在这种背景下，虽然也有必要对证据种类问题进行研讨，毕竟不同种类证据的审查、判断规则不完全相同，但是没有必要牵强地将相关证据归入特定的证据种类，更不能以相关证据不能归入特定证据种类或不符合特定种类证据的相关要求为由而否定其证据资格。

除了交通事故认定书和海关核定证明书之外，在司法实践中还存在价格认定报告、审计报告、环境监测报告、火灾事故调查报告等，它们在证据种类上也都曾存在一定争议。2012年《刑诉法解释》第87条在解决上述问题上作出了一定努力，但是没有从根本上解决上述问题。该条规定，"对案件中的专门性问题需要鉴定，但没有法定司法鉴定机构，或者法律、司法解释规定可以进行检验的，可以指派、聘请有专门知识的人进行检验，检验报告可以作为定罪量刑的参考"。首先，该条仅适用于检验报告，不适用于其他类型的报告。其次，该条没有认可检验报告的证据地位，仅规定其可以作为定罪量刑的参考。

众所周知，司法实践中的专业性问题层出不穷，司法鉴定范围之外各类报告的使用已经成为常态。这些报告的使用不仅突破了检验报告的限制，也突破了"作为定罪量刑的参考"的限制。大量的此类报告已经被作为定罪量刑的证据。[34]现行《刑诉法解释》第100条和第101条对于解决上述问题、明确证据种类的开放性向前迈进了一大步。第100条规定："因无鉴定机构，或者根据法律、司法解释的规定，指派、聘请有专门知识的人就案件的专门性问题出具的报告，可以作为证据使用。"第101条规定："有关部门对事故进行调查形成的报告，在刑事诉讼中可以作为证据使用……"上述规定一方面突破了2012年《刑诉法解释》第87条仅适用于检验报告的限制，将适用范围扩展到鉴定范围之外的所有有专门知识的人就案件的专门性问题出具的报告和有关部门对事故进行调查形成的报告；[35]另一方面，明确了上述报告"可以作为证据使用"，而不再是仅仅"作为定罪量刑的参考"。

现行《刑诉法解释》第100条和第101条是对《刑事诉讼法》第50条规定

34　参见李少平主编：《最高人民法院关于适用〈中华人民共和国刑事诉讼法〉的解释理解与适用》，人民法院出版社2021年版，第226页。

35　事故调查报告与有专门知识的人就案件的专门性问题出具的报告既有共同点，也有不同点。两者的共同点是，都具有专业性。两者的不同点是，前者的内容既包括对专门性事实的认定，也包括对专门性问题提出的意见；后者只是基于办案机关提供的材料对专门性问题提出意见。

的新的证据种类制度的具体化。[36]虽然上述条文只是明确将司法鉴定范围之外的各类报告纳入证据范围，但是结合《刑事诉讼法》第50条规定的新的证据种类制度，未来不应当再以相关证据不能被归入特定证据种类，而将其排除在证据之外。

结语

2012年《刑事诉讼法》第48条对1996年《刑事诉讼法》第42条的两处修改对证据属性理论和证据种类制度产生了较大的影响。将证据的概念由事实说修改为材料说，颠覆了传统的证据“三性”理论，确立了证据“两性”理论。由此，直接对证据的审查程序产生了影响。在事实说的证据概念背景下，证据的采纳和证据的采信是同时完成的，即对证据的审查属于一步式审查。在材料说的证据概念背景下，证据的采纳和证据的采信是分两步完成的，即对证据的审查属于二步式审查。将“证据有下列七种”修改为“证据包括”，表明了法定证据种类从封闭走向了具有一定开放性。这意味着我们不仅没有必要牵强地将相关证据归入特定的证据种类，更不能以相关证据不能被归入特定证据种类或不符合特定种类证据的相关要求为由而否定其证据资格。虽然上述修改距今已有数年，但是上述修改对证据属性理论和证据种类制度产生的影响尚没有引起充分关注。我们希望通过本文的研究能够引起理论研究、法学教学和司法实践对上述问题的关注。

36　参见李少平主编：《最高人民法院关于适用〈中华人民共和国刑事诉讼法〉的解释理解与适用》，人民法院出版社2021年版，第226页。

“诉讼模式转换论”下当事人在民事送达程序中的责任

——兼探讨“送达难”困局破解

罗恬漩*

【内容提要】 在民事诉讼中，送达是沟通法院与当事人的必要纽带，也是维护当事人诉讼权利和有效推动诉讼进程的重要保障。但长期以来，由于法院和当事人之间在送达问题上权责不明，且对法院科以较重的送达责任，直接导致当下司法实践中的送达困局。然而究其根本，却是我国民事诉讼在从职权主义向当事人主义转型过程中，只是侧重于实体方面的证明责任变化，却未能兼顾程序性事项证据提出责任的结果。因此，要解决送达问题，可借鉴美国当事人主义模式下的送达规则，同时重新审视和梳理我国民事送达程序中当事人的证据提出责任，促进民事送达由法院全责型向法院、当事人权责匹配型转型，多方合力和制衡，解决民事送达难困局。

【关键词】 送达　诉讼模式改革　程序性事项　证据提出义务

民事送达难、送达过于耗费司法资源等一系列送达困境长期以来都是学界与实务界共同关注的重要问题。笔者曾撰文认为，在我国当前司法改革的背景下，法院通过优化资源配置，加大有关民事送达的人财物投入，并恰当运用法解释学方法来理解、适用相关法律条文，可以在一定程度上缓解当下的送达困

---

* 罗恬漩——同济大学法学院副教授，主要研究领域：民事诉讼法学、司法制度。本文系2018年国家社会科学基金青年项目“司法体制综合配套改革背景下法官职业流动实证研究”（项目号：18CFX028）阶段性研究成果；本文同时受上海市级科技重大专项“人工智能基础理论与关键核心技术”（2021SHZDZX0100）和中央高校基本科研业务费专项资金资助。

境。[1]这一解决思路仍值得探索尝试。但同时还应注意到，我国民事送达困境的产生及解决出路并不仅仅在于法院，更为重要的是，还与当事人存在密不可分的联系。作为民事诉讼中最重要主体的当事人在送达问题上似乎难有作为，也无须作为，未能承担起其应有的责任，或者说在法院与当事人之间尚未形成有关送达之权责合理分配的规则体系。在民事诉讼模式由“职权主义向当事人主义转型”的理论命题下，以“权责对应”为观照基础，确立有关当事人与法院在送达成本、责任及风险承担上合理分配的规则，似乎可以成为解决民事送达困境的又一重要出路。[2]送达不能的诉讼风险应在法院与当事人之间合理分配。[3]有鉴于此，本文拟从当前法院“全责型”送达模式下的困境出发，立足于“诉讼模式转换论”[4]下当事人承担部分民事送达责任的必要性，着重讨论在当前民事诉讼法律规范内，基于法解释学方法，如何（更好地）划定/阐析或强化当事人的责任与风险承担，尤其是当事人在民事送达程序中的证据提出责任及其相应后果。

一、法院“全责型”送达模式下的送达困境

我国当前民事诉讼送达长期以来一直被视为法院职权范围内的工作，当事人无须承担送达义务及相应的责任，从而形成了法院“全责型”的送达模式。这种模式在全能政府、计划经济时代背景下或许有其某种程度的合理性与可行性，但随着政治、经济体制改革的推进，社会环境发生翻天覆地的变化，民事送达工作已经成为法院的重要负担之一，甚至在某些地区，成为审判法官难以承受之重。[5]而与法院疲于送达相对应的是，每年仍然约有10%的案件因无法送达导致案件审理周期延长或难以结案，严重影响了民事司法效率。同时，更

---

1 罗恬漩：《司法改革背景下送达困境与出路——以G省基层法院的送达实践为例》，载《当代法学》2015年第3期。

2 陈杭平：《“职权主义”与“当事人主义”再考察：以“送达难”为中心》，载《中国法学》2014年第4期。

3 陈杭平：《“粗疏送达”：透视中国民事司法缺陷的一个样本》，载《法制与社会发展》2016年第6期。

4 “诉讼模式转换论”是一个长盛不衰的话题，有关论述可参阅张卫平：《民事诉讼基本模式：转换与选择之根据》，载《现代法学》1996年第6期；江伟、刘荣军：《民事诉讼中当事人与法院的作用分担——兼论民事诉讼模式》，载《法学家》1999年第3期；孙笑侠：《两种价值序列下的程序基本矛盾》，载《法学研究》2002年第2期；韩波：《民事诉讼模式论：争鸣与选择》，载《当代法学》2009年第5期等。

5 罗恬漩：《司法改革背景下送达困境与出路——以G省基层法院的送达实践为例》，载《当代法学》2015年第3期。

为重要的是，在民事诉讼发回重审的案件中，约有10%是因送达问题所导致的。[6]在此意义上可以说，民事送达问题也在某种程度上制约着司法公正价值的实现。

具体来看，因送达问题导致的重审案件，基本上其问题都是出现在公告送达中。[7]我国《民事诉讼法》关于再审事由的规定中，“原判决、裁定认定的基本事实缺乏证据证明的”“原判决、裁定认定事实的主要证据是伪造的”“原判决、裁定认定事实的主要证据未经质证的”“未经传票传唤，缺席判决的”，以上事由都有可能因公告送达未能将诉讼材料交与被告，使得被告缺席审判，影响到法官对案件实体的认定，从而启动再审程序。以如下案件为例：

案例1：B系C的儿子，2006年9月11日C将其一套房屋赠与B。2007年11月12日，A以债务人C将房屋赠与B，无偿转让财产，损害其债权为由，将B诉至法院，要求撤销C与B之间的赠与合同。法院向B公告送达开庭传票后，经缺席审理于2008年7月3日作出民事判决书，判决撤销C赠与被告B房屋的行为。判决生效后，B向检察院申诉，检察院审查材料后提出抗诉，认为法院既没有采取传票和《民事诉讼法》规定的其他送达方式进行送达，也无证据证实B下落不明，即进行公告送达，严重剥夺了B参加诉讼的权利。法院启动再审后，判决结果是由于C与B之间的赠与行为在先，与A之间的借款行为在后，A起诉要求法院判令撤销C赠与行为的诉讼请求不能成立，应予以驳回。[8]

案例2：原告A诉被告B民间借贷纠纷案，因审判人员以邮寄方式向B送达诉状副本、传票等法律文书，邮件以“收件人长期外出”为由被退回后，径直公告进行开庭，判决后又以公告形式送达判决书。判决生效后，B以未被送达为由申请再审，原因是“公告前未向申请人及其家人进行送达，当时申请人的配偶、母亲等均在家，申请人在此期间未变更住址、家庭电话，家中亦有人常住”。法院再审审查后认为，未剥夺B的诉讼权利，驳回其再审申请。法院认为，在邮寄诉讼材料被退回、其他联系方式无法确定的情况下，采用公告方式向原审被告送达诉讼材料，符合法律规定。并且，虽然再审审理过中，B有补足其他证据，但原审认定事实基本正确，故而驳回B的再审申请。[9]

上述案件1中，原审经公告送达推定将诉讼材料送达被告，判决生效后原

6　范贞：《广东统一推行诉讼文书电子送达》，载《人民法院报》2015年1月5日，第1版。

7　实际上实践中公告送达的比例并不低，根据笔者调研发现，有许多地方的公告送达比例已经达到30%，特别是民间借贷类案件公告送达比例已经达到50%左右。

8　“张某与刘某海债权人撤销权纠纷抗诉案”，宁夏回族自治区高级人民法院（2012）宁民提字第34号民事判决书。

9　浙江省绍兴市上虞区人民法院（2016）浙0604民申4号民事裁定书。

审被告认为由于法院采取公告送达，并未真实将诉讼材料送给被告，因而导致判决认定事实错误，所以申请再审。而法院启动再审后，发现原审确实存在事实错误，从而作出改判。虽然案例 2 的被告也认为公告送达损害其诉讼权利，但因为被告的缺席判决并未影响实体认定，故法院驳回了被告的再审申请。所以，与其说是由于送达问题而导致再审，不如说是由于送达问题导致事实认定错误而引发再审。

由于当前我国民事送达主要是法院的责任，一旦因送达问题引发再审的，很容易将责任完全归于法院；但实际上，导致送达问题的还有另一重要因素，即当事人。笔者在调研中了解到，实践中当事人利用公告送达制造虚假诉讼的情况并非个案，而且呈上升趋势：当事人利用公告送达的拟制性和缺席审判的信息不对称性，人为制造无法实际送达的假象，然后进入缺席审判程序，通过捏造虚假的法律关系及伪造的证据，获得法院的缺席判决。[10]对民事司法而言，当事人滥用公告送达故意制造虚假案件，不仅损害相关利害关系人的利益，也损害司法秩序和挑衅司法权威。

以上问题虽然看似都发生在公告送达时，但实际上，由于公告送达是我国《民事诉讼法》规定的最后一种送达方式，正是因为整个送达程序存在问题，才在公告送达中凸显并爆发出来。上述案例实质上也反映了我国民事送达程序某种程度上的失灵或失范，需要从送达程序的整体进行分析和把握。因此，从以上分析来看，解决送达难的问题不能仅关注法院内部如何“送”，即如何分配送达资源，还应关注如何有效“达”；不仅不能只将送达的责任加诸法院，还应该明确和落实当事人在送达问题上的权责。

二、导致民事送达难的当事人要素分析

一般情况下，原告向法院立案庭递交诉状时，立案庭对诉状进行形式审查，如果是原被告同时来法院的，立案庭一般要求原被告同时签署“送达确认书”，此后所有的送达可以通过直接送达或送达协议上确认的地址进行邮寄送达，即使拒绝签收邮寄送达的，也会根据该协议推定为已经签收。如果只有原告一方来立案庭的，法院则要求原告一方签署“送达确认书”，此后原告的送达则按照以上方式进行；同时，立案庭会要求原告提供尽可能可以对被告进行送达的被告地址和联系方式，如目前许多法院要求原告提供被告的身份证号、家庭住址、联系电话等，法院再根据原告提供被告的联系方式和地址，与被告进行联系并

10　鲁为、张钢成、李东民、陈昶屹、魏玮：《促进诚信诉讼　维护司法权威——北京市海淀区法院关于防范与规制虚假诉讼的调研报告》，载《人民法院报》2012 年 12 月 27 日，第 8 版。

送达。

立案后，法院会根据《民事诉讼法》中对送达程序要求对被告进行直接送达、邮寄送达等，只有以上方法都无法送达给被告时，才根据《民事诉讼法》第 92 条规定，受送达人下落不明，或者用本节规定的其他方式无法送达的，公告送达。就笔者观察，除却对送达工作人员工作粗糙[11]和法院故意使用公告送达[12]外，最终会走向公告送达的只有三种情况：（1）受送达人确实下落不明；（2）原告通过故意隐瞒或谎报被告地址的方式恶意阻碍送达；（3）被告为了逃避诉讼或故意拖延诉讼而有意躲避送达。

1. 受送达人确实下落不明

受送达人确实下落不明的情况在实践中并不罕见，多发生于交通肇事类、民间借贷类、离婚类案件中，肇事人逃逸、债务人跑路时，受害人或债权人向法院起诉，却碍于无法获得更为详细的被告信息影响诉讼。一般情况下，法院对于无法送达的案件，都会要求原告提出证据证明：如果原告不能提供被告下落不明证据的，法院一般以没有明确被告为由，驳回原告起诉；只有原告能提供被告下落不明证据的，法院才进行公告送达。

案例 3：原告 A 诉被告 B 离婚纠纷，由于被告 B 刺伤 A 的嫂子后逃匿，法院无法对其进行送达，根据原告提供村委会的证明认定 B 出走，下落不明后，采用公告的形式送达。[13]

在案例中，被告 B 在故意伤人后逃匿，且所伤之人为原告 A 的嫂子，而原告 A 确实无法找寻被告 B 的下落，因此，这种情况下要对 B 进行送达是强法院所难。同时，原告 A 向 A、B 所在村委会开具被告 B 离家出走下落不明的认证材料，可以认定 B 逃匿下落不明后，法院根据 A 的申请对被告 B 进行公告送达。对于原告 A 来说，B 外出逃匿，逃于何地、何时归来均是未知数；且当地村委会对村民间情况较为熟悉，由村委会开具被告 B 下落不明的认证材料，在一定

11　如各地在公告送达的做法上极不统一，有的只在法院公告栏内张贴，有的在受送达人的住所处张贴。有的则根本没有张贴，只在卷宗中附一张公告底稿；有的通过法院报公布，有的通过其他报纸、电视、互联网等媒体公布。又如邮寄送达乱，在实践中，邮件回执上受送达人签名不实，受送达人的签名与法律文书上的姓名不一致，只有姓或只有名的情况时有发生。代为签名的，代签人的身份不明，难以确定代签人是否为同住成年家属。当按送达地址找不到被送达人，或者被送达人拒绝签收时，送达回执不能及时退回影响案件正常开庭。

12　如最高人民法院（2015）民申字第 1823 号民事裁定书显示，原审新疆维吾尔自治区高级人民法院生产建设兵团分院（2012）新兵民二初字第 8 号民事案卷中没有关于一审法院在公告送达被告诉讼文书前采用过其他方式送达的记录，且尚无证据证明被告在一审期间下落不明，原审被告未参加一审庭审。类似案件还包括甘肃省定西市中级人民法院（2016）甘 11 民申 19 号民事裁定书。

13　参见河南省周口市扶沟县人民法院（2013）扶再民初字第 1 号民事判决书。

程度上可以证明被告 B 确实下落不明。

2. 原告故意隐瞒或谎报被告地址

原告不愿意与提供被告的真实地址，往往发生在原告希望利用被告的缺席判决来获得自身的利益。

案例4：原告 A 诉被告 B 债权债务纠纷，故意提供错误的被告地址。法院送达人员多次上门无法送达后，采取公告送达。待法院进行缺席判决后，原告向法院申请执行被告财产时，被告才发现在自己不知道的情况下，自己的财产被一份生效判决约束。遂向法院申请再审。[14]

原告之所以虚假提供被告地址，是因为原被告之间曾经确实存在该债权债务关系，但被告已经将债务履行完毕，原告假借借条丢失名义私扣借条。因此，原告向法院起诉时该债权债务关系已经消灭，但原告为了骗取法院判决，故意提供错误的被告地址，以防止被告受送达后应诉而揭穿原告虚假诉讼的目的。如果原告确实有心隐瞒被告的地址，法院很可能无法找到被告。

3. 被告故意逃避送达

被告逃避送达是实践中最常出现送达不能情况的重要原因之一，主要指被告为了逃避诉讼或故意拖延诉讼而有意躲避送达。这种逃避并不一定需要被告逃往外地，例如在法院工作人员上门的直接送达中，被告在家却谎称不是本人，或被告家属谎称被告不在家，甚至被告及其亲属直接不开门，避见法院送达的工作人员；由于法院送达的工作人员在送达材料之前鲜少有认识被告的，所以很难识破被告或其家属制造的假象。又如在邮寄送达中，拒绝签收邮递员送上门的邮政专递，或谎称不是本人，邮递员也无法强制要求被告签收邮件。这些都为被告通过躲避送达来拖延或逃避诉讼提供了可能。

案例5：A 银行诉 B 合同纠纷案。一审法院以原告 A 银行没能提供被告地址为由驳回原告 A 银行的起诉。A 银行提起上诉，认为本案中被上诉人在办理贷款合同时，向上诉人提供了准确的地址，但现在被上诉人为了躲避债务，不在原地址居住，电话也变更了，故意使得上诉人无法联系到本人，主观上存在恶意，但上诉人能够准确提供被上诉人送达地址的情况下，起诉完全符合《民事诉讼法》第 119 条关于有明确被告的要求，故在此前提下，本案可以适用公告送达的方式处理。而不应该驳回上诉人的起诉。二审法院撤销原裁定，指令原审法院审理。[15]

在本案中，原告 A 银行在与被告 B 签订借款合同时，即与被告 B 签订了准

14 案例来源：笔者于 2019 年 6 月在广东某法院的调研笔录。

15 辽宁省锦州市中级人民法院（2017）辽 07 民终 359 号民事裁定书。

确的地址确认书，而在合同期限内，被告B也未曾向原告A银行申请变更地址，因此可以认为该地址是有效的；而在一审过程中，法院也穷尽了其他方式进行送达，仍无法送达的情况下符合公告送达的前提条件进行公告送达。因此二审认为可以适用公告送达，故撤销原审裁定，指令原审法院继续审理。[16]

以上三种情况说明，制造民事送达问题的还有可能是当事人。正是因为我国民事诉讼将送达的成本和责任都归于法院，法院承担送达所有权责，而当事人无须承担任何无法送达责任，才导致当事人钻送达的空子，制造送达问题。[17]当然，目前法院也在探索脱离“全责型”[18]送达的改革之路，更多地将责任和负担转移到当事人身上，如让原告尽可能多地提供被告的详细信息；或在其他送达方式无法奏效时，让原告向法院申请公告送达等。这些举措都是法院自身为了摆脱“全责型”送达的尝试之举，但远未触及该问题的根本，即导致当事人和法院之间在送达问题上权责不明的根本原因是我国民事诉讼从职权主义到当事人主义转型过程中，未能在程序性事项方面实现当事人主义的转型，具体到送达程序，则是没有规定送达程序中程序性事项的证据提出方面权责所致。

三、当事人主义模式中当事人在民事送达程序中的责任

虽然我国从20世纪80年代中后期开始，法院系统启动了由职权主义向当事人主义诉讼模式转变，这项改革一开始就以“强化当事人举证责任”为口号，强调应当把法院依职权收集证据为主的通行做法转变为证据主要由当事人自己收集并提交，法院负责审查证据的分工方式。[19]然而，遗憾的是，这种转型只是强调当事人对案件实体的举证，却未能兼顾程序性事项的证明，换句话说，在证明问题上，为实现民事诉讼程序的正常运行和实体法律关系纠纷的正确解决，民事实体法和诉讼法均规定了法律适用的事实前提，证明对象既包括实体

---

16 随着银行恶意借贷案件增多，实践中有不少法院向银行发出建议，在签订借款合同时先明确借款人的地址，以防借款人通过逃避诉讼来逃避履行债务。对于被告故意逃避送达，人为制造法院送达障碍，导致法院无法顺利送达诉讼材料，确实可以在总结经验的基础上，提前防范。

17 当事人制造的送达问题往往表现为“人难找”“门难进”“字难签”。参见山东省高级人民法院研究室：《关于民事案件送达问题的调研报告》，载《山东审判》2016年第4期；扬州中院课题组：《破解民事诉讼“送达难”的调查报告——基于扬州法院系统民事诉讼送达现状的分析与思考》，载扬州市中级人民法院网，http：//www.yangzhou.gov.cn/yzszjrmfy/fxyj/201701/a6131a737dbd4c27bd67-211cb02c44f0.shtml，最后访问于2021年5月19日。

18 笔者在对华南沿海省份调研时发现，据法院内部统计，送达工作占用法官助理及书记员80%的精力。

19 王亚新：《论民事、经济审判方式的改革》，载《中国社会科学》1994年第1期。

法上事实，也包括程序法上事实，但立法、司法和法学研究对于程序法上事实的证明对象、证明标准、证据提出责任、说服责任等问题则基本没有涉及，这种法学研究上的空白对于实践操作产生不利影响，在法院审判中造成对程序法上事实的证明问题参照或直接适用了对实体法上事实证明的相关规定和做法。[20]

送达本应是程序性事项，目前民事送达也逐渐走向独立的程序性事项。[21]但送达不可能只是法院行使职权就可以完成的程序性事项，还需要当事人的配合，但对于当事人在其中需要承担什么责任，如何承担责任，需要提出哪些证据，如何提出证据，则并没有过系统探讨。有鉴于此，可以借助域外对送达的规定，学习和借鉴送达程序中当事人和法院的权责分配及当事人在送达程序中应承担的提出证据的责任。

当事人主义诉讼模式下的送达可以美国为例。在1983年以前，仍由美国联邦法院的执行官或者由法院专门聘任的人对被告进行送达。但由于联邦执行官还有其他送达职责，该规定经常导致对被告送达时或向法院提出动议雇用特别送达人员时发生延迟。因此，目前《美国联邦民事诉讼规则》第4（C)（2）条就规定对个人的送达可以由年满18周岁且非诉讼当事人的人进行。在大多数案件中，原告的律师常常雇用一个警员或专业的送达人员进行送达文书材料。[22]在美国一般民事诉讼案件中具体如何操作，可以美国纽约法院对送达的规定为例。[23]

1. 送达人。在美国，送达是当事人的义务，但并不意味着当事人本人的送达是被允许的，与之相反，一方当事人在起诉时必须让其他人送达。该送达人并无职务规定，即使是朋友也可以送达，但必须年满18周岁。纽约法院还特别规定每人每年只能进行五次送达。

2. 送达方式。首先是个人直接送达：将诉讼材料直接送达给被告，送达时间应当在早上6点至晚上10点之间，且不能在周日或被告个人宗教节日送达。如果无法直接送达给个人的，可以进行代理送达，即将诉讼材料送达给被告之外的其他人，由此人将材料转交给被告，并同时将材料邮寄给被告。如果被告方也无其他人可以代收的，则可以在被告的住所或工作场所进行留置送达，并

---

20 黄海涛：《民事诉讼中的疏明责任初探》，载《法学家》2008年第4期。

21 正如有学者所言：送达制度通过改革在一定程度上缓解了司法资源和司法需求之间的紧张关系，部分送达事务逐渐从审判事务中分离出来，成为纯粹的辅助性、程序性的事务。参见王福华：《民事送达制度正当化原理》，载《法商研究》2003年第4期。

22 ［美］Joseph W. Glannon 著：《民事诉讼法》（第四版）注译本，孙邦清、李蓉、徐继军注，左秀梅校，中国方正出版社2004年版，第315页。

23 How Legal Papers Are Delivered（Service），http：//www. nycourts. gov/courthelp/GoingToCourt/service. shtml，最后访问于2021年1月20日。

同时将材料邮寄给被告。但值得注意的是，诉讼材料不能在首次无法送达时留置，而应在两次不同时间进行直接送达无果后，进行留置送达。

3. 送达责任。原告在向法院提交诉讼材料之前，必须对被告进行送达；如果原告没有按照送达规则进行送达，如原告本人送达，或首次送达即留置，或仅进行邮寄送达，或仅留置送达却没有同时邮寄送达的，被告可以向法院提起驳回原告诉讼的动议。原告方只有将诉讼材料送达给被告，并将完成送达的证明在送达宣誓书中阐明提交给法院后，才算完成送达。送达宣誓书中记载的内容包括：原被告姓名，送达人姓名，送达人承诺自己并非诉讼当事人且年龄满18周岁，送达人住所，送达时间，受送达人姓名、住所，是如何送达的；如果是将诉讼材料留置给被告外的其他人，则应当描述该接受送达诉讼材料人的具体特征（性别、年龄、估计身高、其他特征等）；如果是邮寄送达的，则承诺将所送达的材料以密封的方式邮寄给被告。完成以上内容后，同时将所送达的材料作为附件同时递交给法院。被告的答辩时间应当从原告方邮寄了诉讼材料并向法院提交送达宣誓书后才开始计算。

可见，在美国联邦及各州的司法实践中，原告向法院递交诉状后须在特定期间内负责向被告送达，否则起诉将被撤销。为此原告需要自行查询被告的姓名、住址等信息。[24] 甚至，根据正当程序条款的要求，“起诉状或者传唤状不符合法定的要求，或者原告在送达这些诉讼开始文书的程序上有瑕疵”，是被告提出驳回起诉动议的理由之一。[25] 从以上信息基本可以看出，美国民事送达主要是当事人的责任，在正常情况无法送达向被告送达时，原告应提出证据证明该情况且向法院提出延长申请；仍然无法送达的，则由原告承担无法提起诉讼或被驳回起诉的风险。

虽然美国民事送达对当事人要求很高，大陆法系国家在民事送达中对当事人的要求也不低。以德国为例，例如，虽然目前德国送达主要是法院依职权进行，但如果双方当事人都有律师代理的，可以由一方律师送达给另一方律师。同时规定许多当事人需要承担的后果，如《德国民事诉讼法》第179条规定，如无法律上的理由而拒绝受领送达，应将应交付的书状留置于住所或营业场所。受送达人没有住所或营业场所的，送达的书状将会退回。在此种情况下，书状视为已送达。[26] 而日本民事送达虽然完全由法院书记员、执行官等负责，但因

---

24 陈杭平：《“职权主义”与“当事人主义”再考察：以“送达难”为中心》，载《中国法学》2014年第4期。

25 谭秋桂：《德、日、法、美四国民事诉讼送达制度的比较分析》，载《比较法研究》2011年第4期。

26 丁启明著：《德国民事诉讼法》，厦门大学出版社2016年版，第46页。

被告居所不明等原因导致不能送达且无法补正时，法院可“命令”驳回起诉状。[27]可见，尽管大陆法系国家的送达是法院职权行为，但也与我国民事送达有很大差异，基本上同时规定了当事人在送达中应当承担的责任；以及送达不能时当事人需要承担的后果。

所以，无论是英美法系国家还是大陆法系国家中送达从来都不完全是法院的责任，甚至当事人还承担了一部分的送达义务。不管是基于法理层面的价值与逻辑分析，还是基于现实可行性的考虑，域外法治国家的上述做法都具有相当程度的可借鉴价值。因此，我国在“当事人主义”诉讼模式转型的大背景下，法院向原被告转移送达的负担及送达不能的诉讼风险是可行的，也是应该的。但是，迄今为止法院与当事人之间有关送达之负担及风险的分配并未形成明确、可预期的规则体系，更未达成具有正当性的新制度均衡。[28]也正因如此，导致原告和法院在送达问题上权责不清，如确认被告地址时互相推诿：法院寄希望于原告能够提供准确的信息，原告则希望法院帮忙查找被告到底在何处。而也是因为被告和法院在送达问题上权责不清，导致一旦在公告送达并判决后，被告再出现时，则往往立刻申请再审，将该案“错误”的原因都归于法院没有认真为其送达；而法院则认为应当由被告承担无法送达的后果。

归根结底，解决送达难权责分配问题需要回归“当事人主义”诉讼模式下如何重新分配法院与当事人的送达权责，而最直接表现在证据提出责任分配。具体而言，需要回应以下四个问题：第一，在起诉阶段，如何界定有“明确的被告”？第二，在确实存在明确的被告情况下，以什么方式对被告送达？第三，如何解释“其他送达方式无法送达的”，及被告“下落不明”？第四，如果被告确实“下落不明”，原告需要承担什么责任？若被告有意躲避诉讼，人为造成“下落不明”的局面，被告又需承担什么责任？

四、民事送达程序中当事人承担责任的路径探索

程序性事项证据提出的要求与实体事项证据提出的要求不同：当事人就程序性事项提出的证据只需使法官的认识或心证达到“疏明”的程序，就应视为已满足这种较低的证明标准，法官可认定当事人主张的程序性事项为真，并作

---

27 陈杭平：《“职权主义”与“当事人主义”再考察：以“送达难”为中心》，载《中国法学》2014年第4期。

28 陈杭平：《“职权主义”与“当事人主义”再考察：以“送达难”为中心》，载《中国法学》2014年第4期。

出相关的程序决定。[29] 所以在送达问题上，对当事人提出证据的要求并不高。另外，关于“疏明”需要注意的另一点，就是这种当事人旨在支持自己有关程序性事项的主张而提交证据的活动与“证明”实体事实的不同之处还在于，证据的提出和审查不一定必须经过法律明确规定的程序，而可以采取比较自由的方式方法。[30] 因此，就民事送达程序而言，当事人在其中所需尽的责任可以划分从起诉到立案再到诉讼过程中的不同阶段，分层次进行解读寻找对应路径。

（一）起诉阶段对送达所需的证据要求

起诉阶段对送达所需的证据要求是相对较低的，只需要能够确定被告即可。根据《民事诉讼法》第119条关于起诉的条件的规定，必须有“明确的被告”；根据《民事诉讼法》第121条关于起诉状应当记明事项的规定，应当记载“被告的姓名、性别、工作单位、住所等信息，法人或者其他组织的名称、住所等信息”。尽管我国民事诉讼已经实行立案登记制，但是对于原告起诉的基本要求，是能够确定被告。这种确定不仅仅是能够确定被告是谁，需要提供被告的具体信息，这些信息也是将被告与这个诉讼案件连接起来的桥梁。而这也是原告在起诉程序中应当完成的提出证据的责任，即原告需要证明确实存在被告这个主体，且这个主体是可以通过所提供的方式联系上的。原告未提供被告必要的身份证明（如身份证、工商注册信息）、有效联系方式且不能补交的，以被告不明确为由裁定驳回起诉。[31]

案例6：原告A公司向法院提出诉讼请求，请求判令被告B给付原告A货款89040元。但经法院审查发现起诉人A公司起诉状列写的被告B信息，只有姓名，无出生年月、住址、身份证号码等信息，不能确定明确的被告，法院告知原告补正，期限届满后原告仍未提供补正信息，因而裁定不予受理。[32]

案例7：原告A诉被告B不当得利，法院按照A在诉状中提供的地址多次寻找，均无法找到被告应诉。原告无法提供被告准确的送达地址，人民法院经查证后无法确定被告送达地址的，以被告不明确为由驳回原告起诉。[33]

在案例6、案例7中，由于原告无法提供被告的身份信息，等于诉讼无明确

---

29 王亚新、陈杭平、刘君博著：《中国民事诉讼法重点讲义》，高等教育出版社2017年版，第98页。

30 王亚新、陈杭平、刘君博著：《中国民事诉讼法重点讲义》，高等教育出版社2017年版，第98页。

31 陈杭平：《“粗疏送达”：透视中国民事司法缺陷的一个样本》，载《法制与社会发展》2016年第6期。

32 四川省攀枝花市西区人民法院（2017）川0403民初158号民事裁定书。

33 安徽省宿州市埇桥区人民法院（2016）皖1302民初9079号民事裁定书。

指向的对象，法院直接裁定不予受理，因为法院有理由相信这种诉讼对手的选择是不合理的，至少是不完整的。法院在权利所指向的义务主体不作为严格意义上的当事人进行争讼的情况下，进行审理并判断权利之有无，这种审理是有缺陷的。因为可能的义务主体未能有机会行使严格意义上的当事人所应有的全部诉讼权利。[34]

因此，如果原告在立案阶段无法提供被告的联系方式，目前法院对该案件都不予受理。然而，如果遇到原告在立案阶段能够初步证明存在这个被告，且案件经法院受理，只是在后来送达过程中无法确认被告的情况，则应要求原告对被告信息进行补强，或者是提供其他可以找到被告的信息。否则，在确实无法确定存在被告的情况下，法院应当驳回起诉。[35] 以上情况适用于除公告送达外的其他六种送达方式。

（二）立案后送达的证据提出责任

法院立案后，随即进入对被告送达相关诉讼文书的程序，此时对原告就送达证据的提出责任则需分情况分析。虽然我国《民事诉讼法》规定了多种送达方式，但按照法律规定，各种方式之间具有某种程度的递进性。即法院立案后，应当先采用直接送达；直接送达无果的，采用留置送达；不能采用留置送达的，有其他特殊送达困难的，可以采用委托送达或邮寄送达。

就目前司法实践来看，虽然《民事诉讼法》规定以直接送达为原则，其他送达方式为例外，但立案后若当事人地址在法院所在地的，一般都会进行直接送达；而在法院所在地以外其他地方的，则较多使用邮寄送达。这直接指向一个解释问题，即公告送达的前提条件是“其他送达方式无法送达”，是否意味着《民事诉讼法》规定的所有送达方式都必须一一穷尽？笔者认为并不需要。鉴于我国幅员辽阔，人口流动性大，且案件量极多，让法院对跨市或跨省的案件进行直接送达不太可能。因此，若被告在外地的，根据《民事诉讼法》第 88 条的规定，直接送达诉讼文书有困难的，可以委托其他人民法院代为送达，或者邮寄送达。[36]

---

34 严仁群：《程序性事项释明之探析》，载《江苏行政学院学报》2016 年第 5 期。

35 《最高人民法院关于适用简易程序审理民事案件的若干规定》第 8 条规定，人民法院按照原告提供的被告的送达地址或者其他联系方式无法通知被告应诉的，应当按情况分别处理，原告不能提供被告准确的送达地址，人民法院经查证后仍不能确定被告送达地址的，可以被告不明确为由裁定驳回原告起诉。

36 此外，《最高人民法院关于以法院专递方式邮寄送达民事诉讼文书的若干规定》第 1 条也规定，人民法院直接送达诉讼文书有困难的，可以交由国家邮政机构以法院专递方式邮寄送达。

在确立这一认识的基础上，法院若对受送达人进行直接送达的，[37]而受送达人不在原告提供地址，且当下无法适用留置送达的，可以要求原告提供证据证明被告确实居住在该住址，原告若能补强证据证明被告逃避诉讼，如被告本人出入该住所的证据等，则法院工作人员可以再次到该地址对被告进行直接送达或留置送达；否则可以没有明确被告为由驳回原告的起诉。

而法院若对在受送达人进行邮寄送达，如果返回的批条上写明“查无此人”，且法院确实无法与被告联系上的，可以驳回原告的起诉；[38]但原告能够证明被告就是住在该地址，故意逃避送达的除外。而如果返回的批条显示“拒收”的，说明被告存在恶意躲避送达的情形，[39]法院可以对被告进行公告送达。当然，如果原被告之间签署了送达确认书的，则会相对简化这个问题。

案例8：A银行与B有金融借款合同纠纷，A银行起诉至法院后，法院对B进行邮寄送达应诉材料，因“原址查无此人，且电联无果”，被退回法院。法院依据B向A银行申请贷款时，签署《文书送达地址确认书》一份，确认了A银行向其送达催收函、对账单等文书以及产生纠纷后法院送达司法文书的送达地址。对被告B进行公告送达。[40]

在本案中，尽管法院是直接通过邮寄形式对被告送达，但鉴于被告与原告在订立合同之时即签署《文书送达地址确认书》，确认了被告可供送达的地址，所以因被告提供地址不准确、送达地址变更未及时书面告知原告等情况，导致文书未被其实际接收的，文书退回之日视为送达之日。随着银行恶意借贷案件增多，实践中有不少法院向银行发出建议，在签订借款合同时先明确借款人的地址，以防借款人通过逃避诉讼来逃避履行债务。对于被告故意逃避送达，人为制造法院送达障碍，导致法院无法顺利送达诉讼材料的情况，确实可以在总结经验的基础上，提前防范。这种做法可以考虑推广到其他民事法律关系确定阶段。

（三）公告送达所需的提出证据要求

公告送达是送达兜底方式，但也是检验原告提供的被告地址是否真实有效

---

37 同样情况适用于委托送达时，受委托法院进行直接送达的。

38 实践中确实存在这样的做法，如河南省商丘市民权县人民法院（2017）豫1421民初1251号民事裁定书；吉林省双辽市人民法院（2017）吉0382民初531号民事裁定书；河北省石家庄市藁城区人民法院（2016）冀0109民初3599号民事裁定书；但也有法院在地址“查无此人”后进行公告送达，如宁夏回族自治区中卫市中级人民法院（2016）宁05民终899号民事判决书。

39 需要强调的是，当前邮寄送达中，也在收条上出现“查无此人”和“拒收”等原因事项使用的混乱，需要对司法专线的送达快递员进行邮寄送达规范化培训。

40 江苏省苏州市吴江区人民法院（2017）苏0509民初1000号民事判决书。

的最后一道防线：出于实践中确实存在原告隐瞒被告地址或被告故意躲避送达而走向公告送达的情况的考量，尤其需注意把握公告送达的条件认定。回归法律文本，我国《民事诉讼法》规定可适用公告送达的两个条件包括：一是"受送达人下落不明"；二是"其他方式无法送达"，择一即可。

就目前检索出的案例来看，几乎不存在直接以"受送达人下落不明"为由申请的公告送达。但实践中可否不采用其他方式送达而直接以被告下落不明为由公告送达？笔者认为，鉴于公告送达对受送达人的程序权利保护力度最弱，就现有法律规范来看，只有在符合《民法典》第40条关于"宣告失踪"的"下落不明"规定，且送达人已经被宣告失踪后，当事人才可以据此直接向法院申请公告送达；其他情况的，都必须先经过法院正常送达途径送达。

所以，一般情况下，如果法院通过正常送达方式无法送达时，可能是法院无法确认被告的真实存在；或可能是能够明确被告存在，但无法找到被告。当到了需要到公告送达的阶段，而法院仍无法确认被告真实存在的，为了保护被告的合法权益，法院可以无法找到确定的被告为由驳回原告的起诉；除非原告可以补充材料证明被告确实存在，且能够提交被告工作单位、居委会或村委会、当地派出所出具下落不明证明材料的，法院方可对被告进行公告送达。但出现法院能够明确被告存在但无法找到被告的情况时，原告可以进一步提出被告确实故意躲避诉讼的证据，如被告出入该送达地址的照片或录像，被告在送达地址附近的消费记录等，法院才可以通过公告送达的方式推动诉讼进程，当然，由此产生的实体和程序后果则由被告承担。

结语

在我国目前的法律框架内，从程序性事项证明的角度来逐渐完善当事人承担民事送达责任的方式，是解决当下送达难的可行路径。但从长远角度看，步伐可以更大一些，如完善民事送达的权责匹配度，借鉴域外对送达的做法，当双方当事人都有聘请律师时，可以由律师之间相互送达，既节省司法资源，又有助于律师对案情的把握，发挥律师在纠纷解决中的作用等。但或许更为重要的还在于，通过制度层面对送达责任的重新分配来规范引导生产生活交往活动。总之，"诉讼模式转换论"理念下的民事送达，应是以更符合诉讼规律的方式进行的制度设计和安排，促进民事送达由法院全责型向法院、当事人权责匹配的合作型转型，通过多方的合力和互相制衡，从而解决民事送达难困局。

逮捕批准机构的功能适当性审视

叶海波　刘梦妮*

【内容提要】改革开放以来，我国的捕诉部门分分合合，与之伴随的是激烈的理论之争。捕诉关系的改革涉及逮捕批准机构的再造，必须以《宪法》为根本遵循，符合功能适当原则。与捕诉分离模式相比，捕诉合一模式可能导致以公诉条件吸收逮捕条件，也不能必然保证“正确地”作出逮捕决定。人民检察院的内部结构再造应当抛弃诉讼阶段模式和追诉中心主义，立足《宪法》，围绕批准逮捕权展开，以构造功能适当的批捕机构为要务。

【关键词】逮捕批准　捕诉合一　捕诉分离　《宪法》　功能适当原则

引言

关于检察机关内部是否应当实行捕诉机构合一的争论历来已久，捕诉部门的关系也在捕诉合一和捕诉分离模式之间反反复复。[1]从1978年至1996年的18年间，我国实行捕诉合一为主的模式。[2]为了强化内部监督，1996年的全国检

---

* 叶海波——深圳大学法学院教授，博士生导师，深圳大学法学院副院长、最高人民检察院检察理论研究所法治前海研究基地研究员，主要研究领域：宪法学、监察法学；刘梦妮——深圳大学港澳基本法研究中心与澳门大学法学院联合培养博士研究生，主要研究领域：宪法学、刑事诉讼法。本文系2020年度国家社科基金一般项目“香港‘客卿’司法的实证研究”（项目编号：20BFX078）的阶段性成果。

1　参见伏波：《“捕诉合一”抑或“捕诉分离”实务考察与理论探究》，载胡卫列、董桂文、韩大元主编：《人民检察院组织法与检察官法修改——第十二届国家高级检察官论坛论文集》，中国检察出版社2016年版，第515页。

2　这一时期，最高人民检察院和地方省级人民检察院实行的是捕诉合一，市、县两级则是捕诉合一与捕诉分离并存。参见何永军：《犯罪、侦查与人权——一个观察者在L市区的见闻》，载樊崇义主编：《中国诉讼法判解》（第4卷），中国人民公安大学出版社2006年版，第119页。

察机关第二次刑事检察会议拉开了捕诉部门分别设置的序幕。此后，捕诉合一模式逐渐过渡为捕诉分离模式。[3] 由于捕诉分离模式下存在诉讼效率低下、侦查监督弱化、办案质量不高等诸多弊端，[4] 地方检察机关又相继推行捕诉合一的模式。[5] 22 年后，最高人民检察院再次部署在全国检察机关推行捕诉合一模式，[6] 随之而来的是再次的理论之争。[7]

实践中的捕诉关系为何反反复复？理论上的争议为何难以形成共识？捕诉关系改造涉及的核心问题是什么？究竟应当如何认识捕诉关系？这是实践一再提出的问题。对这些问题，学术界虽然有所研究，但“缺乏充分的理论上的论证”。[8] 另外，现有的研究更多地限于刑事诉讼法学的范围，甚至有观点认为捕诉关系改造是检察机关的内部职权组合和工作协调，[9] 将逮捕批准权行使组织的设置视为检察机关“随心所欲”的内部事务，忽视《宪法》第 37 条第 2 款关于逮捕的特殊结构安排。

在我国，捕诉部门实行一体化的制度安排，主要由检察机关统一行使这两项权力。[10] 在实践中，捕诉关系又具体表现为两种模式：捕诉分离与捕诉合一。后者又分为三种情形：批准逮捕部门与审查起诉部门合一（但承办人分离）、批准逮捕与审查起诉办案组合一（但承办人分离）、批准逮捕与审查起诉的承办人合一。当下讨论的捕诉合一主要指批准逮捕承办人（“批捕人”）和审查起诉承办人（“公诉人”）合一。[11] 从形式上看，捕诉关系改造确实是检察机关内部两个部门间分分合合的问题，但捕诉分离意味着设立专门的部门行使逮捕批准权，

---

3 参见张和林、严然：《检察机关内设机构的科学设置研究》，载中国检察学研究会检察基础理论专业委员会编：《新一轮检察改革与检察制度的发展完善——第四届中国检察基础理论论坛文集》，中国检察出版社 2015 年版，第 393 页。

4 参见许永俊、王宏伟：《捕诉合一办案机制研究》，载《国家检察官学院学报》2001 年第 1 期。

5 改革试点由沈阳市和平区检察院率先实行；2000 年，深圳市检察院和北京市一些区检察院跟进；2009 年，湖北省猇亭区等区检察院开始尝试；2015 年以来，在试点司法体制改革的过程中，越来越多的地方各级检察院实行捕诉合一。

6 参见尚黎阳：《重组刑事办案机构　案件分类捕诉合一》，载《南方日报》2018 年 7 月 26 日，第 A04 版。

7 2018 年 6 月 16 日，中国人民大学法学院召开了“‘捕诉合一’V. ‘捕诉分离’”学术研讨会。网络上随之也出现一系列关于捕诉合一的文章。

8 倪培兴、王玉珏：《捕诉一体化问题研究》，载《刑事法判解》2001 年第 2 期。

9 许永俊、王宏伟：《捕诉合一办案机制研究》，载《国家检察官学院学报》2001 年第 1 期。

10 参见倪培兴、王玉珏：《捕诉一体化问题研究》，载《刑事法判解》2001 年第 2 期。

11 参见伏波：《“捕诉合一”抑或“捕诉分离”实务考察与理论探究》，载胡卫列、董桂文、韩大元主编：《人民检察院组织法与检察官法修改——第十二届国家高级检察官论坛论文集》，中国检察出版社 2016 年版，第 516 页。

捕诉合一则是由公诉部门行使逮捕批准权。因此，从捕诉分离转变为捕诉合一的要害是改变行使逮捕批准权的机构。本文认为，承担特殊宪法功能的组织机构变革必须以宪法为依归，符合功能适当原则的要求。

功能适当是关于国家权力配置正当性的理论，这种理论认为，国家为了存续，必须制定规则，维护法律秩序，保障公共安全，供给公共产品。这些任务的完成要求形成具有特殊功能的国家权力，如规则供给要求形成立法权，法律执行要求设立行政权，争议的裁决要求创设司法权。这些具有特殊功能、以完成特定任务为目标的权力必须分配给能够承担这些任务的机构。[12] 德国联邦宪法法院指出："作为一个原则的权力在组织和功能上的分立，有助于政治权力和责任的分配以及对掌权者的监督；但其目的也在于，让国家能作出尽可能正确的决策，也就是，由具有最优前提条件的机关按照它们的组织、组成、功能和程序作出决策。"[13] 随着时代的发展，功能适当理论发展出如下内容："宪法所保护的基本权利中，非仅程序性的基本权利（如诉讼权与诉愿权），即实体性的权利亦同时具有组织和程序性功能，该项功能，质言之即课予国家有订定组织性和程序性规范以促进基本权利实现的义务。"[14] 这意味着，除了宪法上的权力和组织规范外，国家还应当制定法律规范，设立功能适当的组织机构，制定正当程序来保障基本权利的实现。概而言之，功能适当理论认为，在立宪的维度，应将具有特定功能的权力配置给最适合行使这项权力的国家机关；在宪法实施的维度，宪法设定具体权力并确认基本权利后，则应当设置功能适当的国家机关来行使国家权力，保障公民基本权利。无论是立宪还是行宪，都要禁止功能不适配的现象。[15]

功能适当理论虽然源于域外，但并非为我国《宪法》所不容纳，[16] 也是认识捕诉关系之争的恰当视角。《宪法》第 37 条宣告人身自由不受侵犯，其中第 2 款设计了结构独特的逮捕机制（见本文第三部分）。该条规定旨在保障人身自由和其他宪法权利，也是隐含式地授予公安机关、人民检察院和人民法院逮捕的相关权力，其中人民检察院行使逮捕批准权。基本权利保障的功能适当原则要

12 参见张翔：《国家权力配置的功能适当原则——以德国法为中心》，载《比较法研究》2018 年第 3 期。

13 BverfG E 68，1，86. 转引自张翔：《国家权力配置的功能适当原则——以德国法为中心》，载《比较法研究》2018 年第 3 期。

14 许宗力：《法与国家权力》，台湾月旦出版股份有限公司 1993 年版，第 141 页。

15 参见张翔：《国家权力配置的功能适当原则——以德国法为中心》，载《比较法研究》2018 年第 3 期。

16 参见张翔：《国家权力配置的功能适当原则——以德国法为中心》，载《比较法研究》2018 年第 3 期。

求检察院建立内部结构、组成方式、功能与决定程序均为最佳的组织机构来行使逮捕批准权，实现人权保障的宪法重托。隐含式授予的逮捕批准权也要求检察机关建立功能适当的组织机构作为该项权力行使的恰当主体。如前所述，捕诉关系改造的基本内容是重新塑造行使逮捕批准权的组织机构。因此，捕诉合一是否应当推行，当然取决于这一模式是否建立了功能最适性的组织机构，有助于承担宪法授予的逮捕批准职责，作出正确的逮捕批准决定。本文将从这一宪法视角出发，在梳理捕诉关系理论之争的共识与分歧、解析逮捕的宪法结构与基本功能的基础上，考量捕诉合一模式下的逮捕批准机构是否符合功能适当标准，进而检视检察机关的内部构造。

一、捕诉关系之争及其焦点问题

对于捕诉关系，一种观点认为应当将批捕部门和起诉部门合并，并且逮捕批准权和公诉权应当由同一检察官或者检察官办案组行使（实践中称之为“捕诉一体化”，本文统称为“捕诉合一论”）。与之相对的一种观点认为，检察机关内部应当分设两个部门，且由不同的检察官分别负责批准逮捕和审查起诉的工作（“捕诉分离论”）。这两种观点针锋相对，但也分享一些基本的共识。

捕诉合一论认为，在捕诉合一的制度安排下，可以避免重复审查，提高工作效率，也可以解决两个程序衔接不畅而带来的监督不力、侦查指引不一致等问题，还可以提升检察官素质能力和办案质量，更好地维护社会秩序，保障犯罪嫌疑人或被告人的人权。[17] 这一观点认为，尽管捕诉合一模式下“检察官会把起诉的证据标准运用到批捕中，以捕后证据标准引领批捕”[18]，“自觉或不自觉地以起诉标准代替批捕标准”[19]，但检察机关的法律监督属性决定了任何检察权的行使都应当客观公正，同时，基于诉讼机制的制约[20]和司法责任制的“倒逼”[21]，公诉人（批捕人）唯有在批准逮捕时保持中立，才能将出错的风险降到最低。总之，捕诉合一模式不会损害逮捕批准的中立性并导致逮捕功能

---

17 参见许永俊、王宏伟：《捕诉合一办案机制研究》，载《国家检察官学院学报》2001 年第 1 期；简言：《“捕诉合一”提供更加优质“法治产品”》，载《检察日报》2018 年 6 月 21 日，第 3 版；伏波：《“捕诉合一”抑或“捕诉分离”实务考察与理论探究》，载胡卫列、董桂文、韩大元主编：《人民检察院组织法与检察官法修改——第十二届国家高级检察官论坛论文集》，中国检察出版社 2016 年版，第 520 页。

18 参见邓思清：《捕诉合一是中国司法体制下的合理选择》，载《检察日报》2018 年 6 月 6 日，第 3 版。

19 倪培兴、王玉珏：《捕诉一体化问题研究》，载《刑事法判解》2001 年第 2 期。

20 比如不批捕、不起诉的复议复核制度、申诉制度。

21 如错捕和错不捕的责任追究。

的异化。[22]况且，“作为整个刑事犯罪追诉机制一部分的批捕和起诉机制的设立，也必须满足侦查阶段效率优先兼顾公平的追求目标”。[23]因此，应当推行捕诉合一。

捕诉分离论则认为，“长期羁押严重妨碍公民的人身自由权这一基本宪法权利，属于重大的程序性国家行为，因此不能由政府以其社会管理权限便宜行事、简单决定，而应当以司法的方式，即由独立的审查主体，听取羁押行为的利益方和不利益方双方意见后作出决定”[24]，进而主张逮捕批准应当坚守中立性，[25]以保障人权为要。捕诉合一纵然可以提高效率，但将两种截然不同的检察职权交由同一主体行使，必将导致逮捕标准的提高，侵害逮捕批准的中立性，进而导致逮捕批准权的不当行使，其弊端不言而喻。[26]这种观点认为，逮捕批准和审查起诉是两种完全不同的检察职权。在功能上，逮捕批准是实现裁判功能的程序，而审查起诉是一项控诉职能。在权力属性上，逮捕批准属于司法裁判权，具有中立、被动和监督的性质，而刑事公诉是积极主动的犯罪追诉权。[27]在价值追求上，逮捕批准旨在防止人身自由受到不当限制，刑事公诉则是代表国家要求人民法院追究被告人的刑事责任，目的是打击犯罪和维护社会秩序。[28]在侦查阶段实行捕诉合一，强调效率优先，轻视公正，“是刑事法治倒退的表现”[29]。在效果上，将逮捕批准和审查起诉的职权交由同一主体行使，将弱化该程序的独立价值，导致其失去原本的权属、定位和功能，异化成为审查起诉的“‘第一阶段’或‘工具’”，[30]导致审查批准权沦为公诉权的附

---

22 参见邓思清：《捕诉合一是中国司法体制下的合理选择》，载《检察日报》2018年6月6日，第3版。

23 参见许永俊：《多维视角下的检察权》，法律出版社2007年版，第144－145页。

24 龙宗智：《检察机关办案方式的适度司法化改革》，载《法学研究》2003年第1期。

25 参见闵春雷：《论审查逮捕程序的诉讼化》，载《法制与社会发展》2016年第3期。

26 参见伏波：《“捕诉合一”抑或“捕诉分离”实务考察与理论探究》，载胡卫列、董桂文、韩大元主编：《人民检察院组织法与检察官法修改——第十二届国家高级检察官论坛论文集》，中国检察出版社2016年版，第520页；孔璋：《现行检察体制内捕诉关系的论证——兼谈中国特色审前羁押司法审查制度的构想》，载《人民检察》2004年第5期；陈瑞华：《异哉，所谓“捕诉合一”者》，载微信公众号“中国法律评论”，2018年5月29日。

27 参见闵春雷：《论审查逮捕程序的诉讼化》，载《法制与社会发展》2016年第3期；龙宗智：《检察机关内部机构及功能设置研究》，载《法学家》2018年第1期。

28 参见闵春雷：《论审查逮捕程序的诉讼化》，载《法制与社会发展》2016年第3期。

29 赵燕：《错捕问题研究》，载《中国刑事法杂志》2001年第3期。

30 伏波：《“捕诉合一”抑或“捕诉分离”实务考察与理论探究》，载胡卫列、董桂文、韩大元主编：《人民检察院组织法与检察官法修改——第十二届国家高级检察官论坛论文集》，中国检察出版社2016年版，第515－527页。

庸。[31]总之，捕诉分离论采取人权保障优先的立场，认为捕诉合一侵损逮捕批准的中立性，进而会瓦解这一程序的人身自由保障功能，即使有助于提高诉讼效率，也不应推行。

虽然捕诉合一论和捕诉分离论对是否应当实行捕诉合一分歧严重，但这种分歧背后仍潜藏着基本的共识，这些共识其实也是争论的聚焦点。[32]一方面，双方都承认逮捕批准的中立性及其重要性（其本质是对人身自由价值的承认），都围绕着捕诉合一是否会影响逮捕批准的中立性展开立论，但双方对捕诉合一是否必然会影响审查逮捕中立性的认识完全对立。另一方面，双方都认可捕诉合一模式的效率价值，但捕诉分离论者认为，相较于对逮捕批准中立性价值的损害，捕诉合一带来的效率可谓得不偿失；而捕诉合一论者认为，捕诉合一极大地提高了诉讼效率价值，加之在侦查阶段应当坚持效率优先的原则，因此应当实行捕诉合一。

不难发现，双方都承认逮捕批准中立性和刑事诉讼效率价值的正当性，双方的根本分歧在于：捕诉合一是否必然会损害逮捕批准中立性进而影响逮捕批准权的正确行使？《刑事诉讼法》对逮捕和起诉规定了不同的条件，因此，这一问题就转化为捕诉合一是否会导致逮捕批准背离法定的条件？检察机关的逮捕批准权源于《宪法》第37条的授权，“检察机关内设机构不仅是检察机关的组成元素，也是检察权运行的载体和组织保障，所以对于捕诉职权的整合应当……确保检察职能有效发挥”。[33]因此，前述问题的实质是捕诉合一模式下以公诉部门吸收批捕部门，由公诉人行使批捕权，是否建构了行使逮捕批准权的最佳组织机构？这一改革是否符合宪法设置逮捕批准权的意图？是否符合前述的功能适当原则？

二、逮捕批准的宪法功能

逮捕源于《宪法》第37条第2款和第74条的规定。前者规定“任何公民，非经人民检察院批准或者决定或者人民法院决定，并由公安机关执行，不受逮捕”，后者规定“全国人民代表大会代表，非经全国人民代表大会会议主席团许可，在全国人民代表大会闭会期间非经全国人民代表大会常务委员会许可，不

31 参见闵春雷：《论审查逮捕程序的诉讼化》，载《法制与社会发展》2016年第3期。

32 参见孙谦：《司法改革背景下的逮捕权问题》，载《中国法学》2017年第3期。

33 伏波：《“捕诉合一”抑或“捕诉分离”实务考察与理论探究》，载胡卫列、董桂文、韩大元主编：《人民检察院组织法与检察官法修改——第十二届国家高级检察官论坛论文集》，中国检察出版社2016年版，第515－527页。

受逮捕或者刑事审判”。后者赋予人大代表特殊人身自由保障权，前者则是关于逮捕的一般规定，确立了逮捕的三分结构。逮捕的规定位于《宪法》第二章“公民的基本权利和义务”，作为刑事强制措施的一种，逮捕的“适用与实施应当以宪法所规定的公民基本权利为基础，即公民的宪法性人权应作为刑事强制措施适用所尊重的基础”。[34] 人权保障是逮捕宪法规范的核心功能和价值，任何逮捕批准组织的构建均应当符合基本权利保障的功能适当要求。

（一）逮捕权的三分结构

《宪法》第 37 条第 2 款确立了逮捕的三个组成部分，即逮捕动议、逮捕批准和逮捕执行。对任何公民（包括全国人大代表）的逮捕都要经过动议、批准和执行三个阶段和程序。首先，逮捕并非刑事案件的必经程序，而是存在一个动议环节。根据我国法律的规定，公安机关、人民检察院、人民法院等根据案件实际情况的需要决定是否启动逮捕程序。其次，根据《宪法》的规定，对于逮捕动议，人民法院或者人民检察院行使审查权，批准或决定逮捕。需要说明的是，人民检察院和人民法院均可以动议逮捕，也可以批准逮捕，此时，逮捕动议隐含在逮捕批准或决定之中。最后，所有逮捕决定均由公安机关执行。每一次逮捕的完成都是逮捕动议、逮捕批准与逮捕执行三主体分工负责、互相配合、互相制约的结果。逮捕动议是逮捕批准行使的前提，而逮捕批准或决定则是逮捕的执行依据；反之，逮捕执行主体执行逮捕的权力制约逮捕动议和批准权。逮捕的宪法结构表现为逮捕动议权、逮捕批准权和逮捕执行权的分立与配合。

《宪法》在规定逮捕时，并未限定逮捕动议权行使的主体，逮捕动议权的行使主体可能与逮捕批准权主体发生混同。通常而言，逮捕动议权由侦查权主体行使，如公安机关等侦查机关[35]、人民检察院的侦查部门以及审判机关[36]。在审查起诉阶段，公诉人也可能成为动议逮捕的主体，当其发现存在应当逮捕而

34 郭烁：《新刑诉法背景下的强制措施体系》，载《政法论坛》2014 年第 3 期。

35 如国家安全机关等行使刑事侦查权的机关。根据《关于国家安全机关行使公安机关的侦查、拘留、预审和执行逮捕的职权的决定》《关于中国人民解放军保卫部门对军队内部发生的刑事案件行使公安机关的侦查、拘留、预审和执行逮捕的职权的决定》《关于走私犯罪侦查机关办理走私犯罪案件适用刑事诉讼程序若干问题的通知》的规定，国家安全机关、军队保卫部门和走私犯罪侦查机关也可以执行逮捕。

36 《最高人民法院关于适用〈中华人民共和国刑事诉讼法〉的解释》第 147 条规定对被告人可以决定逮捕。实践中，法院行使逮捕决定权有两种情况：一是检察院提起公诉的案件，在公安侦查阶段办理了取保候审且在检察院公诉阶段又办理了取保候审的，提起公诉后法院都会直接决定逮捕，以免被告人不到庭影响诉讼的进行。二是自诉案件，承办人认为属于疑难复杂的案件，可以决定逮捕。

没有逮捕的情形时，可以主动启动逮捕程序。[37]根据《宪法》和法律的规定，行使逮捕批准权的合法主体包括人民检察院、人民法院，以及县级以上人大会议主席团及其常委会。[38]在我国刑事诉讼体制下，批准逮捕是人民检察院的专门职能，[39]逮捕批准权主要由人民检察院行使。捕诉关系的理论之争也是在这一前提下展开的。

（二）逮捕批准的多元功能

现代宪法理论认为，宪法上的公民基本权利首先是一种主观权利，具有防御权和受益权的功能。基本权利的防御权功能是指基本权利的主要目的是确保个人免遭公权力的恣意干预，即国家负有不得非法侵害公民基本权利的消极义务。基本权利的受益权功能是指国家应当积极作为，为公民基本权利提供司法救济或物质帮助。[40]随着时间的推移，国家保护义务理论诞生。这种理论认为，“既然宪法规定基本权利的最根本目的就是真正实现公民的自由与平等，那么当公民基本权利遭到私法主体（私人）的侵害时，国家有义务采取积极有效的保护措施”。[41]国家所负有的这项防止第三方侵害的保护义务，源于基本权利作为客观法的属性，即基本权利不仅仅是公民可请求保护的主观权利，也是内含价值秩序的“法律”，国家必须积极作为实施这项“法律”。[42]《宪法》第37条第2款关于逮捕的规定，是基本权利上述三种功能的体现和要求，具有保障人权的重大价值。

首先，《宪法》关于逮捕的三分结构安排，旨在防范国家机关滥用逮捕强制措施恣意干预公民的人身自由。逮捕是羁押状态延续的前提，逮捕权滥用必然会造成严重的非法羁押状态。[43]考虑到这一点，逮捕的三分结构不是一种便宜行事的制度安排，而是有意制造一种权力分工式的程序机制，制约逮捕权的行使。“人身自由可说是公民的最基本的权利，很难想象一个公民在丧失人身自由的情况下能正常地享有其他权利和自由。”[44]因此，不言而喻，在人身自由条款中规定逮捕，对逮捕作三分式构造，特别是设置一个批准逮捕的环节和权力，

37 也可以退回公安机关补充侦查，同时建议公安机关动议逮捕。退回补充侦查是实践中的通常做法。

38 《全国人民代表大会和地方各级人民代表大会代表法》第32条。

39 《刑事诉讼法》第3条在确立刑事诉讼的分工时规定批准逮捕由人民检察院负责。

40 参见张翔著：《基本权利的规范建构》，高等教育出版社2008年版，第44页。

41 陈征：《基本权利的国家保护义务功能》，载《法学研究》2008年第1期。

42 参见张翔：《基本权利的双重属性》，载《法学研究》2005年第3期。

43 参见陈瑞华：《未决羁押制度的理论反思》，载《法学研究》2005年第5期。

44 何华辉著：《比较宪法学》，武汉大学出版社2013年版，第218页。

首要目标是限制逮捕这种强制措施的使用，制约侦查权，保护所有公民的人身自由权不受恣意干预。具体而言，主要保护的是犯罪嫌疑人或被告人的人身自由。

其次，作为对人身自由进行限制的强制措施，逮捕是国家履行基本权利保护义务的一种制度装置，以防范第三人对宪法上基本权利造成侵害。众所周知，国家履行基本权利保护义务的一个重要方式是将特定行为入刑，为公民基本权利提供刑法上的保护。[45] 逮捕是国家刑事机制的一部分。从规范类型看，《宪法》第37条中的逮捕规定并非组织性规范，不是直接授权国家机关逮捕权，[46] 但该条规定显然意味着国家可以依法采取逮捕措施限制公民的人身自由。“每一社会均须有保护自身不受犯罪分子危害的手段，社会必须有权逮捕、搜查、监禁那些不法分子。只要这种权力运用适当，这些手段都是自由的保卫者。”[47]《宪法》第37条第2款规定的逮捕，要保障的正是《刑法》所保护的全部公民基本权利。在现实生活中，通常是指被害人的基本权利。逮捕批准制度的建立意味着可以通过限制人身自由来保障宪法上的基本权利，因此，逮捕批准承担着保障被害人基本权利的功能。

最后，逮捕作为司法救济机制有效运作的装置之一，追求的则是诉讼效率价值，承担着保障刑事诉讼程序顺利开展的功能。如前所述，基本权利的受益权功能要求国家“创设某项旨在促进基本权利实现的制度”。[48] 这项制度主要是指司法救济制度。[49] 逮捕及其后续的审前羁押包含强制犯罪嫌疑人、被告人到案的内容，[50] 是刑事诉讼制度有效运作的保障机制。《宪法》只规定逮捕批准权由检察机关、审判机关、代表机关行使，逮捕执行权由公安机关行使，对逮捕动议权行使主体未置一词，为立法者分配逮捕动议权留下空间。据此，《刑事诉讼法》授权侦查机关行使逮捕动议权，保障侦查的进行，防止社会危害的发生，提高侦查效率；授权检察机关在公诉阶段根据需要动议逮捕，采取逮捕措施，保证公诉程序的顺利展开；授权人民法院在审判阶段行使逮捕权，保证审判程序的顺利进行。这种制度安排是逮捕的诉讼效率价值的要求和体现。

《刑事诉讼法》第81条对逮捕的条件作了严格列举，目的是控制逮捕权的

---

45 参见张翔：《基本权利的双重属性》，载《法学研究》2005年第3期。

46 参见张翔：《逮捕权配置与宪法相关条款的释义》，载《法制日报》2013年5月22日，第12版。

47 ［英］丹宁勋爵著：《法律的正当程序》，李克强等译，法律出版社2011年版，第117－118页。

48 陈征：《基本权利的国家保护义务功能》，载《法学研究》2008年第1期。

49 参见张翔著：《基本权利的规范建构》，高等教育出版社2008年版，第84－89页。

50 参见易延友：《刑事强制措施体系及其完善》，载《法学研究》2012年第3期。

滥用，以防侵害公民的人身自由，并在此前提下，保障刑事诉讼效率和公民基本权利。但该条使用了“可能”“企图”“危险”等用语，批准或者决定逮捕时存在极大的自由裁量空间。既然逮捕规定在《宪法》第37条（人身自由条款）中，因此，在批准或者决定逮捕时，必须遵循嫌疑人/被告人人身自由优先保障的原则。申言之，当第81条规定的条件出现时，仍必须追问采取逮捕措施是否会对嫌疑人/被告人的人身自由造成不必要的限制，而非当然地可以采取逮捕措施。在这个意义上，人身自由保护的价值和功能优先于被害人权利保障和诉讼效率的价值和功能。

三、捕诉合一模式的功能适当性分析

根据功能适当原则的要求，逮捕批准组织机构的建构要保证能够“尽可能正确”地作出逮捕决定。这要求逮捕批准部门的组成人员具有相当水准的专业能力和实务经验，对“可能”“企图”“危险”的判断精准；逮捕批准程序应当正当，保障嫌疑人/被告人、被害人、诉讼程序相关方（可能是侦查机关，也可能是公诉机关）平等参与的机会；逮捕批准权的制约机制有力而且周全，防止机会主义。总之，这个组织机构应当是适合批准逮捕并且确实做“正确”的批准决定。以功能适当标准考量，捕诉合一模式并未能建构这样一个行使逮捕批准权的功能最佳机构。

（一）功能适当性的理论分析

从捕诉合一模式的人员、程序和制约机制来看，这一模式下的人员专业素养较高，但这项改革并未引入新的程序和制约机制，未能提高其功能适当性，并且存在一定的程序正当疑问。

1. 人员

员额制改革后，入额检察官依法行使检察权，包括批捕权、公诉权等。员额制改革通过重塑检察官职业身份和待遇，推进检察员的正规化、职业化和专业化，同时破除检察机关的行政化。[51]入额检察官必须通过考试，由检察官遴选委员会统一遴选入额。入额检察官必须办案，完成一定的工作量。因此，无论检察官被分配到检察机关的哪一个内设部门，均具有极高的专业素养，也将承担基本的办案任务，积累实务经验。在这一改革背景下，无论是捕诉分离还是捕诉合一，均是由入额检察官担任批捕人，行使逮捕批准权，保证人员的专业素质。

51　参见丰霏：《法官员额制的改革目标与策略》，载《当代法学》2015年第3期。

2. 程序

在程序上，捕诉合一并不涉及逮捕批准程序的改造，如未引入听证程序，也不涉及批准程序司法化改造，因此对该组织的功能适当性并无增益。另外，捕诉合一模式下若固定地以公诉人担任批捕人，将会产生程序正当问题。

从当下的情况看，我国逮捕的动议主要产生于侦查和公诉两个阶段。侦查阶段包括公安机关立案案件的侦查阶段，也包括检察机关立案案件的侦查阶段，公诉阶段则包括公安机关和检察机关立案案件的公诉阶段，以及监察机关立案调查案件的公诉阶段。公安机关和检察机关立案案件进入公诉阶段后，公诉人认为需要逮捕的，可以决定逮捕。但实践中这个阶段决定逮捕的情形极为少见，本文不作讨论。侦查阶段的逮捕动议由公诉人审查决定是否批准逮捕，公诉人与逮捕动议人、犯罪嫌疑人和被害人之间并不发生身份混同，独立于后三者，是一个独立的裁判者。但在监察机关立案调查的案件中，公诉人在审查起诉时，决定是否逮捕，此时，公诉人与逮捕动议人发生身份混同，既是球员也是教练，理论上当然会偏向于决定逮捕，引发程序正当的疑问。[52]此时，批捕程序的诉讼化改革便十分重要。但如上所述，捕诉合一改造并未触及这个关键问题。

3. 制约机制

为了规范逮捕权的行使，逮捕批准权被置于多方的监督构架下，如对不批准逮捕的决定，侦查机关可以提出复议或复核；[53]又如人民法院、人民检察院（包括上一级）和公安机关如果发现对犯罪嫌疑人、被告人采取强制措施不当的，应当及时撤销或者变更。[54]一旦逮捕批准权的行使符合错捕[55]、错不捕[56]或者办案质量有缺陷[57]的规定，相关人员便须依法承担法律责任或者面临绩效考核扣分。但是，由于逮捕的证明方法属于"自由证明"[58]，尤其就社会危险性的证明而言，其"所依据的证据材料具有灵活多样的特点"[59]，尽管有《最高人民检察院、公安部关于逮捕社会危险性条件若干问题的规定（试行）》作为具体操作的指引规范，当中仍然存在较大的裁量空间，因而成为逮捕批准权滥用风险的主要来源。面对这一风险，逮捕的制约机制并未织造一道严密的"防盗网"，从而为逮捕/不捕机会主义和追诉中心主义留下了"可乘之机"。

---

52 公安机关和检察机关立案侦查案件在公诉阶段的逮捕情形中也存在这种程序性缺陷。

53 《刑事诉讼法》第92条。

54 《刑事诉讼法》第96条。

55 《人民检察院审查逮捕质量标准》第22条。

56 《人民检察院审查逮捕质量标准》第25条。

57 《人民检察院审查逮捕质量标准》第26条。

58 闵春雷：《论审查逮捕程序的诉讼化》，载《法制与社会发展》2016年第3期。

59 闵春雷：《论审查逮捕程序的诉讼化》，载《法制与社会发展》2016年第3期。

（1）逮捕/不捕机会主义

当下的制约机制对错捕和错不捕的监督并非平衡的，错不捕受到更为有力的监督。对逮捕申请不予批准的，侦查机关可以申请复核和复议，被害人也可以申诉。而对逮捕决定不服的，犯罪嫌疑人只能申请羁押必要性审查。两相比较，前者因为侦查机关的参与，受监督的力度显然更强。这意味着，如果不批准逮捕，经复议复核后构成错不捕的概率更大，而批准逮捕，就可以避免这一点。即便决定逮捕后还面临羁押必要性审查，但由于错捕的认定标准极为严格（见下文论述），也不会被认为法定的错捕。质言之，在当下的制约机制下，存在错捕的机会主义。

另外，错捕的认定标准极为严格，也加剧了错捕的机会主义。根据《人民检察院审查逮捕质量标准》第22条的规定，法定的错捕主要指三种情形：①因没有犯罪事实或者依法不应当追究刑事责任而撤销案件的（“撤销案件”）；②因没有犯罪事实或者依法不应当追究刑事责任而不起诉的（“法定不起诉”）；③因没有犯罪事实或者依法不应当追究刑事责任而被判决无罪并已发生法律效力的（“判决无罪”）。这一规定意味着，只要有犯罪事实或依法应当追究刑事责任的，即便不符合逮捕的条件而逮捕，也不构成错捕。这实质上降低了逮捕批准的条件。

需要特别指出的是，刑期折抵制度进一步将逮捕机会主义的效益最大化。对于虽然不需要逮捕，但可能判处徒刑的犯罪嫌疑人/被告决定逮捕，后期可以在执行刑罚时折抵。犯罪嫌疑人/被告被逮捕实际是先期服刑，待审判后无须服刑或再长期监禁。撇开合法性不谈，在人身自由的实质减损方面，并无根本差别。[60]但于诉讼而言，批准逮捕则可以带来实质性的利益：便于侦查，控制了社会危害性，保障了诉讼的有利进行。因此，这也会诱发批准逮捕。

上述的机会主义在现实中演化为逮捕率畸虚，而错捕率和错不捕率均极低的状况。[61]捕诉合一改革只是将逮捕批准权转移至公诉人手中，并未增设权力行使的制约机制，必然继承上述的缺陷。

除此之外，捕诉合一模式还可能导致不捕机会主义。由《人民检察院审查

---

60 当然，故意以先期羁押时长作为徒刑判决的时长的情形除外。

61 相关报告显示，2013年1月至2016年9月，共批准逮捕各类刑事犯罪嫌疑人3248058人，占79.86%，不批准逮捕819098人，占20.14%，逮捕后撤案率、不起诉率、无罪判决率分别为0.007%、1.4%、0.016%，合计1.423%。这大致等同于法定错捕率。公安机关对不批准逮捕案件提出复议复核18209人，检察机关重新审查后改变原决定1126人，占0.14%，这大致等同于错不捕率。参见曹建明：《最高人民检察院关于加强侦查监督、维护司法公正情况的报告（摘要）——2016年11月5日在第十二届全国人民代表大会常务委员会第二十四次会议上》，载《检察日报》2016年11月7日，第2版。

逮捕质量标准》对“错不捕”的认定条件可知，如果不批准逮捕之后，犯罪嫌疑人既没有实施新的犯罪，也没有严重影响刑事诉讼正常进行，且上级检察机关没有改为批准逮捕，即便经法院审理判处了有期徒刑以上刑罚并已发生法律效力，也不构成“错不捕”。捕诉合一模式下，虽然不批准逮捕的决定会受到侦查机关的挑战，但上一级检察机关亦是由公诉部门作为复核机关，因角色相同，自然也采用相同的复核标准（见下文论述），多数情况下会加以维护。因此，在不批准逮捕之后，一般而言，只要犯罪嫌疑人表现良好，公诉人就无须担负“错不捕”的风险。

（2）追诉中心主义

我国刑事诉讼总体结构在诉讼阶段论[62]的影响下表现出追诉倾向。诉讼阶段论认为刑事诉讼过程包含立案、侦查、起诉、审判、执行等若干环节，每个环节有其相对独立的任务和目的，但又相互联系。易言之，侦查、起诉和审判是处于平行地位的“三道工序”，对刑事诉讼目的的实现起着同等重要的作用。[63]由此，公、检、法三机关办理刑事案件“呈现出明显的‘分段包干’式流水作业现象，只有具体权限上的分工，而不存在司法权对于侦查、起诉权的严格制约”[64]。鉴于侦查和起诉活动都以追诉刑事犯罪为主要目标，在制约力度不足的情况下，刑事诉讼结构必然向追诉一方倾斜。逮捕审查居于侦查阶段之中，虽然由人民检察院行使，但检察院同时担负起诉职能，即便在捕诉分离制度下，逮捕审查权也难以保持其在应然层面的司法中立性[65]。因此，在这种阶段论式的结构中，检察机关居于起诉的阶段，必然以审查起诉为中心，而《宪法》授予的逮捕审查权则居于旁枝。

另外，我国刑事诉讼制度具有“两道门槛，多重质检”[66]的特征，立案、审查起诉是刑事检控的门槛；法院审判中的一审、二审、死刑复核类似于裁判质量的检查机制。“这种制度设计使得法院的审判成为质检连环的一部分，诉讼重心前置到侦查阶段，审判不是至少不全是对案件全面、实质审理的唯一环节，侦查才是全面、实质调查整个案件的重要阶段。”[67]这自然要求侦查措施实施到

62 诉讼阶段论源于苏联的刑事诉讼理论，其与审判中心论相对，后者在理论上否认侦查、审查起诉的诉讼性质，认为侦查和审查起诉只是审判的条件和准备活动。参见张建伟：《审判中心主义的实质内涵与实现途径》，载《中外法学》2015年第4期；周士敏：《刑事诉讼法学发展的必由之路——由审判中心说到诉讼阶段说》，载《中央检察官管理学院学报》1993年第2期。

63 参见樊崇义主编：《刑事诉讼法学》（第三版），法律出版社2013年版，第54页。

64 孙长永：《审判中心主义及其对刑事程序的影响》，载《现代法学》1999年第4期。

65 参见孙谦：《司法改革背景下逮捕的若干问题研究》，载《中国法学》2017年第3期。

66 张建伟：《审判中心主义的实质内涵与实现途径》，载《中外法学》2015年第4期。

67 张建伟：《审判中心主义的实质内涵与实现途径》，载《中外法学》2015年第4期。

位，逮捕措施是最重要的支撑和手段。加之公安等侦查机关在我国政权结构中的重要地位，“侦查中心主义”[68]“逮捕中心主义”[69]成为我国刑事诉讼制度的主要弊病。再加上检察机关的起诉权，我国刑事诉讼制度整体表现出一种追诉中心主义——公安机关负责侦查，人民检察院负责逮捕、起诉，合力“保证”刑事案件“捕得了、诉得出、判得下”。

值得注意的是，为实现有效追诉，检察机关的批捕部门和公诉部门均“被附加了控制侦查的功能”[70]——对于侦查质量不高的案件，检察机关可以通过不批准逮捕、不起诉决定加以过滤；对于侦查质量欠佳的案件，则通过补充侦查提纲（不逮捕、不起诉）或者继续侦查提纲（捕后），[71]引导侦查机关调查取证；对于重大、疑难案件，检察机关还可以通过提前介入引导侦查。[72]如此一来，检察机关通过侦查引导实质参与了侦查活动，其办案活动呈现出“以追诉为核心”[73]的主要特征。

诚然，随着当前大力推行以审判为中心的司法体制改革，司法权对侦查和起诉的制约力度会不断增强。但是，检察机关并未在逮捕批准机构的设置方面启动相应改革措施，而是通过捕诉合一改革将逮捕审查权与审查起诉权归于同一主体行使，加强对侦查活动的引导，其结果恐将使侦查与起诉的联系更为紧密，从而消解一大部分制约力量。

（二）批准逮捕的实践逻辑

在捕诉合一模式下，批捕人亦是公诉人，逮捕批准权的行使受到更为强烈的追诉倾向影响，审查逮捕与审查起诉的目标均体现为保障追诉的质量和效率，从而忽视了逮捕批准保障犯罪嫌疑人/被告人之人身自由的价值和功能。尽管追诉质效的提升也起到了缩短羁押时间的效果，甚至可能降低逮捕率，但这与逮捕批准权是否正确行使无关（并非基于逮捕必要性的考量），不能体现逮捕批准功能的适当性。申言之，在审查逮捕的自由裁量空间内，[74]公诉人的裁量标准以追诉质效吸纳了逮捕必要性。因此，捕诉合一模式不能完全保证公诉人作出

---

68 陈瑞华：《论侦查中心主义》，载《政法论坛》2017 年第 2 期。

69 王彪：《刑事诉讼中的“逮捕中心主义”现象评析》，载《中国刑事法杂志》2014 年第 2 期。

70 参见聂友伦：《监察机关批捕权配置的三种模式》，载《法学家》2019 年第 3 期。

71 《人民检察院刑事诉讼规则》第 257 条。

72 《人民检察院刑事诉讼规则》第 256 条。

73 参见聂友伦：《监察机关批捕权配置的三种模式》，载《法学家》2019 年第 3 期。

74 在《刑事诉讼法》《人民检察院刑事诉讼规则》《人民检察院审查逮捕质量标准》的明确规定之上，批捕人对于是否符合逮捕必要性，尤其是社会危险性的条件，仍然有较大的自由裁量空间。

“正确”的逮捕决定。下文根据动议逮捕提出的诉讼阶段差别分别论述。

1. 侦查阶段动议逮捕的情形

这种情形包括公安机关立案侦查和检察机关立案侦查的刑事案件。公安机关立案侦查的刑事案件包括普通刑事案件和未成年人刑事案件。未成年人刑事案件早已全面实行捕诉合一工作模式。[75]当下，普通刑事案件也实行捕诉合一模式，公诉人同时是批捕人。面对公安机关的逮捕动议，为保证追诉质效，公诉人在审查逮捕的自由裁量空间之内，有两种不同的倾向性选择：

一种倾向是在错捕机会主义和追诉中心主义的影响下，公诉人选择批准逮捕。而且，在批准逮捕之后，公诉人将“全力”引导侦查，保证案件“诉得出、判得下”。这一倾向的直接结果是逮捕率的攀升。如，黔南州两级院在实行捕诉合一后逮捕率整体上升了1.2%，其中都匀市院和瓮安县院的逮捕率分别上升了5.7%和5.2%；Y县检察院自2020年2月全面实行捕诉合一办案模式，该院2020年3—5月的逮捕率较上一年同期上涨了15%。[76]而捕后不诉率、捕后轻判率则与侦查取证的引导效果相关联，既可能下降，也可能转为上升。如，黔南州两级院的捕后不诉率和捕后轻判率在捕诉合一之后分别下降了0.3%和4.7%，但该州辖区内的都匀市院的捕后不诉率却上升了0.6%，瓮安县院的捕后轻判率也上升了1.7%。进一步分析案件的退查率和延期率，可以发现都匀市院和瓮安县院的案件退查率、延期率都有大幅上升——都匀市院的退查率由46.4%升至49%，延期率上升了10%；瓮安县院的退查率上升约8%，延期率则翻了1倍。[77]这表明，捕后不诉率与捕后轻判率的上升，可能是由于案件侦查质量较低或者该案本身就不符合逮捕条件。

另一种倾向则是基于不捕机会主义作出不批准逮捕决定，直接杜绝错捕、捕后不诉[78]或者捕后轻判[79]的风险，即便符合逮捕条件（如具有社会危险性）。

---

75 《未成年人刑事检察工作指引（试行）》第7条。

76 Y县检察院办案相关数据来源于笔者实地调研。

77 黔南州两级院、都匀市院、瓮安县院的办案数据来源于周昌丽：《浅谈“捕诉合一”轮案机制对检察工作的影响 以黔南州检察机关实行捕诉合一后案件办理情况进行分析》，载贵州省人民检察院：《贵州省检察机关2019年全省检察理论研究年会优秀论文集》，第156－163页。

78 根据《人民检察院审查逮捕质量标准》的规定，捕后法定不起诉属于错捕，捕后酌定不起诉属于办案质量有缺陷，捕后因证据不足不起诉不属于错捕或办案质量有缺陷。但在实践中，三种情况都属于“捕后不诉”，一并纳入检察办案质量考评范围，影响检察官的绩效考核（考核标准为一定比率，不超过该比率即为合格；但比率越低，表明办案质量越高）。

79 捕后轻判是指逮捕后被法院判处轻刑（拘役、管制、单处附加刑或者免予刑事处罚）或者缓刑的情形。捕后轻刑属于《人民检察院审查逮捕质量标准》规定的“办案质量有缺陷”，捕后缓刑不属于错捕或办案质量有缺陷。但在实践中，两种情况都属于“捕后轻判”，对检察官的绩效考核有所影响（考核标准也是设置一定比率，不超过该比率即为合格；但比率越低，表明办案质量越高）。

这种倾向的结果是不捕率上升、捕后不诉率和捕后轻判率下降。如T市A区院实行捕诉一体之后，不捕率由29.1%上升至32%，未出现捕后不起诉、捕后撤回起诉案件（捕诉分离时，捕后不起诉1人，捕后撤回起诉3人），捕后轻判率由8.7%下降至1.6%；[80]J地区捕诉合一试点单位在2015年至2017年间，不捕率连续上升，分别为19%、20.3%、23.8%，捕后不诉率则相比下降了12.5%；[81]江苏省无锡市检察机关2018年的不捕率较前四年的平均数上升了3.2%，其辖区内实行捕诉合一的基层院，捕后轻判率较捕诉分离的基层院低了约2%。[82]苏州工业园区检察院自2004年建院起就采用捕诉合一模式，仅在2016年曾尝试捕诉分设，2013年至2018年间，该院的不捕率一直高于全市平均水平；而捕后不诉（5人）只出现在2016年捕诉分离之时。[83]易言之，该院在捕诉合一期间呈现了“捕后必诉”的现象。

应当注意，不捕率的上升、捕后不诉率和捕后轻刑率的下降，并不必然意味着逮捕批准权得到了正确行使——在不逮捕的倾向中，公诉人基于不捕机会主义，可能漏捕符合逮捕条件的犯罪嫌疑人。而在逮捕的倾向中，公诉人也可能对不符合逮捕条件的人作出批准逮捕决定。因此，当公诉人将追诉质效，而非逮捕必要性，作为逮捕批准的考量因素时，尽管其有可能提升办案质效，但仍然无法保证逮捕权的正确行使。这种逻辑同样存在于检察机关立案侦查案件的逮捕审查之中。

2. 公诉阶段动议逮捕的情形

这种情形包括两种情况：一是公安机关、检察机关侦查的刑事案件进入公诉审查阶段后，公诉部门决定逮捕；二是监察机关立案调查的刑事案件移送检察机关依法审查提起公诉时，检察机关公诉部门决定逮捕。

对于第一种情形，公诉人在审查起诉时，认为应当逮捕被告人的，可以动议逮捕。在捕诉合一模式下，公诉人同时行使逮捕动议权和逮捕批准权，自然是基于追诉的需要，决定是否动议逮捕。追诉质效吸纳逮捕必要性的逻辑在这种情况下更为彻底。不过，在我国，这类情形极为少见。公诉阶段决定逮捕的情形主要存在于监察机关立案调查的刑事案件中。

---

80 数据来源于天津市河东区人民检察院课题组：《“捕诉一体”运行机制实证研究》，载《中国检察官》2020年第3期。

81 参见聂友伦：《监察机关批捕权配置的三种模式》，载《法学家》2019年第3期。

82 数据来源于李乐平：《捕诉合一的优势与实践价值——以江苏省无锡市检察机关捕诉办案实践为样本》，载《人民检察》2018年第8期。

83 参见王勇、闵钐：《捕诉合一的实践与思考——以江苏省苏州市苏州工业园区检察院办案数据为基础》，载《人民检察》2018年第12期。

根据《监察法》的规定，监察机关调查认为涉嫌职务犯罪的案件，移送至人民检察院依法审查，提起公诉；[84] 人民检察院在审理案件后，依法对犯罪嫌疑人采取强制措施并审查起诉。[85] 在司法实践中，这些工作均由同一名检察官办理，即实行拘捕诉合一的办案模式。公诉人事实上行使逮捕的动议权和审查权，会以追诉的需求来决定是否启动逮捕程序，逮捕权的行使同样遵循追诉质效吸纳逮捕必要性的逻辑，虽然监察机关是否采取留置措施对公诉人的逮捕决定也会产生影响。

(三) 小结

上文的分析显示，在理论的层面，捕诉合一改革并非以提升批捕机构的功能适当性为目标，并未对批捕人员专业素质、程序和制约机制作特别的改进，并不会提升批捕机构的功能适当性。在实践的层面，无论是哪种批捕场景，以追诉质效吸纳逮捕必要性是必然的结果，捕诉合一模式不能保证批捕权的正确行使。

四、逮捕批准机构的功能适当性改造

捕诉合一改革导致以公诉条件代替批捕条件，与捕诉分离模式相比较，也未能建立功能适当的批捕机构，不能保证逮捕批准权的正确行使，实现宪法设置批准逮捕权的功能意图。本文认为，应当围绕逮捕批准权再造检察机关的内部结构，开放功能适当性改造的制度空间。

《宪法》对人民检察院的地位进行了“双重界定”——“将检察院的宪法地位界定为检察机关，将检察院的性质界定为法律监督机关。”[86] 作为国家权力机关（人民代表大会）产生的检察机关，人民检察院依法独立行使检察权；作为承担法律监督任务的法律监督机关，人民检察院负责维护国家法制的统一。检察权是履行法律监督职责、具有法律监督性质的权力。在检察制度的发展过程中，检察权的权力谱系和结构不断发生变化。国家监察制度改革后，公职犯罪侦查权几乎全部易手于监察机关；近年来，检察机关被赋予民事和行政公益诉讼权。虽然检察机关的权力谱系和内容不断变化，但《宪法》始终未改变检察机关作为法律监督机关的性质。原因可能在于：检察机关享有逮捕批准权，

---

84 《监察法》第 45 条第 4 项。

85 《监察法》第 47 条。

86 参见田夫：《论“八二宪法”对检察院的“双重界定”及其意义》，载《东方法学》2013 年第 6 期。

而逮捕批准是最为重要的侦查监督机制。

众所周知，《宪法》虽然规定检察机关依法独立行使检察权，但对检察权的权力内容和谱系没有任何说明，逮捕批准是宪法唯一明确规定的检察机关行使的具体权力。与1954年《宪法》第89条的规定——“中华人民共和国公民的人身自由不受侵犯。任何公民，非经人民法院决定或者人民检察院批准，不受逮捕”——相比，现行《宪法》将“人民检察院批准”逮捕的表述提前，是进一步确认并强化由检察机关并且主要由检察机关行使逮捕批准权的权力分配原则。据此可推论，逮捕批准权是由《宪法》授予检察机关、支撑检察机关作为法律监督机关的唯一内容明确的宪法权力，检察权事实上是以逮捕批准权为基础，包括刑事立案监督、审判活动监督、民事行政监督、刑事执行监督、部分职务犯罪侦查等随情势变化而获得的权力。如果说检察权是一束光，逮捕批准权始终居于这束光的源点和中心，而其他权力则外散性地处于该光束的外端，情势变化类似于进入这束光外端的遮挡物，相应地，检察机关也会随时失去这些处于光束外端的权力。公职犯罪侦查权曾被认为是检察机关作为法律监督机关的关键，[87] 但国家监察制度改革打破了这种理论虚构。在国家机构改革“仍在路上”的变革时代，检察机关若要获得确定的宪法地位并保有法律监督机关的性质，唯有回归宪法，紧扣宪法授予的逮捕批准权完善内部组织框架，确保逮捕权的行使符合宪法的定位。

围绕逮捕批准权的内部组织构建意味着对诉讼阶段式的刑事诉讼总体结构的反思。在追诉中心主义的背景下，无论是捕诉分离模式还是捕诉合一模式，都缺乏对逮捕批准机构功能适当的重视，也都无法实现通过逮捕批准权制约逮捕强制措施、保障人身自由的宪法功能。《宪法》授权检察机关行使逮捕批准权，制约逮捕措施的使用，检察机关内部便不应当以前述诉讼阶段模式为据进行机构设置，更不应当以追诉为中心、追诉质效吸纳逮捕必要性的原则改革捕诉关系，而应当以逮捕批准权为中心设置多个并行的内部机构，同时承担其他的审查起诉、出庭支持公诉、抗诉、立案监督、侦查监督、审判监督等工作。最高人民检察院内设机构的改革表现出这样的形式特征——最高人民检察院设立的第一至第四检察厅根据案件类型分工，对承办的刑事案件审查逮捕、审查起诉、出庭支持公诉、抗诉，开展相关立案监督、侦查监督、审判监督以及相关案件的补充侦查。[88] 如果进一步实行检察官依法独立办案的内部安排，由一

---

87 参见田夫：《论“八二宪法”对检察院的“双重界定”及其意义》，载《东方法学》2013年第6期。

88 参见《最高人民检察院职能配置和内设机构设置》，载《检察日报》2019年1月4日，第4版。

个检察官（团队）行使审查逮捕、审查起诉等权力，虽然是实行捕诉合一，但如果改变追诉中心主义，以审查逮捕为中心工作，便打开了逮捕批准机构功能适当性建设的空间，也向前迈出了重要一步。在此基础上，理论界提出的诸多建议方才有推进的可能，如革新逮捕的理念[89]，推进未决羁押法治化[90]，建立听证审查逮捕程序[91]，实行逮捕批准的司法化[92]，建立具有实效的逮捕复核复议机制，[93]对逮捕与羁押进行分离，[94]等等。

捕诉合一或捕诉分离不必然导致逮捕批准权的滥用，根本的因素不是能否由承担审查起诉的检察官行使逮捕批准权，而是如何理解逮捕批准权的宪法功能及其功能适当性要求。进一步而言，最重要的不是谋求将批捕人和公诉人相分离，而是要以逮捕批准为中心，从组织结构、人员素质、程序正当和制约机制多层面建构功能适当的批捕机构。简单、教条式地反对捕诉合一或者捕诉分离，无益于检察机关内部机构的完善和宪法的实施。

---

89 参见孙谦：《司法改革背景下逮捕的若干问题研究》，载《中国法学》2017年第3期。

90 参见陈瑞华：《未决羁押制度的理论反思》，载《法学研究》2005年第5期。

91 参见叶青、周登谅：《关于羁押性强制措施适用公开听证程序研究》，载《法制与社会发展》2002年第4期；张泽涛：《构建中国式的听证审查逮捕程序》，载《政法论坛》2018年第1期。

92 参见郝银钟：《论批捕权的优化配置》，载《法学》1998年第6期；董林涛：《我国逮捕制度之目的回归与制度重构》，载《政法论坛》2015年第6期。

93 参见闵春雷：《论审查逮捕程序的诉讼化》，载《法制与社会发展》2016年第3期。

94 参见杨依：《我国逮捕的“结构性”错位及其矫正——从制度分离到功能程序分离》，载《法学》2019年第5期。

涉外继承中有利于遗嘱实现的实证研究

梅　傲　许珊珊*

【内容提要】有利于遗嘱实现是有利原则在涉外继承领域的具体表现。但通过对司法案例进行分析，发现有利于遗嘱实现遭遇了双重困境。一是法官依据当事人选择及直接适用最密切联系原则确定准据法的审判做法不利于遗嘱实现；二是因涉外遗嘱继承立法单一，遗嘱能力等其他遗嘱问题一概适用遗嘱效力的准据法不利于遗嘱实现。法院在审理涉外遗嘱案件的过程中，为实现有利遗嘱成立和遗嘱人利益保护的目的，应坚持有利原则，引入限制性意思自治，进一步完善遗嘱继承的法律适用规则。

【关键词】涉外继承　遗嘱继承　有利原则　有利于遗嘱实现　遗嘱人利益

“有利原则”是当今国际私法备受瞩目的确立准据法的原则，体现了尊重人的主体地位，维护私权的有效成立。[1]在涉外遗嘱继承领域具体体现为“有利于遗嘱实现”原则，而该原则又有以下两种表现方式：一是“有利于一定法律行为、法律事实有效”的规则，即“有利于遗嘱成立”的规则；二是“有利于遗

* 梅傲——西南政法大学国际法学院副教授，国际私法教研室主任，主要研究方向：国际私法；许珊珊——西南政法大学海外利益保护研究中心助理研究员，主要研究方向：国际私法。本文为教育部哲学社会科学研究后期资助项目“我国《涉外民事关系法律适用法》实施研究”（20JHQ073）的阶段性研究成果。

1　梅傲：《“人本说”：国际私法一种新学说》，载《现代法学》2015 年第 2 期。

嘱人利益维护”的规则。有利于遗嘱成立这一规则在国际条约中有所规定，[2]且影响深远。有利于遗嘱成立规则的运用能够避免被继承人遗嘱因形式上的瑕疵而导致遗嘱无效情形的出现，能够最大限度地尊重和保护遗嘱人在遗嘱中对其财富的处分权。而有利于遗嘱人利益维护规则的出现则是对遗嘱自由原则的回应。随着有利于遗嘱人利益维护规则的发展，越来越多国家在继承领域引入限制性意思自治原则，[3]使遗嘱人的遗嘱自由和利益得到有效的保障。有利于遗嘱人利益维护规则的运用避免被继承人遗嘱因适用法律的不确定性而导致遗嘱无效情形的出现，由遗嘱人选择其熟知的法律作为继承的准据法，能够最大限度地确保遗嘱内容符合准据法的规定，也能够确保其意思表示的真实性和完整性。

有利于遗嘱实现原则的运用是涉外遗嘱继承领域的一大特点，我国涉外遗嘱继承领域的立法及司法实践也遵循着有利于遗嘱实现的原则。然而，司法实践及立法不足对有利遗嘱实现原则的运行造成了现实困境。为了更好地在涉外遗嘱继承领域贯彻“有利原则”，促进我国涉外遗嘱继承领域法律适用法的完善，本文以2015年至2020年在中国裁判文书网上公布的50个案例为基础进行实证研究，分析涉外遗嘱继承领域中不同的司法实践做法，并针对该做法的影响展开详细论述，以期更好地贯彻有利于遗嘱实现原则。

一、实践检视：有利于遗嘱实现运行的效果分析

为厘清涉外遗嘱继承纠纷的司法实践情况，下文从案件的争议焦点、案件适用的冲突规范两个方面对案件情况进行整理、归纳。

（一）案件的争议焦点分布概况

对2015—2020年涉外遗嘱继承案件所涉争议焦点进行统计可知，所收集的50个案件中，涉及遗嘱有效性判断的案件44件，占比88%；涉及是否撤销遗嘱

---

2 1961年海牙《关于遗嘱处分方式法律冲突的公约》第1条规定：“凡遗嘱处分在方式上符合下列各国内法的，应为有效：1. 立遗嘱人立遗嘱时所在地，或2. 立遗嘱人作出处分或死亡时国籍所属国，或3. 立遗嘱人作出处分或死亡时的住所地法，或4. 立遗嘱人作出处分或死亡时的惯常居所地法，或范围、遗产的内容、继承的原则以及遗产分配等事项均由法律直接规定的继承制度。”

3 1987年的《瑞士联邦国际私法》第90条规定：“被继承人死亡时的最后住所地在瑞士的，遗产继承适用瑞士法律。立遗嘱的外国人可以选择其本国法律来调整继承关系。但是立遗嘱人在立嘱时已不再是该国公民，或已经加入瑞士国籍的，不适用上述规定。”1989年的《海牙死者遗产继承的准据法公约》第5条规定：“（一）当事人可以指定某一特定国家的法律支配其全部遗产的继承。但只是在该当事人于指定时或死亡时是该国国民或在该国拥有惯常居所时，这种指定方为有效……”第6条规定：“当事人可以指定一个或多个国家的法律支配其遗产中特定财产的继承。但是，任何这种指定不应妨碍适用依照第3条或第5条第1款应适用法律中的强制性规定。”

的案件2件，涉及遗嘱人行为能力认定的案件2件，占比分别为4%；涉及遗嘱内涵解读的案件1件，占比2%。

涉外遗嘱继承案件的主要争议焦点集中在遗嘱有效性这一问题。涉及撤销遗嘱、遗嘱人行为能力、遗嘱内涵等案件的数量较少。分析上述数据可知：一方面，遗嘱的有效性高达94%，法院在案件审理过程中遵循“有利于遗嘱实现”原则，尽量使遗嘱有效。所收集的案件中，仅有2个案件认定遗嘱无效，1个案件认定遗嘱部分有效：广东省广州市中级人民法院（2016）粤01民终6173号案件中，法院认为《我们的婚前协议书》和《协议书》不具有遗嘱效力，对原审判决予以纠正；上海市第二中级人民法院（2017）沪02民终1359号案件中，法院对原审法院关于委托书不具有遗嘱效力的认定予以肯定；福建省泉州市中级人民法院（2017）闽05民终6970号案件中，法院认定遗嘱部分有效。另一方面，涉及遗嘱撤销、遗嘱人的行为能力、遗嘱内涵等争议焦点的案件较少，在司法实践中并未引起较大关注，在解决这类案件时法院并未关注不同问题的特殊性，一概依遗嘱效力的准据法加以解决，不利于遗嘱实现，这也是我国涉外遗嘱继承领域冲突法立法单一所致的问题。

（二）案件适用的冲突规范分布概况

对2015—2020年涉外遗嘱继承案件所涉冲突规范进行统计可知，所收集的50个案件中，适用《涉外民事关系法律适用法》第32条的案件38件；适用《涉外民事关系法律适用法》第33条的案件41件；适用《涉外民事关系法律适用法》第3条的案件3件；适用《涉外民事关系法律适用法》第2条的案件1件。分析上述数据可知，涉外遗嘱继承案件中主要存在三种选法方式：第一种是依据选法规则确定准据法，即援用《涉外民事关系法律适用法》第32条[4]和第33条[5]确定适用的法律；第二种是根据当事人的选择确定准据法，即援用《涉外民事关系法律适用法》第3条[6]确定适用的法律；第三种是以最密切联系地法律为准据法，即直接援用《涉外民事关系法律适用法》第2条[7]确定适用的

---

4 《涉外民事关系法律适用法》第32条：“遗嘱方式，符合遗嘱人立遗嘱时或者死亡时经常居所地法律、国籍国法律或者遗嘱行为地法律的，遗嘱均为成立。”

5 《涉外民事关系法律适用法》第33条：“遗嘱效力，适用遗嘱人立遗嘱时或者死亡时经常居所地法律或者国籍国法律。”

6 《涉外民事关系法律适用法》第3条：“当事人依照法律规定可以明示选择涉外民事关系适用的法律。”

7 《涉外民事关系法律适用法》第2条：“涉外民事关系适用的法律，依照本法确定。其他法律对涉外民事关系法律适用另有特别规定的，依照其规定。本法和其他法律对涉外民事关系法律适用没有规定的，适用与该涉外民事关系有最密切联系的法律。”

法律。

在涉外遗嘱继承领域的选法问题上，法院的审判思路和裁判做法有所不同。需要注意以下三点：一是依据选法规则确定准据法的情形。部分法院在案件审理过程中，将具体选法规则与遗嘱人选法意志相结合以确定准据法，事实上承认了遗嘱人的选法自由，如上海市第一中级人民法院（2017）沪 01 民终 11681 号案件、福建省泉州市安溪县人民法院（2016）闽 0524 民初 5878 号案件。二是援用《涉外民事关系法律适用法》第 3 条的情形。根据我国涉外遗嘱继承冲突规范的相关立法，可知我国的涉外遗嘱继承领域并未允许当事人根据意思自治选择法律，但根据相关案例可知，部分法院已经认可了当事人在涉外遗嘱继承中选择准据法的行为，意思自治原则的适用范围已经拓展至涉外遗嘱继承领域，如福建省福州市晋安区人民法院（2017）闽 0111 民初 5194 号案件、北京市第二中级人民法院（2015）二中民终字第 11660 号案件。援用第 3 条允许当事人选择法律的做法，可能产生不利遗嘱实现的后果，其合理性值得商榷。三是直接援用《涉外民事关系法律适用法》第 2 条确定准据法的情形。法院不考虑具体法律冲突规则的适用，直接根据原则性规定确定涉外遗嘱继承纠纷的准据法，这一做法是否不利于遗嘱实现值得思考，如广东省佛山市顺德区人民法院（2015）佛顺法民初字第 468 号案件。

二、实践缺憾：有利于遗嘱实现运行的现实困境

法院在案件的审判过程中应遵循有利于遗嘱成立和有利于遗嘱人利益保护的规则。[8] 然而法院允许当事人选择法律、运用自由裁量权直接适用最密切联系原则，因法律规定单一从而将遗嘱的其他问题直接适用某一法律规定，这些做法都可能产生与有利于遗嘱实现背道而驰的结果。从微观层面来看，司法实践及立法不足会影响到有利于遗嘱实现在具体案件的选法过程中的运用，进而影响到案件裁判结果中对遗嘱人与当事人之间的利益平衡；从宏观层面来看，司法实践及立法不足造成的遗嘱不能实现会影响私法范畴中遗嘱人的私权自由，进而损害法院裁判的公正性及司法的权威性。

（一）涉外遗嘱继承案件的司法实践不利于遗嘱实现

1. 法官依据当事人选择确定准据法的法律问题

根据《涉外民事关系法律适用法》的规定可知，第 3 条应当在具体选法规则的适用无法确定准据法时，作为原则性规定补充适用。且涉外遗嘱领域的法

8 郑倩：《自由价值在我国遗嘱继承制度中的定位与落实》，载《法商研究》2016 年第 2 期。

律规定并未明确允许当事人进行选法。但司法实践中，遗嘱继承的法律适用已经突破了现行法律规定，允许当事人在遗嘱继承纠纷中进行选法。以福建省福州市晋安区人民法院（2017）闽0111民初5194号案件为例，法院以“本案讼争房屋在中国，且当事人并没有向本院提供荷兰法律”为由拒绝适用当事人所选法律，事实上却援用法律承认了当事人选择案件准据法的权利。以北京市第二中级人民法院（2015）二中民终字第11660号案件为例，法院直接以意思自治原则的法律规定，支持当事人选法行为，对一审法院在北京市西城区人民法院（2015）西民初字第04605号民事判决书中允许当事人选法的做法予以肯定。

有学者认为我国立法并未允许当事人选择准据法，国际条约及多数国家立法也未允许当事人进行选法，这一做法缺乏法律依据。[9]有学者认为直接适用当事人选择的法律是一种积极的尝试。[10]也有学者认为《涉外民事关系法律适用法》第3条可以适用于涉外遗嘱继承，但这种做法的问题在于未考虑具体法律适用规则的适用，意思自治原则应作为具体法律适用规则的补充。[11]笔者认为，司法实践中法院未适用具体法律规则而直接适用当事人所选准据法，且未说明理由，该做法突破了现行立法规定。此外，法律赋予了遗嘱人遗嘱自由，遗嘱作为单方法律行为，遗嘱继承法律关系的核心在于保障遗嘱权利人意志的实现，而非保障继承纠纷中当事人意思自由的实现，直接适用当事人选择的法律其合理性值得考量。以当事人选择的法律对遗嘱形式和效力进行认定，遗嘱纠纷的处理结果可能更有利于援引该准据法进行阐述诉、辩意见的当事人，却可能有损遗嘱人的遗嘱自由及利益。未考虑具体规则的适用，而直接适用当事人选择的法律对遗嘱的成立和遗嘱人利益的维护无疑是一种挑战。因而，司法实践中法院认可纠纷当事人选法自由的做法有待商榷。

2. 法官依据最密切联系原则确定准据法的法律问题

对于最密切联系原则的适用，首先需要判断具体法律规定是否能确定继承纠纷的准据法，如果具体规则的适用结果是准据法难以确定，则需要运用最密切联系原则，即最密切联系原则应当作为补充性规范予以适用。然而实践中却存在直接适用最密切联系地法律的情形，这种做法可能会导致适用遗嘱人预期以外的法律，从而增大法律适用的不确定性，不利于立遗嘱人利益的维护。以广东省佛山市顺德区人民法院（2015）佛顺法均民初字第468号涉澳遗嘱继承

9　向在胜：《海峡两岸涉外继承法律适用法之比较研究》，载《台湾研究集刊》2012年第5期。

10　余小凡：《我国涉外遗嘱继承法律适用之实证分析——以我国法院判决的19份裁判文书为研究对象》，载《宿州学院学报》2017年第8期。

11　刘宏：《我国涉外遗嘱继承法律适用的立法、理论与实践》，载《中国政法大学学报》2019年第5期。

纠纷为例。法院直接援用《涉外民事关系法律适用法》第2条第2款规定审查认定，本案涉案房屋在中国内地，适用中国内地的法律。

上述案件中法院对于最密切联系地的判断，不利于遗嘱实现。首先，法院适用《涉外民事关系法律适用法》第2条，以遗有财产房屋之所在地为该遗嘱的最密切联系地，仅根据遗嘱的财产属性进行选择准据法。法院不考虑具体法律规则中与遗嘱人联系紧密的连结点而直接适用财产所在地法，且未说明具体规则不予适用的理由，遗嘱人无法预先判断遗嘱效力审查的依据。尽管法官自由裁量适用的法律有一定合理性，但法律适用不确定性带来的遗嘱效力的不可预期性对遗嘱人遗嘱自由的实现造成了极大打击，私权自由难以实现。其次，法院不以具体规则中连接点指引的属人法为准据法，且不说明缘由地选定涉案房屋所在地法为准据法，忽略了作为遗嘱继承基本属性的人身性。法院仅以遗产分布地为联系程度的考虑因素是不妥当的，当涉案财产遍布各国时将难以确定联系的密切程度。最后，涉外遗嘱继承具体规则中规定的连接点与遗嘱人的联系程度明显高于财产所在地，联系程度最高的法律是具体选法规则中规定的属人法，而不是物之所在地法。若简单地认定财产所在地与遗嘱人有最密切联系，而忽略具体规则中连接点的考量，适用的法律可能会导致遗嘱效力不符合法律规定并造成遗嘱人利益受损的结果。[12]

（二）涉外遗嘱继承立法单一不利于遗嘱实现

涉外遗嘱继承领域立法单一导致案件审理中出现了法律适用混乱的问题。在遗嘱继承中，遗嘱能力的主要内容是审查遗嘱人订立遗嘱时的精神和智力状态以确保遗嘱人意思真实；遗嘱解释的主要目的是对遗嘱内容进行解释以探寻遗嘱人真实意思；遗嘱撤销、变更的主要功能是判断遗嘱人遗嘱能力及遗嘱方式的合法性。我国《涉外民事关系法律适用法》第33条中遗嘱效力一词可解释为遗嘱内容，以消解对遗嘱继承法律适用规定的缺失。[13]将第33条的适用范围限定为遗嘱内容合法性的判断，上述遗嘱问题将陷入无法可依的状态。此时因法律适用规定单一，在相关案件的审理过程中，法院只能一概依遗嘱方式或遗嘱效力的规定确定准据法，具体有以下三种情形。

1. 遗嘱能力适用遗嘱效力准据法的法律问题

当涉外遗嘱继承纠纷的争议焦点集中在遗嘱人订立遗嘱的能力这一问题时，

---

12 宋晓：《同一制与区别制的对立及解释》，载《中国法学》2016年第2期。

13 李建忠：《论涉外遗嘱法律适用制度的发展趋势——兼论〈涉外民事关系法律适用法〉第32、33条的解释与完善》，载《法律科学》2014年第1期。

法院以遗嘱效力准据法对遗嘱能力进行调整是实践中的普遍做法，但法院忽略了遗嘱能力问题的特殊性。在北京市西城区人民法院（2018）京0102民初37315号案件中，当事人提出遗嘱人张某立遗嘱时不具备作出遗嘱的意思表示能力。我国并无遗嘱能力的相关立法，法院依据遗嘱效力的冲突规则寻找这一争议焦点的准据法。最终，法官以被继承人立遗嘱时及死亡时的经常居住地为连接点，适用加拿大的《遗嘱、遗产和继承法》认定遗嘱人有遗嘱能力。遗嘱人张某的遗嘱能力是不同于遗嘱效力的问题，法院在法律的适用过程中却直接适用了遗嘱效力的规定。

遗嘱能力问题是遗嘱人的民事行为能力问题，与遗嘱人订立遗嘱时的精神状态等密切相关；而遗嘱效力是遗嘱的实质要件问题，与遗嘱人所立遗嘱条款的合法性问题等联系紧密。[14] 遗嘱能力和遗嘱效力是两个截然不同的问题，法院因遗嘱继承领域立法单一，无视遗嘱能力与遗嘱效力的差异性，一概适用遗嘱效力准据法的做法是存在问题的。此外，法院并未说明适用遗嘱效力准据法对遗嘱能力进行认定的原因，此时法院判决说理不充分、论证过程不缜密，当事人对遗嘱人民事能力的事实认定与遗嘱实质效力的法律适用之间的逻辑关系产生困惑，极易损害司法的公信力。

2. 遗嘱解释适用遗嘱效力准据法的法律问题

因缺乏相关立法导致遗嘱解释与遗嘱效力的法律适用混乱，遗嘱解释适用遗嘱效力准据法成为司法实践的一般做法，这种法律适用乱象可能造成遗嘱实现之困，如北京市第一中级人民法院（2019）京01民终5350号吴某等继承纠纷案。法院依据《涉外民事关系法律适用法》第33条确定准据法为澳大利亚法律。最终，法院以根据遗嘱效力的冲突规范所确定的准据法对遗嘱中争议内容进行解释，即通过查阅《英汉法律词典》并依据2006年《新南威尔士州继承法》对继承人范围、遗产范围进行解释。

虽然本案所适用的法律与被继承人存在密切联系，所适用的法律能够正确解读遗嘱内容及遗嘱人意思表示，但法律选择的过程与遗嘱解释的相关因素并无关联。具体而言，在法律选择过程中，法院在适用遗嘱效力的选法规则时忽略了纠纷中遗嘱解释的相关要素。若所依法律为偶然联系地法，那么可能会对“继承人范围”“遗嘱涉及的财产范围”等法律概念有错误解读，最终损害遗嘱人利益，导致遗嘱难以实现。因此，确有必要对遗嘱解释进行专门立法。

14 陈卫佐：《欧盟国际私法的最新发展——关于遗产继承的〈罗马Ⅳ规则〉评析》，载《国际法研究》2015年第2期。

3. 遗嘱撤销适用遗嘱效力准据法的法律问题

法律规定遗嘱撤销、变更的意义在于通过立法在保护特定继承人利益的基础上，保障遗嘱人的遗嘱自由。[15] 但我国的冲突法并未对遗嘱撤销、变更加以规定，法官在审理遗嘱撤销、变更问题时通常直接以遗嘱效力准据法进行调整，这给遗嘱的实现和遗嘱人利益的保护带来了挑战。以广东省广州市番禺区人民法院（2018）粤 0113 民初 9367 号案件为例，案件中遗嘱人共订立了 4 份遗嘱，法院适用《涉外民事关系法律适用法》第 33 条的规定，确定以我国法律为实体法确认撤销遗嘱行为的合法性："根据现有证据及当事人陈述，被继承人许某于 2016 年 3 月 18 日订立的遗嘱是其最后一份遗嘱，该遗嘱订立程序合法有效，是其临终前的真实遗愿，遗嘱内容涉及的遗产应按被继承人许某最后的遗愿办理。"

一方面，适用遗嘱效力的准据法不能保证涉外遗嘱纠纷中选法的准确性。该案中法院全然忽略了撤销遗嘱与遗嘱效力是截然不同的两个问题。遗嘱实质有效性冲突规范的适用范围仅限于对遗嘱内容的合法性进行认定，不包含对遗嘱人撤销、变更遗嘱的行为能力和方式进行认定。因而，本案的判决结果虽无不妥，但是选法过程存在问题。另一方面，适用遗嘱效力的准据法不一定能在结果层面上保证遗嘱人遗嘱自由的实现。在遗嘱继承纠纷中，若法院以遗嘱人死亡时的国籍国法律对遗嘱效力进行认定，也以该实体法对撤销遗嘱的法律行为进行调整，当该案中撤销遗嘱的行为与死亡时国籍国并无关联时，以该实体法对遗嘱人遗嘱行为及遗嘱方式进行认定的结果可能不利于遗嘱实现。此外，因无相关法律冲突规范，遗嘱人无法确定其撤销、变更遗嘱的行为效力将依何种法律进行审查，其行为效果如何亦无法确定，订立、撤销或变更遗嘱的行为将变得慎之又慎，遗嘱人的权利自由受到限制，最终会影响遗嘱的实现和遗嘱人利益。因此，应对遗嘱的撤销、变更另行规定法律适用规则。

三、实践经验：有利于遗嘱实现的运行保障

有利于遗嘱实现原则在涉外遗嘱继承领域的运用由来已久。法院在审理涉外遗嘱案件的过程中，为实现有利于遗嘱成立和遗嘱人利益保护的目的，进行了许多探索。下文将对实践中有利于遗嘱实现的做法进行分析，总结有益经验。

（一）立法层面的有益经验

涉外遗嘱继承领域的立法体现了有利于遗嘱实现，尊重被继承人在遗嘱中

15　陈苇、贺海燕：《论民法典继承编的立法理念与制度新规》，载《河北法学》2020 年第 11 期。

的意志，[16]有利于遗嘱实现的运行对社会效益的实现带来利好，应当继续坚持有利原则在涉外遗嘱继承领域的适用，使其发挥更大的功效。

1. 有利原则是实现良法之治的重要法宝

《涉外民事关系法律适用法》第32条、第33条的规定对遗嘱继承的形式及效力进行明确，弥补了我国长期以来对涉外遗嘱继承领域无明文规定的立法空白。遗嘱方式及效力的冲突规范中均规定了多个连接点，尽量使遗嘱有效成立。第32条中规定的连接点广泛，意味着遗嘱形式有效性的法律依据不再局限于本国法、住所地法，其准据法的选择范围有所扩展，且符合诸多连接点指引的法律之一均为有效；第33条中规定的多个连接点，意味着遗嘱效力适用的法律可以在多个连接点所指引的准据法之中选择，通常适用有利于遗嘱成立的法律。法律对遗嘱人私有财产的处分自由予以关怀，使遗嘱人的财产处分权免予不当干涉，“有利于遗嘱成立及有利于遗嘱人利益维护”的原则得以确立，彰显了我国“以人民为中心”的社会主义法治精神，对实现良法之治颇有益处。

2. 有利原则是实现社会效益的要求

通过相关案例可知，法院对遗嘱有效性的认定十分谨慎，实践中不乏一审认为遗嘱丧失有效要件、二审予以纠正的情况。法院通常会遵循有利原则，尽量使遗嘱有效成立，依据遗嘱条款确定遗产继承人、进行遗产分配，从而实现社会财富高效流转、减轻法院审理负担的目的。

一方面，运用有利原则能有效防止被继承人遗产无人继承、无人管理情形的出现，实现社会财富高效流转。法院在审理涉外遗嘱继承案件时，在众多连接点中选择有利于遗嘱成立的法律，能有效保证遗嘱不因形式要件的瑕疵而无效，亦有效避免遗嘱因公共秩序、法律强制性规范以外的其他原因丧失实质有效性。继承依据有效成立的遗嘱有条不紊地进行，遗产所有权将依遗嘱由其指定的继承人取得，顺利实现遗嘱人财富的传承，遗嘱人的私有财产不会因无人继承归于国家，也不会因无人管理发生损毁，客观上对社会财富的管理及稳定流转带来利好。[17]

另一方面，运用有利原则能帮助法官厘清遗产继承纠纷，减轻法院审理负担。首先，合法有效的遗嘱是最佳的遗产分配方案，既尊重了遗嘱人的遗产处分自由，又不易引起继承人对所得遗产份额的争议。其次，遗嘱对遗嘱所涉财产范围、享有继承权的自然人、继承者所得财产份额等内容予以确定，有效的

---

16 沈涓：《继承准据法确定中区别制与同一制的理性抉择——兼评〈涉外民事关系法律适用法〉第31条》，载《国际法研究》2014年第1期。

17 梅傲、戴宇倩：《民间财富传承的制度变迁：从继承到寿险和信托》，载《学术交流》2020年第10期。

遗嘱内容有助于法官厘清复杂的继承法律关系。最后，合法有效的遗嘱条款客观上有助于法官锁定有继承权的当事人、判定遗产分配方案，主观上有利于当事人之间继承纠纷的平息、判决说服力的提高，极大地减轻了法院的审理负担。

（二）司法层面的有益探索

涉外遗嘱继承领域的司法实践为贯彻有利于遗嘱实现原则，进行了积极探索，允许遗嘱人选法、运用最密切联系原则，对促进遗嘱成立、进而实现私法领域遗嘱人遗嘱自由颇有益处，实践所得经验应当予以吸收。

1. 允许遗嘱人选法：促进遗嘱实现的积极尝试

依我国立法可知，遗嘱人的遗嘱自由仅限于是否订立遗嘱处置其财产，尚无决定是否选法的权利。但从当前的司法实践来看，存在认可被继承人以有限意思表示指定实体法的情形，法官在一定程度上承认了被继承人选择法律的自由。司法实践中允许被继承人选择法律的方式主要有两种：一是根据被继承人指定的法律确定遗嘱形式的效力。二是根据被继承人指定的法律审查遗嘱继承纠纷。实践证明允许遗嘱人在有限的准据法范围内进行法律选择，有利于遗嘱成立和遗嘱人利益的保护。

根据被继承人指定的法律确定遗嘱形式的效力，所立遗嘱的有效性一般不会因违背法律规定的禁止性规定而丧失，最大限度保障了遗嘱的有效成立。以上海市第一中级人民法院（2017）沪01民终11681号案件为例，被继承人李某在其所留代书遗嘱中写道："以上意旨由立遗嘱人阐述游某笔记，宣读，讲解，罗某、徐某见证，符合民法代笔遗嘱旨规定。"被继承人以意思表示选择遗嘱形式适用我国台湾地区的相关规定，一审法院未认定遗嘱形式效力而二审法院则以李某死亡地、立遗嘱行为发生地、公证地均在我国台湾地区为由，依我国台湾地区相关规定审查认定遗嘱成立。本案中，被继承人在其遗嘱中选择以我国台湾地区相关规定审查认定遗嘱形式效力，法院虽未直接承认被继承人选择法律的有效性，但所适用的法律在一定程度上尊重了被继承人的选法自由。再以福建省泉州市安溪县人民法院（2016）闽0524民初5878号一审案为例，遗嘱人在遗嘱中明确声明"本遗嘱系应根据香港法律处理"，法院亦适用香港地区法律判断遗嘱的有效性。以遗嘱人选定的法律审查认定遗嘱方式的合法性，遗嘱形式一般不会因丧失有效要件而被认定无效。此外，允许遗嘱人在其所立遗嘱中选择准据法，尊重了遗嘱人在单方法律行为中的主体地位，彰显了遗嘱继承领域的私权自由价值，有利于一定法律行为、法律事实有效。

根据被继承人指定的法律审查遗嘱继承纠纷，能够兼顾遗嘱的成立和遗嘱人利益的保护。以福建省泉州市中级人民法院（2017）闽05民终6970号案件为例，被继承人在遗嘱内容中明确选择以我国香港地区的法律为实体法，法院则根据我国的冲突规范，认为“本案的立遗嘱人黄某为香港永久性居民，且在香港居住，立遗嘱（遗嘱行为地）及死亡时的经常居所地均在香港，故判定黄某所立遗嘱是否合法有效，应适用香港地区法律”。案件中法院未明确承认被继承人在遗嘱中选法的合法性，但法院最终适用了当事人选择的实体法，事实上认同了被继承人的选法自由。若遗嘱人在订立遗嘱时不能选择所立遗嘱适用的法律，最终依据法院所选准据法认定遗嘱的实质效力，这可能会导致遗嘱无效并否定遗嘱人的遗嘱自由。而法院在实践中赋予遗嘱人选定遗嘱所依实体法的自由，以其选定的法律审查遗嘱的有效要件，避免了遗嘱继承冲突规则中客观连接点较多引起的不确定性。

涉外遗嘱继承为私法范畴的法律关系，除非涉及国家利益和重大公共利益，公权力不会介入。[18]因而在这一领域，遗嘱人拥有以其意思自治处置财产的决定权，遗嘱人私权自由得以实现。但需要警惕因遗嘱人选法导致遗嘱丧失有效要件的情形。在处理涉外遗嘱继承纠纷时，尊重遗嘱继承关系中遗嘱人的法律主体地位，同时依据案件特殊性运用有利原则，灵活适用法律避免遗嘱因立遗嘱人不熟悉法律导致真实意志难以实现，二者兼用以维护涉外遗嘱继承领域中遗嘱人的利益。

2. 运用最密切联系原则：促进遗嘱实现的实践成果

《涉外民事关系法律适用法》第 2 条作为原则性规定，应当在具体法律规定第 32 条和第 33 条的适用不足以确定应适用的准据法时，作为补充规则予以适用。涉外遗嘱继承的司法实践中，最密切联系原则作为补充规则适用的情形有两种：一是法院运用最密切联系原则最终确定准据法。二是法院运用最密切联系原则最终确定遗嘱内容的含义。实践表明，该原则作为补充规则运用于遗嘱继承领域，对有利于遗嘱实现原则的贯彻及其运行效果的保障均有益处。

法院运用最密切联系原则最终确定遗嘱内容的含义，以上海市第一中级人民法院（2014）沪一中民一（民）终字第 3413 号案例为例，在董某诉顾某等遗嘱继承纠纷中，对遗嘱中有争议的内容，一审法院直接采用了翻译中的“或者”一词对立遗嘱人意思进行推定，二审法院则结合遗嘱的原文和美国法院对此的解释，综合判断，最终认为“该遗嘱条款明显不是选择性的条款，不能理解为‘或者’”。上述案件中，二审法院在无法明确有争议的遗嘱内容意思时，未直接根据遗嘱翻译推定立遗嘱人意思，而是与立遗嘱人的有最密切联系地国法院对遗嘱意思的认定相结合。美国与该遗嘱及立遗嘱人联系程度高，二审法院在对

18　梅傲：《论涉外法律适用的风险防控》，载《河北法学》2021 年第 5 期。

遗嘱争议内容的意思进行推定时，结合遗嘱原文和美国法院对此的解释，综合判断。遗嘱内容大多以文字为表现方式，但由于各国语言、文化的不同，法官在对涉外遗嘱的内涵进行理解时，对遗嘱内容的推定可能会因语言理解、适用的准据法与遗嘱人的真实意思产生偏差。进入涉外遗嘱继承案件的审理阶段后，遗嘱人的利益常常因各种因素无法得到保障，法官在审理涉外遗嘱案件时运用最密切联系原则，以与遗嘱人有密切联系的法律认定遗嘱条款的含义及效力，处理结果最大限度地贴近遗嘱人的真实意思表示。法官在案件审理中对个案进行分析并灵活适用法律，也使案件的审理结果符合法律实质正义的追求。

法院运用最密切联系原则最终确定准据法，以江苏省苏州市虎丘区人民法院（2019）苏0505民初1952号案件为例，在高某1与高某2遗嘱继承纠纷中，法院经审查认为："本案中原告与被继承人蔡某于2013年12月17日订立遗嘱的地点在澳大利亚墨尔本，被继承人蔡某死亡时的经常居住地、国籍国均为澳大利亚国。"本案以澳大利亚的法律为实体法。上述案件中，法院并未滥用自由裁量权，武断、草率地在众多连接点指引的法律中选择一个准据法，而是运用最密切联系原则，综合考虑了诸多连接点与被继承人的联系程度，最终确定以澳大利亚国法律为准据法。涉外遗嘱继承的法律适用规则规定了众多连接点，由法官依据连接点选择法律对遗嘱进行认定，所依准据法的适用结果可能妨害被继承人私权处分自由。而合理运用最密切联系原则，能有效避免遗嘱因其内容违背强制性规定而无效的情况，最大限度地保护遗嘱人的遗产处分权，实现法律赋予遗嘱人的财产处分自由。

根据上述司法实践做法的分析，总结是否有利于遗嘱实现两方面的实践经验可知：直接适用当事人选择的法律可能对遗嘱的实现不利，承认遗嘱人选法自由则会产生积极效果；涉外遗嘱领域中不同的遗嘱问题一概适用遗嘱效力准据法，其不利于遗嘱实现的结果亦使遗嘱人利益遭受损失，需对不同遗嘱问题的冲突规范进行规定。同时，最密切联系原则在确定遗嘱准据法、解释遗嘱等过程中作为原则性条款予以运用时产生的效益最佳，因而无须将最密切联系原则引入涉外遗嘱继承领域的立法。据此，提出以下立法建议。

四、实践指导：涉外遗嘱继承的完善建议

（一）引入限制性意思自治原则

在涉外遗嘱继承领域引入意思自治原则已是成熟的做法。[19]我国的《涉外

19　刘宏：《我国涉外遗嘱继承法律适用的立法、理论与实践》，载《中国政法大学学报》2019年第5期。

民事关系法律适用法》与之前的法律规定相比有一定的进步，但与国际社会及其他国家相比仍较为落后。因我国文化传统及家庭伦理观念的影响，被继承人的遗产传给其直系亲属或其他有血缘关系的近亲属似乎成了约定俗成的做法。继承成为被继承人死后为其子女提供生活保障、维护家庭利益的财富传承途径，为了使这种家庭财富传承渠道不被破坏，我国对遗嘱自由作出了一定限制，即不允许遗嘱人作出法律选择，也就是变相限制遗嘱继承。然而，实践表明允许立遗嘱人在有限范围内选择准据法有利于遗嘱实现，家庭财富传承的渠道亦不会因此损毁。引入限制性意思自治原则，其有限性主要表现在以下几个方面：

一是选法主体的有限性，在涉外遗嘱继承纠纷中有权对准据法进行选择的主体应当限制为遗嘱人，排除当事人选择法律的权利。实践中允许当事人选法，而允许争议双方当事人对适用的准据法进行选择可能损害遗嘱人利益。此外，允许双方当事人选择准据法可能造成选法的一致性难以达成，因而需要对选法的主体进行限制。

二是选法方式的有限性，即在涉外遗嘱继承中对准据法进行选择的方式仅限于明示。这也是国际公约和许多国家的一贯做法。要求遗嘱人在遗嘱中以明示的方式选择适用的法律，能够有效地确保遗嘱人遗嘱意思表达的完整性和准确性，也不会发生因法院根据默示选法规则对遗嘱人选择之法律进行推定，误解遗嘱人选法意思而对遗嘱人原有遗嘱意志的实现造成妨害的情形。此外，对遗嘱人选择法律的方式限定为明示方式，受理遗嘱纠纷的法院能够快速锁定遗嘱人选择的法律，确定法律适用的司法实践活动简便快捷，法院能够较好地保障遗嘱人意思自治的实现，降低因选法措辞模糊性而增加的法律适用难度。

三是选法范围的有限性，即在涉外遗嘱继承中遗嘱人以意思自治选择准据法的范围应当有所限制。遗嘱人准据法选择范围有限，这既能防止遗嘱人出于恶意任意选法，避免遗嘱人选法不切实际使遗嘱适用毫无实际联系的法律，又能够赋予遗嘱人选法自由，尊重遗嘱人的遗嘱意思。此外，在涉外遗嘱继承中赋予遗嘱人在有限的准据法范围内选法的权利，亦能提高法律适用的可预见性和准确性。

从我国的司法实践可以看出，涉外遗嘱继承纠纷中不乏立遗嘱人在其遗嘱中做出准据法选择的情况，我国的法院也许可这种做法，即允许立遗嘱人在符合我国遗嘱效力法律适用规定的连接点指引下进行准据法选择。允许遗嘱人在遗嘱中选择法律的做法，是对涉外遗嘱继承领域法律适用规范的一种突破和尝试，是有利于被继承人遗嘱成立和利益维护的实践。因此，我国有必要对这种有益的司法实践进行经验总结，将实践经验上升为理论，进一步完善遗嘱继承的法律适用规范：对被继承人以意思自治的方式选择遗嘱准据法的行为进行认可，将限制性意思自治引入遗嘱继承领域。

现行《涉外民事关系法律适用法》第33条规定的不足之处在于未引入限制性意思自治，因此可以根据司法实践的做法进一步完善该法律规范。如规定“遗嘱内容和效力，适用立遗嘱人明示选择适用遗嘱人立遗嘱时或者死亡时经常居所地法律或者国籍国法律。立遗嘱人没有选择法律的，适用上述法律中最有利于遗嘱成立的法律”。将“有利原则”写入法条，增强法律适用规则的灵活性，最大限度地保障立遗嘱人遗嘱自由的实现。

（二）完善遗嘱继承的法律适用规则

我国《涉外民事关系法律适用法》对遗嘱继承的规定能够尽量使遗嘱有效成立并实现对遗嘱人利益的保护。立法对具有不同性质的其他遗嘱问题之适用未予规定，实践中一概以遗嘱继承形式效力和实质效力的准据法进行调整，法律适用不利于遗嘱实现，亦可能导致遗嘱继承领域遗嘱人利益的贬损。遗嘱能力、方式等性质各不相同，应分别在立法中作出具体的适用规定。[20]

1. 遗嘱能力的法律适用

我国《涉外民事关系法律适用法》并未单独规定遗嘱能力的法律适用，仅于第12条[21]对一般冲突规范予以明确，然而这一规定的第2款不能适用于家庭和继承领域。该规定以行为地法律为补充之目的在于保障交易安全，但遗嘱继承领域不存在相关问题。因而就当前的立法现状而言，遗嘱能力只能依经常居所地法律进行调整。但是由于遗嘱人的经常居住地时常变动，经常居住地不易确定，且当实践中遗嘱人依经常居住地法律无遗嘱能力而依立遗嘱地法律有遗嘱能力的情况出现时，无法根据现行立法对其予以调整。

遗嘱人在某地订立遗嘱，应该对该行为地的法律有所了解，若其未表露相反的意思表示，则推定其服从行为地法律。且遗嘱人订立遗嘱的行为地是一个静态连接点，固定不变，与动态连接点经常居住地相比，其确定过程更为迅速且不易产生争议，将订立遗嘱行为地作为解决遗嘱能力法律冲突的连接点，而以经常居住地法作为补充有合理性。当依立遗嘱时的经常居住地法遗嘱人有遗嘱能力，而依死亡时的经常居所地法遗嘱人无遗嘱能力或者相反情况出现时，依有利于遗嘱实现的原则，确定遗嘱人的遗嘱能力。

20　梅傲：《我国区际继承法律适用之比较——同一制抑或区别制》，载《北方法学》2012年第4期。

21　《涉外民事关系法律适用法》第12条：“自然人的民事行为能力，适用经常居所地法律。自然人从事民事活动，依照经常居所地法律为无民事行为能力，依照行为地法律为有民事行为能力的，适用行为地法律，但涉及婚姻家庭、继承的除外。”

因此，可以对遗嘱能力的法律适用规则作如下规定：（1）遗嘱人的遗嘱能力，适用立遗嘱行为地法。（2）遗嘱人订立遗嘱，依照立遗嘱行为地法无遗嘱能力，依照立遗嘱时经常居所地法有遗嘱能力，则依立遗嘱时经常居所地法。（3）依照立遗嘱时经常居所地法无遗嘱能力，依照死亡时经常居所地法有遗嘱能力，则适用死亡时经常居所地法。

2. 遗嘱解释的法律适用

我国《涉外民事关系法律适用法》并未对遗嘱解释的法律适用进行规定，也未允许遗嘱人对此进行法律选择，实践中法院只能根据遗嘱效力的准据法对遗嘱进行解释。但遗嘱解释问题和遗嘱效力问题二者本质不同，[22]前者力求探寻遗嘱人的真实意思表示，后者探寻遗嘱人意思表示条款是否有违法律限制性规定，不应一概依据遗嘱效力的准据法进行调整。对遗嘱进行解释的目的在于最大限度贴近遗嘱人真实意思表示，因此遗嘱人在遗嘱中已作准据法选择时，应当依据其指定的法律推定遗嘱内涵。在订立遗嘱时遗嘱人通常仅以明示方式选择遗嘱所适用的法律，而明确遗嘱解释所依法律的概率极低，因而当遗嘱人作出准据法选择时可将该意思表示视作遗嘱解释的法律选择，并以该法律对遗嘱的文字、特定法律概念和用语等进行考量，推定遗嘱条款的真实内涵。

因此，对遗嘱解释的法律适用可以作如下规定：遗嘱的解释适用遗嘱人立遗嘱时的经常居所地法律。遗嘱的解释也可以适用遗嘱人明示选择的遗嘱人立遗嘱时或者死亡时经常居所地法律或者国籍国法律。

3. 遗嘱变更和撤回的法律适用

实践中通常根据遗嘱效力的冲突规范确定调整遗嘱变更和撤销的实体法，遗嘱的变更和撤销主要涉及遗嘱能力和变更、撤销方式两个方面的问题，而遗嘱效力则主要涉及遗嘱内容合法性的审查问题。对不同性质的法律问题适用一个冲突规范似乎不太妥当，应当对不同问题分别作出规定。此外，《民法典》第1142条第1款将“撤销”修正为“撤回”，因而在对遗嘱继承领域的冲突规范作出规定时，应当采用“遗嘱撤回”一词，以保证立法表达的科学严谨和立法体系的一致性。对此可以规定：遗嘱的变更和撤回，适用变更或撤回遗嘱时或死亡时的经常居所地法律。

4. 遗嘱方式的法律适用

遗嘱方式的法律适用规定多个连接点以促进遗嘱的形式要件有效成立，我国的立法符合世界各国对遗嘱方式冲突法的发展趋势。但我国规定的连接点范围仍然小于海牙《关于遗嘱处分方式法律冲突的公约》规定的范围，这就产生

---

22 杨立新：《我国继承制度的完善与规则适用》，载《中国法学》2020年第4期。

了是否需要进一步扩大遗嘱形式法律适用范围的疑问。遗嘱形式不涉及遗嘱内容的实质有效性，[23]不涉及一个国家的公序良俗、禁止性规定，对遗嘱的形式要件应当遵循“有利原则”，使被继承人订立遗嘱这一法律行为尽量有效。

连接点范围应增加住所地和不动产所在地。随着经济全球化的发展，各国人员流动性激增，遗嘱人的住所地、国籍国、经常居住地可能都不一致，为扩大准据法选择范围将住所地这一连接点写入冲突规范是有一定合理性的。而将不动产所在地这一连接点增进遗嘱形式的连接点范围，符合不动产适用不动产所在地法长期的司法实践，也符合增加连接点最大限度促使遗嘱形式有效成立的要求。遗嘱方式准据法的选择范围应当予以扩大，使遗嘱的形式要件尽量符合法律规定，促进遗嘱有效成立。因此，遗嘱方式的法律适用规则可以作如下规定：遗嘱方式，符合下列任一法律，遗嘱均为成立：一是遗嘱人立遗嘱时或者死亡时经常居所地法律、住所地法律、国籍国法律；二是遗嘱行为地法律；三是不动产所在地法律。

23　任江：《民法典继承编遗嘱形式要件效力解释论》，载《法商研究》2020 年第 6 期。

从 RCEP 展望 CPTPP：知识产权条款分析及对我国的启示

王晓丽　严　驰*

【内容提要】如今中国正逐渐提高对知识产权的研究与保护方面的关注，《区域全面经济伙伴关系协定》（RCEP）是中国新近签署的目前全球范围内经济体量与覆盖国土面积最大的区域自由贸易协定，其中知识产权编的内容占据了重要地位。文章将 RCEP 知识产权条款部分的内容与《全面和逐步跨太平洋伙伴关系协定》（CPTPP）中的知识产权编相对比，总结出两者间的相同之处和不同之处，并提出了相关背景下的分析和思考。根据该过程中透露出的信息与经验，分析了若加入 CPTPP 将会给中国带来的机遇和挑战，提出了对于在未来如何提升中国知识产权发展水平的展望。

【关键词】RCEP　CPTPP　自由贸易协定　知识产权保护　国际法

引言

习近平总书记在庆祝改革开放 40 周年大会上的讲话中提出我们要支持“开放、透明、包容、非歧视性”的多边贸易体制，促进贸易和投资自由化便利化，推动经济全球化朝着更加开放、包容、普惠、平衡、共赢的方向发展。[1] 正是借着这样的契机，我国在 2020 年底成功完成了《区域全面经济伙伴关系协定》（以下简称 RCEP）的签署，这将很大程度影响到未来整个亚太区域的经济及政

---

* 王晓丽——武汉理工大学法学与人文社会学院副教授，主要研究领域：环境法学、国际法学和法律英语等；严驰——武汉理工大学法律专业硕士研究生。

1 靳晓霞：《“一带一路”：人类命运共同体理念在经济领域的实践》，载《南京航空航天大学学报（社会科学版）》2018 年第 1 期。

治格局。自退出《跨太平洋伙伴关系协定》（以下简称 TPP）以来，美国一改之前对多边主义的支持态度，经常性地试图采取单边主义、贸易保护主义等不合理的手段来解决问题。在此之前世界各国的商贸谈判大多是通过世界贸易组织（以下简称 WTO）及其前身《关税与贸易总协定》（以下简称 GATT）来完成的，然而近年来大量区域自贸协定的涌现使得 WTO 的领导地位岌岌可危。比如在 RCEP 签署之前，日本主导的十二国参与的《全面与进步跨太平洋伙伴关系协定》（以下简称 CPTPP）以及日本和欧盟间签订的经济伙伴关系协定（以下简称 EPA）等都已经在很大程度上构成了对 WTO 发展的巨大挑战。

1978 年的改革开放至今已有 40 多年，在此期间我国经济实现了迅速腾飞。尤其是在成为 WTO 成员后，中国凭借着低廉的劳动力成本和不断降低的交易成本的优势通过招商引资、接受海外代工合同等方式迅速加入了国际贸易的生产分工体系中，这些方式推动了中国对外贸易量的高速增长和制造业的快速发展，同时也加快了中国工业化、信息化水平的升级。步入 21 世纪，各国的科技发展都突飞猛进，在这样发展的浪潮中我国紧跟脚步，提升了工业制造水平，完成了生产技术的更新迭代，实现了从“干脏活、累活”到“干技术活、漂亮活”的转变。在这样的过程中，我国对知识产权重要性的认识有所觉醒。如今随着全球知识产品贸易的日渐繁荣，在保护知识产权上全世界人民达成了共识，我国在发展提高科技创新水平的同时也更加注重知识产权规则的建立与完善。

一、RCEP 和 CPTPP 背景简介

2020 年 11 月 15 日，RCEP 正式签署。RCEP 是世界上市场规模与覆盖范围最大的区域自由贸易协定，除中国外，还包括日本、韩国、澳大利亚、新西兰以及东盟十国，占全球人口的近 30%，GDP 总量的 29%。RCEP 创建出了一种极具东亚特色的新规则和新发展模式，兼顾了“开放”和“限容”。[2]

2018 年 3 月 8 日，CPTPP 举行了签字仪式并于年底正式生效，11 个成员国领导人均出席了仪式。[3] CPTPP 的缔约国有日本、加拿大、澳大利亚、新西兰、文莱、新加坡、马来西亚、越南、墨西哥、秘鲁以及智利共 11 个国家，总人口近五亿，GDP 总量占全球的 13.5%，是亚太区域内首个大型的自由贸易区，也

2　杨娜：《全球经济治理机制的革新与探索——以 RCEP 的构建为例》，载《国际经贸探索》2020 年第 12 期。

3　石超：《从 TPP 到 CPTPP：知识产权条款的梳理、分析与启示——兼谈对中国开展知识产权国际保护合作的建议》，载《石河子大学学报（哲学社会科学版）》2019 年第 4 期。

是世界范围内第三大的自由贸易区。

二、RCEP与CPTPP知识产权规则的异同

RCEP知识产权章位于第十一章，是我国签署过的自由贸易协定（以下简称FTA）知识产权章中内容最为庞杂、覆盖面最广的。CPTPP囊括了原TPP中大多数内容，仅搁置了20余项条款。其知识产权部分位于第十八章，是在TPP的基础上暂停了11条形成的。以下归纳整理了RCEP与CPTPP知识产权章节部分的相同之处与不同之处：

相同之处：（1）RCEP第二节著作权和相关权方面的规定和CPTPP协定中H节版权和相关权利中的规定较为接近。RCEP新增加的对于禁止政府使用侵权软件进行的明确规定，也与CPTPP协定中的规定相重合。版权保护水平与TRIPs协议相比均呈现出世界领先水平。（2）RCEP第三节商标总体上与CPTPP协定C节相近，都将声音作为商标权客体进行保护，都添加了对于集体商标、证明商标、地理标志保护的规定。（3）RCEP第五节专利总体上沿袭了CPTPP协定中相关条款内容，细化了专利客体，扩大了范围并进行了反面排除。细化了专利审查、申请流程，推进专利制度水平和世界接轨。（4）RCEP第十节权利实施分为五个小节，包括一般义务、民事救济、边境措施、刑事执法和数字环境下的执法，与CPTPP协定中的整体大框架类似，并加入了原CPTPP协定知识产权章I节执法制度的大部分内容，例如：权利推定；法定赔偿；临时措施；败诉方承担律师费用；授权海关当局执法权；授予主管机关扣押或是销毁侵权货物的自主决定权；协助侵权也构成犯罪等。

不同之处：（1）RCEP在纳入CPTPP的基础上又新加入了《马拉喀什条约》《工业品外观设计国际注册海牙协定（日内瓦文本）》《罗马公约》，在原有的基础上顺应时代发展要求加强了对盲人、视障者和印刷品阅读障碍者获取出版作品，工业品外观设计等方面的关注；（2）CPTPP中第18.18条将气味作为可注册商标的类型，RCEP中目前并未对气味商标加以保护的规定。在驰名商标的保护方面，RCEP中虽然和CPTPP一样不以注册为要件，但并没有实现对商标的跨类保护；（3）CPTPP中第18.47条规定有对农业化学品未披露数据或其他数据的保护，RCEP中尚无相关的规定；（4）CPTPP中第18.58条规定了版权人的复制权可以通过电子的方式行使，并将复制权的权利范围扩大到了临时复制权，以上两点在RCEP中均未体现；（5）CPTPP中第18.74条规定了惩罚性赔偿的制度作为法定赔偿之外的补充性规定，而RCEP中第60条损害赔偿更侧重于我国民法传统的填平主义。保护力度上还有所欠缺；（6）CPTPP在第18.76条中规定了十分严格的边境措施，RCEP中的规定和TRIPs协议第51条相近，而

CPTPP 在此基础上还增加了“混淆性相似商标”，对侵权货物的范围进行了很大程度上的扩大。

RCEP 和 CPTPP 中知识产权保护条款的相同之处并不出乎意料，CPTPP 的缔约国中有多达七个国家在一起与中国推进 RCEP 的建设，其中起主导作用的四个发达国家日本、新加坡、澳大利亚、新西兰在 RCEP 协议谈判的过程中也影响颇大。本文重点关注的是两个协定中条款的不同之处。RCEP 和 CPTPP 的国家组成和结构并不相同，RCEP 协定达成的过程中充分体现出了复杂性和折中主义，虽然印度并未签署 RCEP，但也参与了几乎整个协商过程，因此 RCEP 的谈判成员不仅包括 TPP 中的七个成员国，还包括中国和印度这样的新兴经济体和发展中大国，[4] 以及缅甸、柬埔寨等国家。出于多方利益平衡的考量，RCEP 中不仅有远超 TRIPs 协议标准的“TRIPs-plus”条款[5]，也有对发展中国家的维护和妥协。RCEP 和 CPTPP 差异的主要原因是两者核心经济体国家政策上的不同。以日本为例，其在不同的发展阶段就呈现出了差异化的态度。CPTPP 的落地标志着日本在抢占区域合作先机、增加对美谈判筹码、扩大国外市场、振兴国内经济等方面迈出了重要的一步。[6] 在 RCEP 中发展中国家和发达国家的力量对比均衡，日本作为 CPTPP 的领导国也是 RCEP 中发达国家的代表，TPP 时期的日本在参与 RCEP 建设时为了避免保护标准的冲突，坚持采用和 TPP 接轨的知识产权强保护模式不肯退让。随着 CPTPP 搁置了 TPP 的部分高标准条款，日本在 RCEP 谈判过程中的态度也发生了明显转变。中国、东盟所主张的知识产权适当保护模式逐渐获得了日本的认可，协定呈现出一种以 TRIPs 协议为基础适当提升保护高度的发展方向。当然，我国作为 RCEP 中最大的经济体，在 RCEP 谈判过程中也多有发声。主要是根据自身处于发展中国家阶段的国情而主张在 TRIPs 协议的基础上，根据社会发展的实际需要对知识产权保护力度和标准进行适当调整，反映了发展中国家在国际知识产权保护规则重构中的利益要求。

通过以上 RCEP 与 CPTPP 中知识产权章节条款的对比整理，可以看出 RCEP 和 CPTPP 相比仍存在不足之处，但两者的知识产权保护程度都已经达到了世界领先水平。RCEP 和 CPTPP 中有不少内容都是在 TRIPs 协议基础上的拓展，其设定的标准超过了现在所有的其他知识产权国际保护规则，在一定程度上代表了如今国际条约中知识产权保护发展的新方向。TRIPs-plus 条款在《反假冒贸易协

---

4 余楠：《RCEP 知识产权规则述评及中国的参与》，载《湖北师范大学学报（哲学社会科学版）》2018 年第 4 期。

5 “TRIPs-plus”条款即发达国家所制定的 TRIPs 协议保护标准更高的知识产权保护条款。

6 常思纯：《日本主导 CPTPP 的战略动因、影响及前景》，载《东北亚学刊》2019 年第 3 期。

议》（以下简称 ACTA）和 TPP 中有多处体现，虽然两者因为欧盟、美国等缔约国的反对而均未能真正成型。但因为两者都完成了实际签署，其条款在技术层面还是得到了成员国的肯定的。如加拿大与欧盟间签署的《全面经济贸易协定》（以下简称 CETA）中就包含了诸多原来 ACTA 中的知识产权条款，甚至被认为是“死而复生的 ACTA”。[7] TRIPs-plus 条款到底是好是坏引起过很多争议，国内外许多专家学者都持负面态度，有人认为 TRIPs-plus 条款是美国等发达国家用来压榨和剥削较不发达国家的帮凶，为知识产权提供了过高的保护，是满足自私利益的表现。也有人认为其会给现在的知识产权保护制度带来“碎片化”的风险等。不可否认，TRIPs-plus 条款确实会让我国产生经济上的阵痛，但是一旦能渡过适应期的难关，将会给我国带来更大的收益。当然，这并不意味着中国要全盘接受由发达国家制定的不合理的规则，通过辩证地看待问题，两个协定中都体现出了其追求进步的态势，以 TRIPs 协议为基准提升保护标准未尝不是一件好事。TRIPs 协议作为 20 世纪末的产物，彼时的互联网技术的发展和普及程度都远未达到现在的水准。因此在 TRIPs 协议中对于在数字环境下知识产权保护相关的内容是有所欠缺的，RCEP 与 CPTPP 中与时俱进地增加了有关条款，虽然这些条款在形式上属于 TRIPs-plus 条款，但很好地填补了先前领域的空白。

三、我国加入 CPTPP 面临的机遇与挑战

2020 年 11 月 20 日，亚太经济合作组织（APEC）第二十七次领导人非正式会议上，中国国家主席习近平表示“中国会积极考虑加入 CPTPP”。在加入 RCEP 五天后就强烈表现出参与 CPTPP 的意愿，一方面是中国在向世界释放自己不仅要做世界工厂也要做世界市场的决心，CPTPP 有着比 RCEP 更为严苛的标准，将加快我国供应链向更高标准升级的步伐。另一方面中国考虑加入 CPTPP 也有着构建亚太自由贸易区（以下简称 FTAAP）的考量，随着 RCEP 的成功签署，关于亚太自贸区设想的蓝图正由虚无缥缈变得触手可及。2021 年 9 月 16 日，中国正式向新西兰方提出申请加入 CPTPP，双方就后续事宜进行了友好沟通和协商。20 世纪 80 年代，我国知识产权领域的法律体系就已初步建立。但是随着社会的发展和科技的迭代，越来越多知识产权保护方面的问题开始显现，如针对特定产业领域的知识产权保护法律规定不够完善，知识产权侵权执法力

---

7 Mathis J, Multilateral aspects of advanced regulatory cooperation: considerations for a Canada-EU Comprehensive Trade Agreement (CETA), Legal Issues of Economic Integration, Vol. 39 (1), 2012, p. 73 – 91.

度不够强等。自 TRIPs 协定发布以来，知识产权被提升到了和货物、服务贸易相当的地位，世界各国在 TRIPs 协定的框架下逐渐加速本国的知识产权领域立法进程，世界进入了知识产权保护的“TRIPs 时代”。近些年来随着以美国为首的发达国家不满足于现状，为了自身利益的需要而寻求制定更高规格的知识产权保护标准，长久以来由 TRIPs 协议所保持的平衡被打破，知产国际保护开始迈向“后 TRIPs 时代”。在这段新的历史时期中，国际知识产权规则从原先由世贸组织和世界知识产权组织（WIPO）构成的两大体系更多地转向新兴的自由贸易协定。[8] 通过小范围新规则的制定，发达国家集团通过自身的优势地位获得了更为丰厚的回报。由于 TRIPs 协议的优势地位逐渐被削弱，像 CPTPP、RCEP 这样大规模高标准的多边自由贸易协定正在主导着当今世界新的知识产权规则制定方向。中国选择积极向 CPTPP 靠拢是一个明智的做法，是顺应时代发展的趋势让自身接触到更高平台的尝试。亚太地区被誉为世界上最具经济活力的地区，对于 CPTPP 中高标准规则的学习，将为中国推动 RCEP 建设以及未来和周边国家间更多 FTA 的落地提供宝贵经验。一直以来主导国日本都表示 CPTPP 将进一步扩容，并促进 FTAAP 的实现。[9] 2021 年 1 月底，老牌发达国家英国也表示将申请加入 CPTPP，并已和日本之间正式展开了对话。CPTPP 所呈现出来的开放、包容给中国提供了一个加入的良机。

CPTPP 的标准比 RCEP 要更高，但没有 TPP 中那么多只利于部分国家的严苛标准，更像是介于两者之间的一种折中方案。CPTPP 是如今公认的最为严格的 FTA 之一，要想加入其中困难重重，本文着重探讨有关知识产权方面的挑战。CPTPP 删去了 TPP 中的部分知识产权保护规则，但其保护高度仍高于绝大部分已有的 FTA，对于现阶段的中国来说接受起来还有相当大的难度。有学者认为短期内我国尚不具备加入 CPTPP 的可能性和必要性，应借助 CPTPP 规则来推进国内相关制度改革。[10] 加入 CPTPP 表明中国将面临更为严苛的标准，也意味着要付出很大代价。CPTPP 预期会使中国名义 GDP 和实际 GDP 分别降低 0.13% 和 0.02%，[11] 换句话说 CPTPP 可能和现阶段的中国国情不太匹配。此外，美国作为超级大国的影响力也不可忽视。2006 年多哈贸易回合谈判

8 蔡晓东：《后 TRIPS 协议时代的贸易协定与知识产权条款》，载《西南政法大学学报》2012 年第 1 期。

9 张司晨：《新形势下 CPTPP 的影响、前景以及中国的选择》，载《东北亚经济研究》2021 年第 2 期。

10 张宇：《CPTPP 的成效、前景与中国的对策》，载《国际贸易》2020 年第 5 期。

11 杨立强、余稳策：《从 TPP 到 CPTPP：参与各方谈判动机与贸易利得变化分析》，载《亚太经济》2018 年第 5 期。

宣告中止，WTO 的上诉制度也因为美国的阻挠而彻底瘫痪。日本多次试图将美国重新拉入 CPTPP 阵营，美国前总统特朗普曾组建专门团队研究过美国再度回到 TPP 的必要性，并表示若 TPP 条款对美国有利将会考虑回归，[12] 新任总统拜登领导下的美国政府是否会选择重新加入 CPTPP 仍未可知。在中美关系前景并不明朗的局势下，如何处理与美国的关系，应从全局出发综合考量，对美国潜在的反对及其长臂管辖权的运用必须有所警惕。中国想加入 CPTPP，在提出了正式申请后，首先需要阐述自己为达到 CPTPP 规则标准已经做出的努力或即将付诸实施的行动，之后还需提交市场准入报价，当 CPTPP 成员国都同意该报价后才能正式启动谈判程序。对 CPTPP 成员国而言，考虑到未来美国重返的可能性，像中国这样的大国肯定不是扩容首先考虑的对象。要争取所有成员国的同意，将是中国未来面临的巨大挑战。[13] 此外还应特别注意的是，加拿大和墨西哥除了是 CPTPP 的成员国之外，也是《美国—墨西哥—加拿大协定》（USMCA）的成员国，该协定在美国的主导下一反国际主流的多边趋势，具有浓厚的单边主义和保护主义色彩。前总统特朗普任期内中美关系恶化，美国是否会激活其中“非市场经济国家”的“毒丸条款”[14]，借加拿大、墨西哥两国之手施加制裁把中国排除在现有的国际体系之外是一个未知数。虽然说现在对于“毒丸条款”在多边贸易协定中是否能具体应用还没有一个明确的结论，但这个问题仍值得警醒。

四、我国知识产权未来发展方向

RCEP 的签署是我国对外交流合作中一场里程碑式的胜利，表明了我国坚持多边主义和区域经济的决心，通过与亚太国家更为紧密的经济合作，不仅有助于降低和美国间的贸易战所带来的影响，同时也是对保护主义、单边主义的一次强有力的回击。对于未来中国应该在哪些方面加强知识产权制度的建设，本文有如下建议：

第一，推进 CPTPP 知识产权规则的研究，分阶段提升知识产权保护水平。尽管我国知产保护上已经有了长足的发展，但仍未达到知识产权强国的水准。全盘接受 CPTPP 中高标准的规则对我国有害无益，因此要谨慎对待 CPTPP 中高于我国现有国内立法标准的条款。若与我国社会需求相符或已成为国际交往中

12 苏庆义：《美国重返 TPP 难点推演》，载《环球》2018 年第 9 期。

13 参见东艳、徐奇渊主编：《直面中美贸易冲突》，中国社会科学出版社 2021 年版。

14 “毒丸条款”，指《美墨加三国协议》第三十二章，即任何一方与非市场经济国家签订自由贸易协议时，应允许其他各方在发出 6 个月的通知后终止本协议，并以它们之间的协议来取而代之。

的必备品，可以考虑纳入以后的立法中，反之则暂且搁置。2019年颁布的《外商投资法》就是对之前该领域内相关法律的一个总结和完善，在原有的基础上吸收了CPTPP中的先进规则，并对所涉及的知识产权保护问题规范力度有所加强。今后应加强对于CPTPP知识产权规则的分析研讨，选择其中先进合理的规则，结合我国的发展需求予以积极推进。如CPTPP在民事救济部分规定的惩罚性赔偿制度，在我国民法领域的实践中已经得到了很好的运用。虽然惩罚性赔偿制度与民法中传统的填平原则相去甚远，但是在新颁布的《民法典》中已经获得了体系性的承认。《民法典》第1185条中有关于知产侵权类案件中惩罚性赔偿的总括性规定。2019年《商标法》第四次修改中加大了商标恶意侵权类案件中惩罚性赔偿的力度，2020年《著作权法》第三次修改和《专利法》第四次修改中都首次引入了惩罚性赔偿制度，并且在司法实践中取得了很好的成效，有效地惩戒了侵权人，维护了知识产权权利人的合法权益。但是立法先行，配套的实施条例的修改和制定还需跟进，今后司法适用的过程中应对其加以细化。在知识产权保护水平的提升上"冰冻三尺，非一日之寒"，我国不必强行去追赶领先国家的进程，着眼于当下分阶段的追赶更切合实际。可以通过建立"三步走"的目标，以五年到十年的时间为一个周期来实现平稳的过渡。第一步通过提升知识产权执法的效率，加大知识产权侵权的赔偿力度，妥善应用惩罚性赔偿制度等。我国境内已有北京、上海、广州、海南四个知识产权法院，知识产权司法体系建立的同时也要强化对法官专业能力和职业素养的培训。接下来第二步是要持续推进知识产权领域相关法律的修订工作，建立健全新时代数字环境的知识产权保护。科学技术的发展日新月异，知识产权领域的法律需要作出迅速的回应。第三步再根据我国有关企业的现实发展情况来选择采纳更高级别的知识产权实体性权利，以更苛刻的新规则来推动企业知识产权管理战略的更新。

第二，争取RCEP中的领导地位，参与TRIPs-plus条款的建设。随着RCEP各缔约国核准程序的陆续完成，RCEP的正式实施已指日可待。我国所处的国际环境并不十分友好，如今新型的国际竞争关系中呈现出了以知识产权竞争为主导的趋势。由知识产权而引发的国际贸易冲突愈演愈烈，以美国为代表的发达国家更倾向于通过双边谈判的机制以FTA的形式来设定更高水准的知识产权保护。并意图通过知识产权的"棘轮（rachet）效应"，将他们设定的新标准在全球范围内推开，对提高我国知识产权保护水平施加高压。[15]虽然我国在RCEP中起着不可或缺的作用，但还没有达到日本在CPTPP中的领导地位。RCEP和

---

15 杜颖：《加强知识产权保护，促进创新驱动发展》，载《中国经济评论》2021年第4期。

其他大型的FTA由发达国家主导不同，采用了独特的小国主导模式，由东盟牵头组织，强调其作为一个整体的核心和主体地位，对于维系和促进东盟内部的团结起到了积极的作用。[16]在RCEP谈判过程中日本没有表现出应有的积极态度，反而优先参与TPP的谈判，将RCEP搁置一旁。从中或多或少体现出了日本将重心从东亚地区转移至亚太地区，通过寻求和美国方面的合作来最终遏制中国的战略目标。为了抢占发展的先机，我国应该在RCEP落地后，争取奠定区域经济领导者的地位。我国一直以来反对霸权主义强权政治，建立起一定的领导地位，不是为了借机压榨周边国家，而是为了更好地共同发展。一旦中国建立起RCEP中的领导地位，那也意味着有了规则制定的主导权，我国可以参与到TRIPs-plus规则的制定中去，在技术层面主动地参与并影响其内容。过去在发达国家指导下诞生的TRIPs-plus条款往往会过于保护本国的利益而忽略各国发展间的差距，我国可以通过探索符合自身治理能力和创新水平，有着合理的知识产权保护标准的TRIPs-plus条款，兼顾广大发展中国家的利益，建立更为符合现代社会发展需求的TRIPs-plus条款。在这个过程中，不仅能培养我国参与国际治理和国际新规则制定的能力，还能体现我国在2035年建设成为创新型国家目标的需求。

第三，积极开展与周边各国的知识产权合作，将RCEP知识产权规则和“一带一路”倡议联结。2013年9月和10月，习近平主席分别向周边国家提出了建设“新丝绸之路经济带”和“21世纪海上丝绸之路”的合作倡议。[17]我国是“一带一路”的发起国，同时也是RCEP中不可或缺的主导力量。RCEP的缔约国和“一带一路”所经过的国家具有一定的重合性，不仅包括东盟等主要沿线国家，作为发达国家的韩国、日本也表明了想参与其中，共同促进区域经济繁荣发展的意愿。“一带一路”是古代丝绸之路现代化的新形式，其任务之一就是同周边的国家和地区间建立和谐稳定的经济合作伙伴关系，共同发展共谋福利。未来我国可以在深入实施“一带一路”倡议的同时，有针对性地向沿线国家推广RCEP中的知识产权标准，在维护好本国利益的基础上平衡他国利益，推广RCEP中知识产权规则在更多国家实现。这样一方面能让我国在对外贸易往来中处于相同水准的条约约束之下，另一方面也能提升中国在周边国家间的话语权。我国已经和CPTPP中的澳大利亚、新西兰、新加坡、智利、秘鲁五国间签有FTA，若中国能同时加入这两个协定，就能在未来亚

---

16 贺平：《从CEPEA到RCEP：日本对亚太区域经济合作的战略转向》，载《日本学刊》2013年第2期。

17 陈积敏：《正确认识“一带一路”》，载《商业观察》2018年第7期。

太经济一体化过程中掌握足够的话语权。CPTPP 中涵盖了边境措施、竞争条款等规定，对缔约国知识产权司法能力提出明确规定。这些条款打破了原先知识产权司法、执法的地域限制，是不同国家间加强交流沟通的新体现。我国在今后与其他国家交往的过程中，应致力于将更多知识产权司法和执法方面的内容引入其中，加强交流与合作。截至 2020 年底，中国已经和 26 个国家或地区签署了 19 个 FTA。我国一直积极投身于知识产权国际合作中，并取得了丰富的成果。但是现在的发展情况还不能满足我国更为长远的发展需求，我国仍需进一步扩大合作国家的范围并寻求开展深度合作。中国与韩国间的 FTA 早在 2015 年就已落地实行，中、日、韩三国都是 RCEP 的缔约国，RCEP 的签署使得三国间的经贸关系更上一层台阶，2002 年 11 月就已经提出的建立中、日、韩三国间的自由贸易区的设想取得了实质性的进展。中、日两国间才刚刚建立起自贸关系，在短时间内难以进行深度的合作。我国可以在 RCEP 建设的过程中，先深入展开和韩国间的沟通合作，在完善好 RCEP 的基础上推动中日韩自贸区向更高层次发展。

第四，推动产业创新转型，加快企业知识产权意识建设。CPTPP 中的高标准一方面能够促使我国国内企业产业升级，另一方面也可能破坏我国已有的产业结构，要谨慎对待。近年来为了解决在多边机制受阻的情况下经济市场发展缓慢的问题，我国陆续签订了一系列的 FTA。这导致了大量错综复杂的条约和规则的交叉，出现了剪不断、理还乱的“意大利面条碗现象”[18]，增加了企业在对外贸易往来中的负担。对我国而言，RCEP 的签署在给中国提出更高目标、更高要求的同时大幅地简化了 FTA 条文间的差异。近年来随着我国对大量知识产权领域法律法规作出了修改以接轨经济发展新形势，已经基本可以达到 RCEP 规定的知识产权保护义务。但我国的主要支柱型产业离创新型国家仍有一定距离，自主研发的科学技术对经济发展的贡献仍不够高。在此基础上，我国应进一步通过实施知识产权战略来带动高新技术的进步发展。一直以来我国都是假冒伪劣产品的重灾区，人们的知识产权意识仍较为薄弱。在高额的利润面前，不少商家甘愿冒着犯罪的风险大肆制造侵犯知识产权的货物。以福建“莆田鞋”为例，尽管中国海关总署明令禁止了知识产权侵权货物的出口，美国海关和边境服务局也对我国的出口货物规定了严格的排查制度和高额的赔偿制度，但仍不足以杜绝我国侵权出口货物的出现。为了我国经济更好更快地发展，企业知识产权意识的建设刻不容缓。知识产权意识的普及应早日覆盖全国范围内的企

18 Bhagwati J N，Krueger A O，U. S. Trade policy：The Infatuation With Free Trade Areas，The Dangerous Drift to Preferential Trade Agreements，Washington DC：The AEI Press，1995.

业，让企业的经营者、实际控制者懂法用法，从自身做起，杜绝知识产权侵权现象。加入 RCEP 让我国迅速地缩小了原本与领先国家在知识产权保护水平上存在的巨大差距，国内企业要抓住这个来之不易的机会，不应把目光只投向眼前的蝇头小利，而应加大对自主创新的投入，明确未来高质量发展的立身之本。拿我国手机业巨头华为技术有限公司为例，尽管已经在海内外都有了良好的口碑和广阔的市场，华为仍坚持在最基础的移动通信技术方面下血本，通过研发方面的巨额投入而力压老对手韩国三星电子公司成为目前世界上拥有“5G”专利技术最多的公司。这样的民族企业是我国其他企业学习的榜样，只有先居安思危，自身具备了肯投入肯转型的觉悟和正确的知识产权观，我国的企业才能做到跻身世界领先行列，并在自身发展的同时助力中国从知识产权大国逐渐变成知识产权强国。

结语

回顾过往，我国自入世以来，对外经济贸易环境发生了天翻地覆的改变。通过调整完善吸引外资的政策，利用外资的引入进一步优化了我国的对外资金架构，多样化地发展了贸易方式，对我国经济的带动作用很大。RCEP 的签署对于我国来说是一把“双刃剑”。作为我国签署过的最大的 FTA，RCEP 在有效提升了我国对外贸易层次的同时，一定程度上对冲了 CPTPP 带来的影响，助推了例如中国与欧盟间的《中欧全面投资协定》（BIT）等的谈判进展。RCEP 的签署，让中日间首度建立起了自由贸易关系，这是我国首次和世界前五的经济体之间订立 FTA，中日间实现了两国间减免关税政策零的突破。但是成为 RCEP 的缔约国意味着要下调或取消大多数关税，之前东盟各国的发展一直受阻于市场的关税壁垒过高，廉价的人工成本带来的优势被高昂的关税所抵消，RCEP 带来的关税减免政策会将东盟的低级别生产厂家大量引入我国境内，挤压中国同类厂家的生存空间。我国现阶段基本上是以中低产业链为主，而日本、韩国的高科技产品居多，RCEP 的签署会对我国的高科技企业的发展有所影响，关税减免直接带来的影响是国外高科技产品的倾销，导致本土企业销量受挫，不利于产业的转型升级。加入 CPTPP 对于中国来说也具有双面性。在世界经济受疫情影响萎靡不振的大环境下，中国冒着风险踏出这尝试性的一步也是为了能够“破局”，长远来说是利大于弊。2020 年，我国 GDP 总量越过了 100 万亿元人民币的门槛，达到了创纪录的 101.60 万亿元。[19] 根据 2021 年第一

19　胡鞍钢：《2020 年全面建成小康社会之年——对我国经济社会发展的评价》，载《北京工业大学学报（社会科学版）》2021 年第 4 期。

季度财报显示，今年同期的GDP与去年相比增幅高达18.3%，一季度GDP接近25万亿元人民币，我国有着明面上经济基础硬实力的支撑，国家有底气，人民有自信。正好可以趁机提升自身的竞争力，积极面对来自CPTPP的挑战，形成挑战促进发展的新格局。

民事审判中刑事裁判的效力

——以广东省广州市荔湾区人民法院人身权案件审理为视角

徐　磊　余友斌*

【内容提要】本文选择以民事审判实践为出发点，以广东省广州市荔湾区人民法院31份涉及刑事裁判的人身权纠纷案件审理为视角，发现其具有四个特点：审理程序依赖性、实体认定独立性、纵向责任相对性、横向责任不统一性，进而对民事审判中刑事裁判适用困境进行分析。从法秩序统一性、同一行为、多元思维、刑事优先等四个因素来考虑民事审判中刑事裁判效力的适用问题，最后从填补立法空白、协调司法解释、优化审判实践等方面来对民事审判中刑事裁判效力进行完善，以期促进刑民一体化发展。

【关键词】民事审判　刑事裁判　效力　法秩序统一性　同一行为

刑民一体化，最突出的表现就是刑民交叉案件的程序处理问题。现有研究主要是侧重从刑事领域开展，本文选择以民事审判实践为出发点，研究民事审判中的刑事裁判效力问题，因为这不仅是一个理论问题，更是一个实务问题。

一、样本提取：广东省广州市荔湾区人民法院审理人身权纠纷案件中刑事裁判的实践

刑民交叉案件是指刑事犯罪与民事不法存在竞合的案件[1]，其审理过程中有

---

* 徐磊——吉林大学法学院博士研究生，主要研究领域：法理学、地方立法；余友斌——广州市荔湾区人民法院四级法官助理，主要研究领域：诉讼法学。

1　陈兴良：《刑民交叉案件的刑法适用》，载《法律科学（西北政法大学学报）》2019年第2期。

两个基本问题需要明确：一是刑事程序和民事程序如何衔接；二是刑事或者民事判决作出后对民事部分或刑事部分处理的效力[2]。本文主要对第二个问题从民事审判中刑事裁判效力角度进行分析，同时，将研究重点放在广东省广州市荔湾区人民法院人身权纠纷[3]案件审理，其一，人身权损害最具有典型性，刑法上的故意伤害罪或者故意杀人罪与侵权法上的人身权损害没有本质区别，主要是社会危害性程度不同；其二，聚焦于某个基层法院及一个民事案件事由，便集中分析研究，是多角度研究之重要前提和基础性工作[4]。笔者于2021年8月8日在中国裁判文书网，选取法院层级这“基层法院”，法院名称为“荔湾”，案件类型设定为“民事案件”，审判程序选择“民事一审”，输入案由“生命权、健康权、身体权纠纷”，全文关键词设置为“刑事”，发布日期范围是“2014年12月15日至2021年7月30日”获得39份裁判文书，筛选剔除重复（相同）判决1份、刑事案件未经裁判7份，即排除与刑事裁判在民事审判中人身权纠纷审理无关的案件，共获得有效研究样本31份。笔者对其分析后，发现具有如下特征：

（一）审理程序上：民事审判具有依赖性

后续民事审判中，直接将23份刑事裁判书确定的犯罪事实作为认定被告具有侵权行为事实之依据，另8份刑事裁判书作为书证而被法院采信，成为认定被告构成侵权行为的重要证据。根据《民事诉讼法》第63条的规定，刑事裁判书应属于书证，应经查证属实，才可以作为民事审判定案根据，74%的民事审判直接将刑事裁判书作为认定构成侵权行为事实的依据。

（二）实体认定上：民事侵权行为具有独立性

如某案例[5]，陈某的行为在刑事案件因仅造成宋某轻微伤，不到轻伤标准，故法院认定缺乏罪证，裁定不予受理，但后续民事审判时，法院则认可该案刑事裁定采信的《司法鉴定意见书》，认为宋某损伤程度属轻微伤，认定陈某构成侵权行为，应承担民事责任；刑事有罪证明是“排除合理怀疑”，民事侵权证明是“或然优势法则”，一个行为在刑事诉讼中达不到“排除合理怀疑”，不能否定在民事诉讼中没有“或然优势法则”，即前述案例中《司法鉴定意见书》虽无法证明达到刑事有罪证明标准，却可达到民事侵权证明要求，即司法实践中，

---

2 于同志：《重构刑民交叉案件的办理机制》，载《法律适用》2019年第16期。

3 本文人身权纠纷主要是指生命权、健康权、身体权纠纷。

4 杨兴培：《刑民交织案件的类型分析和破解方法》，载《东方法学》2014年第4期。

5 广东省广州市荔湾区人民法院（2019）粤0103民初536号民事判决书。

法院不会选择在先无罪判决来否定民事侵权[6]。

(三) 纵向责任上:承担民事责任具有相对性

30份有罪判决确定的刑事责任都没有影响后续民事审判认定行为民事责任,然而,仔细分析可以发现,其中4份载明"被告因同一行为承担刑事责任不影响依法承担侵权责任",其余26份则回避讨论刑事责任与民事责任关系问题,直接认定"因侵权行为应承担民事责任"。从实务层面看,两者不同理由阐述没有本质区别,其结果一致,行为人因侵权行为应承担民事责任,都实现了私权有效救济、损害有效补偿,但在具体承担民事责任上会把刑事责任作为减轻承担民事责任的考量因素。然而从理论角度看,绝大多数法官回避讨论两种不同性质责任的关系,笔者认为,回避实践问题不能解决理论分歧。从侵权人角度,行为人因"同一行为"同时承担刑事责任、民事责任,遭受双重责难,似乎有违公平;从受害人角度,侵权人承担刑事责任,属于公法责任,与个人权利保护没有直接关系,并不能实际弥补其人身权损失,"有权利无救济"亦是对受害人不公。因此,刑事责任的承担是否影响认定民事责任,看似一个实践问题,其背后涉及国家利益与公民个人利益保护平衡问题。

(四) 横向责任上:认定精神损失具有不统一性

31份样本中,12份没有涉及"精神损害抚慰金",故对剩余19份进行分析,其中13份(部分)支持原告提起"精神损害抚慰金",尤其是一个案例[7]以被告已被判处刑罚为由,酌定支持精神损害抚慰金。6份则不支持,其中4份以"因未达严重程度""因未能够证明伤残等级"为由不支持原告诉求,此种情况属于"证据不足"或者"严重程度不够",不予支持"精神损害抚慰金",不属于本文研究范畴;2份则认为被告行为已接受刑事处罚,不支持精神损害抚慰金。经分析,基于"被告已被判处刑罚"的同一客观事实,不同法官对此有不同观点,即不支持方,以被告已被判刑,原告诉请精神损害抚慰金违反《最高人民法院关于适用〈中华人民共和国刑事诉讼法〉的解释》(法释〔2012〕21号,以下简称原《刑诉法解释》)第138条第2款[8]规定,不予支持;支持方则以《最高人民法院关于确定民事侵权精神损害赔偿责任若干问题的解释》(法

---

6 参见周惠:《尊重司法规律与刑事法律适用研究(上)——全国法院第27届学术讨论会获奖论文集》,人民法院出版社2016年版。

7 广东省广州市荔湾区人民法院(2019)粤0103民初2882号民事判决书。

8 原《刑诉法解释》第138条第2款:"因受到犯罪侵犯,提起附带民事诉讼或者单独提起民事诉讼要求赔偿精神损失的,人民法院不予受理。"

释〔2001〕7号，以下简称原《民事侵权精神损害赔偿解释》）第8条第2款[9]为依据，认为因侵权致人精神损害，造成严重后果，法院可以判令其赔偿精神损害抚慰金。

综上所述，民事审判在涉及刑民交叉案件，程序选择上习惯于依赖刑事程序先行、事实认定上则不以刑事有罪为前提；民事责任具体认定过程中，对于已承担刑事责任的，是否需要进一步承担民事责任未形成统一意见，尤其是涉及精神损害责任的。

二、问题分析：民事审判中刑事裁判适用的困境

（一）主要理论之弊端

一是证据力。民事诉讼、刑事诉讼当事人完全一致的情况几乎不会存在。为解决这个理论困惑、实践难题，德国等国家采用公文书效力规定，这也类似于我国免予证明的规定，明确在先刑事裁判文书属于文书证据，原则上，在后续民事诉讼中可以使用，但也有例外规则，即可以推翻。如果将其效力扩大至任何当事人也显失公平；同时，因刑事裁判认定“同一行为”在后续民事诉讼当事人之间产生不同效力，不利于充分发挥在先刑事裁判成果，亦会增加民事诉讼成本，也可能造成民事诉讼结果与刑事裁判冲突，因而尚未获得司法实践普遍认可。根据《民事诉讼法》第63条规定，刑事裁判书属于书证，结合《最高人民法院关于适用〈中华人民共和国民事诉讼法〉的解释》（以下简称原《民诉法解释》）第93条、《最高人民法院关于民事诉讼证据的若干规定》（法释〔2019〕19号，以下简称《民诉证据规定》）第10条，刑事裁判确认之事实属于免证事实，援引该事实当事人无须证明其真实性，主张该事实不真实的当事人需要承担相应证明责任[10]。此处“当事人”不仅及于参加刑事诉讼当事人[11]，而且还包括非刑事诉讼当事人[12]，即效力辐射所有参与民事审判当事人以及案外人。如，前述8份刑事裁判在后续民事审判中作为书证被法院采信，均未发生因原告质疑而未采用情况，这就是证据力绝对化之弊端。笔者认为，刑事裁判

9　原《民事侵权精神损害赔偿解释》第7条：“自然人因侵权行为致死，或者自然人死亡后其人格或者遗体遭受侵害，死者的配偶、父母和子女向人民法院起诉请求赔偿精神损害的，列其配偶、父母和子女为原告；没有配偶、父母和子女的，可以由其他近亲属提起诉讼，列其他近亲属为原告。”

10　纪格非：《论刑事裁判在民事诉讼中的预决力》，载《当代法学》2015年第4期。

11　参见［法］斯特法尼著：《法国刑事诉讼法精义》（第2卷），罗结珍译，中国法制出版社1999年版，第886页。

12　非刑事诉讼当事人，与刑事诉讼当事人概念相对应，是指除被害人、自诉人、犯罪嫌疑人、被告人、附带民事诉讼的原告人和被告人之外的人，其核心是没有参与在先刑事审判活动。

书作为书证在民事审判中运用，符合民事审判实践，但将其证据效力辐射到非刑事诉讼当事人，要求其必须“有相反证据足以推翻”才可不适用刑事裁判约束，需承担超过民事审判举证责任之要求，有违程序正义之嫌。

二是既判力。既判力理论主要发源于罗马法，经久不衰。既判力，即指最终被解决的事项；诉讼主体的辩护理由。这里指的主要是刑事既判力。既判力属于“舶来品”，主要是指裁判主文，用来确定当事人实体权利义务，对后续同类型诉讼发生效力[13]。刑事既判力主要包括：裁判事项确定力、程序结果约束力[14]，即在先刑事裁判生效后，后续刑事诉讼不得对其认定事实再有争议或提出矛盾诉求，要求后续刑事诉讼认定事实不得与在先刑事裁判认定事实存在冲突。这对法院、当事人都有影响力。换言之，法院裁判生效后，具有相应法律效果[15]。按照传统法国既判力理论，限于裁判理由、相同诉讼请求、前后诉讼身份一致。如果前后两个案件当事人不一致，则前诉案件事实认定结论不能在后诉中发挥拘束作用，虽然体现了程序公正理念，但是也割裂了刑事裁判在不同性质诉讼程序中的效力。如果按照法国传统既判力模式，难以有效解决刑事裁判跨界诉讼效力问题。为解决司法实践以及社会发展需要，法国法院发展出一个原则：刑事裁判认定的事实，如果对后续民事案件具有牵连关系，而且该事实具有确定性、必要性，那么应当对跨界后的民事诉讼产生影响，即具有既判力。鉴于后续民事诉讼当事人与在先刑事诉讼当事人不同，依照既判力效力范围基本原则，在先刑事裁判既判力只限于裁判主文，裁判涉及的事实记载、理由阐述等内容，不应当对后续民事诉讼具有效力[16]。既判力理论不允许不通过法定程序（审判监督程序）推翻在先刑事裁判。

三是间接禁反言。英美法系，涉及裁判效力问题主要是直接禁反言、间接禁反言。直接禁反言，相当于大陆法系传统既判力，主要是指在刑事诉讼中，被告人不得因同一行为受到再次追责。此处不再赘述。间接禁反言，主要是用来调整刑事裁判对后续民事诉讼效力问题：后续民事诉讼当事人不得作出与在先刑事裁判认定事实相反的阐述。从19世纪开始，美国逐步放松直接禁反言要求，经司法实践发展，在先刑事裁判对后续民事诉讼产生单向效力，对非刑事诉讼当事人原则上不产生效力，除非自我引用[17]。根据英美法系证据规则，刑

---

13 翁晓斌：《我国民事判决既判力的范围研究》，载《现代法学》2004年第6期。

14 施鹏鹏：《刑事既判力理论及其中国化》，载《法学研究》2014年第1期。

15 按照大陆法系判决效力理论，通常将判决的效力三分为判决的原有效力、判决的附随效力与判决的事实效力。判决的原有效力又包括判决的既判力、执行力和形成力。

16 陈光中等著：《司法改革问题研究》，法律出版社2018年版，第590页。

17 纪格非：《论刑事判决在民事诉讼中的预决力》，载《当代法学》2015年第4期。

事裁判的基础性事实不应具有效力，有罪刑事裁判作为后续民事诉讼中的证据，可以赋予其证据力。间接禁反言更加关注程序中当事人诉讼权利保护，以及对在先刑事裁判审查[18]。

（二）现行立法之不足

一是民刑实体规范不兼容。根据《民法典》第 187 条及第 1183 条第 1 款规定，侵权人不应因承担刑事责任而减少承担民事责任的范围。《民法典》第 1179 条规定了“残疾赔偿金”“死亡赔偿金”等内容。但根据《刑事诉讼法》第 101 条第 1 款规定，刑事被害人的物质损失才可以在刑事附带民事诉讼中主张；至于是否赔偿精神损害并没有进行规定。刑事法官通常认为，如果被告人同时承担刑事责任、民事责任，会阻碍其后续改造以及回归社会。民事法官一般认为，应当支持赔偿精神损害、伤残赔偿金。此外，对于在刑事附带民事诉讼中如何选择法律适用问题，根据《最高人民法院关于适用〈中华人民共和国刑事诉讼法〉的解释》（法释〔2021〕1 号，以下简称新《刑诉法解释》）第 201 条规定，附带民事诉讼性质是刑事诉讼。如按照这个思路，就会出现：刑事被害人选择附带民事诉讼主张权利与选择民事诉讼主张权利，人民法院存在两种不同法律适用模式，以至于类似情况仅仅因当事人选择程序不同而出现不同裁判结果。这显然不符合法秩序统一性理念。当然，按照《民法典》第 11 条规定，《刑法》《刑事诉讼法》以及刑事司法解释对于附带民事诉讼的规定，是否应当作为民事关系特别规定，目前没有明确界定。即如果认为属于特别规定，就必须优先选择来处理民刑交叉案件。但如此一来，就会造成一个现象：普通民事侵权需要承担更重的侵权责任，这显然与常理不符。换言之，即侵权人因同一行为刑事责任影响承担民事责任。

二是刑事裁判在民事审判中效力不明确。根据原《民诉法解释》第 93 条规定，“裁判”不仅包括民事判决，还包括刑事裁判、行政判决，本文特指刑事裁判，即生效刑事裁判确认的事实原则上属于免证事项，但对于刑事裁判文书本身作为书证认定还是将其承载内容作为后续民事审判定案事实认定，没有规定。此外，根据《民诉证据规定》第 10 条规定，生效刑事裁判确认的基本事实，当事人原则上无须举证证明，但《民事诉讼法》及原《民诉法解释》没有对民事审判中刑事裁判及其事实认定结论是否具有效力作出明确规定。

三是未区分刑事裁判理由与判项。《民诉证据规定》第 10 条第 1 款第 6 项

18　成都市双流区人民检察院编著：《刑民交叉案件程序问题研究》，四川大学出版社 2020 年版，第 120 页。

“确认的基本事实”，是否仅指判决主文，还是判决主文、判决理由都包含在其中，没有明确。有人认为，刑事有罪判决应具有对世免证效力[19]，但没有作进一步区分。通常认为，刑事裁判主文是对被告人是否犯罪以及如何处罚的认定，应当具有效力，不允许后诉当事人对前诉确定内容再行争议。同时，我国亦有学者提出针对轻重不同罪行适用不同证明标准[20]。但判决理由认定的“基本事实”，目前没有明确界定，也没有细化不同层次事实，造成在后续民事审判中，基于司法风险考虑，法官倾向于将在先刑事裁判理由认定的所有事实均纳入考虑范围，如前述刑事裁判书直接作为认定被告具有侵权行为事实的认定依据，即除非有相反证据足以推翻，否则，原则上当事人无须举证证明。

（三）程序保障之缺陷

一是刑事诉讼程序具有优先性。根据《民事诉讼法》第 150 条第 1 款第 4 项规定，“另一案”不限于刑事诉讼案件，但在司法实践中刑事程序具有优先性主要源于此。但经查询《刑事诉讼法》第 206 条第 1 款的中止审理情形，没有类似规定。此外，在民事诉讼审理中发现有经济犯罪嫌疑，也必须将有关材料移送公安机关或检察机关。上述规定，从一定程度上说明了民事诉讼涉及一些民刑交叉问题，在具体程序选择上必须让位于刑事诉讼。

二是民事诉讼程序救济单一性。根据我国现行规定，刑事审判中事实认定结论对所有刑事程序当事人及非刑事诉讼当事人均发生同等程度拘束力，无法有效保障非刑事诉讼当事人程序权利。[21] 在非刑事诉讼当事人并无渠道对与自身利益相关事实认定施加实质性影响之前提下，却要受到判决中事实认定结果约束，这种规定正当性值得怀疑[22]。基于上述分析，英美法系国家将刑事裁判对当事人、非刑事诉讼当事人效力进行区别考虑，对已经参与在先刑事诉讼的当事人不允许推翻认定事实；对非刑事诉讼当事人，除非自愿援引刑事有罪判决认定事实，以此作为证据使用，否则不予适用。此外，即使当事人对在先刑事裁判事实提出质疑，那么后续审理的法院也很难据此进行有效调查核实。有学者认为，司法实践中有关后诉民事法院对在先刑事裁判中认定事实进行审查

---

19 纪格非：《“争点”法律效力的西方样本与中国路径》，载《中国法学》2013 年第 3 期。

20 参见杨明：《论轻重不同罪刑的差别证明标准》，载《当代法学》2010 年第 6 期。

21 纪格非：《论刑事裁判在民事诉讼中的预决力》，载《当代法学》2015 年第 4 期。

22 纪格非：《刑事裁判在民事诉讼中的效力——英国规则的演进与启示》，载《法制与社会发展（双月刊）》2017 年第 3 期。

的手段和途径十分匮乏[23]。如果发现在先刑事裁判确有错误，唯一途径是通过刑事裁判再审予以解决。

三、认知回归：民事审判中刑事裁判效力的考虑因素

（一）以法秩序统一性为前提

法秩序统一性，是指宪法、刑法、民法等多个法领域构成法秩序之间互不矛盾、相互融合，法领域之间不存在冲突[24]。既有研究侧重刑民交叉案件程序，而将刑民实体交叉问题放置于研究框架之外[25]。法秩序同一性，不仅需要注重程序统一，而且应保持实体统一。对于某行为，如果民法持肯定性评价，则刑法不应进行否定性评价；如果民法持否定性评价，则刑法不应持肯定性评价。刑事不法以民事不法为前提，如果民事上合法，则不会在刑事上认定为不法[26]。这是因为，刑法属于民法“保障法”，天然具有谦抑性，刑事违法性认定固然有其独立性，但其不法行为认定不能超脱民事不法行为。同理，刑法上认定为违法行为，民法亦不得认为此行为属于合法行为。刑法未认定一个行为的违法性不妨碍民法对其违法性进行认定。相反，因民事不法事实认定标准低于犯罪事实认定要求，刑事审判不能依据行为人存在民事侵权或者民事违约事实来直接认定其犯罪事实[27]。法秩序统一性，除了具有规范意义之外，还是实然生活世界在法律领域的应然投射[28]。如，某案例[29]，陈某的行为在刑法上因仅造成宋某轻微伤，不符合刑法入罪标准，因而不具有刑事违法性，但并不影响认定陈某构成民事侵权。从犯罪化而言，在民事法律对特定违法行为已有规定的前提下，犯罪化就应充分考量行为社会危害性；从非犯罪化而言，在民法对违法行为的构成要素改变之后，应及时对社会危害性进行重新界定[30]。此外，法秩序统一性还要求司法裁判统一性，我国历来将司法裁判一致性作为衡量司法公正

23 参见纪格非：《我国刑事裁判在民事诉讼中预决效力规则的反思与重构》，载《法学杂志》2017 年第 3 期。

24 ［日］松宫孝明著：《刑法总论讲义》，钱叶六译，中国人民大学出版社 2013 年版，第 81 页。

25 于改之：《刑民交错案件的类型判断与程序创新》，载《政法论坛》2016 年第 3 期。

26 陈兴良：《刑法的知识转型（方法论）》，中国人民大学出版社 2012 年版，第 247 页。

27 参见陈瑞华：《刑民交叉案件中的程序和证据问题》，载《中国律师》2019 年第 1 期。

28 参见倪震：《我国刑民交叉研究存在的问题与范式选择》，载《学习与探索》2019 年第 4 期。

29 广东省广州市荔湾区人民法院（2019）粤 0103 民初 536 号民事判决书。

30 参见熊雪莹：《刑民互动视野下的刑法问题及对策》，载《中国人民公安大学学报（社会科学版）》2015 年第 5 期。

的重要标准[31]，不论是刑事裁判还是民事裁判，都属于法院审判权，对外表达应保持一致性。

（二）以同一行为为起点

某一行为往往不是对应单一法律规范，而是涉及多层法律规范。如，31 份有罪判决均涉及同一行为，即人身伤害行为，既属于刑法规制范围，又属于侵权法涵盖范围，引起刑民法律责任之聚合，造成刑民交叉问题更加复杂。侵犯公民人身权利罪与人身侵权具有高度重合性，其主要区别是危害程度不同。如李某杀害刘某甲行为[32]，同时触犯侵权法和刑法具有重合性。因而，从刑法角度，李某被判决犯故意杀人罪[33]，有期徒刑 15 年；从侵权法角度，李某承担相应的民事责任，由其监护人（父母）依法承担赔偿责任。是故，刑民交叉案件应有其判断标准，其最显著的特征就是同一行为。同一行为应具备如下条件：从行为实施主体看，同一行为是同一主体实施的行为；从法律关系看，刑事案件受害人也是民事法律关系相对人；从法律规定[34]看，同一行为承担刑事责任不影响依法承担侵权责任；从要件事实看，民事案件争议事实也是构成刑事犯罪要件事实[35]。从反面分析，同一当事人因不同事实分别发生民商事纠纷和涉嫌刑事犯罪，则不应属于刑民交叉案件研究领域，只是两个案件在某些方面可能存在牵连关系。此外，将非同一行为，即部分事实或证据方面存在交叉的案件，剔除在刑事裁判既判力涵摄之外，以便划清刑事审判权与民事审判权边界。同一行为，既是研究犯罪成立之条件，也是找出民事法律关系之起点。故，同一行为作为研究刑民交叉案件基本原则，并不否认特殊案件从有利于受害人为出发点进行研究，选择“先民后刑”“刑民并列”。

（三）以多元思维为逻辑

刑事裁判在后续民事审判中的效力用理论难以全面覆盖，但预决力理论比较符合我国制度原理、公众期待、司法实践。预决力理论是介于既判力范围过窄与证据力范围过宽之间的一种温和的独立理论，即刑事裁判生效以后，其判决理由和判决判项对后续民事审判产生预决力。一是判项预决力绝对性，刑事

---

31 刘贵祥：《再谈民商事裁判尺度之统一》，载《法律适用》2012 年第 5 期。

32 广东省广州市荔湾区人民法院（2014）穗荔法少民初字第 100 号民事判决书。

33 广东省广州市中级人民法院（2014）穗中法少刑初字第 5 号民事判决书。

34 《侵权责任法》第 4 条第 1 款：“侵权人因同一行为应当承担行政责任或者刑事责任的，不影响依法承担侵权责任。”

35 参见于同志：《重构刑民交叉案件的办理机制》，载《法律适用》2021 年第 7 期。

裁判判项效力应具有对世性，即只要该生效刑事裁判未被依法撤销，其在后续民事审判中具有绝对预决力，不允许后续民事审判中的当事人对其效力质疑，也应禁止法官在民事审理中质疑其效力。二是判决理由对在先当事人预决力相对性，即刑事裁判认定的要件事实对在先当事人有预决力，除非该在先当事人有相反证据足以推翻。三是判决理由对非在先当事人不具有预决力，参与程序是程序正义之实现方式；非在先当事人没有参与刑事审理过程，不应受其判决理由约束，但在其主动援引情况下，应免除其举证责任，进而提高司法效率。

（四）以刑事优先为原则

20世纪80年代，三份重要通知[36]的颁发，逐步形成了“先刑后民”原则。如果刑事犯罪和民事侵权系基于同一法律事实，则应首先进行刑事诉讼，这是由司法解释、审判实践决定的[37]。此外，《全国法院民商事审判工作会议纪要》（法〔2019〕254号）关于民刑交叉案件程序处理的规定，对侵权行为人涉嫌刑事犯罪行为的，虽然规定分别审理，但其范围仅限于“被保险人、受益人或者其他赔偿权利人请求保险人支付保险金的”，足见除一些特殊案件先进行民事审理外，一般都会选择“先刑后民”，进而才有研究刑事裁判在民事审判中该如何运用之必要性。其主要理论根据：一是法益考量社会优先，即保护社会法益优先于保护个体法益；二是法律责任举重以明轻，即解决刑事责任过程可能附带解决民事责任，民事责任并不一定导致刑事责任；三是事实认定刑事优位，刑事审判事实认定主要依赖于公权力依法介入、扩张证明手段，更能查明案件事实[38]。除此之外，笔者认为刑事裁判优先性源于法制传统，即“重刑轻民”影响受害人救济程序的选择，也解释了将“被害人有证据证明的轻微刑事案件”纳入自诉案件范围之原因。但，刑法谦抑性原则是在充分保障人权前提下打击犯罪，以防止刑法滥用[39]。刑事裁判优先性并非绝对化，还需要从受害人权益保护角度出发，考虑受害人的权益[40]。但，民事审判有其独立程序。如，先前

36　三份重要通知分别为《关于即时查处在经济纠纷案件中发现的经济犯罪的通知》（1985年）、《关于审理经济纠纷案件发现违法犯罪必须严肃执法的通知》（1985年）和《关于在审理经济纠纷案件中发现经济犯罪必须及时移送的通知》（1987年）。

37　参见《最高人民法院关于在审理经济纠纷案件中涉及经济犯罪嫌疑若干问题的规定》（1998年），《最高人民法院关于审理民事纠纷案件中涉及刑事犯罪若干程序问题的处理意见》（2007年）。

38　参见龙宗智：《刑民交叉案件中的事实认定与证据使用》，载《法学研究》2018年第6期。

39　郑琳：《民间借贷刑民交叉案件的诉讼模式探讨——以非法集资类案件为视角》，载《社会科学论坛》2019年第4期。

40　汪明亮：《刑民交叉案件的处理规则与原则》，载《法律适用》2019年第16期。

判决是否具有证据价值，关系到司法审判效率与法律公平正义之间的平衡[41]。承认在先刑事裁判对后续民事审判预决效力，可避免对“同一行为”再行审理，可节约诉讼资源、提高司法效率，但也不能否定后续民事审判程序独立性，主要表现在：民事权利可处分性、当事人平等性、证明标准相对性。尤其是，在先刑事裁判无法认定的事实不影响后续民事审判作出认定，也可对不符合民事审判要求的证据给予否定评价。

四、路径选择：民事审判中刑事裁判效力的完善建议

（一）填补立法空白

1. 增设刑事裁判效力条款。法律空白是法律制度之内在必然性，法律条文无法穷尽社会生活的全部内容。然，成良法以行善治，必须以遵循科学立法和民主立法为前提。科学立法的核心在于尊重和体现立法的客观规律，民主立法的核心在于为了人民、依靠人民。[42]民事诉讼中如何看待刑事裁判效力问题，关系着公法与私法之间法益保护力度取舍，也是新时代更加突出人的价值尊严问题。曾经的缺失不代表可以一直空白，必须新增具体条文对其进行填补，这是科学立法和民主立法的内在要求，不仅可以有效化解民刑交叉案件纠纷，而且可以为民事法官提供裁判指引，实现类案同判。经检索《民事诉讼法》，没有发现关于民事诉讼中如何认定刑事裁判效力的具体条文。从证据种类看，刑事裁判文书属于书证，经民事诉讼中的法庭质证后可以作定案证据。从效力等级看，刑事裁判文书效力应当高于普通公证证明的文书。但是，现行《民事诉讼法》对此没有进行明确规定，存在漏洞。本文认为，《民事诉讼法》第69条应积极吸纳司法实践有益经验，新增一款作为第2款，即“民事诉讼中已发生法律效力的刑事裁判具有法律效力，非刑事案件当事人未主动援引或者后续民事诉讼当事人有相反证据足以推翻的除外”。

2. 赋予民事法官再次认定“同一行为”的职权。民事法官不仅要关注刑事裁判，更要关注刑事案卷记载的内容，以免仅凭刑事裁判就认定侵权事实，应对民刑交叉案件的“同一行为”根据民事诉讼要求进行再次认定。如本案显示，民事诉讼中的事实认定习惯于依赖刑事裁判既有事实，其中一个重要原因就是民事诉讼过程中，现行法律未充分赋予民事法官调查取证权，可以对刑事案卷中所涉“同一行为”的事实再次查明、认定，以使后续民事诉讼难以对在先刑

---

41 齐树洁主编：《英国证据法》，厦门大学出版社2002年版，第655页。

42 沈春耀：《在新的起点上推动地方立法工作与时俱进完善发展》，载《法制日报》2018年9月25日，第9版。

事裁判认定事实进行实质性审查，可将民事诉讼中刑事裁判效力问题视为“因涉及国家利益”，以立法解释，赋予民事法官可基于“同一行为”再次认定涉案事实，审查涉案证据，避免绝对化地以刑事裁判认定事实作为认定民事侵权成立的依据。

（二）协调司法解释

1. 统一民刑交叉案件司法解释规则。司法解释，主要是指最高人民法院、最高人民检察院针对司法实践中涉及立法机关出台的法律进行解释[43]，因该解释具有正式法律效力，全面影响着审判权范围与行使方式，保障着法律实施过程中的统一性和权威性。针对新《刑诉法解释》第 175 条第 2 款的规定，“单独……赔偿精神损失”在民事诉讼中存在不同理解：单独提起一项针对犯罪遭受的“赔偿精神损失”，其诉求不应支持；还是单独提起民事诉请时一并要求“赔偿精神损失”也不应支持。无论是涉刑事司法解释还是涉民事司法解释，都属于司法解释，不应彼此冲突；涉及基本概念的应保持一致。司法解释本身就是为了解释法律，便于法官裁判案件，如果司法解释对于基本概念进行不同界定，不仅难以消除法律模糊和人民群众理解歧义，而且极易引发新问题，降低司法裁判公信力，造成司法实践必然更加难以统一裁判。基于此，本文认为对“精神损害赔偿”必须从司法解释源头上进行统一规范，删除新《刑诉法解释》第 175 条第 2 款规定，明确新增规定不能以行为人已受刑事处罚免除其精神损害赔偿责任。同时，对基本概念进行统一解释，法律概念表达一致，限制法官自由裁量空间，避免再出现法官认为“被告行为已接受刑事处罚，不支持精神损失”的情况，及时出台民刑交叉案件处理的司法解释，特别是对实体法律适用进行协调、明确，确保民刑交叉案件的同案同判。

2. 刑事法律解释应吸收《民法典》精神。前述“精神损失”“精神损害”“精神抚慰金”等概念，虽然出现在刑事法律中，但是源于民事法律，特别是《民法典》及其司法解释对相关概念进行了界定，应进行统一规范。从刑事法律出发，刑法应坚持谦抑性，尤其《民法典》第 187 条确认民事责任优先于刑事责任，刑法应主动去适应民法典，如涉及赔偿精神损害等《民法典》调整的内容，刑事法律及其司法解释不应再作具体解释，可以援引《民法典》及其司法解释，保持法秩序统一性。从民事角度，民法应当积极扩张，更好地保护公民各种合法权益，尤其是公民人身权和财产权，要严格约束刑法调整范围，特别是涉及人身损害赔偿等调整事项，留给《民法典》及其司法解释规范。综上所

43　黄金兰：《我国司法解释的合法性困境及其应对建议》，载《法商研究》2020 年第 3 期。

述，必须从权利保障角度看待民刑交叉案件法律适用问题，即如果刑法与民法出现在使用相关用语解释不一致，则要尽可能以民法上同一用语进行参照，实现刑法与民法协调一致，实现民刑交叉案件处理中的程序衔接、法律适用体系化。

（三）优化审判实践

一是科学划分刑事裁判效力范围。其一，基本事实的确定性。《民诉证据规定》第10条第1款第6项“确认的基本事实”属效力范围。“确认”，属于肯定性评价，从刑事裁判分类看，应属于有罪判决。对无罪判决效力，应区别对待。如，根据《刑事诉讼法》第200条第3项规定，因证据不足无法认定构成犯罪，该刑事裁判不应该对后续民事诉讼产生效力，更不能在后续民事诉讼中认定行为人没有实施民事不法行为。根据疑罪从无观点，刑事法官可以“证据不足”为由，认定被告人无罪。但是，在刑事裁判中，法官并没有确定被告是否实施了某一犯罪行为，对民事诉讼而言就具有“不确定性”。另一种情况是，刑事法官认定被告人根本没有事实涉嫌犯罪的行为，那么确定被告人没有实施该行为，其当然具备了“确认”性，本文认为该种情况应具有效力。同时需要注意的是，依据《刑事诉讼法》第16条规定，以显著轻微的情节，认定危害不大，进而认为是无罪。这种情况下，在先刑事裁判原则上对后续民事诉讼具有效力，但是不得成为妨碍承担民事责任事由。其二，认定事实的基本性。一份刑事裁判具备确定性后，下一步就是要明确哪些事项具有基本性，这是一个规定简单而实操艰难的问题。学界比较一致的观点是，判项具有基本性，这是因为：无论是当事人，还是非刑事诉讼当事人，即任何人都应该尊重具备定罪量刑功能的判项，其具有对世效力。关于刑事裁判理由部分在后续民事诉讼中的效力问题是一个复杂的事情，无论是学界还是实务界都难以取得一致意见。若仅将刑事裁判效力限制在判项，则会造成司法资源的浪费；若不加以区分，对刑事裁判理由赋予与刑事裁判判项相同的效力，那么后续民事诉讼将很可能失去独立性。是故，本文认为在先有罪刑事裁判理由中，基本事实对于已经参与刑事诉讼当事人具有绝对效力；非基本事实因没有达到“排除合理怀疑”标准，故对后续民事诉讼不具有效力，应允许当事人在后续民事诉讼中进行争议，由民事法官根据综合情况进行裁量。上述区分，不仅有利于划分刑事审判权与民事审判权，将刑事裁判效力限制在合理范围，而且有利于指引民事法官、当事人将事实调查重点放在非基础事实。

二是保障刑事被害人民事诉权。刑事裁判判项对罪名和量刑的认定具有对世效力；对于刑事裁判理由涉及基础性事实，对参与该刑事诉讼程序当事人具有效力，不得在后续民事诉讼中提出在先刑事裁判认定的事实结论矛盾的主张，但应当允许未参与在先刑事诉讼的当事人质疑刑事判决理由认定的事实结论，以实现程序公正。唯有在程序对抗基础上，民事裁判方可具备法理基础，才可能实现实体公正。在先刑事裁判“原告”即公诉机关原则上永远不变，而后续民事诉讼中原告通常并未参与在先刑事审判，即使参与了，也是处于边缘地位。从程序角度，如何处理在先刑事裁判在后续民事诉讼中的效力是一个必须解决的问题。如仅把效力限定于在先刑事案件当事人之间，则大大缩限了效力适用范围；如将刑事裁判效力无限扩张到案外人，则有违程序正义。诚实信用原则为民事诉讼中哪些主体可以受刑事裁判效力影响提供了理论基础，该原则意味着法官、当事人或者其他人员在民事诉讼中不得与在先刑事诉讼中的陈述相反，保持前后一致，应该诚实、信用。法律事实不一定都是客观事实，在先刑事裁判并非不可推翻，刑事裁判对后续民事诉讼产生效力范围应排除尚未参与在先刑事审判当事人，除非其主动援引。非刑事案件当事人主动援引可以视为民事诉讼中当事人处分权行使的一种表现，但也应以不侵犯其他当事人权利为前提。如此设计制度，即可在正当程序基础上，最大限度发挥在先刑事裁判效果，实现民刑交叉案件裁判结果一致性。

三是突出民事审判权独立性。在先刑事裁判即使符合发生效力的基本条件，刑事裁判中认定事实也不应具有效力，需要维护民事审判权的独立性，其例外情形应包括：其一，法律概念、法律事实在民事法律与刑事法律之间存在不同理解，对于同一精神损害，依据《民法典》第 1183 条明确规定，侵害自然人人身权益造成严重精神损害的，被侵权人有权请求精神损害赔偿；而新《刑诉法解释》则称之为“精神损失”且一般未纳入支持范围，主要是支持因犯罪行为造成的物质损失。在上述情况下，应充分尊重民事法律地位独立性以及民事诉讼独立性，允许民事法官选择适用民事法律。其二，对受害人过错进行重新评估。刑事诉讼中受害人过错不是减轻刑事案件中被告人刑事责任的法定事由，只是一种量刑的裁量因素，故刑事诉讼中对于受害人是否存在过错通常不给予充分重视，受害人过错证明标准也难以达到“排除合理怀疑”标准；相反，在民事诉讼中，原告是否存在过错及其过错程度不仅是减轻民事责任事由，甚至是免除民事责任的抗辩事项，原告过错是侵权诉讼必须查明的事实。其三，对侵权行为因果关系重新认定。对于同一行为因果关系认定，民法重视具体损害由何人造成，并以此来明确当事人需要承担多少责任；刑法侧重犯罪结果是由被告人造成以及是否存在隔断因素或者抗辩理由。另外，民事行为既存在双方、多方行为，甚至特殊情况下也存在单方行为，行为模式具有多样性，认定因果关系也更为复杂；相反，刑事行为主要是被告人单方行为，具有单方性，判断因果关系相对简单。申言之，刑事诉讼中查明犯罪构成主要是查明被告人原因行为是否成立即可；民事诉讼中则需要各种原因行为。鉴于民事诉讼、刑事诉讼证明标准不同，特定案件中因果关系确实需要重新认定。如，在后续民事诉讼中不能以在先刑事诉讼中双方构成犯罪，就直接否认彼此民事权利、民事责任。民事诉讼、刑事诉讼中因果关系认定不能彼此等同、混为一谈。这是因为，民事诉讼中，可以根据证据规则、因果推定、自由酌定等因素确定民事责任。

结语

法治社会，既要强调社会秩序维护，也要有效保护刑事被害人权益。从刑民不分到刑民二元化，再到如今刑民一体化，都是法治发展的历史选择。刑民交叉案件既是理论研究的新空间，也是司法实务的新挑战。本文选取人身权纠纷案件角度，主要是为研究方便，仅仅是刑民交叉案件领域海洋里的一叶扁舟。不可否认，还存在背景资料不充分、研究深度不够的问题，但希冀能引起更多民法理论界和实务界对刑民交叉命题的关注。

论管制性征收行为司法审查规则构建

周华丽*

【内容提要】 财产权因政府管制行为，权利义务平衡受到影响，根据平等保护与负担均分原则，本应予以合理救济。本文实证证成来自理论、实践、社会等多层面原因，导致法理概念不清，规制缺位模糊，审查规则不一，补偿问题搁置，使得权益受损无法及时修复。确立管制性征收制度，提供清晰的司法救济路径，可引入管制性征收理论，以其“五位一体”的价值回溯功能化解背后症结，运用形式识别、实质识别、综合识别“三个步骤”，构建“点、度、面”相结合全流程司法审查规则，为财产社会义务承担、管制性征收与征收之间划出一条泾渭分明的楚河汉界，消除社会风险因子，让原本变化动荡的法律关系重归平衡有序，维护社会的稳定和谐。

【关键词】 财产权　管制性征收　审查规则

伴随公民权利意识的觉醒，我们步入了“走向权利的时代”，[1] 历史中不太受重视的权利在权利族系中的地位逐渐提升，财产权就是其中之一，以往私人财产权长期隐没在“公共利益”的羽翼之下，没有受到周延保障的状况得到很大改善。社会发展形势日益复杂，为实现资源优化配置，为应对风险社会的挑战，“消极政府”逐渐走向“职能政府”，对越来越多领域进行必要干预甚至管制，我们同时步入了一个“走向管制的时代”，同一时间维度，当权利遭遇管制，产生了需要修复的法律关系。[2]

我国宪法规定了财产保障权利，同时规定政府为了公共利益的需要，可对

＊ 周华丽——福建省泉州市丰泽区人民法院一级法官。

1 夏勇著：《走向权利的时代》，社会科学文献出版社2007年版，第55页。

2 朱学磊：《管制性征收的请求权基础》，载《时代法学》2015年第1期。

其进行管制或者剥夺，保障、管制及剥夺该是法律规范的三种结构样态，对财产权的管制研究与规范理应拥有独立于剥夺的一片广阔天地，但现实中并非如此。近年来，因为青岛为整治海岸带而拆除原本通过审批的沿海涵碧楼独栋别墅、济南4A级景区拆除原本审批手续齐全的别墅等事件，管制性征收理论再次进入人们的视野，[3]政府管制对于权利实现已构成影响，[4]但因理论与实务界的“选择性遗忘”，遭受的损失无法及时获得救济。当矛盾纠纷、利益失衡在社会治理体系前阶中无法得以抚平时，必然流向法院进入司法审判领域，由于当前立法和司法解释并未对管制性征收进行明确规定，法官面临法律规则模糊，裁判左右为难的窘境。

一、惑之起：管制性征收行为审查现状

为窥探审判实务一角，在中国裁判文书网里，笔者在“行政案件”类型中，分别以“补偿”“赔偿”“财产社会义务”“征收”等为关键词进行全文检索，通过逐一审阅，剔除不相关案件后，获得与管制性征收类似相关的有效检索结果48项，与日益普遍的管制性征收现状相比，进入法院审理范围的管制性征收案件相对较少。

（一）司法现状综述

从案例分析可知，当前对管制性行为的规制较为薄弱，总体显得杂乱无序，尚未形成完整科学的审查规律。

1. 主体多为使用权人

就诉讼原告而言，主要是权利人，一般是土地使用权人，如集体土地的承包人或建设用地使用权人，有时即使是国有性质，因考虑历史因素而作出影响使用权的行为仍时而有之。

---

3 管制性征收，学术界也称为反向征收、没收性征收、推定的征收等，本文采用较为常见和典型的名词，管制性征收，具体是指当政府出于公共利益实现的需要，对私人财产权作出的管制行为，给财产权利人造成损失，但对财产权未形成剥夺的行为。参见房绍坤、王洪平：《从美、德法上的征收类型看我国的征收立法选择——以“公益征收”概念的界定为核心》，载《清华法学》2010年第1期；张鹏：《经典案例逻辑中的征收理论和实践：中美差异和政策选择》，载《中国土地科学》2018年第6期。

4 如《土地管理法》中明确设立了土地用途管制制度，近年来随着环境保护和治理力度的加强，我国加大了对土地、森林、海洋等自然资源开发利用方式的管制，如退耕还林，退田还渔，控制海岸带建筑高度、容积率等，此类的土地利用管理，往往并未改变土地的集体性质，但是在一定程度上限制了权利人对土地的利用。参见耿宝建、黄瑶：《管制性征收理论在行政审判中的引入与运用——以“中国天眼”建设中的管制性征收为例》，载《人民司法》2019年1月。

2. 行政行为类型多样

不服行政征收行为，要求确认补偿协议无效，或者请求确认行政强制行为违法，要求行政赔偿，或者诉请确认土地用途管制所依据的行政规划的批复违法的，但尚未有真正以请求确认构成管制性征收行政行为，进而提出相应补偿诉求。

3. 管制多因公益之名

主要是为了支持政府重大基础设施建设、保护历史文物、保护生态环境、维护公共安全和公共秩序、区分使用和管制利用土地等。

4. 管制对象涉面广

涉及土地使用权属纠纷居多，就管制与土地权利限制的关系而言，实践中大概出现以下三种：一是行政机关调整城市规划；二是出于特定公共利益实现的需要，如国家重大基础设施建设而作出对土地利用的限制；三是行政机关基于生态保护考虑调整土地利用规划，对集体所有的农地、林地、海域等的地类性质进行变更。

（二）问题揭示阐释

为进一步深入研究此类案件司法审查现状及挖掘背后存在问题，笔者从 48 个案件中选出较为典型的案件 16 件，共涉及 9 个省、直辖市，相对具有普遍性，对于考察我国法院对管制性征收案件及其补偿问题的态度与审查思路具有一定代表性。

1. 立案受理存在盲区

由于没有针对管制性征收行政行为的立案案由规定，法院在收到此类纠纷诉请时唯有两条路可走，要么以不属于法院受案范围而拒之门外，要么寻找类似相关的案由挂靠立案。比如最高人民法院（2019）最高法行申 11574 号行政裁定书，原本是因为政府基于公共利益需求对私人财产权利作出一定限制，但权利人无法针对该种限制行为造成的损害请求相应的补偿，转而向法院起诉请求确认行政行为违法，而结果往往是私人利益让位于公共利益，获得败诉结果，其请求的核心问题即获得补偿未能得以解决。

2. 司法审查路径不清

管制性征收概念未得以确立，审查规则缺位，导致财产权的社会义务、征收与管制性征收之间的概念混同，司法实务中要么偏向财产的社会义务承担，要么偏向征收，从而作出两种较为极端的审查结果。

一是审查规则错位。由于相应司法审查规则缺位，面对实质性的管制性征收纠纷，法院在启用利益衡量之下作出以下几种选择：第一，直接依照行政行为违法的审查路径进行审查，但是在确认违法后的赔偿问题多数未同案作出处理；第二，从财产社会义务承担角度出发论证行政行为合法合理，财产权利人对此应承担容忍义务，而实质上将过多的社会义务强加于权利人；第三，依照传统征收的审查路径进行审查，构成传统征收的则依照传统征收的审理规则化解纠纷，不构成的直接驳回原告诉求。无论上述哪种路径，都游离于管制性征收行为的外围，对于核心问题始终顾左右而言他，找不到化解纠纷的中心点。

二是裁判依据误用。从裁判依据来看，由于没有直接的法律规定可引用，有些法院作出判决时硬生生改变案件属性，“借用”其他法律规定来解决。[5] 如海南省高级人民法院（2008）海南行初字第4号行政判决书，政府变更土地规划，将商住用地改为景观用地，要求原告拆除已设立的广告牌，原告不执行，采取强制拆除手段，于是原告诉请至法院请求赔偿。该案是典型的由于政府的管制性行为产生的纠纷，理应按照管制性征收的理论进行补偿，但是由于没有相应法律规定，法院将因强行拆除广告的限制行为曲解为行政处罚，转而适用行政处罚相关规定作出判决。

三是裁判结果差异。由于缺乏统一裁判规则，同案不同判现象较为突出。比如一些法院对是否造成权利人经济损失的认知上较为暧昧，表达模糊。如临安区人民法院（2001）临行初字第13号判决书，法院认为行政机关的行为对当事人的利益造成了影响，但对于该影响是什么以及如何补救法院没有论述。但在其他一些法院，对于权利人经济损失的态度却较为明确，在一定程度上承认了行政机关应对管制性征收行为造成的损失承担相应补偿，如广东省高级人民法院（2013）粤高法行终字第711号行政判决书，法院直接指明虽然该案政府作出的行为符合环境保护的公共利益需求，但是养殖户因此受到的损失依法应得到相应补偿。

3. 补偿问题模糊处理

管制性征收的核心问题是补偿问题，但实务中往往因各种因素被搁置。现实中存在补偿启动困难，补偿标准认定不一，补偿数额不符当事人预期等问题。在一些案件中，多数法院驳回补偿的诉求，认为应由行政机关先行处理，待当事人不服行政机关补偿处理决定时，再向法院提起行政诉讼，如果行政机关迟迟不采取举措处理，那么补偿问题即可能被长期闲置。如广东省高级人民法院（2013）粤高法行终字第711号行政判决书，法院认为关于补偿问题属于行政机关职权，在行政机关未作出处理前，补偿问题不属于行政诉讼受案范围。又如河南驻马店市中级人民法院（2012）驿行初字第27号行政判决书，法院认为目

5 彭涛：《规范管制性征收应发挥司法救济的作用》，载《法学》2016年第4期。

前尚无明确的法律规定可以参考，从其他法院的判决来看，涉及行政补偿问题多由行政部门先行处理，所以法院对于行政补偿的诉求不宜直接作出判决。原本在诉讼中可一并解决的问题，被空转成两套程序，加大了司法成本，造成资源浪费。

二、惑之探：管制性征收制度功能重塑

让权利人承担过多社会义务，有权利而无救济，是管制性征收行为备受诟病的原因，反问之下，来自理论、实践与社会等多方面的深层根源，折射出确立管制性征收制度之迫切，其正向功能定位恰解其燃眉之困。

（一）反向求索：制度确立的紧迫现实

输入“管制性征收”关键词，中国裁判文书网的检索结果为“0”，说明实践中法官并未尝试在裁判文书中对这一概念进行阐释或引用，当事人亦未将其作为一种辩论策略，就现实需求而言，管制性征收制度确立大有可为。

1. 理论层面，从保障到剥夺的管制断层

我国宪法规定了财产保障权利，同时规定政府为公共利益所需可进行财产管制。我国历来关注征收，却忽视管制性征收的现实存在，导致与社会义务承担及与传统征收之间的概念混淆和界定偏差，从而让偏重社会与公共的传统观念更为根深蒂固。根据“负担均分”原则，当特定人群为了某项公共利益而承担了过多的社会义务时，理应启动补偿予以平衡，保障、管制以及征收应是财产权保护的三层结构样态，立法及实务均应给予合法保护，我国长期偏重于保障与征收，处在中间环节的管制遭到了冷遇，管制性征收制度的缺位，导致权益受损无法得到及时修复。

2. 实践层面，从立法到实务的供需距离

我国尚无立法、司法解释或会议纪要等对管制性征收概念或判断标准进行明确规制，管制性征收还仅是一个学理概念，在一定程度上限制了司法实践中管制性征收理论的运用与发展。管制性征收对财产权的侵犯是无形的，是否构成管制性征收、能否启动补偿，在于法院对管制程度的审查判断，而事实上，法院没有可以直接援引的法律规定，除非对现有法律规定作出扩大解释。管制行为在学理上因与征收相比而得名反向征收，此征收一般由政府依照严格程序启动，而管制征收却恰恰相反，为规避传统征收烦琐的程序要求与付出的昂贵成本，较易偏向管制行为这种潜移默化式的财产权限制，从而达到行政目的。

3. 社会层面，从整体到个体的利益偏向

一切社会现象终为在一种文化模式影响之下形成，财产权理念的变化也深

受人类科学知识和文化思想的影响。以个人利益为支配地位的原子论财产法理念和以社会利益为主导的有机财产法理念，二者之间的博弈构成了一部财产法发展史。以社会利益为主导的有机财产法在一些国家的一定历史时期中产生深远影响，为实现公共福祉，认为私有权应受到社会义务的制约。[6]我国历史上特有的经济制度及意识形态，公共利益占有优先地位，普遍重视公共利益，对私人财产权利则选择一定程度的容忍。财产权中的社会因素与个人因素是永生共同体，此消彼长却难以彼此消灭。[7]我国强调社会公共利益优先实现的背景下，个人财产权保护的呼声依然存在，此为管制性征收的确立提供了土壤。

（二）正向定位：制度确立的价值归属

管制性征收理论的运用，制度的确立，无疑为绘制完整规制蓝图创造可能，有利于国家进行安全治理，法院化解矛盾纠纷，群众实现权利救济，自上而下，同频共振，共同维护社会稳定。

1. 朴素正义的追求实现

在充分营造自由竞争、机会平等、资源分配合理的市场环境的前提下，国家可根据公共需要对私人财产进行适当的二次分配，限制市场分配中出现的不平衡。[8]踏入私人财产权的世界，是行使公权力的一种必然，为了公平正义的实现，必须全力拓清社会义务承担与管制性征收的界限，防止以公共管理之名行管制性征收之实，过多地将本应由全体社会成员承担的义务负担在特定人群身上。[9]管制性征收制度的确立在一定程度上满足了权利人基于政府公信力而产生的信赖利益保护需求，比如政府在何种情况下可限制私人财产权，权利被限制达到何种程度可请求补偿以及向哪个机关依照何种程序主张诉求等。

2. 行政行为的理性回归

在实现公共利益的名义下对财产权进行限制却又无须进行补偿，久而久之，渐成习惯，形成一种“财政错觉”，即可在付出零成本的前提下，实现社会公共利益最大化。在作出财产管制决策时，政府须扮演一个理性人，必须对收益与成本进行衡量，只有所增社会公共利益大于所受损害时才具有合理性。[10]事实

6　王铁雄：《财产法：走向个人与社会的利益平衡》，载《环球法律评论》2007 年第 1 期。

7　王铁雄：《域外古代土地产权制度比较研究》，载何勤华主编：《法律文化史研究》（第 1 卷），商务印书馆 2004 年版，第 317 – 318 页。

8　金俭著：《不动产财产权自由与限制研究》，法律出版社 2007 年版，第 115 页。

9　汪进元、高新平：《财产权的构成、限制及其合宪性》，载《上海财经大学学报》2016 年第 5 期。

10　刘海平著：《美国管制征收法律问题研究》，中国政法大学出版社 2007 年版，第 56 页。

上，基于“零成本”的误会，未能启动全面的成本管控衡量，易非理性决策，可能造成资源的重复配置和浪费。管制性征收补偿源于“负担均分”和“禁止过度侵害”原则，[11]能够合理满足行政机关与行政相对人各自的利益需求，让其决策中主动防止一些错误理念，在论证行为可行性必要性时全面启动成本管控衡量，促进理性行权。

3. 利益博弈之科学衡平

耶林断言“不存在什么绝对的所有权，也就是那种不考虑社会利益的所有权，历史已经让这一真理深入人心”。[12]“必须在各个部分的全部或大多数，或至少有若干部分获得幸福以后，才能谈到全体的幸福”。[13]强调社会整体利益与强调个人利益的财产法理念，经过几个世纪的竞走博弈，单一理论已无法主导社会发展主流，而是逐渐走向二者的融合、对话与动态衡平。财产立法要在保障公共利益的同时保障个人财产权益最大化，需政府补偿这一平衡杠杆，适时建立管制性征收制度是合理且必需的。虽说公共利益与个人利益的平衡是动态的，只能是一种无限接近，但管制性征收行为的认定是保障个人凭借天赋勤奋创造更多财富的助推器，也是保障社会整体获得幸福的平衡器。

4. 社会治理的强化升华

法院是通过审判进行社会治理的特殊的治理机关，[14]通过“个案裁决—化解矛盾症结—确定法律关系—复归社会秩序—形成指导规范”的路径参与社会治理。虽说社会矛盾多元化解等制度扮演着马前卒角色，对社会矛盾进行过滤筛查后，仅一部分进入审判程序，但此类矛盾就是“暴风眼”，涉众广，影响深，法院的审理行为关系着社会治理体系的科学运行。现实中，行政机关的管制行为滥用或超过权限而损害权利人的合法权益的现象比比皆是，涉众广，若不合理解决，常引发民众对行为的质疑，易引发群体性事件。管制性征收制度的确立，让法院及时适时介入此类纠纷化解，通过公平的裁判调整社会关系，对权利人损害予以合理补偿，将走得太远的公权力拉回轨道，将失衡的利益关系予以抚平。

三、惑之悟：管制性征收审查规则构建

管制性征收司法审查认定难点集中体现在公共利益的识别、管制行为程度

---

11 刘霞：《我国管制性征收制度研究》，东华理工大学2017年硕士学位论文。

12 姜栋：《土地权利的边界》，载《山东社会科学》2017年第6期。

13 亚里士多德著：《政治学》，吴寿彭译，商务印书馆1965年版，第273页。

14 江国华：《通过审判的社会治理——法院性质再审视》，载《中州学刊》2012年第1期。

认定及合理补偿问题。[15]综观国外管制性征收司法审查规则，没有统一不变的标准可套用，根据管制性征收理论指导，从目的、程序、损害、价值、决策环境等进行多维考虑，以形式识别、实质识别及综合识别三种方法进行审查认定。

（一）以“扩大解释”提供立案依据

将管制性征收纳入行政诉讼保障范围并非不可行，实践中确已有相关案例。一是可通过扩大解释解决法律适用问题。前文梳理我国通过概括式、列举式以及反面排除式明确了可诉的行政行为范围，司法解释可采用推定可以审查的原则作扩大解释，将管制性征收纳入受诉范围，这与规范政府行为，保障公民权利的立法初衷相符，有利于规范和监督政府行为，实现社会公共利益。[16]二是法院在立案引导时具有一定能动空间。我国虽然不是判例法国家，但是案例指导制度正在蓬勃发展，特别是在强调同案必须同判的情境下，遇到新类型案件时，很多法官都会借鉴成熟的先行案例尤其是最高人民法院公布的指导性案例。不可否认，在一定程度上我们承认上级法院的案例能够为下级法院提供依据，文中选取的部分案例对司法实践也产生了积极影响。

（二）以“三个步骤”确立审查规则

管制性征收司法审查认定产生两种结果：特征明显，易认定不构成管制性征收；特征不明，构成要件较为模糊，认定争议较大。第一种一般根据形式识别即可判定，第二种往往需要运用实质识别与综合识别作出认定。

步骤一：“点”的认定，形式识别的运用[17]

形式层面的认定标准，主要可从管制对象和管制行为本身着手，对其覆盖范围是点还是面作出判断。

1. 管制对象是否具有确定性。平等原则若是因为追求公共利益而损害少数人的利益，违背“负担均分”原则，让少数人承担过多社会义务，则可认定为构成管制性征收。一般情况下，对普遍对象的一般限制，属于财产的社会义务承担，无须相应补偿，相反地，如果是对特定群体的特别限制，则可能构成管制性征收，涉及补偿问题。[18]

2. 管制行为是否为永久侵占。因公共利益之名，虽财产权性质不被改变，财产权利束中最重要的排他性占有被侵犯，权利人已实质性失去支配权利，构

---

15 彭涛：《规范管制性征收应发挥司法救济的左右》，载《法学》2016 年第 4 期。

16 朱学磊：《管制性征收的请求权基础》，载《时代法学》2015 年第 1 期。

17 金俭、张先贵：《财产权准征收的判定基准》，载《比较法研究》2014 年第 2 期。

18 王思锋著：《不动产准征收研究》，中国社会科学出版社 2015 年版，第 162 页。

成管制性征收。

3. 管制行为是否有经济互惠。因公共利益之名，对财产权利作出限制，最终目的却增进了受管制人的利益，即受损和受益的对象是一致的。而管制性征收是使部分人受损，使更为广阔范围的群体受益，受益对象远远大于受损对象，因而产生经济互利的行为不构成管制性征收，权利人利益也未本质性受损，亦无须予以补偿。[19]

4. 权利行使是否为社会妨害。权利行使本身对社会造成伤害，管制行为目的在于消除其对社会造成的公共妨碍，此不应构成管制性征收。[20]

步骤二："度"的深究，实质识别的运用[21]

实质识别在于对结果要件的审查，该标准起源于管制性征收理论的"特别牺牲论"，[22] 主要是对管制性行为产生后果达到的"度"进行判断。

1. 整体价值受损程度。就权利人现有整体财产价值而言，管制行为造成一定程度的价值减损。至于减损达到何种程度需认定为管制性征收，进而启动补偿，取决于受损价值及整体价值的认定，即分子与分母的比例确定，有的学者建议当减损达到70%以上可视为全部性剥夺；30%—70%，偏向认定为管制性征收，补偿数额的确定根据限制的度进行动态调整；在30%以下的，一般为财产的社会义务承担，不予补偿。[23]

2. 信赖利益受损认定。行政行为本具有权威性和稳定性，财产权人基于对政府的信任，对现有财产权利作出合理规划使用，进而对将来产生的投资利益产生期待，此种信赖应受法律保护。[24] 如果权利人取得财产时环境是安全的，不存在管制行为，也不存在相关政策导向，后因管制行为合理预期利益受到干扰时，可认定构成管制性征收行为。

步骤三："面"的考量，综合识别的运用[25]

当遇特征不明，经形式识别无法认定时，可立足系统性视角，运用多因素平衡方法，启动综合识别运用，将行为目的、程序、价值衡量等变量纳入审查标准：

---

19 刘连泰：《司法的救赎——互惠原理在管制性征收案件中的适用》，载《现代法学》2015年第4期。

20 王钉：《论管制征收构成标准——以美国联邦最高法院判例为中心》，载《法学评论》2016年第3期。

21 陈明灿著：《国土政策与法律学术论文集》，翰芦图书出版有限公司2006年版，第72页。

22 刘连泰、刘玉姿等著：《美国法上得管制性征收》，清华大学出版社2017年版，第8页。

23 许迎春：《论美国管制性征收制度及其对我国的启示》，载《法治研究》2019年第4期。

24 李锡梓：《行政法上的正当期待保护原则述论》，载《东方法学》2009年第1期。

25 王思锋著：《不动产准征收研究》，中国社会科学出版社2015年版，第162页。

1. 目的合公益性。目的合公共利益性是管制性征收认定的核心灵魂，但公共利益的界定具有个案化属性，是否符合公共利益从形式属性上无法明确判断，需综合衡量以下两个要素：

一是为增进公共福祉。当前我国公共利益的外延大致包括公共安全、公共福祉及公共健康三个核心内容。[26]法官可根据案件具体情况，选择运用相应理论标准，结合政治体制、文化经济、民族习惯等进行综合认定。如果管制行为的最终结果未能增加社会公共利益，则其失去了合理性前提，不构成管制性征收。

二是有实质性因果关系。管制性征收不只要求行为初衷是实现公共利益，还要求取得实际效果，真正取得了增进社会公益的成效，即管制行为与公共利益增进之间具有实质性因果关系。

2. 程序合正当性。相较于公共利益的认定，程序正当性更具具象化，征收中有关程序正当认定的做法已相当成熟，管制性征收中可参照适用。程序正当性主要应包含提前告知、组织听证、说明理由、允许申辩、公开透明、扩大参与等核心要素。[27]

3. 结果合比例性。比例原则是公共利益与私人利益，公权与私权价值博弈的平衡点，采取管制行为是否充分考虑比例原则，是法院审查的重要内容。

一是必要性，即应进行“末位选择”的考量，为了实现公共利益，如果存在其他路径选择，则不可作出限制行为，但如果其他路径选择将付出明显更高的成本，而采取管制行为可以进行成本合理管控时，可认定确有必要。

二是适当性，是指存在多种手段可以有效实现法定目的时，国家机关行使公权力应选择对私权利影响最小、最温和的手段。

三是均衡性，将所追求公共利益与所受损失的价值进行衡量，两者之间必须合乎比例，不可相互偏离太远，即不可以损害重大私人利益而追求极小的公共利益，否则有滥用权力之嫌。

综上，优先适用形式识别作出认定，无法认定时，再立足系统性视角，运用多因素平衡方法，启动综合识别及运用实质识别，对管制行为过程与结果作出结论性判断。以备受争议的限号出行为例，运用对象识别，管制对象属于不可确定的社会群体，则应构成财产的社会义务承担，排除构成管制性征收的可能。再如文物保护领域，对于私有文物，作出只能由所有人修缮和保养，不能转让，不能重建的限制。首先，运用形式识别，文物仍由权利人占有，不构成

---

26 张卉林：《论公共利益对私权的限制》，吉林大学 2013 年博士学位论文。

27 翁岳生著：《行政法》（下），中国法制出版社 2009 年版，第 1082 页。

永久性侵占；文物保护为的是保护历史文化，维护历史情感，而文物所有者权利在一定程度上受到损害，受益对象与受损对象不一致，不构成利益互惠；文物使用显然也不属于社会妨害。其次，在实质识别中，管制行为造成的财产价值减损程度是否超出所增公益，应根据财产所有人所承担的义务的具体情况在个案中作出判断。最后，启动综合识别，限制文物转让等行为显然是为了增进社会公共利益，也实质性增进了社会公益，同时维护公益的价值显然胜于对私益的牺牲。

（三）以“利益平衡”规范合理补偿

经上述司法审查，如果构成管制性征收，为平衡各方利益，应启动补偿程序，确定补偿标准，选择适当补偿方式，为权利人受损利益提供完整的司法保障。

1. 补偿标准的选择

当前司法实践中，行政补偿标准有完全补偿、适当补偿两种标准，[28]在管制性征收领域，笔者建议采取相对灵活的处理方式，如是对财产权的完全剥夺，建议适用完全补偿标准；如是限制性剥夺，通过权衡权利受损程度、分析当事人是否获利或者当事人是否具有过错，考量政府财政负担能力等之后，作出相应的补偿标准选择。

2. 补偿数额的确定

对于能够在市场上交易流动的权利利益，建议参照管制行为作出以及所持续期间的市场价格来确定补偿数额。公平合理的补偿在买卖双方看来都应该是“合理的市场价值或是买方乐意支付、而卖方愿意接受的价格”。[29]对于在市场上不易流动的财产权利，又没有法定价格可参照的，建议以财产价值本身为基准，辐射相应附带价值，根据第三方评估机构的评估价值，裁定价格补偿。为完善行政补偿的计算标准，笔者认为应以选择的补偿原则为基础，遵循市场原则来确定补偿数额。

3. 引入第三方评估

财产损失的范围与程度，对于很多法官而言过于专业，比如房地产的价格预估或限制土地用途所造成的损失估算等，单凭法官的力量要计算出合理的补偿数额相对较为困难。为此，可借鉴征收补偿中的做法，在司法审查中引入第

28 王云霞、胡姗辰：《公私利益平衡：比较法视野下的文物所有权限制与补偿》，载《武汉大学学报（哲学社会科学版）》2015年第6期。

29 罗静静：《土地利用管制中的补偿问题研究——以准征收理论为中心》，郑州大学2011年硕士学位论文。

三方专业评估，法院可在有评估资质的机构中随机抽选，使不代表双方利益的第三方对被限制的财产及其损失进行评估，以公权力影响财产权人财产权时的市场价格为标准进行计算，以财产权人的申请为范围，得出补偿的结果。

结语

财产权是人类自由与发展的基本保障。当个人自由的实现仰赖社会共同体的良善，财产权利亦理性地接受为了维护这种“共同善”而被均摊的社会义务。对财产权作出限制，纵然是为了实现社会公益，也是对“负担均分”平等原则的悖反，让民众心中的那杆秤失了平衡，若不能辅以救济渠道，内心的剥夺感和不安全感将无法消融。管制性征收行为司法审查规则之构建，为受损的权利提供自上而下的救济路径，正是法院积极主动参与社会治理之体现，为消除隔阂，重拾安定，构建和谐开创一种进路。

案例分析

数字时代图书馆合理使用的边界认定

——上海音某出版社有限公司、上海文某音像电子出版社有限公司诉广州联某电子科技有限公司侵害作品信息网络传播权纠纷案

邓丹云　李晓虹*

【裁判要旨】

图书馆在提供数字作品时，判断是否为合理使用，应平衡著作权人权益和社会公共利益。合理使用范围应当限定两方面的条件：其一，服务对象为实名注册并获取电子借阅证等凭证的读者；其二，仅提供作品的浏览和阅读，不包含作品的下载。搭建数字平台的相关技术提供者可以作为数字作品合理使用的适格主体，但不能超出图书馆合理使用的边界。

【关键词】 图书馆　数字作品　合理使用　随书光盘

【案件索引】

广州互联网法院（2020）粤 0192 民初 36894 号民事判决书（2020 年 11 月 18 日）

审判员：邓丹云

【基本案情】

原告上海音某出版社有限公司（以下简称上音公司）、上海文某音像电子出

* 邓丹云——广州互联网法院综合审判二庭法官；李晓虹——广州互联网法院综合审判二庭法官助理。

版社有限公司（以下简称上文公司）是录音制品《巴斯蒂安成人钢琴教程1》的制作者，对案涉制品享有信息网络传播权。被告广州联某电子科技有限公司（以下简称联某公司）未经许可通过其运营网站“云图网”向公众提供案涉制品，且存在利用案涉制品进行商业营利的情形。上音公司、上文公司认为联某公司的行为侵害了其对案涉录音制品的信息网络传播权，为此向法院提起诉讼，请求判令联某公司向上音公司、上文公司赔偿经济损失9000元，律师费900元及公证费100元。

联某公司辩称：其受多家图书馆委托授权构建案涉平台“云图网”，为相关图书馆用户提供数字作品资源服务，其行为未影响作品的正常使用，也未不合理损害著作权人合法权益，应属对案涉录音录像制品的合理使用。

【裁判结果】

广州互联网法院于2020年11月9日作出（2020）粤0192民初36984号民事判决书：一、联某公司自本判决生效之日起十日内向上音公司、上文公司赔偿经济损失300元及合理费用100元；二、驳回上音公司、上文公司的其他诉讼请求。本案适用小额诉讼程序审理，判决于2020年11月9日生效。

【裁判理由】

法院生效判决认为：

一、关于上音公司、上文公司对案涉录音制品是否享有著作权

案涉音频制品是上音公司、上文公司图书《巴斯蒂安成人钢琴教程1》所附的钢琴演奏曲目，为录音制品。根据2010年修正的《著作权法》第42条第1款规定，录音录像制作者对其制作的录音录像制品，享有许可他人复制、发行、出租、通过信息网络向公众传播并获得报酬的权利。案涉图书《巴斯蒂安成人钢琴教程1》为合法出版物，由上音公司出版发行，结合上音公司、上文公司出具的《协议书》，可证明案涉录音制品由上音公司、上文公司共同制作，在无相反证据的情况下，法院认定上音公司、上文公司对案涉录音制品享有录音录像制作者权。

二、联某公司是否侵犯了上音公司、上文公司对案涉录音制品享有的信息网络传播权

2010年修正的《著作权法》第48条第1项规定，除法律另有规定，未经著作权人许可，复制、发行、表演、放映、广播、汇编、通过信息网络向公众传播其作品的构成对著作权的侵害。《最高人民法院关于审理侵害信息网络传播权民事纠纷案件适用法律若干问题的规定》第3条规定，网络用户、网络服务提供者未经许可，通过信息网络提供权利人享有信息网络传播权的作品、表演、录音录像制品，除法律、行政法规另有规定外，人民法院应当认定其构成侵害信息网络传播权行为。本案中，联某公司确认未经上音公司、上文公司授权在其经营的"云图网"上传播案涉录音制品的事实，但抗辩其系接受高校和公立图书馆的委托，借助互联网和云计算等技术提供图书书目强化数据服务，未影响作品的正常使用，也未不合理损害著作权人合法权益，构成合理使用。对此，法院认为，联某公司使用上音公司、上文公司制品的行为要认定为合理使用，条件有三：其一，联某公司传播案涉录音制品的行为确系接受图书馆的委托；其二，图书馆委托联某公司对馆藏书籍的随书光盘内容进行信息网络传播的行为属于合理使用的范畴；其三，联某公司实际传播案涉录音制品的行为未超出合理使用范畴。

首先，关于联某公司传播案涉录音制品的行为是否系接受图书馆委托的问题。联某公司提交的十家图书馆出具的内容一致的《关于联某公司（随书光盘）非书资源云服务的使用情况说明》和与三家高校分别签订的"云图网"的服务协议，虽然不被上音公司、上文公司认可，但根据《最高人民法院关于适用〈中华人民共和国民事诉讼法〉的解释》第105条"人民法院应当按照法定程序，全面、客观地审核证据，依照法律规定，运用逻辑推理和日常生活经验法则，对证据有无证明力和证明力大小进行判断，并公开判断的理由和结果"的规定，法院结合联某公司运营的"云图网"有关书籍的介绍及对随书光盘的展示情况，认定联某公司确系接受委托，利用XOPAC扩充的图书公共目录检索系统，呈现了相关图书馆的馆藏书籍名称、内容简介、作者介绍、目录以及随书光盘，随书光盘中的内容既可以在线浏览，也可以下载。

其次，关于图书馆委托联某公司对馆藏书籍的随书光盘内容进行信息网络传播的行为性质分析。《公共图书馆法》第40条规定，国家构建标准统一、互联互通的公共图书馆数字服务网络，支持数字阅读产品开发和数字资源保存技术研究，推动公共图书馆利用数字化、网络化技术向社会公众提供便捷服务。政府设立的公共图书馆应当加强数字资源建设、配备相应的设施设备，建立线上线下相结合的文献信息共享平台，为社会公众提供优质服务。这一规定表明，随着数字时代到来，在著作权人权利进一步扩张的同时，为了让公众亦能分享技术进步带来的红利，图书馆在提供传统纸质图书馆保存、借阅等服务的基础上，还须加强数字资源建设，通过信息网络技术实现服务效能的提升。当然，在这数字化进程中，图书馆可以依法委托技术服务商提供设施设备，建立文献信息共享平台，但应当遵守有关知识产权保护的法律、行政法规规定。

《信息网络传播权保护条例》第7条规定，图书馆、档案馆、纪念馆、博物馆、美术馆等可以不经著作权人许可，通过信息网络向本馆馆舍内服务对象提供本馆收藏的合法出版的数字作品和依法为陈列或者保存版本的需要以数字化形式复制的作品，不向其支付报酬，但不得直接或者间接获得经济利益。当事人另有约定的除外。前款规定的为陈列或者保存版本需要以数字化形式复制的作品，应当是已经损毁或者濒临损毁、丢失或者失窃，或者其存储格式已经过时，并且在市场上无法购买或者只能以明显高于标定的价格购买的作品。该条规定对图书馆通过信息网络传播的合理使用行为进行了以下限制：（1）传播的对象为本馆馆舍内服务对象；（2）提供的内容为合法出版的数字作品，以及符合特定条件的为陈列或者保存版本的需要以数字化形式复制的作品。对于何为数字作品，《信息网络传播权保护条例》未作定义，现行法律法规也没有相关界定。根据光盘的性质，光盘是利用激光原理进行读、写的设备，是迅速发展的一种辅助存储器，可以存放文字、声音、图形、图像和动画等多媒体数字信息。法院认为，案涉随书光盘中的音频制品为多媒体数字信息，并被合法出版，属于图书馆合理使用范畴中能够提供的内容。至于图书馆委托联某公司在“云图网”上对随书光盘进行展示并提供下载服务的行为，是否超出了其馆舍内服务对象的范围，法院分析如下：

《公共图书馆法》第2条规定，本法所称公共图书馆，是指向社会公众免费开放，收集、整理、保存文献信息并提供查询、借阅及相关服务，开展社会教育的公共文化设施。前款规定的文献信息包括图书报刊、音像制品、缩微制品、数字资源等。由此可见，无论是音像制品，还是数字资源，都与图书报刊一样，可以被查询和借阅，并且未被要求限制在图书馆馆舍内。因此，为有效提升服务效能，在采取相应技术控制措施下，图书馆可以要求社会公众在依法进行实名注册并获取如电子借阅证等凭证后，通过互联网数字平台在线借阅馆藏数字资源。但是图书馆提供的这种线上服务只能是浏览和阅读，而不应当包含下载。下载本质上属于复制，并非为借阅这一行为所涵括，而且，相关数字资源一旦被下载，则图书馆无法控制其传播范围，不能限定在其服务对象范围内。综上，法院认定图书馆委托联某公司提供随书光盘的下载服务超出了其馆舍内服务对象的范围。

最后，关于联某公司实际传播案涉录音制品的行为有无超出合理使用范畴的问题。如前所述，联某公司接受图书馆的委托在“云图网”中提供了随书光盘的下载服务，不能认定为合理使用。此外，根据上音公司、上文公司提供的公证视频显示，在用户登录、使用“云图网”的过程中，非特定图书馆的用户均可登录“云图网”相关图书页面进行数字作品浏览和下载，其所提供的服务对象并未限定于图书馆特定用户群体，扩大了传播范围。尽管联某公司在庭审结束后举证证明已采取相关技术措施对首次注册用户予以限制，要求不在注册范围内的用户需在图书馆或校园网注册，但该行为属于技术弥补措施，对于采取该措施之前的行为，联某公司仍应承担相应的法律责任。

综上，联某公司接受图书馆的委托，在其经营的“云图网”提供案涉录音制品的下载并超出图书馆的特定用户群体进行传播的行为，不属于对上音公司、上文公司享有权利的录音制品的合理使用，侵害了上音公司、上文公司的信息网络传播权，对于联某公司的抗辩，法院不予采信。需要指出的是，若联某公司仅是针对图书馆的特定用户群体在线提供案涉录音制品的浏览服务，则既符合公共政策目标，激励作品的再创作和传播，促进文化传承与创新，又不会影响该制品的正常使用，也不会不合理地损害上音公司、上文公司的合法权益，应属合理使用的范畴。

三、联某公司应如何承担侵权责任

2010年修正的《著作权法》第48条第1项规定，未经著作权人许可，通过信息网络向公众传播其作品的，应当根据情况承担停止侵害、消除影响、赔礼道歉、赔偿损失等民事责任。第49条规定，侵犯著作权或者与著作权有关的权利的，侵权人应当按照权利人的实际损失给予赔偿；实际损失难以计算的，可以按照侵权人的违法所得给予赔偿。赔偿数额还应当包括权利人为制止侵权行为所支付的合理开支。权利人的实际损失或者侵权人的违法所得不能确定的，由人民法院根据侵权行为的情节，判决给予50万元以下的赔偿。

根据前述分析，联某公司侵害了上音公司、上文公司的信息网络传播权，上音公司、上文公司要求其赔偿损失和合理开支的诉讼请求，于法有据，法院予以支持。

1. 关于赔偿损失。因上音公司、上文公司未举证证明其实际损失，或联某公司的侵权获利所得，为此法院结合以下因素确定联某公司的赔偿数额：（1）案涉录音制品的歌曲数量、类型和市场价值。“云图网”上传播的案涉录音制品共计132首，虽然数目较多，但均为同一钢琴教材随书光盘中的演示音频，附属于教材图书使用，独立市场价值相对较小，且市场上现有附随书光盘的图书与不附随书光盘的图书虽有价格差异，但相差不大。（2）联某公司在“云图网”上提供下载及针对不特定对象扩大传播范围的行为，侵犯了上音公司、上文公司的信息网络传播权，但联某公司在接到本案诉讼文书后及时下架了案涉音频，避免了损失的进一步扩大，且联某公司举证证明对于案涉音频的浏览量不高，传播范围较窄。（3）联某公司系接受图书馆的委托，提供XOPAC扩充的图书公共目录检索系统，非以传播上音公司、上文公司录音制品进行营利为目的，在庭审后采取技术措施限制注册用户，将“云图网”使用人限制在图书馆的用户群体内，意图实现的是图书馆的社会和公益职能。同时，联某公司提交的《广州联某电子科技有限公司其他专项审计报告》亦证明其在2017年至2019年有关随书光盘非书资源云服务利润金额为亏损。

2. 关于合理开支。上音公司、上文公司本案诉请的制止侵权行为所支付的合理开支主要是公证费和律师费，考虑到上音公司、上文公司批量维权的情况，法院酌情予以支持。

综合以上因素，法院酌情确定联某公司应向上音公司、上文公司赔偿300元及合理费用200元。

【案例注解】

为了促进公共图书馆事业发展，发挥公共图书馆功能，我国于2018年1月1日开始实施的《公共图书馆法》第8条明确国家鼓励和支持发挥科技在公共图书馆建设、管理和服务中的作用，推动运用现代信息技术和传播技术，提高公共图书馆的服务效能。然而，在图书馆信息化建设进程中，应当如何界定图书馆对各类数据资源的信息网络化传播，在何种情况下属于合理使用，在何种情况下又该取得著作权人的授权，目前只有2013年3月1日实施的《信息网络传播权保护条例》第7条[1]有相关规定，对图书馆通过信息网络传播的合理使用行为进行了以下限制：(1) 传播的对象为本馆馆舍内服务对象；(2) 提供的内容为合法出版的数字作品，以及符合特定条件的为陈列或者保存版本的需要以数字化形式复制的作品。对于该规定的理解，在司法实践中存在较大争议，导致图书馆一方面有进行信息化建设的现实需求，另一方面又对信息化的行为将会面临何种法律后果难以预知，故迫切希望能在具体的案例中明确合理使用的边界。本案对此作了尝试性的分析。

一、数字作品应当包含光盘中存储的作品

《信息网络传播权保护条例》第7条将图书馆可以通过信息网络合理使用的作品分为两类：本馆收藏的合法出版的数字作品及数字化形式复制的作品。而对于何为数字作品，《信息网络传播权保护条例》未作定义，现行法律法规也没

---

1 《信息网络传播权保护条例》第7条规定，图书馆、档案馆、纪念馆、博物馆、美术馆等可以不经著作权人许可，通过信息网络向本馆馆舍内服务对象提供本馆收藏的合法出版的数字作品和依法为陈列或者保存版本的需要以数字化形式复制的作品，不向其支付报酬，但不得直接或者间接获得经济利益。当事人另有约定的除外。前款规定的为陈列或者保存版本需要以数字化形式复制的作品，应当是已经损毁或者濒临损毁、丢失或者失窃，或者其存储格式已经过时，并且在市场上无法购买或者只能以明显高于标定的价格购买的作品。

有相关界定。学术通说认为，数字作品是以二进制数字编码形式表达并能被计算机读取、加工、存储和传输的各种作品。直接在计算机上完成并存储的作品为数字作品，当无疑义，但对于以首次以CD为载体存储的作品是否属于数字作品的范畴，则存在争议。

从光盘的性质来看，光盘是利用激光原理进行读、写的设备，可以存放文字、声音、图形、图像和动画等多媒体数字信息。光盘中存储的内容可以直接在计算机上读取，而在计算机上完成的数字作品也可以存储在光盘中，光盘应当视为数字作品的辅助存储器。因此，被合法出版的随书光盘中的音频制品，应当认定为数字作品。

二、公共图书馆对于数字作品合理使用的边界

《信息网络传播权保护条例》第7条将图书馆通过信息网络提供数字作品的行为进行了场所和对象的双重限制，即本馆馆舍内的服务对象。对于这种限制，应当从互联网技术的实际应用状况及对著作权人的有效保护两个方面的因素来综合理解。

（一）关于数字作品提供的场域

图书馆通过互联网进行数字作品的供给，不以必须在馆所内借阅为场域限制。《公共图书馆法》第40条规定“政府设立的公共图书馆应当加强数字资源建设、配备相应的设施设备，建立线上线下相结合的文献信息共享平台，为社会公众提供优质服务”，图书馆建设数字资源线上共享平台，实质上是从线下物理空间场域向线上网络空间延伸，使读者通过线上平台更便捷地获得作品，从而实现公共服务升级，因此线上共享平台仍属图书馆管理范围，读者从线上平台获取作品并未超越图书馆服务管理场域。若线上服务局限于场馆内借阅或者必须利用场馆内服务器借阅，则是将线上共享平台功能局限于线下实体场域之内，无法充分发挥互联网共享传播的功能，实现线上线下共享的目标。因此，读者即使在图书馆馆所之外通过该馆的数字平台获得作品，也应当属于图书馆提供数字作品的合理使用范畴。

（二）关于数字作品提供的对象

为方便管理和提高服务效能，图书馆一般会采用办理借阅证等身份识别的方式明确其馆所服务对象。基于图书馆的公益性质，这些服务对象在图书馆的数字平台上是否可以扩充为全体社会公众？显然不能。如果图书馆数字作品向全体公众开放，则社会公众会越来越趋向从图书馆的数字平台免费获得相关作品，从而严重损害著作权人的经济利益。故，图书馆超越其馆所服务范围，对登录其数字平台的人员不加限制的行为，不属于合理使用的范畴。在采取相应技术控制措施下，图书馆应当要求社会公众在依法进行实名注册并获取如电子

借阅证等凭证后，才能通过互联网数字平台在线借阅馆藏数字资源。

（三）关于数字作品的提供方式

《信息网络传播权保护条例》第10条第4项规定，不经著作权人许可、通过信息网络向公众提供其作品的，应当采取技术措施，防止本条例第7条、第8条、第9条规定的服务对象以外的其他人获得著作权人的作品，并防止本条例第7条规定的服务对象的复制行为对著作权人利益造成实质性损害。从该条规定可以看出，图书馆合理使用数字作品时仅能提供作品线上阅读和浏览，而不能提供下载功能。对于图书馆线下书籍的借阅，即使借阅人将图书转借他人，在特定时段内所传阅的范围也是有限的。但当图书馆提供数字作品下载后，该作品有可能在网络环境下被快速大量复制与传播，图书馆将无法控制该作品仅用于公共服务，从而挤压著作权人对该作品的正常使用和获利空间，违背合理使用制度价值取向。因此，图书馆在提供数字作品时须采取相应措施对作品传播范围作出控制，从而维持著作权人权利与公众利益之间的价值衡平。

三、搭建数字平台的相关技术提供者可作为数字作品合理使用的适格主体

《信息网络传播权保护条例》第7条规定，数字作品合理使用主体为图书馆、档案馆、纪念馆、博物馆、美术馆等。那么，对于为实现图书馆数字资源化，接受图书馆的委托搭建相关数字平台的技术提供者，能否作为数字作品合理使用的适格主体呢？目前尚无定论。笔者认为，这些技术提供者亦可以纳入相关合理使用行为的适格主体。

首先，法律并未直接排除相关技术提供者成为著作权合理使用的主体。限定著作权人的权利，设立著作权合理使用制度的价值在于保证公平的同时，兼顾效率。既然所有的创作都需要吸收他人的成果，那么著作权人在适当范围内让渡自己的权利，允许他人使用，保证信息获取和享有的畅通，既能为更多的创作创造更好的环境，又能实现社会总体利益的最大化。而在保证信息获取和享有的畅通时，需要有相关传播主体的协助，《著作权法》在对合理使用进行立法时，没有直接排除相关技术提供者作为合理使用传播主体的存在。

其次，相关技术提供者为公共图书馆搭建的数字平台系图书馆职能的延伸。本案中，联某公司建立的“云图网”不以营利为目的，通过全面、准确揭示馆藏图书信息，提高读者检索和甄选图书的准确性，大幅缩减读者甄选及借阅图书所耗费的时间，方便读者使用图书，提高馆藏图书利用率，本质上是延伸和优化各图书馆在互联网时代的职能。

最后，相关技术提供者搭建的数字平台不能超出合理使用的边界。2021年6月1日施行的新修正的《著作权法》第24条规定，合理使用的前提是：(1) 应当指明作者姓名或者名称、作品名称；(2) 不得影响该作品的正常使用；(3) 不得不合理地损害著作权人的合法权益。因此，相关技术提供者搭建的数字平台若不采取技术措施对注册用户予以限制，并且将用户使用数字作品的行为限制在阅读和浏览的范围内，在使用相关作品时就得取得著作权人的同意。

联某公司经图书馆委托构建线上共享平台“云图网”进行随书光盘中的音像制品共享传播，符合对数字作品合理使用的场域及作品类型的条件。但因“云图网”未采取必要措施筛选访问人员，且提供对案涉数字作品下载功能，使非馆所服务对象能够获得及传播相关作品，从而影响该数字作品的正常使用及导致著作权人的合法权益遭受不合理的贬损，因此其行为不能认定为对数字作品的合理使用。

本案裁判通过明确数字时代下图书馆合理使用的边界范围，回应当前图书馆数字化建设发展需求，实现在严格保护知识产权的同时保障公共利益和激励创新，从而推动社会公共服务信息化、现代化、智能化建设，构建便民利民公共服务体系，以激发创新活力推动构建知识产权司法保护新发展格局。

【相关法条】

《中华人民共和国著作权法》(2010 年修正) 第 42 条、第 48 条、第 49 条；[2]

《最高人民法院关于审理著作权民事纠纷案件适用法律若干问题的解释》第 7 条、第 25 条；

《最高人民法院关于审理侵害信息网络传播权民事纠纷案件适用法律若干问题的规定》第 3 条。

2　对应 2020 年修正的《著作权法》第 44 条、第 53 条、第 54 条。

开发商破产前消费者已付清房款但未过户房屋的权属界定及权利顺位分析

——原告广州安某环保科技有限公司诉被告广州新某房地产开发有限公司，第三人陈某某、邓某德破产债权确认案

俞　颖*

【裁判要旨】

在房地产开发企业进入破产程序后，买受人已支付全部购房款但未完成所有权转移登记的房屋应认定为债务人财产；未办理转移登记、符合一定条件的消费者买受人，在权利保护顺位上优先于担保物权。对于交付了全部购房款的消费者买受人的权利保护，本案具有较强的参考价值和典型意义。

【关键词】 破产　债务人财产　业主买受权　银行抵押权

【案件索引】

一审：广东省广州市海珠区人民法院（2019）粤 0105 民初 11834 号民事判决书（2019 年 12 月 15 日）

二审：广东省广州市中级人民法院（2020）粤 01 民终 5977 号民事判决书（2020 年 4 月 26 日）

一审审判庭成员：伍婧楚、曹勤勉、梁俏娥

* 俞颖——广东省广州市中级人民法院涉外商事庭四级高级法官。

二审审判庭成员：俞颖、徐玉宝、李志明

【基本案情】

2002年3月18日，广州新某房地产开发有限公司（以下简称新某公司）经董事会决议，决定向华某银行广州分行（以下简称华某银行）申请办理“借新还旧”贷款手续，向该行借款1800万元，期限1年，并以新某公司所有的位于广州市海珠区江丽路10号“新理想华庭”33套房产作抵押，包括A604房和B1303房。2002年3月25日，新某公司（借款人、甲方）与华某银行（贷款人、乙方）签订《借款合同》，约定甲方向乙方申请贷款1800万元。2002年3月25日，新某公司（抵押人）与华某银行（抵押权人）签订《最高额抵押合同》，约定被担保的主债权最高余额不超过折合人民币1800万元；该合同附件的抵押物清单中，包括广州市海珠区新港中艺苑路229号（新理想华庭，穗房预字19990076号）A604房和B1303房。

2002年3月18日，华某银行以新某公司未按期偿还利息且将33套抵押商品房中的一部分进行出售为由，向广州铁路运输中级法院申请强制执行。2005年10月28日，广州铁路运输中级法院以（2003）广铁中法执字第9号之一民事裁定书裁定拍卖新某公司所有的广州市海珠区新港中艺苑路229号新理想华庭A座1001、304等15套房产。2010年1月12日，广州铁路运输中级法院作出（2003）广铁中法执字第9号执行裁定书，裁定因申请执行人华某银行与中国长某资产管理公司广州办理处在2009年4月签订了《债权转让协议》，债权转让函亦于2009年6月16日书面通知新某公司，故变更中国长某资产管理公司广州办理处为申请执行人，原华某银行的权利义务由中国长某资产管理公司广州办理处继受。

2009年7月30日，中国长某资产管理公司广州办事处（甲方、转让方）与广州安某环保科技有限公司（以下简称安某公司，受让方、乙方）签订《债权转让协议》，约定由安某公司受让涉案债务。2019年1月24日，广州市中级人民法院作出（2017）粤01破98－3号民事裁定书，确认安某公司对新某公司享有的28115946.53元抵押债权为无争议债权。陈某某曾向一审法院起诉，要求确认新某公司与华某银行之间的抵押合同无效，并强制注销对江丽路10号B1303房的他项权证等，一审法院作出（2006）海民三初字第2740号民事判决：一、陈某某与新某公司于2001年10月7日签订的《新理想华庭认购书》有效；二、新某公司在本判决生效之日起1个月内通过归还所欠华某银行的款项和采用华某银行认可的其他方式消除涂销抵押的法律障碍，为陈某某办理广州市江丽路10号新理想华庭B座1303房的涂销抵押手续；三、新某公司在广州市江丽路

10 号新理想华庭 B 座 1303 房被依法涂销抵押、产权过户的法律障碍消除之日起 3 日内，协同陈某某到房管部门办理该房地产的产权过户手续和房地产登记手续；四、驳回陈某某的其他诉讼请求。2001 年 12 月 10 日，新某公司（出售方）与邓某德签订《新理想华庭认购书》，约定：认购物业为广州市新港中艺苑路 229 号原新中国船厂 A01 地块（新理想华庭）A 座 604 室单位。

【裁判结果】

2019 年 12 月 25 日，广州市海珠区人民法院作出一审判决：驳回安某公司的全部诉讼请求。一审判决作出后，安某公司不服判决提起上诉，2020 年 4 月 26 日，广东省广州市中级人民法院作出二审判决，判决：驳回上诉，维持原判。本案判决已经生效。

【裁判理由】

法院生效裁判认为：本案二审的争议焦点之一是涉案房屋是否是新某公司的债务人财产。对此，二审法院认为，首先，根据《物权法》第 9 条规定，除法律另有规定的以外，不动产物权的转让以产权登记为要件。[1] 对于本案所涉房屋，虽然陈某某、邓某德已经支付了全部购房款，但没有办理房屋所有权变更登记，相关法律、行政法规及司法解释亦未例外规定此种情形下买受人可以直接取得房屋所有权，对于涉案房屋权属的认定应当以登记生效为原则。其次，对于抵押物、尚未办理产权证或者产权过户手续但已向买方交付的财产是否属于债务人财产，《最高人民法院关于审理企业破产案件若干问题的规定》与《企业破产法》《最高人民法院关于适用〈中华人民共和国企业破产法〉若干问题的解释（二）》（以下简称《破产法司法解释（二）》）作出了不同的规定。《最高人民法院关于审理企业破产案件若干问题的规定》第 71 条将抵押物、尚未办理产权证或者产权过户手续但已向买方交付的财产排除在破产财产之外，但《企业破产法》第 30 条确立了债务人财产范围界定的原则，即“破产申请受理时属于债务人的全部财产，以及破产申请受理后至破产程序终结前债务人取得的财产，为债务人财产”。《破产法司法解释（二）》第 3 条第 1 款规定：“债务人已依法设定担保物权的特定财产，人民法院应当认定为债务人财产。”因此，在涉案房屋所有权仍登记在新某公司名下而未进行转移登记的情况下，该房屋仍应当属于新某公司的债务人财产。一审法院认定涉案房屋不属于债务人财产，

---

1 对应《民法典》第 209 条。

应予纠正。

本案二审的争议焦点之二是北京市海淀区人民法院（2006）海民三初字第2740号民事判决及广东省广州市中级人民法院（2007）穗中法民五终字第127号民事判决有无对第三人陈某某的业主买受权和安某公司的抵押权之间的优先顺位作出实体处理。对此，二审法院认为，首先，前述生效判决处理的是新某公司与华某银行分别于2000年、2002年签订的《最高额抵押合同》《借款合同》，而安某公司仅受让华某银行前述2002年的债权；其次，前述生效判决认定陈某某与新某公司之间的房屋买卖合同、新某公司与华某银行分别于2000年、2002年签订的《最高额抵押合同》《借款合同》有效，新某公司有义务通过归还抵押权人的款项和采用其他抵押权利人认可的方式消除涂销抵押的法律障碍，为陈某某办理讼争房屋的涂销抵押手续，并在符合法定条件时，为陈某某办理该讼争房地产的产权过户手续和房地产登记手续，判决书并未对在新某公司没有债务清偿能力的情况下，陈某某作为买受人的业主买受权、华某银行的抵押权的权利优先顺位作出认定，故对安某公司主张（2006）海民三初字第2740号民事判决已经对第三人陈某某物权期待权和抵押权之间的优先顺位作出实体处理，二审法院不予支持。

本案二审争议的焦点之三是陈某某、邓某德的业主买受权和安某公司的抵押权冲突的情况下，哪项权利优先。对此，二审法院认为：首先，在破产程序中原则上应当尊重破产程序开始前依据实体法规范确立的权利顺位。《最高人民法院关于建设工程价款优先受偿权问题的批复》第1条规定建筑工程的承包人的优先受偿权优于抵押权和其他债权，第2条规定消费者交付购买商品房的全部或者大部分款项后，承包人就该商品房享有的工程价款优先受偿权不得对抗买受人，这是在审理中处理该类问题的依据。而对于强制执行程序中如何处理，《最高人民法院关于人民法院办理执行异议和复议案件若干问题的规定》第29条规定，金钱债权执行中，买受人对登记在被执行的房地产开发企业名下的商品房提出异议，符合下列情形且其权利能够排除执行的，人民法院应予支持：（1）在人民法院查封之前已签订合法有效的书面买卖合同；（2）所购商品房系用于居住且买受人名下无其他用于居住的房屋；（3）已支付的价款超过合同约定总价款的50%。可见，对于未办理转移登记的消费者买受人，在符合一定条件时，对其债权给予特殊或者优先保护，是符合司法解释规定精神的。据此，建设工程价款优先权不得对抗符合司法解释规定的消费者买受人的债权，而建设工程价款优先权又可优先于担保物权受偿。而《企业破产法》第109条关于“对破产人的特定财产享有担保权的权利人，对该特定财产享有优先受偿的权利”的规定明确了担保物权人在破产程序中优先于其他普通破产债权的优先受偿顺位。因此，基于上述法律、司法解释所体现的逻辑链，对于同时存在于该不动产之上的交付了全部购房款的消费者买受人，在权利保护顺位上优先于担保物权。其次，在本案中，关于B1303房、A604房的房款支付及房屋交付情况，一审法院根据双方当事人的诉辩、提交的证据对本案事实进行了认定，合法合理，且理由阐述充分，二审法院予以确认；安某公司受让的是新某公司与华某银行于2002年3月25日签订的编号为00200220120020056－02的《借款合同》、编号为00200220120020056抵的《最高额抵押合同》合同项下的债权，而前述合同的抵押权设定登记的日期为2002年3月28日，新某公司于2001年将B1303房、A604房分别出售给陈某某、邓某德，故陈某某、邓某德取得物权期待权在先，抵押权设立在后；陈某某、邓某德在广州市内无其他住房；故陈某某、邓某德是符合《最高人民法院关于人民法院办理执行异议和复议案件若干问题的规定》第29条规定的足以排除执行的消费者买受人，也是符合《最高人民法院关于建设工程价款优先受偿权问题的批复》规定的足以对抗抵押权人的买受人。综上，虽然安某公司依据（2017）粤01破98－3号民事裁定书对涉案房屋的折价或拍卖、变卖所得价款享有优先受偿权，其申报的破产债权相对于其他债权为优先债权，但是该优先受偿权不足以对抗在抵押权设立之前已经签订合同、支付了全部借款并已入住且在广州市内无其他住房的本案房屋买受人陈某某、邓某德。因此，安某公司主张其破产债权优先于陈某某、邓某德的业主买受权的理由不能成立，二审法院不予支持。

【案例注解】

房地产开发企业进入破产程序后，买受人已支付全部购房款但未完成所有权转移登记的房屋，该房屋上又有抵押权，该房屋是否属于破产企业的财产，司法实践中存在争议。而对于同时存在于房屋的业主买受权和抵押权，谁的权利顺位更优先，涉及我国司法价值判断的问题。

一、房地产开发企业进入破产程序后，买受人已支付全部购房款但未完成所有权转移登记的房屋应认定为债务人财产

首先，根据《物权法》第9条规定，除法律另有规定的以外，不动产物权的转让以产权登记为要件。[2]对于本案所涉房屋，虽然陈某某、邓某德已经支付了全部购房款，但没有办理房屋所有权变更登记，相关法律、行政法规及司法解释亦未例外规定此种情形下买受人可以直接取得房屋所有权，对于涉案房屋权属的认定应当以登记生效为原则。

2 对应《民法典》第209条。

其次，对于已经抵押物、尚未办理产权证或者产权过户手续但已向买方交付的财产是否属于债务人财产，《最高人民法院关于审理企业破产案件若干问题的规定》与《企业破产法》《破产法司法解释（二）》作出了不同的规定。《最高人民法院关于审理企业破产案件若干问题的规定》第71条将抵押物、尚未办理产权证或者产权过户手续但已向买方交付的财产排除在破产财产之外，但《企业破产法》第30条确立了债务人财产范围界定的原则，即“破产申请受理时属于债务人的全部财产，以及破产申请受理后至破产程序终结前债务人取得的财产，为债务人财产”。《破产法司法解释（二）》第3条第1款规定：“债务人已依法设定担保物权的特定财产，人民法院应当认定为债务人财产”，删除了《最高人民法院关于审理企业破产案件若干问题的规定》第71条的相应规定。《最高人民法院关于审理企业破产案件若干问题的规定》系为正确适用《企业破产法（试行）》所制定的司法解释，2006年8月27日颁布的《企业破产法》第136条明确规定，“本法自2007年6月1日起施行，《中华人民共和国企业破产法（试行）》同时废止”，在《企业破产法（试行）》已经废止的情况下，针对该部法律所制定的司法解释原则上应不再适用。尤其是《破产法司法解释（二）》第2条对不应认定为破产财产的情形作出了不同于《最高人民法院关于审理破产企业案件若干问题的规定》第71条的规定。即使在《最高人民法院关于审理企业破产案件若干问题的规定》尚未明确废止的情况下，根据《破产法司法解释（二）》第48条“本规定施行前本院发布的有关企业破产的司法解释，与本规定相抵触的，自本规定施行之日起不再适用”的规定，《最高人民法院关于审理企业破产案件若干问题的规定》第71条与《破产法司法解释（二）》第2条规定不一致的内容，应不再适用。

综上，在涉案房屋所有权仍登记在新某公司名下而未进行转移登记的情况下，该房屋仍应当属于新某公司的债务人财产。

二、未办理转移登记、符合一定条件的消费者买受人，在权利保护顺位上优先于担保物权

在破产程序中原则上应当尊重破产程序开始前依据实体法规范确立的权利顺位。《最高人民法院关于建设工程价款优先受偿权问题的批复》对商品房消费者债权与承包人优先受偿权的权利顺位作出了明确规定，虽然该批复自2021年起已经被最高人民法院废止，但在本案二审判决前仍然有效。该批复第1条规定建筑工程的承包人的优先受偿权优于抵押权和其他债权，第2条规定消费者交付购买商品房的全部或者大部分款项后，承包人就该商品房享有的工程价款优先受偿权不得对抗买受人，这是在审理中处理该类问题的实体依据。而对于强制执行程序中如何处理，《最高人民法院关于人民法院办理执行异议和复议案件若干问题的规定》第29条规定，金钱债权执行中，买受人对登记在被执行的房地产开发企业名下的商品房提出异议，符合下列情形且其权利能够排除执行的，人民法院应予支持：(1) 在人民法院查封之前已签订合法有效的书面买卖合同；(2) 所购商品房系用于居住且买受人名下无其他用于居住的房屋；(3) 已支付的价款超过合同约定总价款的50%。可见，对于未办理转移登记的消费者买受人，在符合一定条件时，对其债权给予特殊或者优先保护，是符合司法解释规定精神的。

据此，建设工程价款优先权不得对抗符合司法解释规定的消费者买受人的债权，而建设工程价款优先权又可优先于担保物权受偿。而《企业破产法》第109条关于“对破产人的特定财产享有担保权的权利人，对该特定财产享有优先受偿的权利”的规定明确了担保物权人在破产程序中的优先于其他普通破产债权的优先受偿顺位。因此，基于上述法律、司法解释所体现的逻辑链，对于同时存在于该不动产之上的交付了全部购房款的消费者买受人，在权利保护顺位上优先于担保物权。

《最高人民法院关于废止部分司法解释及相关规范性文件的决定》（法释〔2020〕16号）废止了《最高人民法院关于建设工程价款优先受偿权问题的批复》，其中大部分内容被《最高人民法院关于审理建设工程施工合同纠纷案件适用法律问题的解释（一）》吸收、修订，但涉及消费者的条文（第2条）未被吸收。笔者认为，虽然该批复已被废止，但修订后的《最高人民法院关于人民法院办理执行异议和复议案件若干问题的规定》仍保留了第29条，司法保障商品房消费者的生存权的精神不会改变，之后的类似争议应当继续依照这个规则处理，理由如下：首先，民事审判程序与执行程序具有共通性、互动性，实体事项的处理不应与执行程序脱节，在对当事人的权利义务进行确认时应当适当兼顾判决的顺利执行，若在此类案件中径行作出“建设工程价款优先受偿权可以对抗已支付全部或大部分价款的商品房买受人”的处理结果，商品房买受人很有可能会援引《最高人民法院关于人民法院办理执行异议和复议案件若干问题的规定》第29条规定予以排除执行，若商品房买受人符合条件，则判决就可能失去强制力，最终导致司法资源的浪费。其次，消费者的保护有深刻的社会基础。消费者购买房屋的目的是居住，在房价高企的当今社会，消费者倾其一生甚至是几代人的收入，方购得一处房屋。消费者购买商品房是其生存权的体现，生存权、发展权是首要的基本人权，在我国的国情下，生存权应当优于财产权受到法律的保护，否则将有失公允。

三、买受人权利如何实现

关于在确认交付全部购房款的消费者买受人在权利保护顺位上优先于担保

物权后，买受人权利如何实现的问题，承办人认为，支付了全部购房款的消费者买受人通过破产程序应可最终实现其对所购房屋的所有权，这需要房地产开发企业（管理人）继续履行合同义务（即协助办理房屋所有权转移登记这一非金钱债务）才能具体实现。一方面，房地产开发企业破产的，如果购房人已缴纳全部购房款，但房屋未建成、未交付或尚未办理产权登记，则实际上房屋买受人已经履行了主要合同义务，对于此种合同，管理人不享有解除权，管理人应当继续履行合同，协助买受人办理房屋所有权转移登记。另一方面，对于该履行合同义务的行为，亦不构成无效的个别清偿行为，虽然《企业破产法》第16条规定个别清偿行为无效，但根据《破产法司法解释（二）》第14条至第16条规定之精神以及破产法理论，并非所有的个别清偿行为均属无效。支付了全部购房款的买受人针对特定房屋的特殊债权，是合法的更加优先的权利，支付了全部购房款的消费者买受人对该房屋的所有权的实现，不会构成对其他破产债权人合法权益的损害，并不构成法律法规禁止的无效的个别清偿行为。因此，消费者买受人对案涉房屋的债权具有特定性和优先性，该债权的实现并不会对其他破产债权人的合法权益造成损害。故支付了全部购房款的消费者买受人对该房屋的所有权可最终得以实现。

【相关法条】

《最高人民法院关于审理企业破产案件若干问题的规定》第71条；

《中华人民共和国企业破产法》第30条、第109条；

《最高人民法院关于适用〈中华人民共和国企业破产法〉若干问题的规定（二）》第3条；

《最高人民法院关于人民法院办理执行异议和复议案件若干问题的规定》第29条。

著作权登记证书作为数字作品权属初步证据的审查与认定

——陈某诉广州市卓某学校侵害作品信息网络传播权纠纷案

苏映霞　吴博雅*

【裁判要旨】

著作权登记证书作为非证明其数字作品著作权权属的充分要件。数字环境下，应通过举证责任的分配与流转明晰权属链条，结合作品类型、作品创作方式、作品发表方式、作品使用情况等，明确“初步证据”及“相反证明”证明程度及认定标准，对数据作品权属事实进行实质性审查。

【关键词】作品权属　著作权登记证书　初步证据　相反证明

【案件索引】

广州互联网法院（2020）粤0192民初45658号民事裁定书（2021年1月8日）

审判员：苏映霞

【基本案情】

陈某诉称其为案涉作品《关注我们标识图案》的原始著作权人。广州市卓某学校（以下简称卓某学校）未经授权在其经营的微信公众号转载案涉作品，

---

* 苏映霞——广州互联网法院综合审判二庭法官；吴博雅——广州互联网法院综合审判二庭法官助理。

侵害了其对案涉美术作品享有的信息网络传播权，遂诉至法院。卓某学校对陈某就案涉作品的权属提出抗辩：首先，陈某提交的《作品登记证书》及作品样本，仅能证明其于2020年9月23日对案涉作品进行著作权登记，其未提交案涉作品的原始创作底稿，不能证明案涉作品的创作、发表日期为2005年10月1日。其次，案涉作品主要内容为“点击上方蓝字关注我”，但微信2011年才出现，陈某在2005年即创造出“点击”“关注我”等这样有强烈指向性的作品不符合常理。最后，被诉侵权图案是卓某学校通过“96编辑器”添加的，该图案在“96编辑器”中显示属于“原创”，且使用日期早于陈某进行著作权登记的日期。经审理查明，贵州省版权局于2020年9月23日颁发的《作品登记证书》记载：作者陈某于2005年10月1日创作完成并首次发表作品《点击上方蓝字关注我》。经比对，卓某学校微信公众号于2019年9月发表的3篇文章中，使用的被诉侵权图片与案涉美术图片构成实质性相似。

【裁判结果】

广州互联网法院于2021年1月8日作出（2020）粤0192民初45658号民事裁定书，裁定：驳回原告陈某的起诉。裁定已发生法律效力。

【裁判理由】

广州互联网法院认为：本案中，案涉图片内容为“点击上方蓝字关注我”，并通过构图设计、色彩搭配等，具有一定的审美意义，属于可获我国《著作权法》保护的美术作品。陈某虽就案涉作品取得了《作品登记证书》，但现有证据无法证明其系案涉作品作者或著作权人。理由如下：

第一，案涉《作品登记证书》显示著作权人为陈某，但本案中，卓某学校使用案涉作品的时间早于作品登记日期，故本案不宜直接采用该证书作为认定著作权人的依据。第二，虽然《作品登记证书》显示案涉作品的创作完成时间是2005年10月1日，但因作品登记时登记机关并不会对作品的创作完成时间等内容进行审核，且陈某无法提交案涉作品创作底稿等相关创作过程证据，故不能直接证明案涉作品的创作完成时间。第三，陈某称案涉作品于2005年创作完成后即上传于其个人网站，但其无法提交案涉作品的具体上传时间证据或网站管理日志。即便案涉域名确实由陈某于2005年注册，网站中的信息随时可以修改、增添，现有证据也无法证明案涉作品上传至其个人网站的具体时间。第四，案涉作品展示在陈某个人网站，经本院查验，页面无法显示相关图片上传时间。第五，案涉图文的重点内容“点击”“关注”等多为微信公众号推文时常使用的表述方式，微信公众号业务于2013年上线。本院要求陈某说明其创作意图及过程，陈某未能作出合理说明，与常理不符。综上，本院认为，本案现有证据尚不足以证实陈某对案涉作品享有著作权，故其提起本案诉讼无事实及法律依据。

【案例注解】

在国家文化产业发展战略视野下，数字作品以其内容多元化、传播网络化、主题个性化等特点，吸引了广大青年群体及消费市场，逐渐成为数字文化产业的增长引擎之一。但在“人人都是自媒体”时代下，涉数字作品著作权纠纷与日俱增。在著作权法保护文学艺术作品著作权权益、鼓励有益作品创作传播的立法意旨及保护范式下，著作权权利人如何用权、维权？如何举证证明“我是我作品的作者”？司法个案中如何把握数字作品权属认定标准成为互联网环境下著作权司法裁判、产权司法保护必须回答的首要问题。本案以数字作品的著作权登记证书效力判定为切口，探索归纳作品权属“初步证据”的审查要点及认定标准，为遏制著作权恶意维权诉讼、强化著作权创造保护提供可循思路。

一、著作权登记证书非证明数字作品权属的充分要件

为实现著作权及文学作品市场流通及权属交易的经济价值，权利人迫切需要通过一种制度安排将“无形”的权利客体“有形化”。因此，我国在著作权自动取得制度下，同时实施作品自愿登记制度，并通过《最高人民法院关于审理著作权民事纠纷案件适用法律若干问题的解释》，明确著作权登记证书作为权利归属“初步证据”的证据地位，可成为权利人最简单有效的身份证明。但在著作权的独特生成机理、知识共享的时代特性及著作权登记形式审查的前提下，仅凭著作权登记证书已难以充分证明作品权属。理由如下：

1. 著作权登记非产生著作权的必要要件。我国著作权采用《保护文化和艺术作品伯尔尼公约》[1]及大多数国家的通行做法，实施自动取得制度，即著作权因作品创作完成、形成作品这一法律事实的存在而自然取得，不需要履行任何手续。最高人民法院在（2014）民提字第57号典型案例（华盖公司诉正林公司侵害著作权纠纷案）中亦明确提出，“由于著作权具有‘作品创作完成即自动产生’的特性，其缺乏像专利权、商标权那样的审查和公示程序，也就不能像专利和商标一样以相关行政机关颁发的权利证书来主张权利”。因此，著作权登记不是著作权产生的必备要件，登记证书的作用更多在于产生一种作品发表的类

---

1 《保护文化和艺术作品伯尔尼公约》规定，作者自作品创作完成之时就自动取得著作权，而无须履行加注版权标记和登记手续。

似效果，即证明至少在登记日前，著作权人已完成了作品创作。

2. 数字环境下作品权属证明能力产生变化。传统著作权确权证据中，作品原件或著作权人署名的合法出版物，较难伪造或损改，具有较强的证明能力。但互联网的开放性、平等性、全球性及去中心性，打破了作品使用者和创作者的壁垒，突破了传统创作发行媒介的限制门槛，使文学艺术领域迈进了一个“人人创作”的时代，越来越多、各类形式交融的文学艺术作品通过数字化方式创作、发表、传播。虽然网络发表行为同样具有署名、上传时间等记录，但因其电子化、易修改的载体特性，私主体的数字化署名可信度大大降低，也使网络发行作品的著作权登记证书的证明效力遭到连带贬损。

3. 形式审查下作品登记无法自证作品权属。出于维护著作权和著作权交易安全，便于证明著作权权属的考量，通过版权局进行作品登记成为一项权利人自由选择的公示路径。但根据《作品自愿登记试行办法》[2]相关规定，登记机关并不对作品构成与否、作品创作完成日期、权属真实状况等进行实质性审查，作品认定标准较为宽松。尤其是对于个人创作的作品，无须提交任何权利归属证明即可完成登记。即现有登记审查模式，无法排除个别申请登记人随意通过网络获取作品、擅自登记取得著作权作品登记证书的情况。若简单以著作权登记证书作为认定著作权归属的依据，既不利于实现著作权保护初衷，也将助长冒名登记、抢先登记、恶意诉讼牟利等乱象。

本案中，案涉图片通过构图设计、色彩搭配等，具有一定的审美意义，属于可获我国著作权法保护的美术作品。但在陈某提交的《作品登记证书》的颁发时间与其主张的作品首次发表时间差距较大且晚于被诉侵权图片使用时间的情况下，即使被控侵权人未提交反证，案涉《作品登记证书》也无法单独作为认定著作权人的依据，原告仍须进一步举证证明其权利来源。

二、数字作品权属“初步证据”证明程度的审查要点

如前所述，著作权登记证书不能作为当然的权利证书使用，其与当事人提供的涉及著作权的底稿、原件、合法出版物等并列，仅能构成权利人证明权属的“初步证据”，不等于法院可据以裁判的优势证据。故在司法实务中，应摆脱“有登记始有权利，未登记即无权利”的裁判误区，结合具体案件、作品情况及其他关联证据，对待定的作品权属事实进行实质性审查。具体可考量因素如下：

1. 根据作品类型识别“初步证据”的辅助证明要素。不同类型作品所处的具体行业惯例各有不同，对权属初步证据的证明要素也会产生不同影响。例如，

---

2 《作品自愿登记试行办法》第8条规定，作者或其他著作权人申请作品登记应出示身份证明或其他表明作品权利归属的证明，填写作品登记表，并交纳登记费。

对于摄影作品，涉作品的摄影设备信息、摄影底片等是作者应当持有及掌握的证据，且当前行业习惯性通过水印方式加注署名，故可结合以上因素进行综合审查。而对于美术作品，其创作目的、思路及创作过程的原始资料，较著作权登记证书而言应具有更强的证据优先性。本案中，案涉作品属美术作品，应是传递作者思想、感情、信息或展示美感的载体。但在本院要求陈某提交作品底稿、说明创作意图时，其既无法提交证据亦无法作出合理说明，权属证明链条薄弱。

2. 根据作品创作方式判断“初步证据”的关联证明可能。与书籍、画作等传统实体作品不同，数字作品多通过电子设备创作产生，并不一定存在传统创作过程中的实物手稿。部分摄影作品甚者不存在“半成品”到“产品”的创作过程，一键操作即已生成“作品”。对此，若坚持要求原告提交作品原件或创作过程证明，显然不合实际。而就本案所涉美术作品而言，其亦是通过电子设备创作方式产生，虽不一定存在实物手稿，但按照数字美术作品创作逻辑，其应当存在如PSD、PNG、AI等格式文件的电子创作源文件。在此情况下，陈某无法出具任何创作过程文件或证据，应承担相应的举证不能的不利后果。

3. 根据作品发表方法区分“初步证据”的证据链条效力。除通过传统出版物发表外，数字作品发表渠道主要包括2类：（1）通过第三方网络平台发表，如微博、微信或博客等。由于大型第三方网络平台运营通常具备较为完善的作品上传、修改、转载等平台规则及安全技术保障，一般的作品创作者难以凭个人力量“毫无痕迹”地篡改发表时间或内容，故通过网站个人页面、发表页面截图等方式，证明作品发表时间，可形成证明权属的优势证据。（2）通过自主运营平台发表，如自主注册并持有域名的网站等。由于该类型网站的运营规则及后台数据由作品创作者单方掌握，网站内信息均可由其后期任意编辑、修改，故其证明力有待补强。本案中，陈某主张其通过本人注册的“mw163. com”网站发表案涉作品，但又无法提交案涉作品的具体上传时间证明或网站管理日志，仅凭域名注册时间或持有情况，无法与《作品登记证书》所载的作品发表时间形成相互印证关系。

4. 根据作品使用情况细化“初步证据”的证明效力考察。数字环境下，数字作品的创作与使用具有更强的联结性和针对性，创作在很大程度上是为了直接以产品形式向公众提供。本案中，案涉作品内容为“点击上方蓝字关注我”等图文，其中“点击关注”“上方蓝字”等多用于微信公众号文章的导语部分，指向并引导读者关注文章发布账号。但微信公众号业务是于2013年上线，明显晚于陈某所主张的作品创作时间。而就案涉作品在陈某个人主页的使用情况而言，其仅作为图片展示，并无其他实质性使用价值或页面操作含义。因此，陈某所提交的作品使用证据亦无法与《作品登记证书》形成有效的证据链条。

三、著作权权属“初步证据”与“相反证明”的杠杆平衡

司法解释对于“初步证据”规则的设置，是出于维护著作权交易效率与安全、便于权利人权属证明与维权的考量，具有一定的证据规则杠杆调节作用。但这种对于著作权人的证明责任倾斜，应严格以“初步证据”内容无相反证明的情形为限。即“初步证据”与“相反证明”是确定著作权权属过程中两个同等重要的因素，二者缺一不可，其间的平衡主要通过举证责任的分配与转移来实现。

对此，《最高人民法院关于适用〈中华人民共和国民事诉讼法〉的解释》第108条对本证和反证的证明标准作出了明确指引：(1) 本证的证明标准需达到待证事实存在的高度可能性。即对负有举证证明责任的当事人提供的证据，经结合相关事实审查，确信待证事实的存在具有高度可能性的，可认定事实存在。(2) 反证的证明标准仅达到证明待证事实真伪不明即可。即对于相对方为反驳负有举证证明责任的当事人所主张事实而提供的证据，只要足以产生动摇待证事实真伪的程度，法院即应当认定该事实不存在。

具体到著作权权属纠纷案件中，“初步证据”与“相反证明”的证明责任流转与判定可遵循如下路径展开：

1. 由原告提交证明著作权权属的初步证据。如前述，该类证据可包括著作权的底稿、原件、合法出版物、著作权登记证书，且应形成相互印证的证据链条。若原告所提交的初步证据无法判断真伪或根本上缺乏证明力，无法认定涉案作品权属，则其举证程度未达到，亦未发生举证责任转移的效果。应根据“谁主张、谁举证”规则，要求原告进一步举证，否则由原告承担举证不能的不利后果。

2. 在原告完成初步证据的举证责任后，由被告就著作权权属提交相反证明。被告所提供的相反证明，应达到足以动摇初步证据所呈现的待证事实的程度，如“在作品或者制品上署名的自然人、法人或者其他组织视为著作权、与著作权有关权益的权利人”的著名推定等，使该待证事实进入真伪不明的状态。例如，提供在清晰度、像素尺寸上明显优于原告所持作品的文件；提供其他网站、出版物所载的、具有不同原创作者署名的相同作品；或如本案中，被告提交证据证明被控侵权图片在“96编辑器”中显示属于“原创”，且使用日期早于陈某进行著作权登记的日期等。

3. 针对被告提交的相反证明，原告进一步提交证据释疑。由此，推动作品权属关系在“初步证据”与“相反证明”之间不断调整中明晰。但应注意的是，该过程不是简单的对比双方当事人证据的“有”“无”问题，而应更多地

聚焦于双方证据证明力的“大”与“小”的问题，最终支持证据证明力度较高一方的主张，避免陷入无限质疑、无法查明从而无法判案的境地。本案中，陈某在提交《作品登记证书》、个人网站截图及网站域名登记信息后，对于法院提出的补充证明要求或被告提出的反证质疑，均无法进行合理的举证或应答，故可判定现有证据不足以证明其对涉案作品享有著作权。

四、数字作品著作权权属证明的实务建议

可以预见，在数字作品创作的方式、传播路径及侵权路径呈多样化发展的趋势下，不同类型的著作权纠纷还将不断涌现并持续攀升，也将对权利人的著作权权属证明提出越来越高的要求。如何更有效地证明著作权权属、提升著作权维权效率、激活智力成果流转效能，将是权利人及司法实务界持续关注的话题。

对此，结合本案情况及司法实务经验，从权利人维权视角提出以下参考建议：一是不过分依赖著作权登记证书，消除“一证在手，天下我有”的思想误区，避免产生因孤证难以维权的不利后果。二是在诉讼中提交多种形式证据，形成完整的权属证据链条，包括但不限于作品创作过程底稿、数字作品创作设备信息、电子源文件、首次发表时间证明等。三是善于利用不同方式留存作品的创作过程、完成时间、发表时间等节点证据，例如将作品上传至第三方网站或云盘，留存各阶段的保存、修改记录；通过司法区块链平台或第三方存证平台，将数字作品及时上链形成存证编码，固化作品形成时间、来源信息及内容完整性，为无形的著作权加上有形的安全“保障锁”。

【相关法条】

《中华人民共和国著作权法》（2010年修正）第11条[3]；

《最高人民法院关于审理著作权民事纠纷案件适用法律若干问题的解释》第7条。

---

3 对应2020年修正的《著作权法》第12条。

一人公司的认定及其股东责任承担相关问题

——吴某珊与叶某香、李某怡、广州某家政服务有限公司合同纠纷案

孙远风　王　涵*

【裁判要旨】

对于家庭成员共同出资设立的有限责任公司是否属于一人有限责任公司(以下简称一人公司),应否适用一人公司的相关规定,应采用“实质重于形式”的标准,审查出资来源是否单一,内部治理机构是否完善,经营管理是否仅为一人控制等因素,予以综合分析认定。如公司的全部股权实质来源于同一财产权,并为一个所有权共同享有和支配,则该股权主体具有利益的一致性和实质的单一性,该公司与一人公司在主体构成和规范适用上具有高度相似性,系实质意义上的一人公司。

虽然公司股东从二人变成一人,但债权债务并未经过清理,公司仍然是原来的公司,对于之前的公司债务一并承继,用以承担责任的财产仍然是公司财产;相应地,后来的一人股东接管公司之后,对于没有消灭的公司债务,依照法律规定,一人股东仍需证明其财产独立于公司,并不因债务发生的时间而免除其证明义务。

“类案同判”实质是对相关裁判规则的参照适用,而非对裁判结果的简单复制。裁判规则的提炼应以关键性事实为基础,围绕争议焦点进行。如当事人提出的新的事实和理由属于关键性事实,左右争议焦点的确定,那么,无疑会对

* 孙远风——广州市中级人民法院涉外商事庭一级法官;王涵——广州市中级人民法院涉外商事庭法官助理。

“类案同判”产生影响。

【关键词】一人公司　财产独立　实质重于形式　类案同判

【案件索引】

一审：广东省广州市越秀区人民法院（2019）粤0104民初41704号民事判决书（2020年7月14日）

二审：广东省广州市中级人民法院（2021）粤01民终2929号民事判决书（2021年5月25日）

一审审判庭成员：杨银桃、曲敏华、程君玉

二审审判庭成员：孙远风、罗毅、俞颖

【基本案情】

2017年2月22日，广州某家政服务有限公司（以下简称家政公司）向吴某珊出具《确认书》，内容为吴某珊要求委托家政公司补缴社保，时间为12年。后家政公司向吴某珊出具了三张收据，分别记载了其收到的相关费用，确认共收取了吴某珊217671元。吴某珊与家政公司均确认双方之间未签订劳动合同，双方之间无真实劳动合同关系，家政公司是基于吴某珊的委托代为缴纳社保。二审另查明，家政公司于2002年1月15日成立，成立时系有限责任公司，股东为叶某香、倪某某，后于2020年4月1日将股东变更为叶某香一人。同时，家政公司及叶某香确认倪某某系叶某香的女儿，一直居住在美国，并未实际参与经营家政公司。后因家政公司为他人代买社保事宜陷入诉讼风波后，叶某香为了避免倪某某涉诉，于2020年4月1日将家政公司变更为一人公司。另，家政公司、叶某香确认无法提供两者财产相互独立的证据。

【裁判结果】

广东省广州市越秀区人民法院于2020年7月14日作出（2019）粤0104民初41704号民事判决：一、判决发生法律效力之日起七日内，家政公司应一次性向吴某珊返还217671元；二、驳回吴某珊的其他诉讼请求。吴某珊不服，提起上诉。广东省广州市中级人民法院于2021年5月25日作出（2021）粤01民终2929号民事判决：一、维持广东省广州市越秀区人民法院（2019）粤0104民初41704号民事判决第一项；二、撤销广东省广州市越秀区人民法院（2019）粤0104民初41704号民事判决第二项；三、叶某香对广东省广州市越秀区人民法院（2019）粤0104民初41704号民事判决第一项中家政公司应承担的债务承担连带清偿责任；四、驳回吴某珊的其他诉讼请求。

【裁判理由】

一审法院认为：吴某珊为香港特别行政区居民，本案为涉港民商事纠纷案件，应参照涉外案件确定法律适用。《涉外民事关系法律适用法》第41条规定："当事人可以协议选择合同适用的法律……"因各方当事人的同意，本案适用中华人民共和国内地法律作为解决争议的准据法。

根据《劳动合同法》《社会保险法》的相关规定，用人单位应为职工依法缴纳社会保险费。吴某珊与家政公司就《确认书》意向补缴的12年期间并不存在真实的劳动关系，故双方之间形成的委托合同法律关系因违反相关法律的规定，一审法院依法认定为无效的民事行为。吴某珊与家政公司在明知双方不存在真实劳动关系的情况下，双方构成恶意串通办理社保补缴工作，严重扰乱社会保险费管理秩序，损害社会保险基金的安全，应予严厉批评指正。根据《合同法》第58条的规定，合同无效的，因该合同取得的财产应予返还。家政公司确认收到吴某珊217671元，吴某珊主张家政公司予以返还，一审法院予以支持。因吴某珊、家政公司对本案纠纷的产生均有过错，一审法院酌定一审案件受理费由吴某珊、家政公司各负担一半。吴某珊并未举证证明叶某香作为家政公司的法定代表人应就公司债务承担连带责任的相关证据，李某怡并非案涉委托合同的相对人，故吴某珊主张叶某香、李某怡就家政公司债务承担连带责任，缺乏事实和法律依据，一审法院不予支持。

二审法院认为：根据各方当事人的诉辩意见及经审理查明的事实，本案二审的争议焦点为：一、叶某香对家政公司的案涉债务是否应当承担连带责任；二、李某怡对家政公司的案涉债务是否应当承担连带责任。对此，评析如下：

关于焦点一，吴某珊上诉认为叶某香系家政公司的唯一股东，根据《公司法》第63条的规定，叶某香应当对家政公司的案涉债务承担连带清偿责任。对此，本院认为：首先，案涉债务发生在2017年，当时家政公司的股东系叶某香和倪某某。但据家政公司及叶某香所称，倪某某系叶某香的女儿，而且倪某某一直未参与家政公司的经营业务，故家政公司的全部股权实质上源于同一财产权，并为一个所有权共同享有和支配，本质上亦属于一人公司。叶某香作为家政公司的实际股东，其应当举证证明其财产独立于家政公司，否则应当承担相应的不利后果。其次，家政公司于2020年4月1日已变更为一人公司，其股东为叶某香。叶某香作为家政公司的一人股东，对公司之前的没有清偿的债务，其同样需要证明其财产独立于公司，否则其需对之前的公司债务承担连带清偿责任。最后，叶某香、家政公司在法庭要求其提供证据证明相互财产独立时均无法提供相应证据，根据《公司法》第63条“一人有限责任公司的股东不能证明公司财产独立于股东自己的财产的，应当对公司债务承担连带责任”的规定，叶某香应当对家政公司的案涉债务承担连带清偿责任。一审法院认定叶某香对家政公司的案涉债务无须承担连带清偿责任不妥，但考虑到吴某珊是在二审上诉时基于家政公司已变更为一人公司的情况下新增的理由，故相应的一审、二审受理费应由吴某珊负担。至于家政公司、叶某香抗辩称在其他类案中生效判决均驳回叶某香对家政公司承担责任的请求的意见，因其他生效判决中的原告均未以叶某香是家政公司的一人股东为由主张叶某香对家政公司的债务承担责任，故本案的处理与其他生效判决的处理并不存在冲突，对该项抗辩意见依法不予采纳。

关于焦点二，吴某珊上诉认为李某怡是合同的相对方之一，故李某怡对家政公司的案涉债务同样应承担连带清偿责任。经查，李某怡系家政公司的员工，其与吴某珊进行合同洽谈、沟通及履行均是职务行为，并不能以此认为其系合同相对方，吴某珊的该上诉请求缺乏事实和法律依据。一审法院据此驳回吴某珊的该项主张，并无不当，二审法院予以维持。

【案例注解】

本案纠纷的产生源于当事人之间串通办理社保补缴，一审法院对相关事实作出的认定并无疑义，二审争议焦点在于案涉代办社保补缴公司的股东应否就案涉债务承担连带责任。对此，涉及以下几个方面问题需要二审法院予以审查认定：（1）一人公司的认定标准；（2）一人公司股东对此前非一人公司时期的债务如何承担责任；（3）新的事实和理由对“类案同判”的影响。

一、一人公司的认定标准

《公司法》第57条第2款规定：“本法所称一人有限责任公司，是指只有一个自然人股东或者一个法人股东的有限责任公司。”区别于普通有限责任公司，一人公司的特别规定在于《公司法》第63条，该条规定：“一人有限责任公司的股东不能证明公司财产独立于股东自己的财产的，应当对公司债务承担连带责任。”即一人有限责任公司的法人人格否认适用举证责任倒置规则。之所以如此规定，原因系一人公司只有一个股东，缺乏社团性和相应的公司机关没有分权制衡的内部治理结构，缺乏内部监督。股东既是所有者，又是管理者，个人财产和公司财产极易混同，极易损害公司债权人利益。故通过举证责任倒置强化一人公司的财产独立性，从而加强对债权人的保护。

为避免一人公司的股东基于上述特别规定可能面临的法律风险，实践中，很多自然人转而设立“夫妻档”“父子兵”“家庭装”等类型的非一人型有限责任公司。那么，这些非一人型有限责任公司，是否就能完全避免股东对公司债务承担连带责任的风险？对一人公司的认定是否严格遵循商事公示主义和外观主义原则？

笔者认为，鉴于股东之间的亲缘关系，该类公司在出资来源、经营管理等方面有其特殊性，是介于普通一人公司和有限责任公司之间的一种特殊公司类型，应予以特别规制。对此，《公司登记管理若干问题的规定》（2006 年失效）第 23 条规定：“家庭成员共同出资设立有限责任公司，必须以各自拥有的财产作为注册资本，并各自承担相应的责任，登记时需要提交财产分割的书面证明或者协议。”故在具体个案的审查中，对于该类公司是否属于一人公司，应否适用一人公司的相关规定，既不能简单基于股东之间的亲缘关系认定为一人公司，也不能仅根据市场主体登记认定为普通有限责任公司，而应采用“实质重于形式”的标准，审查出资来源是否单一，内部治理机构是否完善，经营管理是否仅为一人控制等因素，予以综合分析认定。如公司的全部股权实质源于同一财产权，并为一个所有权共同享有和支配，则该股权主体具有利益的一致性和实质的单一性，该公司与一人公司在主体构成和规范适用上具有高度相似性，系实质意义上的一人公司。

本案中，家政公司于 2002 年登记设立，2020 年 4 月 1 日前登记股东为叶某香、倪某某，两人系母女关系，该公司工商登记备案资料中没有叶某香和倪某某财产分割的书面证明或协议，且叶某香和该公司均确认倪某某一直身处美国，从未参与家政公司的实际经营管理。因此，基于以上事实足以认定家政公司登记股东为叶某香、倪某某两人时，实质该公司也属于一人公司。

二、一人公司股东对非此前一人公司时期的债务如何承担责任

经股权变动，非一人公司变更为一人公司时，该一人公司股东对非一人公司时期的债务应否承担连带责任？实务中，这种变动可能存在两种情形（见下表）：一是非一人公司的股东之一受让其他股东股权，成为一人公司的唯一股东；二是非一人公司的全部股东将原持有股权均转让给同一受让人，该受让人成为一人公司的唯一股东。

非一人公司变更为一人公司的情形

公司形态	非一人公司	一人公司
股东构成	A、B	A
	A、B	C

实务中，一人公司股东往往会以公司债务发生于受让股权之前为由，抗辩

无须对受让前的债务承担连带责任。然而，虽涉案债务形成于现股东受让股权之前，但公司债务始终存在，且在第一种情形下一人公司股东明确知晓原公司债务，并未清偿，也不会因为公司内部股权转让而归于消灭，用以承担责任的财产仍然是公司财产。公司内部股权、资本变更并不影响其主体资格，相应的权利义务应由变更后的主体概括承受。相应地，后来的股东接管一人公司之后，对于没有消灭的公司债务，依照法律规定，其仍需证明其财产独立于公司，并不因债务发生的时间而免除其证明义务。因此，现股东作为一人公司唯一股东，如未能举证证明公司资产独立于其个人财产的，应对公司的涉案债务承担连带责任。

公司组织形式变更为一人公司，意味着其公司意思与股东意思开始高度重合，公司财产极易与股东财产混同，从而容易损害债权人利益，因此，即便是在公司成为一人公司之前发生的债务，如未获得清偿，在公司成为一人公司后，也有可能因一人公司财产不独立，从而致使旧债债权人利益受到损害，因此，一人公司股东对新债及此前旧债应承担同样的责任。本案中，叶某香在2020年4月1日成为家政公司的唯一登记股东，从商事登记来看，家政公司已成为形式上的一人公司，由此，叶某香也应对家政公司变更公司形式前的债务承担相应责任。

三、新的事实和理由对“类案同判”的影响

“类案同判”的前提在于对“类案”的准确识别和认定。《〈最高人民法院关于案例指导工作的规定〉实施细则》第9条规定：“各级人民法院正在审理的案件，在基本案情和法律适用方面，与最高人民法院发布的指导性案例相类似的，应当参照相关指导性案例的裁判要点作出裁判。”《最高人民法院关于统一法律适用加强类案检索的指导意见（试行）》第1条规定：“本意见所称类案，是指与待决案件在基本事实、争议焦点、法律适用问题等方面具有相似性，且已经人民法院裁判生效的案件。”第一个文件所采的判断标准为基本案情和法律适用，亦即在两方面上类似的案件就可能被认定为类案。第二个文件所采的标准则为基本事实、争议焦点和法律适用问题。相较两份文件，笔者更倾向于第二份文件所采的判断标准。

要判断两个案件是否属于类案，真正具有决定性的在于比较标准，亦即“比较点”的选择。比较点的确定一端需与案件和法律事实相关联，另一端则是关联于法律规范，以此确定出有意义的比较点。有学者认为，案件比较点常常是兼具事实与法律、事实与规范或事实与价值双重争议的问题。比较点一般不是单纯的事实问题，单纯事实认定而没有任何法律因素的问题，是科学问题或技术问题，不会成为需要参照先例的法律疑难问题；单纯的没有任何与具体案

件的事实因素关联的法律问题，是纯粹的学术研究、理论探讨或制定法规定，与有争议的案件解决没有直接关系，同样不构成比较点。因此，比较点的确定必须同时联结于事实和法律规范。

本案中，虽然叶某香主张在其他与本案基本案情类似的案件中，生效判决并未支持其对家政公司债务承担连带责任的请求，但需注意的是，在其他案件中，对方当事人并未基于一人公司股东的相关事实和法律规定要求叶某香承担连带责任，也即诉诸请求权基础之后的条文和规范目的不同，进而使本案的争议焦点和法律适用明显区别于其他案件，相似性无法证成。

【相关法条】

《中华人民共和国公司法》第57条、第63条。

将商标制作为商品不构成商标侵权

——某国际贸易有限公司诉广州市某汽车用品有限公司侵害商标权纠纷案

杨山石　欧阳福生*

【裁判要旨】

商标侵权可分为混淆型侵权、淡化型侵权和造成其他损害的侵权。混淆型商标侵权的成立以商标性使用为前提条件。商标性使用之判断，应当考虑标识是否作为商标使用，符合商标性使用方式，还要考虑有无产生识别商品来源的使用效果。将商标制作为商品，仅有商品而没有商标，不能认定存在商标性使用，不构成混淆型的商标侵权行为。

【关键词】 商标性使用　使用方式　使用效果　商标侵权混淆型侵权　淡化型侵权

【案件索引】

一审：广东省广州市越秀区人民法院（2019）粤 0104 民初 8953 号民事判决书（2019 年 10 月 12 日）

二审：广州知识产权法院（2020）粤 73 民终 4 号民事判决书（2020 年 5 月 14 日）

一审合议庭成员：欧阳福生、何洁玉、郑家碧

二审合议庭成员：郑志柱、黄彩丽、石静涵

---

* 杨山石——华东政法大学知识产权学院博士研究生，上海市卫生和健康发展研究中心（上海市医学科学技术情报研究所）医学科技情报研究部副主任；欧阳福生——华东政法大学知识产权学院博士研究生，广州市越秀区人民法院知识产权庭副庭长。

【基本案情】

第3640319号“”（大嘴猴）商标的注册人为保罗弗兰克实业有限责任公司，该商标核定使用在第14类的装饰别针、钥匙圈等商品上。某国际贸易有限公司在中国大陆拥有前述商标的独占性许可权。根据涉案公证书记载，某国际贸易有限公司代理人在广州市某汽车用品有限公司经营的网络店铺购买了使用大嘴猴形象的钥匙扣商品。一审庭审中，某国际贸易有限公司和广州市某汽车用品有限公司均确认，广州市某汽车用品有限公司销售的钥匙扣商品可拆分为带绳的钥匙圈和猴子挂件。而猴子挂件整体形象与“”商标构成近似。2019年6月10日，某国际贸易有限公司向广东省广州市越秀区人民法院提起诉讼，认为广州市某汽车用品有限公司销售的钥匙扣商标侵害了其对“”商标享有的商标权，请求广州市某汽车用品有限公司停止商标侵权行为并赔偿经济损失及合理维权开支。

【裁判结果】

广东省广州市越秀区人民法院于2019年10月12日作出（2019）粤0104民初8953号民事判决：一、驳回原告某国际贸易有限公司的诉讼请求；二、本案受理费1800元，由原告某国际贸易有限公司负担。

一审宣判后，某国际贸易有限公司提起上诉。广州知识产权法院于2020年5月14日作出（2020）粤73民终4号民事判决：一、驳回上诉，维持原判；二、二审案件受理费1800元，由上诉人某国际贸易有限公司负担。

【裁判理由】

广州市越秀区人民法院一审认为：（1）商标性使用是认定商标侵权的前提要件。被诉侵权商品由带编织绳的钥匙圈和猴子挂件组成，猴子挂件是独立的立体商品。将与商标近似的形象直接制作为立体的商品，只存在商品，没有商业标识，不属于商标性使用。（2）猴子挂件外观形象与某国际贸易有限公司的“”商标近似，消费者通过商品形象容易误认为该猴子挂件源于某国际贸易有限公司或与某国际贸易有限公司存在关联关系，产生混淆商品源的后果，但在缺乏商标情形下，该后果的发生乃是因为商品外观形象所致，商品外观形象亦具有区分商品来源的作用。某国际贸易有限公司是“”商标图案著作权人，对“”商标图案商品化所形成的外观形象也享有著作权，如认为广州市某汽车用品有限公司销售的商品构成侵权，可以侵害著作权为由寻求司法救济。为此，一审法院判决驳回某国际贸易有限公司的诉讼请求。

广州知识产权法院经审理后认为：（1）关于商标使用问题。被诉侵权商品由编织绳、钥匙圈、猴子挂件三部分组成，审查该商品的流通模式，卖者售出或买者买入，均以猴子挂件为主要交易对象，而非以钥匙圈为主要交易对象，所以该猴子挂件并非作为标志涉案钥匙扣商品来源的商业标识物。也就是说，被诉侵权商品在市场主体中流通，猴子挂件并非作为商标使用。（2）猴子挂件是立体形象，包括猴子头部、四肢和身体，且头部有眼镜设计；而涉案商标是平面图案商标，仅有猴子头部图案，且无眼镜设计，普通消费者在购买被诉商品时施以一般注意力足以进行区分，不会对商品来源产生混淆或误认。综上，一审法院认定事实清楚，适用法律正确，二审法院予以维持。

【案例注解】

本案争议焦点是，将商标制作为商品并出售，是否构成商标侵权？案件审理过程中，存在两种截然相反的观点：一种观点认为，商标不是商品，将商标制作为商品，不属于商标性使用。该观点要求商标使用符合将商标使用于商品上这一形式要件，如果缺乏使用对象，则认定商标性使用的构成要件不成就。由于不构成商标性使用，故被告的行为不属于商标侵权。另一种观点认为，商标的主要功能是便于消费者识别商品来源。商标制作为商品后，消费者看到与商标近似的商品外观，误认为被控侵权商品来源于商标权人，致使商品来源发生混淆，所以被告的行为构成商标侵权。上述两种裁判观点，折射出司法实践中对商标使用的识别标准，以及商标使用在商标侵权中的地位存在不同认识。本文运用商标法原理对这两方面问题进行深入探讨。

一、商标性使用的识别与界定

所谓商标，是指商品的生产经营者在商品或服务上使用的，由文字、图形、字母、数字、三维标志、颜色组合和声音等要素及其组合构成的，具有显著特征、便于识别商品或服务来源的标记。[1]商标性使用，是指将标志作为商标进行

---

1 王莲峰著：《商标法学》（第三版），北京大学出版社2019年版，第1页。

使用。[2]我国《商标法》第48条对商标性使用的含义进行了限定。[3]据该条规定，构成商标性使用，需要满足两方面条件：一是使用方式，商标使用于商品或商品包装、容器、交易文书上或商业活动中；二是使用效果，能发挥识别商品来源的功能。司法实践中，对于何谓商标性“使用方式”以及是否产生商标性“使用效果”存在争议，法院对相关法律规范的理解和适用不尽一致。商标性使用的识别，离不开对其构成要件的准确界定。

（一）商标性“使用方式”的界定

我国《商标法》第48条规定商标性“使用方式”包括：将商标使用在商品上，将商标使用在与商品有关的容器、包装或交易文书上，将商标使用于商业活动中。前述“使用方式”的共同特点是，商标必须使用于商业流通领域，而商品或与商品有关之对象以及商业活动是商标进入流通领域的载体。离开商品、商品有关之对象或商业活动，商标性使用也就无从谈起。实际使用过程中，只有商标而无商品，或没有与商品有关的商业活动，不能认定为商标性“使用方式”。

根据《商标法》第48条对商标的使用的界定，商标是不同于商品的存在，商品是商标的使用对象，而商标是表示商品来源的标记。仅有商品而无商标，或者仅有商标而无商品，均不能称为商标的使用。判断商标是否已被制作为商品，关键在于了解商品的具体组成部分，审查流通模式，分析卖者售出或买者买入时的主要交易对象。商标被制作为商品后成为市场交易的客体，便不再作为商品来源的商业标识物，因而也不可认定为商标性使用。

我国台湾地区“商标法”第6条规定：“商标之使用，指为营销目的，将商标用于商品、服务或有关之对象或利用平面图像、数字影音、电子媒体或其他媒介物足以使相关消费者认识其为商标。”可见，我国台湾地区“商标法”明确区分了商标和商品，商品是商标使用的对象，商标使用在商标或有关对象上或使用于商业活动中，才是法律意义上的商标使用。《欧共体商标条例》列举了四种商标使用方式：在商品或包装上使用商标、在商业文书或广告上使用商标、将带有商标的商品投入市场、进口或出口带有商标的商品。这四种方式规定的商标使用对象与我国立法之规定并无本质上的区别。

本文认为，商标性“使用方式”之界定，前提是对商标和商品进行区分，商品是商标使用对象，仅有商品，而无商标，商标性使用难言成立。这一不证

2 吕丙斌：《商标侵权中“商标性”使用的地位和认定》，载《法学家》2020年第2期。

3 《商标法》第48条规定：“本法所称商标的使用，是指将商标用于商品、商品包装或者容器以及商品交易文书上，或者将商标用于广告宣传、展览以及其他商业活动中，用于识别商品来源的行为。”学界将该规定中的“商标的使用”称为商标性使用。

自明的道理，似乎无解释之必要。然而，司法实践中对商标使用的识别，常忽略对商标性“使用方式”作出判断和认定，而是直接以“使用效果”来判定商标性使用，导致部分商标案件事实认定不准确。为此，重申商标性“使用方式”的界定标准，有助于准确理解相关法律规定。

（二）商标性“使用效果”的界定

《商标法》（2013年修正）第48条在《商标法实施条例》（2002年施行）第3条[4]规定的商标使用方式的基础上，增加了“用于识别商品来源”的内容，将使用效果作为限定商标性使用的条件。这一修改，实质上对商标性使用（trademark use）与使用标志（use a mark）进行了区分。

商标之本质是以外在可感知的符合形态所负载的信息为主要构成的，企业和消费者之间用以信息传递的标识。[5]商标虽然是一种标志，但不等同于标志本身，具有在企业和消费者之间传递信息的功能。信息内容包括商品的出处、品质、商誉等。不能传递这些信息的标志，不能称为商标。商标作为一种符号，由能指、所指和对象组成的三元结构，其中，能指就是有形或可感知的标志，所指为商品的出处或商誉，对象是所附着的商品。[6]从符号学角度理解，商标由标志、商品和使用商标主体三元素组成。使用商标，在于为购买商品的消费者和使用商标的主体提供桥梁，消费者通过商标能识别使用商标的主体。在此基础上，商标性使用，不仅是对商标标志的使用，还包括其所负载“信息”的传播或其“所指”的确定。换而言之，不能传播“信息”或确定“所指”的使用，是对商标标志本身的使用（use a mark），不属于商标使用（trademark use）。两者的区别，最终体现为能否发挥识别商品来源的效果，具有这种效果的，应当认定为商标性使用，反之则为对商标标志的使用。

在该案中，从涉案商标与猴子挂件的相似程度来看，并不足以造成混淆：涉案商标是平面图案商标，而猴子挂件是立体形象；涉案商标仅有猴子头部图案，而猴子挂件还包括猴子的四肢和身体；涉案商标头部无眼镜设计，而猴子挂件头部有眼镜设计。

退一步讲，即使涉案商标与猴子挂件相似，由于被告在销售猴子挂件时，并未将猴子挂件宣传或注明为原告持有独占许可权的“”商标商品，普通消

4 2014年修订前的《商标法实施条例》第3条规定：“商标法和本条例所称商标的使用，包括将商标用于商品、商品包装或者容器以及商品交易文书上，或者将商标用于广告宣传、展览以及其他商业活动中。”

5 姚鹤徽著：《商标混淆可能性研究》，知识产权出版社2015年版，第108页。

6 彭学龙：《商标法基本范畴的符号学分析》，载《法学研究》2007年第1期。

费者在购买猴子挂件时仅凭一般注意力也能够对猴子挂件与“”商标商品予以区分，并不会造成对猴子挂件商品来源的混淆或误认。即使涉案商标与猴子挂件的相似性可能导致相关公众无法辨别其是否为源于“”商标的商品，这种售后使用过程中扩大至公众范围的“间接混淆”，并非由于生产者和销售者的误导而造成的消费者的“直接混淆”，不能认定为我国《商标法》中的“混淆”。

二、商标性使用与商标侵权的关系

学界主流观点认为，商标性使用是判定商标侵权的前提条件[7]，这一观点被最高人民法院的判例所采纳。[8]但也遭到部分学者的质疑，“判断商标侵权若以商标性使用为前提，将对商标权造成不合理限制，从而否定其前提条件地位”。[9]“否定说”援引美国法院判例作为论证依据，认为商标性使用不是商标侵权的先决条件，任何未经许可的使用行为都可构成侵权。[10]笔者认为，商标侵权类型多样，包括混淆型侵权、淡化型侵权及对商标造成其他损害的侵权，不同类型的商标侵权的构成要件不完全一致，商标性使用是否为商标侵权的前提条件，应根据侵权类型予以细分。

我国《商标法》第 57 条第 1 项、第 2 项、第 3 项规定的在商品上假冒、仿冒注册商标以及销售假冒、仿冒注册商标商品的行为，均属于混淆型侵权。认定混淆型侵权需要考察在被诉侵权商品上使用商标是否导致相关公众对商品来源发生混淆，误认为被诉侵权商品来源于原告或与原告存在关联关系。“在被诉侵权商品上使用商标”满足了前文所述“商标性使用”的“使用方式”要件，而“对商品来源发生混淆”又满足了前文所述“商标性使用”的“使用效果”要件——“识别商品来源”。因为“识别商品来源”是“商品来源发生混淆”的前提，“商品来源发生混淆”是“识别商品来源”的结果，两者系因果关系。出现了“商品来源发生混淆”之结果，必然就存在作为原因的“识别商品来源”。从这个意义上可以理解，混淆型商标侵权的判断需以商标性使用为前提

7 相关观点参见李士林：《商标使用：商标侵权先决条件的检视与设定》，载《法律科学》2016 年第 5 期；祝建军：《判定商标侵权应以成立“商标性使用”为前提——苹果公司商标案引发的思考》，载《知识产权》2014 年第 1 期；刘铁光：《〈商标法〉中“商标使用”制度体系的解释、检讨与改造》，载《法学》2017 年第 5 期。

8 例如，最高人民法院（2014）民提字第 38 号民事判决书指出，商标侵权之判断不能忽略是否构成商标法意义上的商标性使用之前提。

9 何怀文：《“商标性使用”的法律效力》，载《浙江大学学报（人文社会科学版）》2014 年第 2 期。

10 相关案例详见 Kelly-Brown v. Winfrey，717F. 3d 295，307（2nd Cir 2013）。

条件。

驰名商标凝聚了经营者的商誉，对驰名商标的保护，不仅限于防止商品来源发生混淆，还要禁止他人不正当利用驰名商标的商誉。学界引入淡化理论，为驰名商标保护提供依据。所谓防止驰名商标淡化，是指禁止他人使用驰名商标，从而避免驰名商标显著性被减弱或驰名商标的声誉被减损。所以，如果他人使用驰名商标不会造成商品来源混淆，但弱化了驰名商标显著性或贬损了驰名商标声誉，也可构成侵权。据此理论，对驰名商标的淡化侵权不要求商标的使用会造成商品来源混淆的后果，因而也就无须以商标性使用作为认定商标侵权的前提条件。

还有一种商标侵权类型，与商品来源混淆与否无关，也不涉及驰名商标。行为人使用他人商标，或许不会造成商品来源混淆，但可能对他人商誉造成损害，或影响商标品质保证功能，这类行为在实践中也常被认定为商标侵权行为。例如，在“不二家”商标侵权案中，被告将正品重新包装并销售，分包装上使用原告商标，法院认为，虽然销售的商品是正品，但其分装后导致商品质量无法保障，构成商标侵权。[11] 涉案商品系正品，来源于商标权人，行为人使用“不二家”商标不会产生混淆商品来源的后果，故不属于商标性使用。该案裁判观点表明，品质保证是商标功能之一，对商标品质保证功能造成损害，也构成商标侵权，此类商标侵权行为并不以商标使用为前提条件。

三、本案典型意义

本案事实清楚，法律关系明确，但对商标性使用的内涵，以及商标性使用在商标侵权判断规则体系中的地位存在分歧。法院在裁判中对前述两方面问题进行了分析和回应，重申商标性“使用方式”、商标性“使用效果”是商标使用的构成要件，明确指出“商标性使用”与“使用标志”的区别，并基于此将商标侵权类型分为混淆型侵权、淡化型侵权、商标其他功能损害型侵权，从而明确商标性使用在商标侵权规则体系中的地位。因而，本案裁判具有如下典型意义：

一是商标性“使用方式”和商标性“使用效果”是商标使用的构成要件，仅存在发生混淆商品来源的“使用效果”而无在商品上使用的“使用方式”，不属于商标性使用。商标制作为商品后，相关公众通过商品外观，可能会认为商品来源于原告，发生商品来源混淆。然而，混淆结果之发生，并非缘于商标性使用，因为不存在商标，何来商标使用？基于同样的道理，仅有商标性“使用方式”，没有产生混淆商品来源的“使用效果”，也不构成商标性使用，而是

11　案情详见浙江省杭州市余杭区（2015）杭余知初字第 416 号民事判决书。

对商标标志本身的使用。

二是商标性使用并非所有商标侵权类型的构成要件。在混淆型商标侵权中，商标性使用是成立商标侵权的前提。相关公众对商品来源没有发生混淆，不能认定行为人使用商标标志的行为构成商标侵权。而对驰名商标的淡化侵权，以及对商标品质保证功能造成损害的侵权行为，并非以商标性使用作为前提条件。因为使用了商标标志，没有造成商品来源混淆，但对商标广告宣传、品质保障功能造成了实质性损害，也属于侵权行为。

三是要注意避免知识产权的重叠保护。一项客体上可能存在多种知识产权。例如，有独创性、审美意义的商标图案，可以同时成为著作权、商标权的客体。司法实践中，对于一项客体上的多种知识产权，应尽量避免重叠或过度保护。对于权利人而言，一类权利保护主张未获得支持，不妨碍以另一类权利再提出主张。本案中，某国际贸易有限公司对“”商标享有著作权和商标权。被告对该商标标志的使用，缺乏商标性“使用方式”，不构成商标性使用，故不成立商标侵权，但原告可以侵害著作权为由，另行提起诉讼，主张被告承担侵权责任。

四是要合理发挥反不正当竞争法的补充保护作用。关于不正当竞争的相关规定，《保护工业产权巴黎公约》第10条之二规定：“下列各项尤其应当予以禁止：1. 具有以任何手段对竞争者的营业所、商品或工商业活动产生混淆性质的一切行为……”我国《反不正当竞争法》第6条指出：“经营者不得实施下列混淆行为，引人误认为是他人商品或者与他人存在特定联系……”与商标法和反不正当竞争法不同，著作权法和专利法在保护作用的发挥方面会受到时间的限制，保护期届满后原本受保护的客体就会流入公有领域。反不正当竞争法和商标法的侧重点有所差异，后者侧重于对商标权利人的个体利益进行保护，前者侧重于对商标侵权外的其他可能破坏市场竞争秩序的行为进行规制。因此，司法实践中，由于不构成商标性使用而被认定为不构成商标侵权的行为，仍有可能会受到反不正当竞争法的规制，可以寻求反不正当竞争法的保护。

【相关法条】

《中华人民共和国商标法》第48条、第57条；

《中华人民共和国民事诉讼法》第168条、170条第1款第1项。

法谈法议

催收非法债务罪的正当性与边界

彭辅顺*

在经济多元化、借贷与消费观念发生根本性变化的当今社会，债务纠纷呈现频发、多发的特征，其中不少债务属于非法债务。非法债务是不受法律保护的债务，不能通过公权救济途径得到清偿，这种情况下，为催收高利放贷等产生的非法债务，被欠债方亲自或者委托职业催债者对债务人采取暴力、胁迫、恐吓、跟踪、骚扰、侵入住宅、限制人身自由等手段催债的案件常有发生。对于采取如上手段催债，司法上若不能对之认定为故意伤害罪、非法拘禁罪、非法侵入住宅罪等犯罪，因无其他妥当的罪名可适用，就不得不以寻衅滋事罪定罪处罚。[1]但是，如上行为并非无事生非，也不是出于“寻求刺激、发泄情绪、逞强耍横”的心理动因，[2]认定为寻衅滋事罪其实是违反罪刑法定原则的。[3]基于此，《刑法修正案（十一）》新增了催收非法债务罪。本罪作为一个轻罪增设的意义在于：一方面可以严密刑事法网；另一方面可以防止司法定罪不当和趋重，贯彻罪刑法定和罪刑均衡原则。但是，本罪的增设及其在刑法分则中的归类，存在如下问题值得思考：本罪增设的目的何在？是否意在保护负有非法债务的人的权利？作为本罪规制重点的各种催债手段是否都有前置法规制？在立法者已将本罪纳入“扰乱公共秩序罪”的情况下，司法上如何确立不法催收非法债务行为的入罪门槛？本文拟就这些问题略陈管见。

---

* 彭辅顺——湖南大学法学院教授，主要研究领域：中国刑法。

1 周光权：《论通过增设轻罪实现妥当的处罚——积极刑法立法观的再阐释》，载《比较法研究》2020 年第 6 期。

2 贾宇主编：《刑法学（下册 · 各论）》，高等教育出版社 2019 年版，第 202 页。

3 张明楷：《妥善对待维权行为　避免助长违法犯罪》，载《中国刑事法杂志》2020 年第 5 期。

一、催收非法债务罪的规范目的

法学家耶林曾说过："目的是全部法律的创造者。每条法律规则的产生都源于一种目的，即一种实际的动机。"[4]我国《刑法》第1条明确指出，制定刑法的目的是"惩罚犯罪，保护人民"。刑法这一整体目的的实现，有赖于分则罪刑规范的合理创设，通过分则章、节、条的目的的实现来达成。既然如此，罪刑规范的创设必有其目的。《刑法修正案（十一）》增设催收非法债务罪的目的何在？是否意在保护负有非法债务的人的权利？这是本罪解释和适用首先必须回答的问题。

有学者认为，增设催收非法债务罪是"在保护民法不保护的债务"。[5]笔者认为这种看法值得商榷。诚然，从采用"暴力""胁迫"等不法手段"催收高利放贷等产生的非法债务"的法条表述来看，本罪的行为主体与对象之间存在被欠债与欠债的非法债务关系，在被欠债与欠债的双方中，被刑法否定的是被欠债一方，因为被欠债一方若采用刑法规定的不法手段催收非法债务，就可能被认定为犯罪予以打击。与此相对，而欠非法债务的一方则得到了刑法的保护。这就是说，刑法打击了被欠债一方，就是保护了负有非法债务的另一方，即便负有非法债务的一方本身存在如赌博、吸毒等不法行为，也得到了刑法的保护。但如果是这样，在非法债务双方都存在不法行为的情况下，本罪增设的正当性是有疑问的。若非如此，那么本罪增设的目的何在呢？唯一能够得到解释的是：增设本罪不是为了肯定负有非法债务方欠债的正当性，也不是为了免除欠债方所负有的非法债务，而是另有其他目的。从本罪法条规定的如下三类催债手段来看，其直接保护的是负有非法债务的人的人格权。[6]

首先，从"使用暴力、胁迫方法"的催债手段来看：一般认为，暴力是指行为人对行为对象不法行使有形力。作为催债手段的"暴力"，既可以是对债务人不法行使有形力，如伤害债务人，危害债务人的身体健康乃至生命安全；也可以是对物不法行使有形力，如使用暴力毁坏债务人的机器设备等。不过，对物行使有形力，行为人意在用物理影响的方法对债务人产生心理影响，最终目的是针对债务人，逼迫其还债。"胁迫"是指行为人以恶害相通告，使对方产生

---

4 ［美］E. 博登海默著：《法理学：法律哲学与法律方法》，邓正来译，中国政法大学出版社1999年版，第109页。

5 张明楷：《增设新罪的原则——对〈刑法修正案十一（草案）〉的修改意见》，载《政法论丛》2020年第6期。

6 根据《民法典》人格权编第990条的规定，人格权包括生命权、身体权、健康权、姓名权、名称权、肖像权、名誉权、隐私权等权利。

恐惧心理，迫使对方做出或不做出某种行为。作为催债手段的“胁迫”，其对象只能是债务人，使债务人产生恐惧心理，从而被迫还债。恶害的内容可以是债务人的身体健康和生命安全，也可以是债务人的人格、名誉，还可以是债务人的财产损失。因此，以暴力、胁迫的手段催债，虽然可能侵犯债务人的财产权，但暴力、胁迫行为侵犯的最终法益是健康权、生命权等人格权。立法者将此类催债手段作为本罪客观构成要件入罪，保护的是欠债方人格权中的健康权、生命权等权利。

其次，从“限制他人人身自由或者侵入他人住宅”的催债手段来看：人身自由是指自然人的行动自由。根据《民法典》第1003条的规定，人身自由属于身体权。“限制他人人身自由”的行为侵犯的是他人的身体权。根据《民法典》第1032条、第1033条的规定，住宅属于自然人的私密空间，属于隐私的范围，因此“侵入他人住宅”的行为侵犯的是他人的隐私权。可见，行为人运用这类手段催债，无论是限制人身自由还是侵入住宅，侵犯的都是债务人或债务人亲属的身体权和隐私权。立法者将这类催债手段作为本罪的客观构成要件入罪，保护的是欠债方人格权中的身体权和隐私权。

最后，从“恐吓、跟踪、骚扰他人”的催债手段来看：“恐吓”是以威胁、吓唬等方式使他人产生恐惧心理的行为；[7]“跟踪”是指对他人实施尾随、守候、贴靠、盯梢等行为，使他人内心产生恐惧不安的行为；[8]“骚扰”是以电话、短信、言语、动作等手段打扰他人生活安宁的行为。这类“软暴力”催债手段中的三种行为，无论是“恐吓”“跟踪”还是“骚扰”，其对象都是债务人或债务人的亲属，都是侵犯他人生活安宁的行为。立法者将这类催债手段作为本罪的客观构成要件入罪，保护的也是欠债方的人格权。

由此可见，《刑法修正案（十一）》增设催收非法债务罪，并非“保护民法不保护的债务”，而是直接保护负有非法债务一方的人格权。人格权是刑法分则“侵犯公民人身权利、民主权利罪”一章的保护法益的主要内容。既然如此，按照犯罪归类的一般原理，本罪似乎应置于“侵犯公民人身权利、民主权利罪”一章中。然而，《刑法修正案（十一）》并非将本罪置于该章，而是将其纳入分则第六章第一节“扰乱公共秩序罪”之中，作为《刑法》第293条之一予以规定。很明显，立法者增设本罪的最终目的，并不是要保护欠债方的人格权，而是要通过规制不法催债手段、保护欠债方的人格权来维护公共秩序。

---

7 周光权著：《刑法各论》（第三版），中国人民大学出版社2016年版，第365页。

8 许永安主编：《中华人民共和国刑法修正案（十一）解读》，中国法制出版社2021年版，第317页。

既然如此，那么在解释论上，只能从维护公共秩序的角度来确定催收非法债务罪的规范目的。不过，“公共秩序”只是本罪侵犯的同类法益。本罪侵犯的具体法益还需要进一步确定。由于本罪的罪状没有明示其侵犯的具体法益，且不能通过罪状表述准确确定其侵犯的具体法益，因此，应采用“瞻前顾后”的方法即通过考察相邻个罪侵犯的具体法益来加以确定。由于立法者将本罪作为《刑法》第293条之一置于寻衅滋事罪之后，因此寻衅滋事罪侵犯的具体法益是确定本罪侵犯的法益的主要依据。而寻衅滋事罪侵犯的具体法益是“社会秩序”。结合《治安管理处罚法》对寻衅滋事行为的归类来看，这里的“社会秩序”应是指社会治安秩序和社会生活秩序。故寻衅滋事罪侵犯的法益是社会治安秩序和社会生活秩序。再从与本罪相邻的聚众斗殴罪（《刑法》第292条）和组织、领导、参加黑社会性质组织罪（《刑法》第294条）来看，因聚众斗殴罪的罪状中有“社会秩序”的表述而可以确定其侵犯的具体法益也是社会秩序，具体应是指社会治安秩序；因组织、领导、参加黑社会性质组织罪的罪状中有“严重破坏经济、社会生活秩序”的表述而可以确定其侵犯的具体法益是经济、社会生活秩序。通过“瞻前顾后”的方法由此可以得出，本罪侵犯的具体法益是社会秩序，包括社会治安秩序和社会生活秩序。既然如此，司法适用上，对于不法催收非法债务行为是否以本罪定罪处罚，应考虑其是否破坏社会治安秩序和社会生活秩序。具体来说，“使用暴力、胁迫方法”催债，没有破坏社会治安秩序或社会生活秩序的，不能认定为本罪；以“限制他人人身自由或者侵入他人住宅”手段催债，对社会治安秩序或社会生活秩序不发生影响的，不能认定为本罪；采取“恐吓、跟踪、骚扰他人”的方式催债，没有破坏社会治安秩序或社会生活秩序的，也不能认定为本罪。

二、催收非法债务罪的正当性基础

在刑法与其他部门法的关系上，学界已经形成的共识是，刑法是其他部门法的保障法，刑法对于法益的保护，是在其他法律第一次保护基础上的第二次保护；刑法只能作为最后手段运用，在能够运用和足以运用其他法律规制行为，保护法益，维护社会秩序时，也就不要运用刑法去规制。或者说，对于危害行为，在没有运用前置法规制时，不能直接运用刑法去规制，否则不符合刑法的“保障法”特性，也不符合刑法谦抑性要求。也可以说，如果对某种危害行为没有设置前置法规制时，就直接运用刑法去规制，无论是从法律体系中各部门法的分工，还是从刑法处罚的必要性来说，都难以说有其正当性。因此，某种危害行为已有前置法规制，是将该行为纳入刑法规制的必要前提，也是其纳入刑法规制的正当性基础。而“不具有前置法之违法性的行为绝无构成刑事犯罪的可能”。[9]

就催债而言，欠债还钱天经地义，在债务得不到清偿的情况下，催债行为本身是实现债权的手段，是不存在正当性疑问的。但是，如果采用非法的手段催债或者催收的债务是非法的，则不具有正当性，应当受到法律的规制。《刑法修正案（十一）》规定，“使用暴力、胁迫方法”、通过“限制他人人身自由或者侵入他人住宅”以及采用“恐吓、跟踪、骚扰他人”的手段催收高利放贷等产生的非法债务，情节严重的行为，构成催收非法债务罪。这意味着刑法并不是要规制催债行为本身，而是要规制催债手段以及规制采用刑法规定的手段催收非法债务。上述手段以及非法债务纳入刑法规制，如果已有前置法对其规制，那么就存在正当性基础；反之，若无前置法对相关催债手段、非法债务予以规制，则存在正当性疑问。

首先，从本罪中“高利放贷等产生的非法债务”的前置法来看。《民法典》第680条规定：“禁止高利放贷，借款的利率不得违反国家有关规定……”这表明，高利放贷是民法禁止的行为，因而将“高利放贷产生的非法债务”纳入刑法规制，是有前置法的，存在正当性基础。其他行为产生的债务，只要能够认定为非法债务，也就表明这种债务来源的非法性，是违反有关法律法规的规定产生的债务，其纳入刑法规制的正当性也是没有问题的。例如，认为赌博产生的债务是非法债务，是因为《治安管理处罚法》对于赌博的处罚规定；认为毒品交易产生的债务是非法债务，是因为《禁毒法》对毒品交易的禁止性规定和法律责任规定。可见，“高利放贷等产生的非法债务”纳入刑法规制，是有前置法的，存在正当性基础。

其次，从本罪中的催债手段的前置法看。催债手段是本罪所要规制的主要方面。立法者将本罪置于“扰乱公共秩序罪”之中，显然是要打击不法催债扰乱公共秩序的行为。而扰乱公共秩序正是《治安管理处罚法》所规制的一种行为类型。当然，妨害公共安全，侵犯人身权利、财产权利，妨害社会管理，也是该法所规制的。[10]因此，从行刑衔接角度来讲，刑法规制催债手段的前置法主要是《治安管理处罚法》。既然如此，催债手段纳入刑法规制是否具备前置法，就应看《治安管理处罚法》的有关规定。从《治安管理处罚法》第17条、第20条、第40条、第42条等条款的规定来看，“暴力”“胁迫”“限制他人人身自由”“侵入他人住宅”“恐吓”都是该法所规制的行为。因而本罪中的“暴

9 田宏杰：《“直接入刑”：如何彰显刑法保障性与谦抑性》，载《检察日报》2019年11月18日，第3版。

10 这可以从《治安管理处罚法》第2条和第三章第一节的节标题得出此结论。

力”“胁迫”“限制他人人身自由”“侵入他人住宅”“恐吓”等催债手段都有一定的前置法规制，将其纳入本罪进行刑法规制是有其正当性基础的。

但是，就本罪中的“跟踪”而言，《治安管理处罚法》并没有将其纳入规制范围，其他法律也没有对其作出禁止性规定或者认为其是违法的。因此将“跟踪”作为催债的手段予以刑法规制，缺乏前置法的直接规制，不符合刑法的“保障法”特性，缺乏正当性基础。就“骚扰”而言，《治安管理处罚法》也没有将其纳入规制范围或认为其违法。从其他法律来看，虽然《民法典》第 1010 条针对性骚扰进行了规制，但性骚扰与本罪中的“骚扰”明显不同。性骚扰是指带性暗示的言语动作，是不受欢迎的与性有关的侵犯被骚扰对象的人格尊严的行为；而本罪中的“骚扰”是指打扰他人，影响他人心理、生活安宁的行为。当然，现实中也不排除有采用性骚扰的方式催债，但这是罕见情形。刑法是普遍适用的规范，应针对常见情形予以规制；对于罕见行为，没有必要将其纳入刑法规制。[11] 因此，可以说，将“骚扰”作为催债的方式进行刑法规制，也是缺乏前置法的直接规制，不符合刑法的“后置法”特性。

综上，本罪规制的两个方面即手段与对象中，“暴力”“胁迫”“限制他人人身自由”“侵入他人住宅”“恐吓”“非法债务”具有前置法规制，存在正当性基础。但是，“跟踪”“骚扰”因缺乏前置法而直接纳入刑法规制，不符合刑法的“后置法”特性，其正当性不足，需要通过修改《治安管理处罚法》来解决其入罪的前置法问题。

三、催收非法债务罪的入罪门槛

立法者对催收非法债务罪设置了“情节严重”的入罪门槛，不法催收非法债务行为只有达到“情节严重”要求才能以本罪定罪处罚。由于“情节严重”是一个综合性价值评价的概念，其中的“情节”“既包括决定社会危害性及其程度的行为事实，也包括反映人身危险性及其大小的行为人情况”，[12] 非常宽泛，因此，作为本罪入罪门槛的“情节严重”，需要确定其具体范围。笔者认为，主要应从催债手段上加以确定。因本罪意在惩治催债手段的不法性，故催债手段的不法程度是确定本罪入罪门槛的必要考量。

第一，使用暴力、胁迫方法催债的入罪门槛。这又要区分“暴力”和“胁迫”两种手段来考虑入罪门槛。刑法分则在不少个罪的构成要件中明确规定了

11　张明楷：《增设新罪的原则——对〈刑法修正案十一（草案）〉的修改意见》，载《政法论丛》2020 年第 6 期。

12　刘树德：《罪状之辨析与界定》，载《国家检察官学院学报》1999 年第 4 期。

“暴力”手段，但在不同的犯罪中，行为入罪对暴力程度的要求并不相同，有的个罪要求达到足以压制对方反抗或不能反抗的程度，而有的个罪则只要求对人或物不法行使有形力即可。笔者认为，暴力催债入罪，无须达到压制债务人反抗的程度，只要对债务人不法行使有形力达到轻微伤的程度或者是对债务人的财物不法行使有形力造成了较大的财产损失即可。当然，若暴力只是造成债务人的肉体痛苦（如打耳光）或者造成少量的财产损失，则不能将暴力催债入罪。

胁迫是使对方形成心理强制的行为。刑法分则中也有不少个罪明确规定了“胁迫”，“胁迫”是这些犯罪的客观构成要件要素之一。但是，在不同的个罪中，行为入罪对“胁迫”的程度要求并不一定相同，有的罪要求采用的胁迫手段达到足以抑制对方反抗或对方不敢反抗的程度，有的罪只要求使对方产生恐惧心理即可。就胁迫催债而言，对债务人实施胁迫手段应达到什么程度才能使催债行为入罪，笔者认为，只要使债务人产生精神上的强制即可，无须达到不敢反抗的程度。当然，若胁迫行为对债务人的心理不会发生任何影响，胁迫催债则不能入罪。

第二，使用限制人身自由或侵入住宅手段催债的入罪门槛。限制人身自由与侵入住宅是两种不同的催债手段，无论是采用限制人身自由的手段还是采用侵入住宅的手段催债，都应确定其入罪门槛。

其一，以限制人身自由手段催债的入罪门槛。首先要明确的是，限制人身自由不同于剥夺人身自由。这从《宪法》第 37 条第 3 款以及《刑法》第 241 条第 3 款将“剥夺”与“限制”并列规定可以看到。就催债手段而言，《刑法》第 238 条第 3 款规定了用非法扣押、拘禁的手段催债应以非法拘禁罪定罪处罚。非法扣押、拘禁即是非法剥夺人身自由。而《刑法修正案（十一）》将以限制人身自由的手段催债构成的犯罪，规定为催收非法债务罪。因此从立法意图上讲，应对剥夺人身自由与限制人身自由进行区分，才能做到准确定罪。至于剥夺与限制应如何区分，笔者认为应从身体活动的空间范围予以把握。剥夺人身自由是指人不能按照自己的意志进行身体活动，如被捆绑等，或者是只能在非常狭小的空间内进行身体活动，如关禁闭等。限制人身自由是指人能够在一定范围内按照自己的意志进行身体活动，只不过是身体活动受到限制而已。从法益侵害的程度上说，剥夺人身自由重于限制人身自由。采用限制人身自由的手段催债，不能认为只要对欠债人采取了限制人身自由的手段，就构成本罪。至于限制人身自由应达到何种程度才能使催债行为入罪，笔者认为，应从空间和时间两个维度把握。从空间上讲，限制欠债人人身自由应是将欠债人限制在较为狭小的空间；从时间上讲，一次限制欠债人的人身自由应持续 24 小时以上。只有达到该时空要求，才能将使用限制人身自由的手段催债入罪。

其二，以侵入住宅手段催债的入罪门槛。侵入住宅是指未经他人同意强行进入他人住宅，或者经同意进入他人住宅后被要求退出而拒不退出，影响他人正常生活和居住安宁的行为。不能认为只要催债人侵入住宅，就可构成催收非法债务罪；对于采用侵入住宅的手段催债，应确定其入罪门槛。为催债而侵入住宅达到何种程度才能入罪，笔者认为，应从侵入住宅的手段、侵入住宅的时间长度、被要求退出的次数以及对欠债人正常生活和居住安宁的影响程度等方面加以确定。如果催债人采用破门而入等极端的手段侵入住宅，或者催债人被多次要求退出住宅而拒不退出，且时间较长，对欠债人的私人生活和居住安宁明显带来影响，就可以以催收非法债务罪入罪。否则，没有采用极端的手段侵入住宅，或者侵入住宅后经债务人要求退出后即退出了住宅的，不能入罪。

第三，使用恐吓、跟踪、骚扰手段催债的入罪门槛。“恐吓”“跟踪”“骚扰”这三种手段具有不同的特征，应分别确定入罪门槛。恐吓式催债入罪，应考虑恐吓的方式、以恶害相通告的内容、对欠债人形成心理强制的程度。跟踪式催债入罪，应考虑跟踪欠债人的距离、跟踪的频率与时间长度，以及从一般人角度看，这种跟踪对欠债人带来的心理影响是否妨碍欠债人的行动自由。骚扰式催债入罪，应考虑骚扰的手段，骚扰的次数，这种骚扰对欠债人的工作、生活或生产经营带来的影响程度。需要指出的是，“跟踪”“骚扰”这两种催债手段因缺乏前置法规制而直接入罪，故其入罪要求应严于限制人身自由、侵入住宅等有前置法规制的手段催债。

上面讨论的只是针对采用单一不法手段催债的情形应如何确定入罪门槛。但在实际发生的案件中，更多的情形是采用多种不法手段催债。这种情况下，即便从单一催债手段看没有达到入罪门槛，也应将其认定为“情节严重”而入罪。因此，若将“采用单一不法手段催债”和“采用多种不法手段催债”这两种情形综合起来考虑，则不法催收非法债务行为具备下列情形之一的，应认定为“情节严重”而入罪：（1）暴力催债导致欠债人或其亲属轻微伤或者较大财产损失的（不要求达到故意毁坏财物罪的数额要求）；（2）胁迫催债导致欠债人精神失常、自杀等严重后果的；（3）一次限制欠债人或其亲属的人身自由持续24小时以上或者侵入欠债人住宅或其亲属住宅，多次被要求退出而拒不退出的；（4）恐吓、跟踪、骚扰欠债人或者其亲属，严重影响其正常活动或生产、工作、生活的；（5）采用《刑法》第293条之一规定的三类手段中的多种手段催债的；（6）多次采用《刑法》第293条之一规定的三类手段催债的。

需要注意的是，不法催债行为入罪，除了要达到上述“情节严重”的程度，还要求催收的是“高利放贷等产生的非法债务”。这就是说，如果行为人催收的是合法债务，即便使用不法手段催收，也不构成本罪。不过，笔者认为，行为人使用不法手段催债，如果破坏了社会治安秩序或社会生活秩序，达到了上述“情节严重”的程度，即使催收的非法债务的数额较小，也应入罪，即是说，催收非法债务的数额大小，不是确定本罪入罪门槛应考虑的问题。

结语

当前，由于国际国内新冠肺炎疫情对经济发展、人们生活的深刻影响，未来不确定因素更多，包括非法债务在内的债务纠纷可能会不断增多，因此不法催收非法债务行为不但不会因刑法上增设催收非法债务罪而减少，甚至可能会呈多发态势。相应地，本罪在司法上可能面临较高的适用率。[13]这种情况下，司法者既要把握好增设本罪的价值定位，又要从本罪法条定位所显现的规范目的出发，通过对本罪所要规制的三类催债手段，特别是缺乏前置法的“跟踪”“骚扰”等催债手段的恰当解释，把握好本罪“情节严重”的入罪门槛，防止本罪的扩大化适用。

---

13 根据最高人民检察院于2021年7月25日发布的办案数据，《刑法修正案（十一）》自2021年3月1日起施行至6月，以催收非法债务罪被提起公诉的有307人。这在《刑法修正案（十一）》新增的17个罪名中，高适用率仅次于袭警罪，排在第2位。

对《民事诉讼法》增设律师调查令规定的修改建议

肖胜方*

律师调查令是指在民事诉讼中，当事人及其代理律师因客观原因不能自行收集涉诉案件的相关所需证据时，经代理律师申请，法院审查批准并签发的，由代理律师向接受调查的单位或个人收集相关证据的法律文书。[1]律师调查令制度设想目的，在于确定律师可以持调查令要求相关部门出具涉案当事人或者机构的银行账号、档案材料、权利凭证等，以取得可能对案件产生重要影响的证据，从而更好地帮助法院查明案件事实，促进司法实质公正的实现。

随着我国民事诉讼模式由职权主义逐渐向辩论主义进行转型[2]，案件事实更多是由当事人加以举证证明，而非单由法院依职权进行查明。因此，证据收集制度也应与时俱进地加以配套跟进。然而，囿于制度缺位，当事人及其代理律师的调查取证权利缺乏必要的制度保障，导致相关人员在部分案件的证据收集过程中面临巨大困难。换言之，当事人在现行制度中面临着“取证难”，进而“举证难”，最终被迫承担举证不能的不利诉讼后果。对此，笔者认为，在法律层面上对律师调查令制度加以明确，具有迫切需求与现实意义。

---

* 肖胜方——全国人大代表、最高人民法院特约监督员、最高人民检察院特约监督员、广东省律师协会会长、广东省法学会副会长、广州市法学会副会长、广东胜伦律师事务所主任。

1 援引自广东省高级人民法院、广东省司法厅《关于在民事诉讼中实行律师调查令的规定》（粤高法〔2020〕34号）第1条。

2 参见张卫平：《民事诉讼基本模式：转换与选择之根据》，载《现代法学》1996年第4期。

一、律师调查令制度确立的意义与必要性

律师调查令制度的确立与推行，有利于完善民事诉讼证据收集制度，充分发挥律师代理的职能作用，维护律师必要的执业权利，保障当事人诉讼权利实现，促进司法公正、提高司法公信力，实现良好的社会效果和司法效果。

（一）有助于维护当事人的证据收集路径，提高当事人的举证能力

在民事诉讼中，原则上当事人有责任对自己的主张提供证据，即“谁主张，谁举证”[3]，法院一般不依职权主动收集证据。律师调查令制度的推行，有助于拓宽当事人证据收集的渠道，提高当事人的举证能力，在一定程度上可以减少因收集不到有力证据而承担证明责任以致裁判结果偏离客观事实的情况，符合民事诉讼追求实质正义的诉讼目的。

（二）有助于律师发挥专业能力，更好地维护当事人的合法权益

建立律师调查令，赋予律师调查取证权，不仅可以更好地让律师作为专业法律从业人员进行证据收集、开展事实调查，也丰富了调查取证的手段，有利于调动律师取证的积极性，更可以让律师凭借获取的证据向法官全面阐释案件真实情况，保证当事人的诉权得以充分展现，保障当事人合法权益，从而能够更好地服务当事人，体现代理价值。

在诉讼阶段，律师调查令制度方便律师针对当事人的诉讼请求收集、强化证据；在执行阶段，律师调查令制度强化申请执行人财产调查能力，可适当减轻法院财产调查的负担。律师调查令制度有助于促进当事人及其代理律师主动调查和法院依职权调查相结合，与民事诉讼追求实质正义的立法目的相契合。

在另一层面而言，律师调查令在拓宽当事人及其代理律师收集证据的渠道的同时，也可以通过明确具体的调查取证范围及行为从而有效约束并严格规范当事人及其代理律师的调查取证行为，避免在具体证据收集过程中对其他法益的侵害，实现当事人及其代理律师调查取证权利与其他法益保护之间的价值平衡。

（三）有助于法院专注于案件审理，实现更好的审判效果

人民法院员额制改革以来，案多人少的矛盾日益突出。在现行民事诉讼制

---

3 《民事诉讼法》第64条第1款规定：“当事人对自己提出的主张，有责任提供证据。”

度中，当事人因客观原因无法自行取证时，可以申请法院调查收集[4]，相关司法解释也对此范围加以明确约定。[5]现行制度保障了当事人因客观原因无法自行取证时有权申请法院依职权调查取证，但并未赋予当事人因客观原因无法自行取证时法院通过出具调查令的方式以“克服”客观原因的阻碍，这既无助于提高审判效率，也加重了审判人员的工作压力，更与现行的举证分配制度设想目的相背离。

律师调查令制度的设计初衷，实际是减轻法院自身的工作压力。[6]赋予代理律师一定的调查职权，剥离调查取证等司法辅助性事务，能够减轻法院工作压力，让法官更专注于司法裁判，缓解法院工作压力，提高案件审判效率；也为法官裁判和执行提供更多更可靠的证据，有利于形成更公正、符合客观事实的裁判结果；并且使案件事实得以更快速高效地查明，大大缩短诉讼周期，减轻当事人的诉累，从而提升诉讼资源的优化配置，真正实现诉讼效益的最大化。

（四）符合当前司法实务界的实际迫切需要

《民事诉讼法》规定，代理律师和其他诉讼代理人有权调查收集证据，可以查阅本案有关材料。[7]但现行制度并未对该“调查收集证据”权利辅以配套性的制度保障，缺乏必要的惩罚制度，使得该权利沦为一个原则性的口号，相对人的证据协助义务沦为训示性意义而不具有约束力的普适性义务。[8]

因律师调查令制度缺乏明确的法律地位，律师在实际调查取证过程中面临着诸多的现实障碍。例如，在实践中，面对当事人及其代理律师的证据收集与调查请求，一些机关及单位常出于避免担责，基于“事不关己高高挂起”的态度，简单堆砌理由加以拒绝。而一些工作人员“官本位”思想浓厚，缺乏社会服务意识，当事人及其代理律师在调查取证过程中往往要面临他们的冷漠与高傲。

4　《民事诉讼法》第64条第2款规定：“当事人及其诉讼代理人因客观原因不能自行收集的证据，或者人民法院认为审理案件需要的证据，人民法院应当调查收集。”

5　《最高人民法院关于适用〈中华人民共和国民事诉讼法〉的解释》第94条规定：“民事诉讼法第六十四条第二款规定的当事人及其诉讼代理人因客观原因不能自行收集的证据包括：（一）证据由国家有关部门保存，当事人及其诉讼代理人无权查阅调取的；（二）涉及国家秘密、商业秘密或者个人隐私的；（三）当事人及其诉讼代理人因客观原因不能自行收集的其他证据。当事人及其诉讼代理人因客观原因不能自行收集的证据，可以在举证期限届满前书面申请人民法院调查收集。”

6　参见吴如巧著：《民事诉讼证据收集制度的构建》，中国人民公安大学出版社2011年版。

7　《民事诉讼法》第61条规定：“代理诉讼的律师和其他诉讼代理人有权调查收集证据，可以查阅本案有关材料。查阅本案有关材料的范围和办法由最高人民法院规定。”

8　参见王杏飞、刘洋：《论我国民事诉讼中的律师调查令》，载《法治研究》2017年第3期。

而即使我国民事诉讼制度参照大陆法系国家确立了“书证提出命令”[9]，但其存在以下明显弊端：（1）适用的客体范围过于狭窄，仅限于书证，主体也仅限于对方当事人；（2）“书证提出命令”申请前提需满足相应的明确要件，结合要件内容，实质仍未赋予不掌握书证的当事人克服客观情况以进行调查取证的权利；（3）未辅以在证据交换过程中对妨碍证据收集行为的制裁内容。换句话而言，“书证提出命令”是我国完善证据证明制度的有益举措，但仍未有效保障当事人及其代理律师进行调查取证的权利。

律师的调查取证权能否得到有效保障，不仅关系到保护当事人合法权益、维护律师执业权利，而且也直接影响到人民法院的诉讼资源的优化配置、司法效率。在法律层面确立律师调查令制度，是当前司法实践中各方的共识与紧迫需求。

二、律师调查令制度已在司法实践中进行一定程度的探索

（一）多地省市已推进试行律师调查令制度，成效显著

为克服当事人“取证难”的困境，广东、北京、上海、河北、江苏、陕西、浙江、安徽、新疆、天津等多地省市通过出台相关规范性文件以试行律师调查令制度，取得积极效果。其中，河北省高级人民法院、河北省司法厅出台了《关于执行程序中适用律师调查令的若干规定（试行）》，江苏省高级人民法院出台了《关于执行案件使用调查令的实施意见（试行）》，浙江省高级人民法院出台了《关于民事诉讼立案审查阶段适用调查令的意见》，上海市高级人民法院出台了《关于在执行程序中使用调查令的若干规定（试行）》，天津市高级人民法院出台了《关于在民事诉讼中实行律师调查令的若干规定（试行）》，不胜枚举，在此仅粗略列举。

具体而言，以广东省为例：经过多方面的调研准备，广东省高级人民法院、广东省司法厅于2018年12月27日联合发布了《关于在民事诉讼中实行律师调查令的规定（试行）》，自2018年12月27日开始施行。经过两年的施行，该项规定取得了显著的成效，大大缓解了广大当事人及其代理律师关于“调查取证难”的窘况，为广东律师在民事诉讼中保护当事人合法权益提供了有力的保障，

9　《最高人民法院关于适用〈中华人民共和国民事诉讼法〉的解释》第112条规定：“书证在对方当事人控制之下的，承担举证证明责任的当事人可以在举证期限届满前书面申请人民法院责令对方当事人提交。申请理由成立的，人民法院应当责令对方当事人提交，因提交书证所产生的费用，由申请人负担。对方当事人无正当理由拒不提交的，人民法院可以认定申请人所主张的书证内容为真实。”《最高人民法院关于民事诉讼证据的若干规定》第45条至第48条对此加以具体规定。

同时也大大节约了司法资源，提高了司法效率。

近日，为了巩固该项规定的成果，保障律师调查取证权的正常行使，发挥律师依法调查收集证据的作用，切实保护当事人的合法权益，广东省高级人民法院、广东省司法厅在前述试行制度的基础上进一步完善，并于 2020 年 4 月 16 日发布了正式的《关于在民事诉讼中实行律师调查令的规定》。该规定全文共 17 条，对律师调查取证令的适用范围、申请程序、审核签发、使用管理等方面的内容作出了规定，同时明确接受调查单位拒不配合的法律责任及对滥用调查令的代理律师的惩戒措施。值得注意的是，相比于此前的试行规定，该规定增加了接受调查单位和个人申请撤销调查令的条件。

律师调查令签发工作进展顺利，以广州市为例：据统计，广州在对全国十多个省市试行律师调查令工作进行全面摸底调研、总结后，于 2017 年 8 月在市、区两级法院全面推行律师调查令制度。截至 2018 年 11 月底，全市两级人民法院共发出律师调查令 5673 份，调查对象包括银行、不动产交易中心、村委会、派出所、公司等。大部分律师凭令调取到相关材料，调查令制度为律师调查取证提供了实实在在的便利。又以北京市为例：北京朝阳法院 2018 年 10 月推出律师电子调查令，推出后三个月即收到线上申请 103 份，审核签发电子调查令 96 份，反馈调查结果 87 件。律师通过适用电子调查令为执行案件提供有效执行线索 50 条，推动了 20 余起执行案件的顺利执结。

多省市试行律师调查令制度成效显著，有效缓解了当事人取证难的问题，为律师办案带来便利，有效节约司法资源，对法院提高案件审判效率，推动解决“执行难”进程发挥重要积极的作用。

（二）民事诉讼律师调查令的国外经验

在大陆法系国家，民事诉讼的证据收集制度以证据协力义务为基础，在相关国家的具体立法实践中，如德国，其通过设立文书提出命令制度、案件解明义务以解决当事人向相对人收集证据的困难。而日本作为另一典型的大陆法系国家之一，除与德国一样设立了文书提出命令制度之外，在“二战”后也仿效美国的证据开示制度，发展出当事人照会制度，以充实其证据收集制度。[10]

而对于英美法系，民事诉讼中当事人之间的对抗色彩更为浓厚，法院职权干预更少，结合相关国家确立的证据开示制度，当事人原则上可以绕过审判人员，直接要求对方或第三人开示证据。换言之，调查证据是律师的职责，审判人员不能直接介入。

10　参见唐力：《日本民事诉讼证据收集制度及其法理》，载《环球法律评论》2007 年第 2 期。

结合域外经验，无论是英美法系国家，还是大陆法系国家或者我国大陆以外的其他地区，证据的收集和调查一般由当事人自行负担。两大法系国家通过明确收集方式和制裁效果设立相应的证据收集制度，从而保障了当事人在民事诉讼中收集证据的权利，值得我们根据实践需要，结合目前实践成果加以借鉴。

三、律师调查令制度探索施行的实际障碍

多地省市法院近年来对推行律师调查令制度进行的积极探索，取得了一定的社会效果和司法效果，部分律师凭借律师调查令成功调取到案件重要证据，律师调查令受到社会相关单位和部门一定程度的重视。然而，律师调查令制度在施行过程中也面临着一些问题，在此列举较为突出的几点。

（一）缺乏法律层面的规范和依据，权威性不足

目前，各地多以法院发布规定、实施办法、意见等形式规定律师调查令制度，对调查令的适用阶段、申请时间、申请材料、调查范围、法院审查时限、有效期限、使用程序等规定各不相同。

例如，一些法院规定律师调查令仅适用于执行阶段，一些法院则规定仅适用于民事诉讼立案审查阶段，还有的则规定适用于审理与执行阶段。又如，一些法院要求持令调查必须由两位执业律师共同进行，而有些法院则无此项规定。加之，各地法院签发的调查令样式并非统一，导致调查令跨地域适用难，权威性不足，难以被一地之外的协助调查人所认可。

（二）与其他部门法律法规相冲突，导致协助调查单位不认同，律师持调查令调查得不到有效配合

结合法律位阶理论，在律师调查令制度尚未在上位法中对其法律性质及效力加以明确的基础上，受调查单位与人员有权以法律、法规的相关内容以对抗当事人及其代理律师的正当持令调查。

举例而言，商业银行等金融机构是律师持令调查的重点单位，《商业银行法》第 29 条第 2 款规定，“对个人储蓄存款，商业银行有权拒绝任何单位或者个人查询、冻结、扣划，但法律另有规定的除外”。第 30 条规定，“对单位存款，商业银行有权拒绝任何单位或者个人查询，但法律、行政法规另有规定的除外”，故商业银行等受调查的金融机构可以以违反法律规定为由拒绝配合调查，而在实践中，该情况也屡见不鲜。

（三）社会知晓度不高，跨地域适用难，当事人取证难的问题无法得到有效解决

当前我国在法律层面未明确律师调查令制度，在现行制度框架下，支撑律师调查令运行的依据仅仅是上位法的原则性规定以及各地司法机构规定的具体规范性问题，这导致了律师调查令制度地域性明显、操作弹性大、覆盖范围有限等问题。

因缺乏法律层面的支持，在司法实践过程中长期面临使用率低、拒绝率高、跨地域使用难、运行程序“各处乡村各处例”等硬伤问题。又因缺乏规范统一的指引，律师在申请调查令时经常遇到审判人员以没有相关法律规定、没有开具过调查令，或者没有听说别的法院开具过调查令为由拒绝开具调查令。因此，当事人取证难的问题尚未能得到真正解决。

（四）缺乏必要的配套制度，拒绝配合调查违法成本低

从理论上讲，虽然协助调查单位不得拒绝提供其掌握的相关证据，否则将应承担相应不利后果，但是，对于拒绝配合律师调查令的单位应承担什么责任，因现行法律中并没有具体依据，所以法院能对此作出的惩罚性措施极为有限（比如向相关主管部门通报情况，或者向有关机关提出予以纪律处分的司法建议），以致协助调查人拒绝配合律师持令调查的情况屡见不鲜。

以上情况，与推行律师调查令制度缺乏上位法的必要支持有重大关系。即便《律师法》中对律师调查取证内容加以提及[11]，然而，《律师法》的立法本意更多是为完善律师制度、规范律师执业行为而制定的，并非民事审判所参考的主要法律，虽然该条文的确赋予了代理律师调查取证权利，但缺乏必要的配套制度，并不能以此保障该权利的实现。即使《民事诉讼法》对诉讼代理人有权调查收集证据加以原则性规定[12]，但明显缺乏必要的操作指引与效力确认条文，如申请、审查、效力、惩罚与救济内容，该原则性规定远未能达至制度构建的高度。

---

11 《律师法》第35条第2款规定：“律师自行调查取证的，凭律师执业证书和律师事务所证明，可以向有关单位或者个人调查与承办法律事务有关的情况。”

12 《民事诉讼法》第61条规定：“代理诉讼的律师和其他诉讼代理人有权调查收集证据，可以查阅本案有关材料。查阅本案有关材料的范围和办法由最高人民法院规定。”

四、律师调查令制度的构建建议

综合前述内容，律师调查令制度在各地的实践与探索中获得良好的成效，制度构建存在现实及迫切的意义。但因缺乏全国统一完善的律师调查令制度顶层设计，导致法院签发的律师调查令在具体适用过程中存在明显的“水土不服”情况，法律性质不明，法律效力不彰。

2012年，中华全国律师协会发布的《〈中华人民共和国民事诉讼法〉修正案（草案）律师修改建议稿》[13]主张在《民事诉讼法》第六章“证据”中第64条第2款后增加如下内容作为第3款：“代理诉讼的律师可以向人民法院申请签发调查令，人民法院根据案件情况，作出是否准许的决定；诉讼代理律师持法院签发的调查令调查案件情况时，有关单位和个人应当予以配合。拒绝配合执行调查令的单位和个人，人民法院应当视情节以妨害民事诉讼采取相应的强制措施。”全国律协的前述建议，为律师调查令制度的研讨及落地提供了契机。

律师调查令制度需要以法律的形式确认其法律地位，对拒不协助提供证据的等同于妨碍民事诉讼行为进行司法惩戒，是律师调查令制度继续在全国铺开落实必须解决的问题。现结合律师调查令制度实践效果，笔者就该制度的构建提供如下建议。

（一）建议以修正案的形式在《民事诉讼法》中确立律师调查令制度

第一，将《民事诉讼法》第64条第2款“当事人及其诉讼代理人因客观原因不能自行收集的证据”修改为“当事人及其诉讼代理人因客观原因不能自行收集的证据，人民法院应当调查收集。当事人委托律师代理案件的，人民法院可以根据律师的申请，经审查后签发律师调查令，由代理律师调查收集证据”。

第二，将《民事诉讼法》第114条第1款第1项“有关单位拒绝或者妨碍人民法院调查取证的”修改为“有关单位拒绝或者妨碍人民法院和持有调查令的律师调查取证的”。

（二）建议由最高人民法院以司法解释或指导意见的形式对律师调查令制度的运行程序进行具体规定

在《民事诉讼法》中明确律师调查令制度后，建议由最高人民法院牵头，

---

13 参见《〈中华人民共和国民事诉讼法〉修正案（草案）律师修改建议稿》，载《中国律师》2012年第1期。

以司法解释或指导意见的形式对律师调查令制度的运行程序进行具体规定，以明确统一标准，包括但不限于调查令适用阶段、申请时间、申请材料、调查范围、法院审查时限、签发程序、签发样式、有效期限、使用程序、证据递交程序、滥用情形及相应惩罚措施、协助调查人拒绝配合情形及相应惩罚措施等，确保在立法层面上确立的律师调查令制度在司法实践中具有高度可操作性，在全国范围内以统一标准推行适用。

值得注意的是，域外证据收集制度也以相对人不配合时的制裁效果为制度构建的重点，因此，在制度设计上，律师调查令应以申请、审查、效力为主轴，将强制效力作为核心，对违反调查令制度的协助调查人依法处罚，确保调查令的威慑力，切实解决当事人取证难的问题。

结语

在我国民事诉讼中确立律师调查令制度有着明确的正当性与必要性，有助于保障及拓宽当事人及其诉讼代理人调查取证渠道。在法律层面上确立律师调查令制度，是当前司法实践中各方的共识和紧迫需求，是解决当事人日益增长的维权需要和法院“案多人少”的人力资源匮乏之间矛盾的必要手段。

目前各地对律师调查令的实践探索面临的主要问题，主要在于缺乏上位法的指引，没有一套明确制度供普遍适用，导致实践中混乱且无序的情况出现，无法发挥该制度的实效。因此，在合理建构律师调查令制度的构思下，笔者建议通过修订《民事诉讼法》以完成律师调查令制度的法定化，同时，在《民事诉讼法》的相关司法解释中对律师调查令制度的具体内容加以明确，以统一标准在全国范围内推行适用。

浅议过境通行制度的习惯国际法地位

李人达*

过境通行是否属于一项习惯国际法规则的问题在学界及实践中意义重大。它是《联合国海洋法公约》（以下简称UNCLOS）的创设性规则。当前UNCLOS缔约国已达167个，占联合国会员国总数的87%，在全球范围具有普遍性。过境通行具备国家实践关于广泛性、一致性、时间性与义务性的要求。对各有关利益国关于过境通行的义务性的行动及宣示的考察，反映出它们对过境通行的遵守实际上是一种法律信念，而非公约责任，这就说明了法律确信在过境通行中确实存在。因此，过境通行符合条约国际法发展成为习惯国际法的条件，具有习惯国际法价值。国际社会特别是海洋强国以及主要的海峡使用国应倍加珍视UNCLOS第三部分的过境通行制度的本来内涵，避免其朝着沿岸国为航行飞越增设义务的方向发展，保持其应有的通畅性。

过境通行制度规定于UNCLOS第三部分第二节中，首先是一项条约国际法规则，根据相关条款规定，它适用于国际航行的领峡，在此所有船舶和飞机均享有继续不停和迅速过境的航行飞越自由。根据UNCLOS第38条第1款和第17条的分别规定，过境通行的适用对象为所有船舶和飞机，无害通过的适用对象为船舶。相较于无害通过，过境通行的适用对象更广，不需要对沿岸国通知或申请批准，因此是对海峡使用国极为有利的一项通行制度。鉴于中国海洋地理相对不利国的地理状态，该制度对中国冲出岛链封锁、海通全球意义重大。

---

* 李人达——海南省委党校法学副教授，主要研究领域：国际海洋法。本文是国家社会科学基金重大专项（批准号：20VHQ005）的阶段性成果。

一、问题的提出

过境通行制度的习惯国际法地位问题在学界备受关注。自第三次联合国海洋法会议召开之日起，学者就在论证过境通行制度是否成为或将成为习惯法的一部分，在诸多中外文献中均见考证如张晏瑲的专著《国际海洋法》第 6 章[1]、Caminos 的专著 The Legal Regime of Straits 第 16 章[2]、Martín 的专著 International Straits 第 6 章[3]、George 的专著 Legal Regime of the Straits of Malacca and Singapore 第 2 章[4]、贾兵兵的专著 The Regime of Straits in International Law 第 8 章[5]均专门阐述了这一问题。中国现已成为世界第一贸易大国，开通了 30 多条远洋航线，通达世界 150 多个国家和地区的 600 多个港口，实践中开展海外贸易需过境通行于全球相关国际海峡。

该问题在实践中也意义重大。截至 2021 年 8 月 20 日，UNCLOS 缔约方已达到 168 个，其中包括 167 个国家和 1 个国际组织欧盟。[6]但还有 29 个会员国属于该公约的非缔约国，[7]这些非缔约国中包括若干重要国际海峡的沿岸国，如霍尔木兹海峡的沿岸国伊朗、阿联酋，曼德海峡的沿岸国厄立特里亚，佛罗里达海峡等诸多国际海峡的沿岸国美国，阿鲁巴—巴拉瓜纳通道（Aruba-Paraguana）、蛇之嘴海峡（Serpent's Mouth）和龙之嘴海峡（Dragon's Mouth）等加勒比海系列

1 张晏瑲著：《国际海洋法》，清华大学出版社 2015 年版，第 135－138 页。

2 Hugo Caminos and Vincent P. Cogliati－antz, The Legal Regime of Straits: Contemporary Challenges and Solutions, Cambridge University Press, 2014, p. 452－472.

3 Ana G. López Martín, International Straits: Concept, Classification and Rules of Passage, Springer, 2010, p. 192－198.

4 Mary George, Legal Regime of the Straits of Malacca and Singapore, LexisNexis, 2008, p. 115－119.

5 Bing Bing Jia, The Regime of Straits in International Law, Clarendon Press, 1998, p. 168－208.

6 Chronological Lists of Ratifications, Accessions and Successions to the Convention and the Related Agreements, https://www.un.org/depts/los/reference_files/chronological_lists_of_ratifications.htm.

7 14 个国家已签署《海洋法公约》但未批准，它们是阿富汗、不丹、布隆迪、柬埔寨、中非、哥伦比亚、萨尔瓦多、埃塞俄比亚、伊朗、朝鲜、利比亚、列支敦士登、卢旺达和阿联酋；1 个国家已签署 1994 年《关于执行〈联合国海洋法公约〉第十一部分的协定》但未批准，且未签署《海洋法公约》，即美国；还有 15 个国家未签署该公约，它们是安道尔、厄立特里亚、以色列、哈萨克斯坦、吉尔吉斯斯坦、秘鲁、圣马力诺、南苏丹、叙利亚、塔吉克斯坦、土耳其、土库曼斯坦、乌兹别克斯坦、梵蒂冈（不属于联合国会员国）和委内瑞拉。

海峡的沿岸国委内瑞拉。[8] UNCLOS 非缔约国的国际海峡有国际法义务对他国开放使用吗？即过境通行是国际社会应普遍遵守的规则吗？这就需要论证过境通行的习惯国际法地位问题。

过境通行是 UNCLOS 第三部分第二节的一项创设性条约法规则，[9] 并非对习惯法的编纂，那么要论证过境通行制度是否已成为一项习惯国际法，就要从条约发展成为习惯的条件入手，看其是否符合这些条件。

二、条约国际法规则发展成为习惯国际法规则的条件

考察 1967 年国际法院北海大陆架案可知，国际法院就条约规则何以成为一般习惯法的条件作了阐述：该规则须无论如何潜在具有基本创立规则的性质，从而可被认为构成一个一般法律原则的基础；……该条约已得到广泛参加和有代表参加的事实可能被认为已足以发展出习惯法规则，然而其中的参加国须包括利益受到特别影响的那些国家；就时间因素来说，虽然只经过了短时间本身并非必然妨碍在原来纯粹是条约规则的基础上形成一个新习惯国际法规则，然而不可或缺的要求是，在该期间内，国家实践包括利益受到特别影响的那些国家的实践，须按该规则宗旨，既广泛又实质一致，不仅如此，国家实践也须显示出是在一般承认为关涉一个法律规则或法律义务的情况下发生的。简言之，根据国际法院北海大陆架案的判决，当不同国家以一种广泛的和实质上统一的方式来遵循一项实践，且这项实践被证明为某项国际义务时，国际习惯就会产生。[10]

从国际法院上述阐述中可归纳出条约转化为习惯的如下三个条件：（1）条约规则具有规则创制性（norm creating）；（2）条约具有普遍性（须包括利益受到特别影响的国家）；（3）国家实践（须表现为广泛、一致，具备一定时间与义务，须包括利益受到特别影响的国家）。此外，它还要满足 1945 年《国际法院规约》第 38 条第 1 款第丑项规定的条件，“国际习惯，作为通例之证明而经

---

8 蛇之嘴海峡（Serpent's Mouth）和龙之嘴海峡（Dragon's Mouth）是比较公认的世界知名的用于国际航行的领峡。R. H. Kennedy, A Brief Geographical and Hydrographical Study of Straits Which Constitute Routes for International Traffic, United Nations Document: A/Conf. 13/6 and Add. 1, 1958, p. 116 - 117.

9 Hugo Caminos and Vincent P. Cogliati-antz, The Legal Regime of Straits: Contemporary Challenges and Solutions, Cambridge University Press, 2014, p. 473. Bing Bing Jia, The Regime of Straits in International Law, Clarendon Press, 1998, p. 207.

10 Simon Marr, The Precautionary Principle in the Law of the Sea, Martinus Nijhoff Publishers, 2003, p. 203.

接受为法律者”，即法律确信（opinio juris），需要从有关行动及宣示中查证，相关国家对过境通行义务的遵守，体现为一种法律信念，而非公约责任。贾兵兵教授也明确指出：“条约规则可以发展成为习惯国际法规则，但是它本质上必须是造法性的，并且必须有充分的、伴随有法律确信的国家实践的支持。”[11]

对此四条件之总结，概括如下表所示。

条约发展成为习惯的条件一览表

条约规则的创制性	规则须为条约所创制，而非对习惯的编纂
条约规则的普遍性	须具有代表性
	须包括利益受到特别影响的国家
国家实践	广泛性
	一致性
	一定的时间性
	义务性
法律确信	法律信念性

从过境通行概念之提出来看，第三次联合国海洋法会议之前，过境通行显然不能称为习惯法规则；然而当前过境通行制度确已属于习惯法的一部分，经考察，它符合上述四项条件。

三、过境通行符合条约发展成为习惯的条件

（一）条约规则的创制性

按照内容的不同，条约可分为契约性条约和造法性条约，二者存在区别。在前者中，缔约方的目的只有一个，即解决当前存在的具体问题，如两国缔结割让领土的条约，领土让渡一旦完成，契约性条约的目的既已完成，因此不能成为当事国此后行为的准则，不能成为国际法的渊源。然而在后者中，缔约各方有着创立此后相互间必须遵守的行为规则的共同目的，因此，此类条约显然构成国际法的渊源，如关于规定瑞士永久中立化等规则的 1815 年《维也纳公会最后决议书》、创立有关海战规则的 1856 年《巴黎海战宣言》、1919 年《国际联盟盟约》、1928 年《非战公约》、1947 年《联合国宪章》等，UNCLOS 当然也属于这一类。

就过境通行制度而言，在被英国草案提出之前，它的理论与实践并不存在，

11 贾兵兵著：《国际公法》，清华大学出版社 2015 年版，第 38 页。

但经过国际社会争论和妥协，它最终被成功列入 UNCLOS 第三部分第二节，成为一项条约法规则，它的形成本身无不属于 UNCLOS 的创设性产物。

（二）条约规则的普遍性

UNCLOS 于 1982 年 12 月 10 日开放签字，至 1993 年 11 月 16 日，圭亚那成了交存批准书的第 60 个国家，那么根据该公约第 308 条第 1 款的规定“本公约应自第六十份批准书或加入书交存之日后十二个月生效”。该公约 1994 年 11 月 16 日正式生效。截至 2021 年 8 月 20 日，UNCLOS 缔约国已达到 167 个，缔约方的数量之多，使其成为当今最具有普遍性和影响力的国际多边协定之一。

一方面，UNCLOS 缔约国具有普遍代表性。首先，数量上，167 个批准会员国（除去国际组织欧盟），占到联合国 193 个会员国总数的 87%。其次，地理位置上遍布五大洲，如亚洲的中国、日本、印度、新加坡，欧洲的俄罗斯、英国、法国、德国，美洲的加拿大、墨西哥、巴西、阿根廷，非洲的埃及、阿尔及利亚、南非、索马里和大洋洲的澳大利亚、新西兰、巴布亚新几内亚、所罗门群岛，等等。最后，既包括一般意义上的海洋大国如俄罗斯、英国、法国、加拿大、澳大利亚等，也包括一些小国如科特迪瓦、突尼斯、巴林、特里尼达和多巴哥，等等。

另一方面，UNCLOS 缔约国包括利益受到特别影响的国家。既包括国际海峡的典型沿岸国，如新加坡、马来西亚、菲律宾、日本、英国等；也包括主要的国际海峡使用国，如中国、俄罗斯、英国、法国、德国、日本等；还包括海洋地理相对不利国，如中国、德国、韩国、波兰、立陶宛等；以及一些内陆国，如亚洲的蒙古、老挝、尼泊尔，欧洲的奥地利、捷克、白俄罗斯、亚美尼亚，美洲的玻利维亚、巴拉圭，非洲的赞比亚、马里等。它们的批准，增强了 UNCLOS 在世界范围内的“宪章”性。

UNCLOS 的生效属于一揽子协议，据其第 309 条的规定，缔约方无权提出保留，因此过境通行作为其中的一项制度，具备了普遍性基础。

（三）国家实践

一般认为，国家实践与法律确信是形成习惯的主要条件，前者侧重客观性，后者侧重主观性。国家实践是最具争议性的条件。有学者认为，过境通行的国家实践既未稳定亦未统一（neither constant nor uniform），[12] 有国家或明示或暗示

12　Ana G. López Martín, International Straits: Concept, Classification and Rules of Passage, Springer, 2010, p. 197.

地表现出不情愿（appear reluctant）全部或部分地接受这一制度，[13] 全球性实践并未确定（less certain）。[14]

国家实践将体现在外交文书、政策声明、新闻发布、政府法律顾问在正式场合表达的观点、有关法律问题的官方手册、行政决定和实际做法、向武装部队下达的命令、国家对国际法委员会起草的草案所作的评论、国家立法、国际和国内的司法判例、条约和其他国际文件的内容、国际组织实践、联合国大会有关法律问题的决议等之中，[15] 其中尤以各国条约、外交文件、国内法规、国际法庭及各国法院判决以及政府和负责官员的声明等为关键，[16] 下面对此予以查证，看其是否符合标准。

第一，符合广泛性的要求。过境通行属 UNCLOS 的一项基本规则，该公约目前已有 167 个缔约国。

国际法协会 2000 年伦敦会议报告（International Law Association London Conference 2000）指出，国家实践不只是多少国家进行实践的问题，而且是哪些国家进行实践的问题。报告进而阐述，国际法院在北海大陆架案中指出，实践必须包括利益受到特别影响的国家。再看 UNCLOS，联合国中有 167 个缔约国，这些国家接受 UNCLOS 拘束的立场，无不体现着国家实践的广泛性。

第二，符合一致性的要求。世界上绝大多数国家的立法和实践，均体现了对过境通行制度的认可与支持，反映了国家实践在遵守过境通行作为一项国际规则时的一致性。

1992 年，时任联合国秘书长 Boutros-Ghali 就此总结道，"过境通行制度已概括性地被国际社会所普遍接受，并且演变成为包括沿岸国与船舶国在内的国家实践的一部分"。[17]

第三，符合时间性的要求。传统上，人们通常认为形成习惯法需长期实践，如无害通过形成习惯法历经了 300 年。但国际社会对究竟多长时间的实践可形成一项习惯规则并无明确定论。案件性质的不同对习惯所需时间的要求也不同。

---

13 Jon M. Van Dyke, Rights and Responsibilities of Strait States, in David D. Caron and Nilufer Oral, Navigating Straits: Challenges for International Law, Brill Nijhoff, 2014, p. 44.

14 Jeanine B. Womble, Freedom of Navigation, Environmental Protection, and Compulsory Pilotage in Straits Used for International Navigation, Naval Law Review, 61 (2012), p. 136.

15 I. Brownlie, Principles of Public International Law, Oxford University Press, 2008, p. 6.

16 王铁崖著：《国际法引论》，北京大学出版社 1998 年版，第 132 页。

17 In 1992, the UN Secretary-General concluded that the "regime of transit passage has been widely accepted in general terms by the international community and has become part of the practice of States, both of States bordering as well as shipping states." U. N., The Law of the Sea: Practices of States at the Time of Entry Into Force of the United Nations Convention on the Law of the Sea.

习惯法规则形成所需时间的长短取决于社会条件。过去生活节奏慢、通信落后，习惯建立需很长时间，但在通信技术发达的今天，重大国际事件很快就会波及全球。

第三次联合国海洋法会议前习惯国际法不存在过境通行的事实，并不能当然得出第三次联合国海洋法会议至今30多年的时间内过境通行仍未形成习惯法的结论，国际法院在北海大陆架案中指出：经过了短时间本身并非必然妨碍在原来纯粹是条约规则的基础上形成一个新的习惯国际法规则。一定的时间（some time）并不影响习惯法规则是否成立。国际法委员会2016年发布的一个报告亦再次确认："关于时间要素，表明国家实践里一个相对较短的时期，本身并不属于决定是否存在相应的习惯国际法规则的障碍。"尽管该报告否认了速成习惯法（instant custom）的概念。[18]

可见传统习惯规则形成的长期性已经打破，时间并不十分重要，因此具体到过境通行制度形成一般习惯法的国家实践条件中，它不应仅因时间的相对较短（自1974年概念的提出至今已有47年的时间）而遭到质疑。

第四，符合义务性的要求。国际社会包括缔约国及非缔约国认可过境通行作为习惯法规则的重要前提还包括，所涉国家必须遵守这项法律义务，特别是主要国际海峡的沿岸国对UNCLOS第38条第1款、第42条第2款和第44条规定的不应阻碍、否定、妨碍、损害或停止过境通行之义务的遵守。

从国际实践来看，自1982年以来，各国货船通过国际海峡而前往世界多地的畅通性，以及海洋强国在全球布控海上军事力量的机动性与灵活性，基本得到了海峡沿岸国的承认。如美国军机适用过境通行制度不受限制地飞越直布罗陀海峡，在1986年对利比亚实施了空中打击；1990年，在伊拉克入侵科威特的数小时内，美国军机适用过境通行制度不受限制地飞越了多个国际海峡，前往沙特阿拉伯，拉开了沙漠盾牌行动。[19]这些所涉海峡沿岸国中有一部分在当时并非属于缔约国，如直布罗陀海峡沿岸国西班牙、摩洛哥批准UNCLOS的时间分别为1997年1月15日和2007年3月31日；另有一些国家至今仍未批准公约，如作为霍尔木兹海峡沿岸国的伊朗和阿联酋，但它们对过境通行的义务秉持了基本遵守的立场，这就更能体现出义务的习惯法特征，这是表明国际社会承认这一条约规则得以成为习惯的最具说服力的证据。

---

18 United Nations, Report of the International Law Commision: A/71/10, 2016, p. 96.

19 傅崐成等编著：《弗吉尼亚大学海洋法论文三十年精选集（1977－2007）》（第1卷），厦门大学出版社2010年版，第441页。

（四）法律确信

主张习惯法存在的一方，需证明法律确信的存在。上文阐述的对稳定和一致的国家实践的查证实际上已提供了初始证据，此外，这些实践须存在相关的利益，如果没有利益平衡方面的冲突，即使有长期的国际实践，法律确信也未必能够形成。法律确信在很大程度上是一个证据问题，在证据的不断取舍、比较之中，最终可以达到一个确定结论：习惯法要么存在，要么不存在。

国际法院在北海大陆架案中对此的阐述是："需要这样一种确信，即存在一种主观要素蕴含在必要法律确信这一理念中。有关各国因此必须感到它们遵守的是法律义务。实践本身并不充分。诸如仪式或外交礼节的国际行为，虽有时表示出几近稳定的特征，但那只是礼貌、便利或惯例推动之结果，不能被认为属于拘于法律义务。"

国际法院的判例突出了法律确信对义务的考察或检视；同时法律确信侧重非物质的和心理的要素；且由于国家并不存在心理活动，一个国家并不能像人一样相信或感知什么，因此一个国家的"信念"不过是要从该国的国际义务性政策、法律和行为中所抽象得出，这些表现就源自决策者、立法者或实践者的信念或意识。

虽说没有哪个国家会说它们的法律确信可从一个或一些个体的陈述或行为中加以确定，但当这些个体在特定时间代表国家有权机关的意思时，如外交人员在联合国大会的发言等，却不得不体现国家意志。因此，识别法律确信归根结底还是要通过代表国家意志的主观行动及宣示来证明。

各有关利益国对于过境通行的义务性的行动及宣示可总结如下：

一方面，行动上，由于国家实践与法律确信并非属于可予分割的对象，当国家实践可初步证明存在一项习惯法规则时，该规则就能从法律确信的证据中推导而出。因此，上述研讨之国家实践的义务性，完全可以佐证出法律确信的行动意思表示。如彼时作为非缔约国的西班牙、摩洛哥以及至今仍作为非缔约国的伊朗、阿联酋等国对过境通行义务的遵守，亦无不特别体现和反映着法律确信的存在。一般认为，当一国对其他国家的行动不提出抗议时，就会被推定为接受，这种接受足以构成对习惯法法律确信的推定。[20]

另一方面，宣示上，宣示与行动同等重要。整体上，各国批准UNCLOS时对不得保留之义务的确信与遵守，无不反映了它们对于包括过境通行在内的各

---

20 ［美］安东尼·达马托著：《国际法中习惯的概念》，姜世波译，山东文艺出版社2012年版，第78页。

项规则的遵守。

如作为霍尔木兹海峡沿岸国，至今尚未批准公约的伊朗 1982 年 12 月 10 日宣称，“缔约国有权享有……公约第 3 部分第 2 节第 38 条规定之过境通行权”；作为直布罗陀海峡沿岸国 1997 年 1 月 15 日成为公约缔约国的西班牙于 1984 年 12 月 4 日宣称，“……只要不阻碍过境通行的飞越，沿岸国有权命令和适用用于国际航行的海峡上空的相关飞越规则”；[21] 作为多佛尔海峡沿岸国，1997 年 7 月 25 日成为公约缔约国的英国和 1996 年 4 月 11 日成为公约缔约国的法国于 1988 年共同宣布“将赋予其他国家通过多佛尔海峡相同于过境通行之权利”；[22] 作为若干地中海国际海峡沿岸国的希腊在 1995 年 7 月 21 日批准公约时宣称，“在上述替代海峡，第三国的船舶和飞机能适用过境通行制度，一方面，国际航行和飞越的需要应被满足；另一方面，过境的船舶和飞机以及沿岸国的最低安全需要应被实现”；作为蒂朗海峡沿岸国的沙特阿拉伯 1996 年 4 月 24 日批准公约时宣称，“过境通行制度不仅适用于在公海或专属经济区的一个部分和公海或专属经济区的另一部分之间的用于国际航行的海峡，而且也适用于与岛屿相邻或毗连的这些海峡，特别是被主管国际组织指定的位于出口或入口的海峡交通线”。此外，2011 年 5 月 15 日成为公约缔约国的泰国于 1993 年宣布“国际习惯法和国家实践所确定的有关规则已为 1982 年 UNCLOS 所确认并写入法律中，根据这些规则，所有国家的船只……在用于国际航行的海峡均享有过境通行权”[23]……上述国家除了泰国之外均属于重要的国际海峡沿岸国，其宣示均属于对自身义务的确认，此外，西班牙、英国、法国和泰国在成为公约缔约国之前就进行了宣示，无不反映了它们对过境通行的遵守实际上是一种法律信念，而非公约责任，这就说明了法律确信在过境通行中的确实存在。

结语

对过境通行是否符合条约发展成为习惯的条件的考察，可得出的一般结论是：过境通行属于条约创设的规则，但许多第三国认为它是应当或必须遵循的规则，继而在一定时间内反复实行，因而反映了现行的国家实践，具备法律确信，既属于一项条约法规则，又形成了一项习惯法规则。在这种情况下，并不

21 Declarations and statements，http：//www. un. org/depts/los/convention_ agreements/convention_ declarations. htm#Philippines Understanding made upon signature（10 December 1982） and confirmed upon ratification.

22 E. D. Brown，The International Law of the Sea，Dartmouth Pub Co，1994，p. 93－94.

23 张晏瑲著：《国际海洋法》，清华大学出版社 2015 年版，第 137 页。

是条约对第三国产生了权利和义务，而是习惯国际法附着于条约而产生。因此，海峡使用国的船舶和飞机可在全球范围内所有适格的海峡，适用过境通行权。

过境通行作为一项习惯法规则的证成，就说明了国际社会应普遍遵守该制度的义务。当海峡使用国的航行利益遭到侵害时，它将有权以习惯和条约法规则作为诉诸权利之依据，而习惯法时时刻刻都在变动发展，也就昭示了国际社会特别是海洋强国以及主要的海峡使用国应倍加珍视 UNCLOS 第三部分的过境通行制度的本来内涵，避免其朝着沿岸国为航行飞越增设义务的方向发展，保持其应有的通畅性。对于中国而言，随着其海洋利益及运输总量的增长，它将会在海峡自由通行制度中受益，因而宜主张和支持海峡中适用畅通和不受到阻碍的通行制度。

因“口罩”而异的司法惩治

曹　辉　　陈　刚*

口罩类犯罪因“口罩”的类型不同涉及的罪名也不尽相同，实践中决不能一律以医疗器械类犯罪定罪处罚，而是要在具体案件中具体分析。对于疫情期间频发的“口罩类”案件，实践中应当首先对口罩的类型和质量作出检验，将口罩的种类和犯罪行为相结合进行司法审查，做到罪责刑一致。如果口罩确实属于不合格的产品，则考虑是否属于医用口罩范围，是否涉及生产、销售不符合标准的医用器械罪；如果属于民用口罩或劳保口罩，则考虑是否构成生产、销售伪劣产品罪；如果属于合格的产品，则考虑犯罪行为是否涉及非法经营的相关问题。应当合理利用询问笔录、讯问笔录和电子数据综合认定犯罪主观方面并合理利用抽检方式防范此类案件的发生。

一、从司法样本看销售口罩案件惩治的现状

2020年广州市共查处制售假劣、非法经营医用物资违法犯罪刑事案件108宗，其中口罩类案件96宗、防护服类案件3宗、酒精类案件1宗，采取强制措施158人。涉案假劣口罩、防护服等医用物资600余万个，涉案伪劣熔喷布约110吨，涉案价值9000余万元人民币。[1]在办理口罩相关案件中，难题在于如何确定口罩的类型以及根据口罩的类型落实罪责刑一致的原则。

首先是要厘清我国现有的对于口罩类型的规定，从中明确口罩的分类。在

---

* 曹辉——广州市公安局食品药品与环境犯罪侦查支队支队长，主要研究领域：刑法学、诉讼法学；陈刚——广州市公安局食品药品与环境犯罪侦查支队副支队长，广州市法学会新型犯罪研究中心研究员，主要研究领域：刑法学、诉讼法学。

1　数据源于广州市公安机关统计资料。

这之前，我国对于口罩标准的规定主要是《日常防护型口罩技术规范》（GB/T 32610—2016）、《医用外科口罩》（YY 0469—2011）、《一次性使用医用口罩》（YY 0969—2013）、《呼吸防护自吸过滤式防颗粒物呼吸器》（GB 2626—2019）和《医用防护口罩技术要求》（GB 19083—2010）。[2]这些标准清晰地将口罩划分成医用口罩、劳保口罩和民用口罩三大类。根据不同的口罩类型，生产、销售不同种类的口罩会表现为不同的犯罪形式。而这三大类口罩类型中，医用口罩的标准又是最为模糊的一种。结合国家卫健委《新型冠状病毒感染不同风险人群防护指南》和《预防新型冠状病毒感染的肺炎口罩使用指南》的相关规定，新冠肺炎疫情期间推荐使用的口罩为一次性使用医用口罩、医用外科口罩、KN95/N95及以上颗粒物防护口罩和医用防护口罩。其中医用防护口罩和医用手术口罩（即医用外科口罩）应当划分为第二类医疗器械进行管理，[3]但对于KN95/N95及以上颗粒物防护口罩的规定属于粉尘防护标准，在国家并未补充出台相应法规或规章的情况下，主要属于在工业、环保等领域的防护用品管理范围而非医疗器械。因此对于生产、销售该类口罩的行为应当排除其涉及医疗器械类犯罪的问题。至于一次性使用医用口罩是否属于医疗器械的问题，第一，我国《医疗器械监督管理条例》第103条规定了“医疗器械”是指直接或者间接用于人体的仪器、设备、器具、体外诊断试剂及校准物、材料以及其他类似或者相关的物品，包括所需要的计算机软件。按此定义，一切与医疗目的相关的、非药品的所有器械和用品都应属于医疗器械，所以，一次性使用医用口罩也应当被包含在内。第二，在《医疗器械分类目录》和《医用口罩产品注册技术审查指导原则》中，一次性使用医用口罩和医用防护口罩、医用外科口罩一样，管理类别为Ⅱ类且分类代号都为6864，并无其他区别。最后，虽然在《一次性使用无菌医疗器械产品目录》中暂不包括口罩产品，但此类产品在目录的“产品类别”分类中又同时标注了“三类”，但“一次性使用的医疗器械”并非独立于该条例第4条分类外的单独体系，而是在第4条分类基础上的特殊分类，需要特别明确才能纳入。[4]所以，作者认为一次性使用的医用口罩应当属于医疗器械的范围，且应当属于第二类医疗器械。

---

2 参见闫畅、余弘：《浅析国内口罩标准》，载《中国纤检》2021年第7期。

3 参见《关于医用一次性防护服等产品分类问题的通知》（国食药监械〔2003〕57号）。

4 参见陆锋：《重大疫情期间打击制售“伪劣口罩”行为的刑法路径》，载微信公众号“上海检察三分院”，2020年12月10日。

二、从样本案例看销售口罩案件的司法惩治规律

最高人民检察院公布的数据显示，截至2020年3月3日，全国检察机关共介入侦查引导取证涉新冠肺炎疫情刑事犯罪6428件（8595人）；其中涉嫌生产、销售伪劣产品罪427件（850人），生产、销售不符合标准的医用器材罪344件（848人），销售假冒注册商标的商品罪149件（285人），非法经营罪161件（262人）。[5]因口罩类型不同而涉及的口罩类犯罪大致为三大类：生产、销售不符合标准的医用器材类；生产、销售伪劣产品类和非法经营类，这个分类与口罩本身的类型是紧密相关的。

（一）生产、销售不符合标准的医用器材罪

根据《刑法》的相关规定，生产、销售伪劣医用口罩，如果足以严重危害人体健康的，应当构成生产、销售不符合标准的医用器材罪。

实践中，销售口罩案件一般通过两点来确定是否构成该罪。一是准确认定涉案医用口罩是否属于不符合标准的医用器材。一般可以先到国家药品监督管理局网站进行查询，看其注册信息是否为二类医疗器械，再通过侦查取证，看其销售的流向是否为防疫期间的医院、防疫等临床医用场景进而确认。二是严格把握实践中对"足以严重危害人体健康"的认定。应当从是否具有防护功能，或造成贻误诊治、人体严重损伤、对人体健康造成严重危害等多个方面，再结合医疗器械的功能、使用方式和适用范围等来进行综合判断。从一线办案部门总结的经验来看，如果涉案不符合标准的医用防护口罩、医用外科口罩、一次性使用医用口罩主要销往医疗机构，供医护人员使用，由于医护人员的特殊工作环境，通常可以认为上述不符合标准的口罩"足以严重危害人体健康"。

2020年初，广州市天河区市场监督管理局执法人员在1月29日查获被告人彭某某伙同同案人刘某某先后在广州市天河区黄村一带的街边，以每个口罩1—3元的单价销售给群众，现场查扣剩余口罩29盒共计1102个，经鉴定，涉案口罩不符合医用外科口罩标准、一次性使用医用口罩标准，综合判定为不合格。[6]且另外考虑到2020年1月23日起广东省为防控新型冠状病毒感染肺炎疫情而启动了重大突发公共卫生事件一级响应，在新冠肺炎疫情严峻的情形下，该行为

5　参见最高人民检察院：《全国检察机关依法办理妨害新冠肺炎疫情防控犯罪典型案例（第四批）》。

6　参见刑事判决书彭某某生产、销售不符合标准的医用器材案，广东省广州市天河区人民法院（2020）粤0106刑初426号刑事判决书。

有可能对人体健康造成严重危害，最后被广州市天河区人民法院认定为构成销售不符合标准的医用器材罪，依法从重处罚。

（二）生产、销售伪劣产品罪

除医用口罩外，实践中也存在大量生产、销售伪劣民用口罩、劳保口罩的情形，如在较早判决并有较大影响的“浙江仙居方某胜案”。[7]这种情形下的口罩本身不符合医疗器械的特征，因此首先要准确把握产品质量标准，确认其是否涉及伪劣产品犯罪。

《民用口罩标准》（GB/T 32610—2016）将口罩划分为D、C、B、A四个等级来用于规范民用防护口罩市场的实施无标准的现象，每一个等级对应的空气质量条件都在该文件中有着详细的说明。而《劳保口罩标准》（GB 2626—2006）是根据口罩的泄漏率与口罩本身的过滤效率将口罩分为了90（KN90、KP90）、95（KN95、KP95）、100（KN100、KP100）三个等级。这个标准和国际上的标准更加接近。对于民用口罩和劳保口罩都可以在相关鉴定平台上进行初步鉴定，也可以视情况委托给相关产品质量检验机构来进行检验。当然，对于涉案口罩是否属于“伪劣产品”，还要依据国家的相关标准和规定来作出判断。

根据《产品质量法》《标准化法》等法律法规的规定，一方面，应当优先以强制性标准或者产品本身注明的质量标准为判断该产品是否合格的依据；另一方面，当涉案口罩未注明质量标准，或者注明的质量标准低于国家标准、行业标准时，应当按照国家标准或行业标准来判断其是否属于合格产品。比如，办理案件过程中遇到查封的未注明其标准高于国家标准或行业标准的医用外科口罩，完全可以按照行业标准YY 0469—2011来对其质量是否合格进行判断。在2020年5月广州市南沙区公安机关查获的一起案件中，警方通过被告人的微信群证实了其存在明知口罩不合格，仍然购买用于销售的行为后，[8]就是按照上述的法律规定对该批口罩进行了相应的检测，证实了涉案口罩过滤效率不符合GB/T 32610—2016标准要求，同时，防护效果不符合GB/T 32610—2016标准D级要求。综上，判断该批口罩为不合格的伪劣产品，后广州市南沙区人民法院以被告人犯销售伪劣产品罪判处了有期徒刑。

---

7 参见贺卫：《生产、销售伪劣产品罪及其特殊罪名的犯罪对象区分——以“销售假口罩案”为例》，载《政治与法律》2020年第11期。

8 参见王某、和某贝生产、销售伪劣产品案，广东省广州市南沙区人民法院（2020）粤0115刑初539号刑事判决书。

（三）非法经营罪

在日常工作中，哄抬物价通常不作为刑事犯罪案件侦查办理。但是在新冠肺炎疫情期间，公安部在《依法严厉打击严重妨害新型冠状病毒感染肺炎疫情防控违法犯罪行为的指导意见》中明确指出，对在疫情期间违反价格管理规定，哄抬防疫物资价格牟取暴利的，以非法经营罪追究刑事责任。《最高人民法院、最高人民检察院、公安部、司法部关于依法惩治妨害新型冠状病毒感染肺炎疫情防控违法犯罪的意见》也对疫情期间违反国家有关市场经营、价格管理等规定，囤积居奇，哄抬疫情防控急需的口罩牟取暴利，违法所得数额较大或者有其他严重情节，严重扰乱市场秩序的行为规定以非法经营罪定罪处罚。在司法实务中，囤积居奇、哄抬物价则由市场监督管理局进行认定。根据《市场监管总局关于新型冠状病毒感染肺炎疫情防控期间查处哄抬价格违法行为的指导意见》对价格的抬高比例只规定为“大幅度提高”，并未明确具体标准。部分省级政府文件中规定了具体差价率（售出和购进价格的差价比例），而广东省未明文规定差价率。以广州市为例，在实务中以50%差价率为实际操作参考标准。这种情形下是由于销售者非法经营的行为而构成犯罪，口罩本身应当是符合质量标准的合格产品。

三、主观明知的证明问题

（一）主观方面解析

在口罩类犯罪中，比较特殊的是各个罪名主观方面的认定。销售不符合标准的医疗器械罪和销售伪劣产品罪要求证明销售者在销售时必须知道自己售卖的是不合格的口罩，而非法经营罪的适用要求证实购买口罩的动机是否存在囤积、倒卖及其他扰乱市场秩序的行为。

（二）主观方面的证明问题

对上述问题如何进行证明，公安机关在办理案件的过程中主要应从以下三个证据种类入手：（1）讯问笔录。一方面，通过嫌疑人对涉案口罩数量、进货渠道、交易过程等事实要素的描述以及嫌疑人的认知水平、从业经验等，来证明其是否知道或者应当知道涉案口罩的质量情况。另一方面，也可以通过要求嫌疑人描述对当前疫情和防疫工作的了解，证明其对口罩作为疫情防护用品的主观认识。同时，还可以通过嫌疑人对自己推销涉案口罩时的相关介绍的描述，来证明其销售口罩时是否有对外宣称或暗示涉案口罩为三类医用口罩或与三类医用口罩具备同等防护作用，从而证实其销售行为是否具备假冒的主观故意。(2) 电子数据。公安机关在侦查时应当及时提取嫌疑人相关手机或电脑中相关聊天记录的电子数据。时间紧迫的，应当以照片的形式先行固定，通过嫌疑人之间或者嫌疑人与买家、卖家之间的聊天记录，可以与嫌疑人的供述进行相互印证或排除嫌疑人供述中的主观明知情况。(3) 询问笔录。通过询问购买口罩的证人来明确嫌疑人销售涉案口罩时，对外宣称涉案口罩的性质和作用，进一步印证或排除嫌疑人供述。[9]

四、抽检的方式及效力问题

(一) 抽检的方式

根据《医疗器械抽查检验管理办法》和《非医用口罩产品质量监督抽查实施细则》的相关规定，抽检方式主要是通过抽取样本进行检测，对于检测的数量、抽检项目、判定标准、判定规则和原则都作了相应的规定。但抽检作为防范犯罪风险的手段之一，实践中本身存在不合格检出率高低解读不同、风险处置规定不具体、复检之外缺少救济手段等问题。[10] 因此为了防范犯罪的发生，执法机关除了定期抽检之外，还应当做好普及法律风险的宣讲工作，同时提高抽检人员的素质。

(二) 抽检的效力

作为国家机关组织的合法的抽检行动得到的检测结果和检验报告应当承认其具备一定的证据性质，在后续的行刑衔接中应承认其具有一定的证明力。因为抽检具备公正性和严密性两个方面。抽检行为，一般由受检方、抽检方、第三方（检测机构）同时参与，并且由抽检方做现场记录，后由三方签章确认，保证了样品的有效性及抽检流程的合法合理。另外，抽检一般会遵循法定的抽样技术规范，杜绝因技术规范问题出现的样本差错，具备较高的可信度。

结语

2019年底暴发新冠肺炎疫情以来，涉及行刑衔接的市场经济犯罪频发。公

---

9 参见陆锋：《重大疫情期间打击制售“伪劣口罩”行为的刑法路径》，载微信公众号“上海检察三分院”，2020年2月10日。

10 参见郝擎、张欣涛等：《新形势下医疗器械抽查检验管理规定的修订》，载《中国药事》2019年12月。

安机关与行政监管部门应进一步加强联合执法和市场巡查，特别是公安机关要发挥专业侦查优势，加强在食药环领域（重点行业、专业市场、重点环节）的阵地控制，及时获得深层次、内幕性的情报信息，并进一步加强大数据串并分析和比对碰撞，全面提升食药环领域的主动预警和线索发现能力，有针对性地开展工作。特别是在非法经营口罩类案件中，由于哄抬价格认定“大幅提升”的认定模糊、行刑衔接对哄抬物价（非法经营）的认定要求高、疫情期间行政执法固定证据难等原因，公安机关应灵活应对，必要时可以申请检察院提前介入指导取证工作的进行。

图书在版编目（CIP）数据

法治论坛．第 64 辑 / 广州市法学会编．—北京：中国法制出版社，2021. 12
ISBN 978－7－5216－2270－6

Ⅰ．①法… Ⅱ．①广… Ⅲ．①法学—丛刊 Ⅳ．①D90－55

中国版本图书馆 CIP 数据核字（2021）第 229518 号

责任编辑：秦智贤　　封面设计：周黎明

法治论坛·第 64 辑

FAZHI LUNTAN · DI 64 JI

编者/广州市法学会
经销/新华书店
印刷/三河市紫恒印装有限公司
开本/710 毫米×1000 毫米　16 开　　印张/ 24.25　字数/ 411 千字
版次/2021 年 12 月第 1 版　　2021 年 12 月第 1 次印刷

中国法制出版社出版
书号 ISBN 978－7－5216－2270－6　　定价：85.00 元

北京市西城区西便门西里甲 16 号西便门办公区
邮政编码：100053　　传真：010－63141852
网址：http：//www.zgfzs.com　　**编辑部电话：010－63141798**
市场营销部电话：010－63141612　　**印务部电话：010－63141606**

（如有印装质量问题，请与本社印务部联系。）

《法治论坛》稿件要求和格式规范

一、稿件要求

1. 文章要求原创，**探讨的问题具有较高的前沿性、针对性**，未在公开发行的刊物发表。一经刊用，将向作者支付稿费。

2. 以学术质量过硬为刊用标准，来稿文章**侧重应用型研究**，以法律实践问题为切入点进行理论探讨，**有较高的决策参考价值**。

3. 文章观点鲜明、论述缜密、论据充分、格式规范。字数一般不超过15000字。**图表须为可在word文档中编辑的格式**。

4. 所有来稿请在正文末尾附上作者简介（包括法律职称、研究领域）、手机号码、通讯地址、邮政编码、电子邮箱，以便编辑及时联系作者退改稿件。

5. 投稿请用电子邮件方式，邮件主题：×××（作者姓名）投稿。

6. 提倡文责自负，反对抄袭剽窃。本出版物已获中国知网授权使用“学术不端文献检测系统”，查重率超过30%一律不予刊用。

二、格式规范

1. 正文要有内容提要和关键词。

2. 注解采用脚注形式，并用横线与正文隔开；序号左顶格，以数字1、2、3……标示，全文连续编排。引用的专著、杂志的文章和网络文章均用书名号。例：

范愉著：《纠纷解决的理论与实践》，清华大学出版社2007年版，第565页。

姜大伟：《离婚冷静期：由经验到逻辑——〈民法典〉第1077条评析》，载《华侨大学学报（哲学社会科学版）》2020年第4期。

引用期刊文章不需注明页码。援引自学位论文集的文章用书名号，学位论文集无需书名号。引用时应当标明作者毕业的学术单位、年份和学位层级，引用论文特定部分的内容应当标明页码或者章节。例如，李小明：《准政府组织的行政法定位及其权利规制》，吉林大学2016年博士学位论文，第139页。

3. 法条使用阿拉伯数字表述，脚注法条亦然。

例：参见《中华人民共和国民法典》第 1207 条。

4. 不使用参考文献。如有参考文献，可转化为脚注。

5. 有纸质产品的情况下，不建议引用网站内容。如引用网站内容，请标明网站名字和频道、网址、最后访问时间。例如，王利明：《标准合同的若干问题》，载中国民商法律网民事法学频道，http：//www. civillaw. com. cn/weizhang/default. asp？id =22250，最后访问于 2017 年 1 月 26 日。

6. 引用报纸要注明版面。例如，胡云腾：《聚焦〈刑法修正案（十一）〉草案》，载《法制日报》2020 年 7 月 22 日，第 9 版。

《法治论坛》2017 年 1 月起入选南京大学 CSSCI 集刊目录，文章将同时被中国知网（www. cnki. net）署名转载，如不同意转载，请在投稿时作出声明。

编辑部地址：广州市越秀区小北路 113 号 8 楼广州市法学会

邮编：510046

咨询电话：020 －83525279

投稿邮箱：gzfzlt@ 126. com（不区分大小写）